Vance Packard

Verlust der Geborgenheit

Unsere kinderkranke Gesellschaft

Was die Vernachlässigung der Familie
für unsere Kinder und die Zukunft der
Gesellschaft bedeutet

Ullstein Sachbuch

Ullstein Sachbuch
Ullstein Buch Nr. 34360
im Verlag Ullstein GmbH,
Frankfurt/M – Berlin
Amerikanischer Originaltitel:
Our Endangered Children.
Growing Up in a Changing World.
Übersetzt von Karl Heinz Sieber

Ungekürzte Ausgabe

Umschlagentwurf:
Rita Nicolay
Alle Rechte vorbehalten
Mit freundlicher Genehmigung
des Scherz Verlags, Bern und München
© 1983 by Vance Packard
© 1984 by Scherz Verlag,
Bern und München
Printed in Germany 1986
Druck und Verarbeitung:
Clausen & Bosse, Leck
ISBN 3 548 34360 0

Dezember 1986

Vom selben Autor
im Verlag Ullstein erschienen:

Die geheimen Verführer (Nr. 34032)
Die große Versuchung (Nr. 34016)

CIP-Kurztitelaufnahme
der Deutschen Bibliothek

Packard, Vance:
Verlust der Geborgenheit:
unsere kinderkranke Gesellschaft;
was d. Vernachlässigung d. Familie
für unsere Kinder u. d. Zukunft
d. Gesellschaft bedeutet / Vance Packard.
[Übers. von Karl Heinz Sieber]. –
Ungekürzte Ausg. – Frankfurt/M; Berlin:
Ullstein, 1986.
    (Ullstein-Buch; Nr. 34360:
    Ullstein-Sachbuch)
    Einheitssacht.: Our endangered
    children 〈dt.〉
    ISBN 3-548-34360-0

NE: GT

Inhalt

Für meine Enkelkinder
Amanda, Kendra, Matthew und Ned

Einleitung – Unsere gefährdeten Kinder

Fehler bei der Erziehung unserer Kinder machen wir nicht erst, seit das letzte Drittel des 20. Jahrhunderts angebrochen ist – nur machen wir heute andere und vor allem gefährlichere Fehler. Auch frühere Gesellschaften sind mit ihren Kindern oft unsanft umgesprungen, haben sie vernachlässigt oder nach überholten Normen erzogen, besonders in Zeiten, in denen sie, wie wir heute, als Folge gesellschaftlicher Umbrüche und Erschütterungen oder neuer Ideologien mit bis dato unbekannten Problemen konfrontiert wurden.

Die Kindheit ist keineswegs zu allen Zeiten als eine eigenständige Lebensphase vom Erwachsensein unterschieden worden – im Gegenteil, diese Vorstellung ist sogar erst ziemlich spät entstanden. Früher sind die Kinder als kleine Erwachsene betrachtet und behandelt worden. In der mittelalterlichen Welt war es, wie auch in primitiven Kulturen, völlig normal, daß ein Kind im Alter von etwa sieben Jahren an Arbeit und Spiel der Erwachsenen teilzunehmen begann. Bald nach der Entwöhnung, so schreibt Philippe Ariès, der als erster die *Geschichte der Kindheit* – so der Titel seines Buches – systematisch untersucht hat, «wurde das Kind zum natürlichen Gefährten des Erwachsenen». Auch wenn die Spiele der Großen unter dem Einfluß des Alkohols einen erotischen Charakter annahmen oder ein wenig vulgär wurden, wie etwa Brueghel es auf einigen seiner Bilder dargestellt hat, blieben die Kinder selbstverständlich mit dabei und vergnügten sich auf ihre Weise.

Das Fehlen einer Abgrenzung zwischen Kind und Erwachsenem zeigte sich auch in der Kleidung. Ob bei der Arbeit, beim Spiel oder bei festlichen Anlässen – was die Kinder anhatten, war immer mehr oder weniger eine Miniaturausgabe der Kleidung der Erwachsenen. Vor mir liegen sechs von naiven Künstlern gemalte Bilder, die Kinder oder Erwachsene mit Kindern zeigen. Auf allen Bildern sind die Kinder wie die Erwachsenen angezogen. Ein um 1815 gemaltes Porträt, das «Schullehrer mit zwei Knaben» betitelt ist, zeigt alle drei in der gleichen Tracht.

Erst gegen Ende des 19. Jahrhunderts begann es allgemein üblich zu werden, Kinder anders anzuziehen als Erwachsene. Knaben wurden in kurze Hosen oder Matrosenanzüge gesteckt, für Mädchen wurde der Zopf obligatorisch. Kurz – die Kindheit wurde zu etwas Besonderem. Dieser Vorgang fiel zusammen mit der zunehmenden Trennung der Kinder von den Erwachsenen, zu der in erster Linie die Entwicklung des Schulwesens beitrug.

Das heißt nicht, daß zugleich mit der modernen Zeit für die Kinder in der westlichen Welt die Ära der «sorglosen Kindheit» angebrochen wäre. Ganz im Gegenteil, sie hatten wenig zu lachen, vor allem in der Epoche zwischen Mitte des 17. und Mitte des 19. Jahrhunderts. Die Umwälzungen, die sich in der rauhen Frühphase des industriellen Zeitalters vollzogen, das Zusammenströmen großer Menschenmassen in den Ballungszentren und die Rigorosität der von den Fegefeuer-Calvinisten gepredigten Verhaltensnormen, all dies brachte für die Kinder wenig Erfreuliches.

In vielen europäischen Großstädten war es im 18. Jahrhundert absolut üblich, daß eine frischgebackene Mutter ihr Neugeborenes «weggab», das heißt einer Amme aus der näheren oder weiteren Umgebung anvertraute, oft einer Frau, die auf dem Lande lebte. Es gab eine Zeit, da wurde sogar die überwiegende Mehrheit der in Paris zur Welt gekommenen Kinder aufs Land verfrachtet.

Ein herzloses und egoistisches Verhalten? In vielen Fällen gewiß, obwohl das Kleine auf diese Weise manchmal in den Genuß einer Betreuungsperson kam, die sich nur ihm allein widmete. Doch man muß die Umstände in Rechnung stellen: Die rapide Urbanisierung hatte das familiäre und gemeindliche Zusammengehörigkeitsgefühl weitgehend zerstört und das Leben für Kinder in jeder Beziehung ungesund gemacht.

Die Städte explodierten geradezu. London beispielsweise war im Jahr 1700 zu einer großen, verdreckten Metropole mit 750 000 Einwohnern herangewachsen. Abfallhaufen und Pferdedung lockten Ratten, Flöhe, Fliegen und Mücken an, die Seuchenerreger wie Typhusbakterien und andere für Kinder gefährliche Krankheitskeime übertrugen.

Von den in den neuen Ballungsgebieten zur Welt gekommenen

Kindern starben die meisten vor Erreichen des sechsten Lebensjahrs. Man kann sich leicht vorstellen, daß Eltern es sich unter solchen Umständen versagten, in eine intensive Gefühlsbeziehung zu ihren Neugeborenen und Kleinkindern zu treten. Historiker behaupten, daß es im 17. Jahrhundert so etwas wie ein «Zärtlichkeitstabu» zwischen Erwachsenen und kleinen Kindern gegeben habe.

Oder denken wir an die Kinderarbeit. In traditionellen Gesellschaften übernehmen Kinder schon früh eigene Verantwortung. Sechsjährige müssen auf ihre jüngeren Geschwister aufpassen oder werden mit der Aufgabe betraut, eines der Kleinen tagsüber mit sich herumzutragen.

Bevor der Industrialisierungsprozeß einsetzte, war es in den westlichen Gesellschaften üblich, daß alle Söhne, außer dem ältesten, zu auswärtigen Meistern in die Lehre geschickt wurden. Dies geschah gewöhnlich zwischen dem siebten und dem neunten Lebensjahr. Vom Meister wurde erwartet, daß er seinem kindlichen Lehrling sein Handwerk beibrachte, oft auch, daß er ihn im Lesen und Schreiben unterrichtete; und er besaß die Disziplinargewalt über das Kind. Diese Regelung hatte zu einer Zeit, da es noch so gut wie keinen öffentlichen Schulunterricht gab, gewiß ihren Sinn.

Etwas ganz anderes, Brutaleres war jedoch die Kinderarbeit in der Frühzeit der industriellen Revolution. Was damals an Formen der Ausbeutung von Kindern vorkam, war, zum Teil wenigstens, abscheulicher, als ich mir je hätte vorstellen können, bevor ich mich für dieses Buch näher damit befaßte.

Es gab kaum gesetzliche Bestimmungen über die Beschäftigung von Kindern. Fabrik- und Bergbauunternehmer konnten diese billigen Arbeitskräfte nach Gutdünken auspowern. Sie beriefen sich dabei auf die puritanische Ethik, die Kinderarbeit als eine Gottesgabe rechtfertigte, und die zu jener Zeit allgemein anerkannten Glaubenssätze einer Wirtschaftstheorie, die das Prinzip des Laisser-faire predigte.

In den Baumwollbetrieben Neuenglands standen die Kinder oft vierzehn Stunden täglich an den Maschinen. 1842 wurde eine «Reformation» verabschiedet, die die Arbeitszeit für Kinder unter zwölf Jahren auf zehn Stunden pro Tag begrenzte.[1*]

Ihren negativen Höhepunkt fand die Ausbeutung von Kindern wohl in den englischen und schottischen Kohlenzechen des frühen 19. Jahrhun-

---

* Die Hochziffern im Text verweisen auf den Anmerkungsteil S. 335 ff.

derts. Die sowieso dürftigen gesetzlichen Regelungen über Kinderarbeit in Fabriken galten für den Bergbau nicht. Eine detaillierte Darstellung dessen, was dort vor sich ging, gab 1842 der Siebente Earl von Shaftesbury in seinem nüchternen Bericht für das britische Unterhaus.[2]

Mit Erreichen des fünften Lebensjahrs – in den Gruben von Oldham sogar schon mit vier – galten die Kinder als reif für die Arbeit unter Tage, und zwar Jungen *und* Mädchen. Die meisten von ihnen, Knaben wie Mädchen, wurden als Zugtiere in den engen Stollen eingesetzt. Auf Händen und Knien krabbelnd, zogen sie beladene Karren hinter sich her – vierzehn bis sechzehn Stunden am Tag. Die Buben arbeiteten in der Regel nackt, die Mädchen mit nacktem Oberkörper. Das «Zaumzeug» für diese charakterstählende Arbeit war ein Hüftgürtel, an dem eine Kette befestigt war, die zwischen den Beinen nach hinten zur Karre führte. Die Kette scheuerte den Kindern oft das Fleisch wund, da sie stundenlang kriechen mußten, ohne sich zwischendurch einmal strecken zu können. Ihre Lungen füllten sich mit Kohlenstaub. Wenn sie klagten, wurden sie von ihren Aufsehern dafür gewöhnlich gezüchtigt.

Wen wundert's, daß aus Kindern von liebenswürdigem Naturell in den Kohlegruben binnen kurzer Zeit «kleine Teufel» wurden, wie ein Geistlicher aus Tranent klagte.

Nicht wenig trug zum schweren Los der Kinder im 17. und 18. Jahrhundert die Kirche bei. Viele überzeugte Protestanten – vor allem die Calvinisten – sahen im Kind die Verkörperung der «Erbsünde». Ihrer Überzeugung nach mußte man Kindern ihre «teuflischen Neigungen» austreiben und ihren Willen brechen, um Erlösung zu finden und der Hölle zu entgehen.

Dieser Philosophie zufolge war es die Christenpflicht der Eltern – und der neuen Berufsgruppe der Lehrer und Schulmeister –, die «Reinigung» der Kinder mit Strenge und, wenn nötig, mit dem Stock zu erzwingen. Zeigte sich ein Kind verspielt, so galt dies als Zeichen von Besessenheit. Geschah einem Kind das Unglück, ins Bett zu machen, so konnte die Strafe dafür darin bestehen, daß es einen halben Liter Urin trinken mußte.[3]

In evangelischen Häusern galt die Grundregel, daß Kinder den Gehorsam gegenüber Gott nur lernen konnten, wenn sie zuvor gelernt hatten, ihren Eltern zu gehorchen. Von dem bekannten Geistlichen John

Wesley stammt die Mahnung an die Adresse der Eltern: «Brecht ihren Willen, um ihre Seelen zu retten.»

Der wirksamste Widerspruch gegen die weithin akzeptierte Ansicht, daß Kinder von Natur aus böse seien und nur durch strenge Zucht auf den richtigen Weg gebracht werden könnten, wurde von zwei bedeutenden Denkern des 18. Jahrhunderts artikuliert: Jean-Jacques Rousseau und John Locke. Das Kind – so Rousseau – könne gar nicht von Natur aus böse sein, denn es sei ein Geschöpf der Natur, und die Gesetze der Natur würden eo ipso für eine gesunde Entwicklung des einzelnen sorgen. Rousseau erklärte die Kindheit für einen besonders wichtigen Lebensabschnitt und postulierte, das Verhältnis zwischen Eltern und Kindern müsse durch gegenseitige Zuneigung geprägt sein. Auch der große Humanist John Locke forderte die Eltern auf, ihre Kinder zu lieben. Um den Respekt des Sohnes zu gewinnen, müßten, so meinte er, die Eltern ihrerseits den Sohn respektieren.

Die Ideen Rousseaus und Lockes fanden vor allem in Amerika dankbare Aufnahme, wo die Solidarität innerhalb der Familie oft, namentlich in den Gebieten der «Frontier», der westlichen Siedlungsgrenze, eine Bedingung für das Überleben war. Die amerikanischen Kinder hatten es leichter als ihre europäischen Altersgenossen, die traditionelle Ehrfurcht vor den Erwachsenen – die allzuoft hauptsächlich aus Furcht bestand – abzulegen.

Obwohl diese Entwicklung sich mittlerweile in der gesamten westlichen Welt vollzogen hat, gehören Probleme im Umgang mit den Kindern und der Kindheit keineswegs der Vergangenheit an. Im Gegenteil: Plötzlich sehen wir uns mit einer «Beziehungs-Krise» zwischen Erwachsenen und Kindern konfrontiert, ohne uns der Ursachen dafür bewußt zu sein.

Was ist los?

Für mich steht fest: Unsere Gesellschaft hat in ihrer Aufgabe, Kinder auf das Erwachsenendasein vorzubereiten, auf eine besorgniserregende Weise versagt. Die Vielfalt und damit Beliebigkeit, die wir heute in den Methoden der Kindererziehung beobachten können, sind in der Geschichte ohne Beispiel. Wir sprechen zwar ständig von Verbesserung der Lebensqualität, von Fortschritt und Bewältigung der Herausforderungen der Zukunft – aber wie diese Zukunft aussehen wird, hängt wesentlich mit davon ab, wie wir jetzt und heute unsere Kinder erziehen.

Dieses Problem scheinen wir erfolgreich zu verdrängen. Dabei müßte bei all unseren Überlegungen und Planungen stets die Frage im Mittelpunkt stehen: Aber was ist mit den Kindern?

Natürlich gibt es nach wie vor eine Menge intakter Familien, wo die Kinder unter der Obhut einfühlsamer, liebevoller Eltern aufwachsen. Aber das übergreifende, beherrschende Faktum ist doch, daß die gesamte Tendenz unserer Gesellschaft, unserer Institutionen und eben auch unseres Familienlebens dahin geht, daß wir die nachwachsende Generation vernachlässigen und sie mit Leid, Angst und entmutigenden Problemen allein lassen. Manche dieser Leiden und Probleme drohen einen großen Teil der jungen Menschen auf eine irreversible Weise zu schädigen.

Das Aufziehen von Kindern wird für Eltern (und solche, die es werden wollen) offenbar zunehmend zu einem Mysterium – und zu einer immer größeren Herausforderung. Viele Paare haben das Gefühl, nicht mehr frei über eine Familiengründung und die Zukunft ihrer Familie entscheiden zu können. Und Eltern haben oft den – wenn nicht zutreffenden, so doch verständlichen – Eindruck, daß unsere Institutionen und die in unserer Gesellschaft vorherrschende Einstellung das Kinderkriegen eher bestrafen als belohnen. Unsere grundlegende gesellschaftliche Einheit, die Familie, ist in spürbare Bedrängnis geraten.

Schon vor einigen Jahren hat einer der führenden Fachleute auf dem Gebiet der Kindererziehung, der Psychologieprofessor Urie Bronfenbrenner von der Cornell University, auf die Folgen hingewiesen, die sich aus den radikalen Veränderungen in Struktur und Funktion der Familie für die Kinder ergeben; er äußerte die Befürchtung, die Auswirkungen seien «auf dem besten Wege, die Bezeichnung verhängnisvoll zu verdienen».

Wie sehen diese radikalen Veränderungen aus?

Ich denke, sie betreffen vor allem drei gesellschaftliche Bereiche:

1. Es hat sich – mehr oder weniger ungewollt – ein kinderfeindliches Klima entwickelt, so daß Kinder sich außerhalb des familiären Zuhauses einer kalten, abweisenden Welt gegenübersehen.
2. Es ist uns nicht gelungen, eines der einschneidendsten Phänomene dieses Jahrhunderts in den Griff zu bekommen: die Emanzipation der (verheirateten) Frau und Mutter, verbunden mit außerhäuslicher Berufstätigkeit.

3. Wir haben gerade erst begonnen, die Aus- und Nachwirkungen der sprunghaft gestiegenen Zahl der Scheidungen auf die Millionen betroffener Kinder zu erkennen.

Diese Faktoren tragen, wie ich glaube, entscheidend zu jenen «modernen Formen der Verdammnis» – wie Professor William Kessen es so treffend ausgedrückt hat – bei, denen unsere Kinder ausgesetzt sind. Es ist das Grundanliegen dieses Buches, einmal jene Phänomene unter die Lupe zu nehmen, in denen sich meiner Ansicht nach diese moderne Verdammnis verkörpert, und Vorschläge zu machen, was wir dagegen tun könnten.

Wenn ich im folgenden versuche, die Welt der «Kinder» zu erkunden, so beziehe ich mich dabei auf die Altersstufen zwischen dem Neugeborenen und dem Jugendlichen im Alter von vierzehn Jahren. Dabei geht es mir weniger um jene, die straffällig werden, die behindert oder manifest verhaltensgestört sind, also nicht um die – aufs Ganze gesehen – Ausnahmefälle, sondern vielmehr um die «typischen» Kinder aus den zunehmend typischer werdenden Familien – den Millionen von Familien, die versuchen, mit der immer verwirrenderen und forderneren Welt zurechtzukommen, in der unsere Kinder heutzutage aufwachsen und erzogen werden.

Im Laufe meiner Beschäftigung mit dem Thema bin ich zu der Überzeugung gelangt, daß Kinder widerstandsfähiger und anpassungsfähiger sind, als ich ursprünglich gedacht hatte. Sie sind in der Lage, eine ganze Menge frühkindlicher Schockerlebnisse zu verkraften oder sogar positiv zu verarbeiten, wenn gewisse gegenwirkende Faktoren vorhanden sind. Andererseits müssen wir feststellen, daß bestimmte Lebens- und Erziehungsformen, die Kindern oft bleibende Schäden zufügen können, immer mehr an Terrain gewinnen.

TEIL I

Kind sein in einer kinderfeindlichen Kultur

1 Kind sein heute – was bedeutet das?

Kinder seien, so wurde einleitend behauptet, heute gewissen «modernen Formen der Verdammnis» ausgesetzt. Was ist damit gemeint? Und welche Kinder sind gemeint?

Es geht um jene Millionen Kinder in den Ländern der westlichen Welt, für die das Leben, allem materiellen Wohlstand zum Trotz, viele verletzende und irritierende Erfahrungen bereithält. Für die *Mehrzahl* der Kinder von heute *kann* Kindsein unter anderem bedeuten:

Eltern zu haben, die sich scheiden lassen wollen oder es bereits getan haben. Der Zuwachs der Scheidungsrate hat sich in den vergangenen fünfzehn Jahren in einem – gemessen an historischen Zeitabläufen – atemberaubenden Tempo erhöht. Ergo wird fast die Hälfte der in den vergangenen Jahren geborenen Kinder vor Erreichen des achtzehnten Lebensjahrs für kürzere oder längere Zeit mir nur einem Elternteil zusammenleben, wenn die seit Jahren zu beobachtende Zunahme der Scheidungen und Trennungen sowie der unehelichen Geburten sich weiterhin fortsetzt.

An vielen amerikanischen Grundschulen liegt der Anteil der Schüler, die aus einer «Rumpf-Familie» stammen, bei über vierzig Prozent. Da mag sich dann schon manches Kind, wenn es Gespräche und Äußerungen von Klassenkameraden aus solchen Familien hört, fragen und sorgen, ob zwischen seinen Eltern, so intakt deren Ehe scheinen mag, nicht vielleicht auch etwas nicht stimmt.

Ungefähr ein Drittel aller amerikanischen Kinder lebt nicht mehr mit beiden leiblichen Elternteilen zusammen. Wie der Historiker Christopher Lasch schreibt: «Das Nichtvorhandensein des Vaters erscheint vielen Beobachtern als das charakteristischste Merkmal der heutigen Familie.»

Viel oder die meiste Zeit allein zu sein. Eine ganze Reihe Anzeichen weisen auf das Phänomen einer neuen Einsamkeit bei Kindern hin. Die heutigen großstädtischen Wohnviertel sind ihrer Anlage nach tendenziell kinderfeindlich: Orte, wo man spielen kann, lassen sich nur schwer finden; das Kind lernt, fremden Menschen mit Mißtrauen zu begegnen; es ist höchstwahrscheinlich zu Hause häufig allein und fühlt sich oft auch in der Schule einsam, denn an großen Schulen fällt es schwer, Freundschaften zu schließen; und wenn man zu den vielen Millionen Kindern gehört, die immer wieder in eine andere Stadt oder eine neue Umgebung umziehen müssen – in den USA sind es jährlich zwölf Millionen –, bleibt einem gar nichts anderes übrig, als auf Kontaktangebote der neuen Nachbarn und Klassenkameraden zu warten, die einen neugierig mustern. Ich habe Kinder von Geschäftsnomaden kennengelernt, die im Alter von elf Jahren bereits neun Umzüge, oft über große Entfernungen, hinter sich hatten.

Auf dem Weg zur Schule des öfteren auf ein Schild mit der Aufschrift «Keine Kinder» zu stoßen. Wer Kinder hat und eine Wohnung mieten will, muß in den USA meist eine Menge zusätzlicher Auflagen in Kauf nehmen. Oft sprechen die Hausbesitzer von vornherein ein regelrechtes Kinderverbot aus. In mehreren amerikanischen Großstädten werden Kinder in den schönen neuen Appartementhäusern fast durchweg nicht geduldet. Unsere Kinder lernen sehr früh, was für ein Gefühl es ist, ein Klotz am Bein der Eltern zu sein.

Einige der Schilder, die an Appartementhäusern angebracht sind, signalisieren, daß Haustiere gestattet sind, Kinder jedoch nicht. Viele Kinder, die in ein Internat geschickt werden, wissen, daß ihre Eltern keine andere Wahl hatten – wenn sie ihre Wohnung behalten wollten.

Häufig in die Obhut eines oder mehrerer Betreuer(innen) gegeben zu werden, oft außer Haus. Von einem großen Teil der Kinder im Vorschulalter ist die Mutter entweder berufstätig oder wird in absehbarer Zeit in einen Beruf zurückkehren. Gegenwärtig geht in den USA jede vierte Mutter mit einem Kind unter drei Jahren einer – nur vorübergehend aufgegebenen – Arbeit außer Haus nach. Von den Müttern der Kinder im Vorschulalter, also zwischen drei und sechs Jahren, ist fast die Hälfte berufstätig.

Und wer betreut die Kinder? Die Bemühungen der Arbeitgeber,

durch flexible Arbeitszeitregelungen und andere Angebote zur Lösung dieses Familienproblems neuer Art beizutragen, stecken noch im Anfangsstadium. Für drei Viertel der Kinder von berufstätigen Müttern stehen keine institutionellen Betreuungsmöglichkeiten zur Verfügung.

Die Folge ist, daß einige Millionen Kinder in ihren ersten Lebensjahren in puncto persönlicher Zuwendung einfach zu kurz kommen. Viele werden für acht bis zehn Stunden am Tag in Einrichtungen «abgeliefert», die tatsächlich nicht viel mehr sind als Aufbewahranstalten für Kinder.

Oft und lange in einer leeren Wohnung oder einem leeren Haus allein zu sein. Man schätzt, daß in den USA etwa 20 000 Kinder unter sechs Jahren den ganzen Tag allein, das heißt in Gesellschaft des laufenden Fernsehapparats, zu Hause sind. Ihren arbeitenden Müttern war es einfach nicht möglich, irgendeine Form der Betreuung für sie zu arrangieren. In Chicago wurde ein dreijähriger Junge dabei beobachtet, wie er sich sein Mittagessen zubereitete. Sein Hauptproblem waren die Stühle, auf die er klettern mußte, um an die Küchenschränke heranzukommen ...

Um ein Vielfaches höher liegt die Zahl der Kinder im schulpflichtigen Alter, die nach der Schule allein zu Hause sind. In den USA rechnet man – nach vorsichtigen Schätzungen – mit zwei Millionen «Schlüsselkindern». Es gibt aber auch ernst zu nehmende Untersuchungen, die von etwa zehn Millionen ausgehen.

Eine kommunale Vereinigung in einer Stadt in Pennsylvania fand es besorgniserregend, daß eine zunehmende Zahl von Grundschülern nach dem Unterricht in einer leeren Wohnung oder einem leeren Haus allein auf sich gestellt sind, und organisierte darum einen telefonischen Patenschaftsdienst: Die Kinder erhalten eine bestimmte Telefonnummer, die sie anwählen können, wenn sie eine Information oder einen Rat brauchen. Dreißig bis vierzig Anrufe pro Woche gehen ein – meist weil das Kind sich einsam fühlt oder Angst hat wie eine der Initiatorinnen des Projekts, Professor Louise Guerney, berichtet – «Angst vor Geräuschen oder Angst, weil die Eltern, der Babysitter, das ältere Geschwister nicht zur erwarteten Zeit gekommen sind».

Ein Kollege von Louise Guerney, James Garbarino, bezeichnet die hier zu beobachtende Entwicklung als «eine allgemeine Entleerung der sozialen Umwelt der Kinder».

19

Wenig wirklichen Kontakt zu Erwachsenen zu haben. Die meisten der Erwachsenen, die ein Kind kennt, fahren morgens zu einer Arbeit, von der das Kind nur wenig weiß und noch weniger begreift. Die Gelegenheit, Seite an Seite mit Erwachsenen etwas Interessantes zu sehen oder zu erleben, besteht für ein Kind kaum.

Eine von Herbert Wright und Mitarbeitern an der University of Kansas erstellte Studie kam zu dem Ergebnis, daß Kinder, die an einem Ort aufwachsen, wo eine lebendige Gemeinschaft existiert, etwa in einem Dorf oder einer Kleinstadt, sehr viel mehr Erwachsene mit ganz verschiedenen Berufen *gut* kennen als ihre Altersgenossen aus der Stadt. Und sie haben auch weit eher die Chance, aktiv an dem beteiligt zu werden, was die Erwachsenen beruflich und privat tun.

Großstadtkinder kommunizieren selbst mit den eigenen Eltern nur noch wenig, da diese immer seltener zu Hause sind. Wie eine Untersuchung ergab, verbringen die Väter von Kindern im Säuglingsalter durchschnittlich weniger als eine Minute pro Tag in wirklich intensivem Kontakt mit ihrem Kind.

Sich an ein neues Familienmitglied gewöhnen zu müssen. Wenn die Mutter geschieden ist, wird mit einiger Wahrscheinlichkeit irgendwann ein neuer Mann in der Wohnung auftauchen. Ist es was «Ernstes», bleibt er vielleicht über Nacht und sitzt auch mit am Frühstückstisch. In den meisten Fällen gehen beide Elternteile über kurz oder lang eine neue Ehe ein. Ungefähr jedes achte Kind hat heute einen Stiefvater bzw. eine Stiefmutter. Die Wiederverheiratung eines Elternteils kann für ein Kind eine zutiefst verwirrende Erfahrung sein. Der amerikanische Verhaltensforscher Lionel Tiger beschreibt die Situation höchst anschaulich:

«Viele Leute sind mit Leuten verheiratet, die ihrerseits mit anderen Leuten verheiratet waren, die wiederum jetzt mit anderen verheiratet sind, und diese letzteren sind vielleicht wieder die Partner aus der ersten geschiedenen Ehe, oder es sind Leute, die mit ganz anderen Leuten verheiratet waren oder aber überhaupt noch nicht.»

Dieses ständige Sich-Finden, Trennen und Jemand-anders-Finden ist ohne Beispiel in unserer bisherigen Geschichte.

Sich oft selbst ums Essen kümmern zu müssen. Das gemeinsame Essen gilt als eines der ältesten menschlichen Rituale. Daß die Familie ihre Mahlzeit zu Hause einnimmt, dabei um einen Tisch herum sitzt und die

Freuden und Probleme des Tages bespricht, hat in vielen Ländern eine lange Tradition. Heute ist diese Tradition im Begriff, ganz zu verschwinden.

Zuerst blieb das gemeinsame Mittagessen auf der Strecke, als die Entfernungen zwischen Wohnung und Arbeitsplatz bzw. Wohnung und Schule immer größer wurden. Dann fiel das gemeinsame Frühstück aus, da jeder seinen eigenen eiligen Morgen-Zeitplan hatte. Und was das Abendessen betrifft, so wird auch das nur noch von wenigen Familien am Tisch gemeinsam eingenommen. Die Hälfte der Eltern, die noch zusammen mit ihren Kindern zu Abend essen, tun es im halbdunklen Zimmer, während der Fernseher läuft, wenn man einer an der University of Pennsylvania entstandenen Studie Glauben schenken darf. Und das, was da verzehrt wird, stammt in vielen Fällen aus einem nahe gelegenen Schnellimbiß und wandert direkt aus den Pappbehältern, in denen es gekauft wurde, in den Mund. Wenn die einzelnen Familienmitglieder zu unterschiedlichen Zeiten nach Hause kommen, ißt das Kind sein Abendbrot vielleicht auch allein – vor dem Fernseher in seinem Zimmer.

Daß die menschlichen Stimmen, die sie hören, öfter aus technischen Geräten kommen als aus den Kehlen leibhaftiger Menschen. Innerhalb einer Generation haben sich die Bedingungen des Heranwachsens durch den Einfluß des Radios und vor allem des Fernsehens tiefgreifend verändert.

Millionen kleiner Kinder werden vor dem Fernsehapparat, dem großen Babysitter/Schnuller, deponiert und dort stundenlang allein sitzen gelassen. «Das Fernsehen ist im Hinblick auf die ‹Betreuung› von Kindern die bei weitem wichtigste Errungenschaft dieses Jahrhunderts», meint Mary Jo Bane, Kinderpsychologin von der Harvard University. Kinder im Vorschulalter, die meistens noch gar nicht in der Lage sind, Werbung und redaktionelles Programm zu unterscheiden, verfolgen das Bildschirmgeschehen durchschnittlich vier Stunden täglich. Ältere Kinder verbringen – trotz Schulbesuch – beinahe ebensoviel Zeit vor der Flimmerkiste. Die über zehn Jahre alten lassen sich außerdem noch durchschnittlich zwei Stunden pro Tag von Stimmen und Geräuschen (heiseren Stimmen und dröhnenden Geräuschen zumeist) aus ihrem Radio oder aus ihrem Kassettenrecorder berieseln – vorzugsweise während sie ihre Hausaufgaben machen.

Eltern zu haben, die schon mit ihren eigenen Problemen kaum fertig werden und sich erst «selbst finden» müssen. Ein angesehenes Demoskopie-Institut führte vor kurzem eine Erhebung über die amerikanische Familie, ihren Funktions- und Strukturwandel durch. Eines der interessantesten Ergebnisse dieser Umfrage war, daß sich da in jüngster Zeit ein ganz neuer, sehr viel weniger familienorientierter Elterntyp entwickelt hat, dem zum Beispiel Selbstverwirklichung wichtiger ist als gesellschaftlicher Erfolg, ja, wichtiger als seine Pflichten gegenüber anderen, einschließlich der eigenen Kinder. Die Botschaft, die diese 43 (!) Prozent der befragten Eltern ihren Kindern vermitteln, lautet im Grunde: «Ich will frei sein, warum solltet also ihr nicht auch frei sein? Wir werden uns nicht aufopfern für euch, denn wir wollen unser eigenes Leben leben. Dafür werdet ihr uns, wenn ihr erwachsen seid, nichts schuldig sein.»

Viele berufstätige Mütter kleiner Kinder möchten ihre Arbeit nicht missen, und beide Eltern wissen das zusätzlich verdiente Geld zu schätzen. Gleichwohl fühlen sich viele berufstätige Mütter emotional hin- und hergerissen und fragen sich, ob sie ihre Kinder nicht um etwas Wichtiges betrügen. Während viele frischgebackene Väter Probleme mit ihrer sich wandelnden Rolle haben. Sie wissen einerseits, daß sie ihrer berufstätigen Frau auch im Haushalt und bei der Pflege und Betreuung der Kinder Partner sein sollten, und bekennen sich selbstredend zur Gleichberechtigung – aber bei diesem Lippenbekenntnis bleibt es dann oft, eine entsprechende Verhaltensänderung folgt selten.

Alle von mir hier aufgeführten Aspekte – die Liste ließe sich noch beliebig fortsetzen – summieren sich zum Bild eines Elends neuer Art für Millionen von Kindern: dem Gefühl tiefster Verunsicherung, verborgen hinter einer vordergründigen Unbeschwertheit. Viele der belastenden und möglicherweise schädigenden Faktoren können gewiß von verständnisvollen Eltern und durch ein intaktes Gemeinschaftsleben ausgeglichen werden. Aber das ändert nichts daran, daß diese Aspekte des Kindseins heute eine Herausforderung für alle Eltern und für unsere Gesellschaft überhaupt darstellen.

2 Das gestörte Verhältnis unserer Gesellschaft zum Kind

Im Laufe des vergangenen Jahrzehnts hat sich das Phänomen der sogenannten kindlichen Ausreißer zu einem zunehmend besorgniserregenden Problem entwickelt. In den Vereinigten Staaten hat es mittlerweile «epidemische Ausmaße» angenommen[1]: Ein Senatsausschuß schätzte die Zahl der kindlichen Ausreißer auf über eine Million im Jahr.

Interessanterweise ist das Durchschnittsalter dieser Ausreißer immer niedriger geworden und liegt derzeit bei ungefähr dreizehneinhalb Jahren. Daß Kinder von zu Hause weglaufen, kommt in allen sozialen Schichten vor – auch «in den besten Familien». Mädchen entfliehen in der Regel eher einer als zu rigoros empfundenen elterlichen Beaufsichtigung und Gängelei, Jungen häufiger einer Situation, die durch das weitgehende Fehlen elterlicher Autorität gekennzeichnet ist. Viele Ausreißer kommen aus einer Familie, in der ein Elternteil fehlt oder in der das Verhältnis zwischen den Eltern hoffnungslos zerrüttet ist.

Kindliche Ausreißer sind nicht nur in Amerika ein Problem, sondern beispielsweise auch in Deutschland und England. Als ich zum letzten Mal in England war, schlug man sich gerade mit kollektiven Schuldgefühlen herum über den Tod eines kleinen, bis dato gänzlich unbekannten Jungen. Der achtjährige Ausreißer war bei dem Versuch, nachts ein Sumpfgebiet zu durchqueren, erfroren. Fast alle Zeitungen widmeten dem Fall tagelang tränenreiche Schlagzeilen, und der *Daily Express* sprach von «einer Tragödie unserer Zeit».

Der Junge, der Lester hieß und von den Zeitungen «Lonely Lester» genannt wurde, stammte aus einer geschiedenen Ehe. Er war in einem Heim gewesen, bis seine Mutter wieder geheiratet und ihn zu sich genommen hatte. Der Stiefvater hatte den in seinen Augen «respektlosen» Jungen häufig mit Ohrfeigen und Fausthieben traktiert, worauf Lester sich erst in die innere Emigration zurückgezogen und dann versucht hatte, das Weite zu suchen. Viermal innerhalb von zwei Monaten hatte die Polizei ihn aufgegriffen und wieder nach Hause gebracht.

Viele dieser kindlichen Ausreißer sind eigentlich eher Vertriebene, Kinder, die den Eltern auf die Nerven gehen, weil sie angeblich aufsässig oder quengelig sind. Wegen Lappalien kommt es dann zu lautstarken Auseinandersetzungen, Stubenarrest, Prügel; bis das Kind schließlich die Flucht ergreift – wie schon Hunderttausende andere in jedem Jahr.

Wenn ein Ausreißer nicht nach wenigen Wochen wieder nach Hause zurückkehrt, gerät er mit einiger Wahrscheinlichkeit in eine trostlose Lage – Fotomodell für Porno-Magazine oder Darsteller in Porno-Filmen, wenn nicht gar gleich Prostitution heißen dann oft die Stationen auf dem Weg nach unten.

In Chicago ist vor kurzem ein «Ausreißertelefon» eingerichtet worden, das rund um die Uhr aus dem ganzen Land gebührenfrei angerufen werden kann. Rund 50 000 Anrufer im Jahr machen von dieser Möglichkeit, sich beraten und helfen zu lassen, Gebrauch. In fast allen amerikanischen Städten sind Häuser als Zufluchtsstätten für Ausreißer eingerichtet worden. Sie stehen untereinander in Verbindung und bilden so ein landesweites Netzwerk.

Ich habe ein großes Ausreißerhaus in New York, unweit des Broadway, besucht. Es liegt in einer der schlimmsten Gegenden der Stadt. Drogenhandel, Pornographie und Prostitution sind in diesem Viertel zu Hause, und an den meisten dieser Aktivitäten sind «frische» Ausreißer beteiligt. Um in das Haus reinzukommen, das vierundzwanzig Stunden am Tag geöffnet ist, muß man sich an einen Wächter wenden, der in einer abgeschirmten Pförtnerloge sitzt und darauf achtet, daß keine Zuhälter oder andere unerwünschte Personen das Haus betreten. Wenn man ihn davon überzeugt hat, daß man ein legitimes Motiv hat, Einlaß zu begehren, betätigt er per Knopfdruck den Türöffner.

Ich besuchte das Haus gegen vier Uhr nachmittags. Viele der jungen Ausreißer lagen schlafend auf Sofas oder auf großen Kissen am Boden. Andere saßen oder lagen dösend vor einem Fernsehapparat in der Ecke.

Für die Nacht werden Mädchen und Jungen in getrennten Stockwerken untergebracht. Wer dort kein Bett mehr findet, schläft in einem «Ausweichzimmer». Wenn auch dort der Platz nicht reicht, werden Minibusse eingesetzt, um Spätankömmlinge zu anderen an das Netzwerk angeschlossenen Unterkünften zu transportieren. Dreimal täglich wird in diesem «Krisenzentrum» ein warmes Essen serviert.

Viele der hier gestrandeten Kinder und Jugendlichen sind vergewaltigt oder zu pornographischen Exzessen gezwungen worden, viele haben versucht, mit Prostitution Geld zu verdienen. Allerdings: «Sie werden hier keinen glücklichen Strichjungen finden», erklärte mir einer der Betreuer.

Eine dreizehnjährige, in die Prostitution abgerutschte Ausreißerin tauchte mit einem Baby im Kinderwagen im Asyl auf; ein zehnjähriger Junge kam mit einem Sack voll Spielzeug an – er war von einem Homosexuellen mißbraucht und mit Spielsachen statt Bargeld entlohnt worden.

Von den Tausenden von Kindern, die Jahr für Jahr in dem Haus landen, sind zweitausend jünger als fünfzehn. Als Hauptgrund für ihr Weglaufen von zu Hause nennen die meisten einen rohen, versoffenen Vater.

Die Betreuer bestehen darauf, daß die Eltern bzw. ein Elternteil jedes bei ihnen Schutz suchenden Kindes angerufen werden, damit die wissen, daß ihr Sohn oder ihre Tochter «in Sicherheit» ist. Diese Anrufe zeigen dann oft, daß es sich nicht um Ausreißer im eigentlichen Sinn, sondern um Ausgestoßene handelt. Einer der Betreuer erzählte mir: «Wir rufen an und sagen: ‹Wir haben Ihren Sohn hier.› Antwort: ‹Schön. Behalten Sie ihn.›»

Er fügte hinzu: «Die Kinder sind im Grunde in Ordnung, aber sie sind von allen für ihr Leben wichtigen Institutionen, einschließlich der Familie und der Schule, im Stich gelassen worden.» Nur selten kann eine sofortige Rückkehr nach Hause in die Wege geleitet werden. Für die meisten versucht das Betreuungszentrum, Arbeitsplätze zu finden, zum Beispiel als Hot-dog-Verkäufer, oder es überweist sie zwecks längerfristiger Rehabilitationsmaßnahmen an eine geeignete Einrichtung.

Ein ebenfalls in New York ansässiges Zentrum, die Foundation for Child Development, hat versucht, einen breiteren Überblick über das tägliche Elend in amerikanischen Familien zu gewinnen. Es hat unter 2301 Kindern zwischen sieben und elf Jahren – ein repräsentativer Querschnitt aus allen Teilen der Vereinigten Staaten – eine Erhebung durchgeführt. Acht von zehn der befragten Kinder gaben an, Angst um den Bestand ihrer Familie zu haben. Weniger als die Hälfte der Kinder lebte noch mit ihren beiden «richtigen» Elternteilen zusammen und beurteilte die Ehe ihrer Eltern als glücklich. Als die Kinder aber gebeten wurden, aus einer Reihe von Vorlagen ein Gesicht auszuwählen, das ihre Gefühle gegenüber ihrer Familie am besten zum Ausdruck brachte, entschieden sich erstaunlicherweise neun von zehn für eines mit glück-strahlender Miene. Wir werden später noch mehr über den Angstindex dieser Kinder erfahren.

Die zunehmende Vereinsamung oder Entwurzelung heutiger Kinder wird durch eine Reihe offizieller Erhebungen belegt. In den Vereinigten Staaten verbringen mindestens zwei Millionen Kinder einen großen Teil des Tages allein zu Hause.[2] Zehntausende davon sind jünger als sechs Jahre. Untersuchungen, die in Detroit durchgeführt wurden, deuten darauf hin, daß solche alleingelassenen Kinder einen beträchtlichen Teil der registrierten Wohnungsbrände verursachen.

Ein Forschungsinstitut an der University of Michigan hat die Ergeb-nisse von zwei Umfragen veröffentlicht, die im Abstand von zwanzig Jahren durchgeführt wurden: die erste 1956, die zweite 1976. Jedesmal wurden 2000 Personen über ihre allgemeine Stimmung und Gemütslage befragt. Das auffälligste Ergebnis war, daß die 1976 Befragten – vor allem die jüngeren unter ihnen, die im Laufe dieser zwanzig Jahre volljährig geworden waren – offenbar viel größere Schwierigkeiten hatten, «ihre Rolle und Stellung in der Gesellschaft zu finden», und in dieser Gruppe auch eine dramatische Zunahme der Symptome ängstli-cher Erregung wie Magenbeschwerden, Schlaflosigkeit und nervöse Erschöpfung zu verzeichnen war.[3]

Depressionen bei Kindern haben alarmierend zugenommen, wie die psychiatrischen Betreuungsdienste mit wachsender Sorge feststellen müssen. Natürlich sind kindliche Depressionen keine neue «Erfindung», doch galten sie noch vor fünfzehn Jahren nicht als ein nennenswertes gesundheitspolitisches Problem. Heute gibt es schon zahlreiche Spezial-kliniken zur Behandlung dieses Leidens. Aber auch andere psychische Störungen werden mehr und mehr zu «Alltagskrankheiten».

Der Kinderverhaltensforscher Robert J. Thompson von der Duke University nennt in einer Liste der Indikatoren für das Vorliegen schwerwiegender emotionaler Störungen bei einem Kind folgende Ver-haltensweisen: Hyperaktivität, Agressivität, Quengeligkeit, Ängstlich-keit, Jähzorn, Traurigkeit, extremes In-sich-gekehrt-Sein.

1034 Kinder aus repräsentativ ausgewählten New Yorker Familien wurden im Rahmen eines Langzeit-Forschungsprojekts von acht Verhaltenswissenschaftlern beobachtet. Achtzehn verschiedene Verhaltensweisen oder Verhaltensaspekte wurden bei den Kindern in unterschiedlich starker Ausprägung festgestellt, darunter so ernste Symptome wie regressive Angst (die sich beispielsweise in häufigem angstvollen Hochschrecken aus dem Schlaf äußert), kognitive Probleme (wie das Verwechseln von Wörtern), motorische Automatismen (wie unbewußtes Kopfnicken). Die Wissenschaftler kamen zu dem Schluß, daß rund ein Drittel der Kinder an psychischen oder geistigen Defekten litt; bei jedem achten wurde von Psychiatern eine so schwere Störung diagnostiziert, daß für die betreffenden Kinder umgehend eine psychiatrische Behandlung oder Betreuung veranlaßt wurde.[4] Selbst wenn man in Rechnung stellt, daß die Psychologen vielleicht zu einer übermäßig dramatisierenden Deutung der beobachteten Verhaltensweisen neigen, bleiben die statistischen Daten erschütternd und sind nicht von der Hand zu weisen.

Kinder ohne Kontrolle

«Die Eltern haben die Zügel gelockert, und die Kinder haben jetzt keinen Halt mehr», so versucht ein Beamter des psychiatrischen Dienstes die Situation zu charakterisieren. Was immer die Ursachen sein mögen – und es liegt sicher nicht an den Eltern allein –, Tatsache ist, daß eine rasch wachsende Zahl von Kindern außer Kontrolle gerät.

Schulverhalten als Indikator. Laut der National Association of Secondary School Principals sehen sich die amerikanischen Lehrer mit einem neuen Schülertypus konfrontiert. Einer der Spitzenfunktionäre des Verbandes, Scott D. Thomson, sagte mir: «Unsere Heranwachsenden bewegen sich irgendwie jenseits der Einschränkungen, die jungen Menschen normalerweise von den Erwachsenen auferlegt werden.»

So ist zum Beispiel ein massives Nachlassen der Lernmotivation zu konstatieren, eine Weigerung, die Schule ernst zu nehmen. In manchen Gegenden schwänzen so viele Schüler den Unterricht, daß man dazu übergegangen ist, ihnen Frisbees, T-Shirts oder Jojos als Belohnung dafür zu geben, daß sie überhaupt zum Unterricht erscheinen. Dieser Motivationsverlust ist quer durch alle Schichten der Gesellschaft zu beobachten. Die Ursachen dafür sind wohl vor allem in der häuslichen Umwelt, in der Qualität des Schulunterrichts oder in einem übermäßigen

27

Fernsehkonsum zu suchen. Aber was auch immer die Gründe sein mögen, die Tatsache als solche ist bedrückend.

In der Zeit zwischen den frühen sechziger und den späten siebziger Jahren – einem Zeitraum, in dem die Ausgaben für das öffentliche Schulwesen sich verfünffachten und viele neue Unterrichtstechniken eingeführt wurden – sanken die sprachlichen Fähigkeiten der Schüler, wie Tests ergaben, um zehn Prozent. In den vergangenen fünf Jahren hat sich bei den amerikanischen Schulkindern, egal ob man Neunjährige, Dreizehnjährige oder Siebzehnjährige testete, die Fähigkeit zur Problemlösung, wie sie per Intelligenztests gemessen wird, deutlich verschlechtert. Ende der siebziger Jahre stellte man fest, daß einer von acht High-School-Absolventen beim Eintritt in das letzte Schuljahr, das heißt im Alter von sechzehn Jahren, praktisch ein Analphabet war. 1981 kam eine von der Bundesregierung finanzierte Untersuchung zum landesweiten Bildungsfortschritt zu dem Ergebnis, daß die Fähigkeit der Dreizehn- und Siebzehnjährigen, in einer Diskussion einen Standpunkt zu formulieren, im Laufe der siebziger Jahre abgenommen hatte.

Diese alarmierenden Daten ließen allseits lautstarke Forderungen nach strengeren Prüfungsrichtlinien und besseren Motivationsstrategien in der Schule laut werden, so daß vielleicht Aussicht besteht, die Talfahrt noch zu bremsen.

Ungesetzliches Verhalten als Indikator. Nicht nur in den Vereinigten Staaten sind von Kindern und Jugendlichen begangene Straftaten zum Problem geworden; in der Bundesrepublik Deutschland wird im Zusammenhang mit der Jugendkriminalität von einer «gesellschaftlichen Katastrophe» gesprochen.

Hier wie dort werden die Gesetzesbrecher immer jünger. 1982 standen die kalifornischen Behörden vor der schwierigen Aufgabe, die Untaten eines siebenjährigen Buben rechtlich würdigen zu müssen, der im Verdacht stand, bei insgesamt siebzehn Brandstiftungen oder anderen zerstörerischen Aktionen einen Schaden in Höhe von vierzigtausend Dollar angerichtet zu haben. Landesweit handelt es sich bei der Hälfte aller ertappten Diebe und Einbrecher um Jugendliche und Kinder unter achtzehn. In einigen Ländern sind es zunehmend mehr Mädchen, die sich auf kriminelle Aktivitäten verlegen. In den Vereinigten Staaten wächst die Zahl der verhafteten Mädchen dreimal so schnell wie die der verhafteten Jungen. Bezeichnend für kriminelle Handlungen Jugendlicher ist oft deren gedankenlose, überflüssige Brutalität, etwa wenn alte, wehrlose Leute nicht nur beraubt, sondern anschließend auch noch verprügelt werden.

Wie das FBI mitteilte, ist die Zahl der wegen krimineller Delikte verhafteten Kinder zwischen 1963 und 1977 dreimal so rasch gestiegen wie die Zahl festgenommener Erwachsener. Die Zahl der wegen schwerwiegender Straftaten erfolgten Verhaftungen von Kindern hat sich in diesem Zeitraum verdreifacht.[5] 1981 konstatierte das FBI eine beginnende Abflachung der Kriminalitäts-Wachstumsrate; der Grund dafür: Der Anteil der Teenager an der Gesamtbevölkerung ist gesunken.

Sexualverhalten als Indikator. In den Vereinigten Staaten ist das *Durchschnitts*alter, in dem ein Mädchen seinen ersten Geschlechtsverkehr erlebt, im Laufe der vergangenen zwei Jahrzehnte auf knapp fünfzehn Jahre gesunken. Ein Fünftel aller Jugendlichen sammelt innerhalb des ersten Jahres nach Eintritt in die Pubertät Koituserfahrungen.

Zwei Professoren der Johns Hopkins University, Melvin Zelnik und John F. Kanter, fanden im Rahmen einer Untersuchungsreihe heraus, daß der Anteil der sexuell erfahrenen Mädchen im Teen-Alter sich in weniger als einem Jahrzehnt verdoppelt hat.

Obwohl die Verwendung von Empfängnisverhütungsmitteln unter Jugendlichen recht verbreitet ist, kommt es noch immer sehr oft zu einer Schwangerschaft. 400 000 Mädchen unter fünfzehn werden Jahr für Jahr schwanger. Das Alan Guttmacher Institute in New York schätzte 1981, daß rund vierzig Prozent der damals vierzehnjährigen Mädchen noch vor ihrem zwanzigsten Lebensjahr mindestens einmal schwanger werden würden.

Unter weiten Teilen der Bevölkerung gilt es längst nicht mehr als Schande, ein uneheliches Kind zur Welt zu bringen. Es ist sogar schon vorgekommen, daß kindliche Mütter gestanden haben, sie hätten ihr Kind nur ausgetragen, weil sie sich so etwas wie eine zärtliche lebende Puppe zum Spielen gewünscht hätten. Die Zeitschrift *Time* zitierte ein schwangeres vierzehnjähriges Mädchen, das erklärte, es werde sein Baby «richtig warm in kleine Kleider und solche Sachen einpacken». Eine andere junge, bereits verheiratete Schwangere sagte: «Ich schätze, alle Leute wollen Kinder. Wahrscheinlich, um ihr Leben auszufüllen. Sie langweilen sich so. Sie wissen mit diesem Leben nichts anzufangen.»

Der Anteil der minderjährigen Mädchen, die ein Kind bekommen, sich aber dafür entscheiden, nicht zu heiraten, hat sich nach Angaben des U.S. Census Bureau in den vergangenen zwei Jahrzehnten spürbar erhöht. Derzeit wächst die amerikanische Bevölkerung jedes Jahr um rund eine Viertelmillion Kinder unverheirateter Mütter zwischen zwölf und neunzehn Jahren.

In Städten wie Phoenix, Arizona, wird die größte Zuwachsrate bei Schwangerschaften unter den zwölf- bis vierzehnjährigen Mädchen verzeichnet. Ein erklecklicher Teil der Neugeborenen wird also von Müttern zur Welt gebracht, die selbst noch Kinder sind; diese Säuglinge werden in ihren wichtigen frühen Lebensjahren von einer kindlichen Bezugsperson geprägt. Der Direktor des Catholic Social Service in Fort Wayne, Indiana, hat erklärt, die wachsende Zahl junger, unverheirateter Mädchen, die ein Kind zur Welt bringen und es selbst aufziehen wollen, sei für seine Einrichtung zu einem zentralen Problem geworden; er sieht in diesem Phänomen das Symptom einer für unsere Gesellschaft potentiell verhängnisvollen Entwicklung.

Die Geschlechtskrankheiten bei Kindern und Jugendlichen haben sprunghaft zugenommen. Ein Viertel aller registrierten Fälle betrifft Minderjährige.[6]

Drogenkonsum als Indikator. Auch in diesem Zusammenhang wird von den Gesundheitsbehörden gern und oft der Ausdruck «epidemisch» benutzt. Binnen fünfzehn Jahren hat sich die Zahl der Verhaftungen von Kindern und Jugendlichen wegen Drogenkonsums oder Drogenhandels um sechsundvierzig Prozent erhöht. Zu den populärsten Drogen zählen Marihuana und Kokain sowie «Engelsstaub», dem eine stark enthemmende und Gewalttätigkeit fördernde Wirkung zugesprochen wird.

Vor einem Jahrzehnt rauchten vor allem Studenten Marihuana. Dann griffen die Schüler zu diesem Kraut, bis sie dazu übergingen, mit Speed-Pillen und Kokain zu experimentieren. Besonders gestiegen ist der Marihuanakonsum in letzter Zeit unter den zehn- bis vierzehnjährigen Schülern. Als eines der Motive für die sprunghafte Zunahme des Drogenkonsums gerade bei dieser Altersgruppe wird Langeweile angegeben. Ein anderes Motiv ist Einsamkeit.

Das Marihuana, das heute verkauft wird, wirkt fünfmal so stark wie der in den frühen siebziger Jahren an den Colleges gerauchte Stoff. Das Nationale Institute of Drug Abuse hat erklärt, das heute verwendete

Marihuana reduziere die Aufnahmefähigkeit im Schulunterricht und stelle zweifellos ein Gesundheitsrisiko dar.

Alkoholkonsum als Indikator. Die Jungen beginnen heute früher mit dem Trinken und bevorzugen härtere Sachen. Laut dem National Institute on Alcohol Abuse and Alcoholism gibt es in den Vereinigten Staaten 1,3 Millionen Kinder und Jugendliche zwischen zwölf und siebzehn, deren Trinkgewohnheiten ein ernstes Problem darstellen, ernst genug, um sie in Konflikt mit der Polizei oder der Schule zu bringen. Den Angaben des Instituts zufolge trinken Jugendliche bzw. Kinder *durchschnittlich* im Alter von zwölf Jahren zum ersten Mal Alkohol, ein Jahr früher als in den sechziger Jahren. Die Anonymen Alkoholiker haben eine speziell für Jugendliche gedachte Broschüre herausgegeben. Eines der typischen Bekenntnisse (wie sie bei den Anonymen Alkoholikern obligatorisch sind) beginnt mit den Worten: «Mein Name ist Diane. Ich bin vierzehn, und ich bin Alkoholikerin.» Diane begann mit dem Trinken, um ihre Einsamkeit zu vergessen, nachdem sie mit ihren Eltern in eine vom bisherigen Wohnort weit entfernte Stadt hatte umziehen müssen. Zu diesem Zeitpunkt war sie in der vierten Klasse.

Die USA sind nicht das einzige Land, das beunruhigt ist angesichts der vielen jugendlichen Alkoholiker. Wie die Nachrichtenagentur AP berichtet, betrachtet man in vielen europäischen Ländern die zerstörerischen Auswirkungen des Alkoholismus auf junge Leute mit tiefer Sorge. In Großbritannien hat sich die Zahl der Verurteilungen Minderjähriger wegen Trunkenheitsdelikten binnen zwölf Jahren verdoppelt. In der Sowjetunion haben amtliche Stellen ihre Beunruhigung über das Ausmaß jugendlichen Alkoholkonsums geäußert. Ein langjähriger Beobachter Rußlands, George Feiffer, berichtet über regelmäßige «Besäufnisse» von Schulkindern unter zwölf Jahren.

Eltern ohne Kontrolle

Was «Kindesmißhandlung» ist, wird von den vielen, die dieses Delikt anprangern, unterschiedlich definiert. Manche rechnen nur die körperliche Züchtigung eines Kindes dazu, andere schließen «Vernachlässigung» und «psychische Mißhandlung» in die Definition mit ein. Sicher ist, daß sowohl das eine wie das andere verheerend oft vorkommt, ohne übrigens unbedingt gerade für unsere Zeit spezifisch zu sein – in Schweden zum Beispiel wurde erst unlängst die lange als Rechtens geltende Prügelstrafe gesetzlich verboten.

Doch die Fälle echter Kindesmißhandlung, in denen ein Elternteil in einem Anfall von Jähzorn die Kontrolle über sich verliert und hemmungslos auf das Kind eindrischt, nehmen offensichtlich zu. Dabei werden Kinder oft schwer verletzt, manchmal sogar getötet. Laut Bericht des National Center on Child Abuse and Neglect von 1982 hatte es im Jahr zuvor in den Vereinigten Staaten mindestens 625 000 Fälle gegeben, in denen Eltern ein Kind so schwer mißhandelt oder so sehr vernachlässigt hatten, daß es erkennbare Anzeichen einer physischen oder psychischen Schädigung davontrug.

Das Kind bietet sich als bequemer Sündenbock und Blitzableiter für die Frustrationen, den Ärger oder die Neurosen der Erwachsenen an. Eine internationale Untersuchung, bei der innerhalb von drei Jahren Personen in fünfundzwanzig meist europäischen Ländern befragt wurden, kam 1979 zu dem Ergebnis, daß der Trend zur Gewalttätigkeit gegen Kinder weltweit wächst.[7]

Eine der besten Untersuchungen zur Kindesmißhandlung durch Eltern stammt von Richard J. Gelles, der darüber im *American Journal of Orthopsychiatry* berichtete.[8] 2143 intakte Familien, ausgewählt im Zuge einer landesweiten Zufallsstichprobe, wurden für die Studie analysiert. Die Kinder waren zwischen drei und siebzehn Jahren alt. Säuglinge und Kleinkinder, die besonders oft Opfer von Gewalttätigkeit sind, wurden in die Untersuchung ebensowenig einbezogen wie Kinder mit nur einem erziehenden Elternteil, die nach allgemeiner Ansicht überdurchschnittlich häufig mißhandelt werden.

Gelles fand «eine erstaunlich große Zahl von Kindern, die getreten, gebissen, mit der Faust geschlagen, verprügelt, mit einer Pistole oder einem Messer bedroht oder sogar tatsächlich durch einen Schuß oder Messerstich verletzt wurden». Nahezu ein Viertel der Kinder war im Laufe des vorangegangenen Jahres Opfer solcher Gewalttätigkeiten geworden. Auf die Gesamtbevölkerung übertragen, würde dies bedeuten, daß fast zwei Millionen Kinder in der Gefahr schweben, von ihren Eltern in irgendeiner Form drangsaliert zu werden.

Die Zahl der wirklich schwer mißhandelten Kinder – deren Verletzungen so gravierend sind, daß sie im Krankenhaus behandelt werden müssen – wird in den Vereinigten Staaten auf rund 40000 im Jahr geschätzt. Mindestens 700 amerikanische Kinder sterben jedes Jahr an den Folgen elterlicher Attacken. Gelles' Bericht enthielt eine Prognose, der zufolge die Zahl der durch elterliche Gewaltanwendung getöteten Kinder im Laufe der achtziger Jahre auf 5000 pro Jahr ansteigen könnte.

Was Säuglinge betrifft, so berichtete Graham Blaine jr. über einen Fall, der an der Klinik der Harvard University bekanntwurde. Ein Student, der an seiner Doktorarbeit saß, hütete das Baby, während seine Frau als Kellnerin arbeitete, um die Familie zu ernähren. Die Nachbarn machten sich schon manchmal Gedanken darüber, warum das Kind so oft schrie, und fragten sich, ob es vielleicht allein in der Wohnung sei. Als das Kind schließlich mit einem gebrochenen Bein in die Klinik eingeliefert wurde, erklärte der junge Vater, es habe sich mit dem Fuß in den Speichen des Bettchens verfangen. Später gestand er seiner Frau, daß er das Geschrei nicht mehr aushalten konnte und in seiner Wut mit einem Hammer auf das Beinchen des Kleinen eingedroschen habe. Ein anderes Mal habe er das Kind unter Wasser gedrückt, bis es zu schreien aufhörte. Wie Blaine schrieb, erweist sich in fast allen derartigen Fällen, daß beide Elternteile aus einer zerrütteten Familie kommen. Der Vater der Mutter des «Harvard-Babys» hatte sich eines Tages klammheimlich davongemacht, und der Vater des Doktoranden war ein Offizier, den sein Sohn als «streng und unfähig, irgendwelche Gefühle außer Wut zu zeigen»[9], charakterisierte.

Aus anderen Untersuchungen und Berichten geht hervor, unter welchen Bedingungen es besonders häufig zu Kindesmißhandlungen kommt:

- Wenn junge Eheleute mit einem sehr knappen Budget auskommen müssen;
- wenn die Eltern ein unbefriedigendes Sexualleben haben;
- wenn die Eltern der Meinung sind, die Kinder seien da, um die Bedürfnisse ihrer Erzeuger zu erfüllen, und nicht umgekehrt;
- wenn die Eltern ein gestörtes Verhältnis zu ihren eigenen Eltern haben;
- wenn die Eltern ihr Kind als ein kleines Ungeheuer betrachten;
- wenn die mütterlichen Regungen der Mutter wenig ausgeprägt sind.

Am Colorado General Hospital erarbeiteten Psychologen einen Katalog von Kriterien, nach denen potentiell gewalttätige Mütter schon im Krankenhaus durch Beobachtung der Art und Weise, wie sie mit ihrem Neugeborenen umgehen, erkannt werden können. Lächelt eine Mutter ihr Baby häufig an, streichelt sie es und schaut ihm in die Augen? Oder macht sie einen deprimierten Eindruck, ist sie vielleicht enttäuscht über das Geschlecht des Kindes, äußert sie sich irgendwie negativ, fühlt sie sich durch sein Schreien gestört und zeigt keine wirklich zärtliche Zuneigung? Solche Mütter wurden als «potentielle Kindesmißhandlerinnen» eingestuft. Die Psychologen identifizierten 100 Mütter dieser Kategorie.

25 von ihnen wurden nach zwei Jahren per Zufallswahl aus diesen 100 Kandidatinnen ausgewählt und überprüft. Es stellte sich heraus, daß fünf der Kinder von diesen Müttern mit schweren, vermutlich von den Eltern verursachten Verletzungen ins Krankenhaus eingeliefert worden waren. Aus einer Vergleichsgruppe von Müttern, denen die Psychologen keine Kindesmißhandlung zugetraut hatten, konnte bei der Überprüfung nach zwei Jahren bei keinem der Kinder eine Verletzung festgestellt werden.

Wenn sowohl Kinder und Jugendliche als auch die Eltern so große Probleme mit ihrer «Selbst-Kontrolle» haben, dann kann man wohl annehmen, daß es der Gesellschaft nicht leichtfallen dürfte, ihre herkömmliche Aufgabe – Aufrechterhaltung eines vernünftigen Maßes an sozialer Kontrolle – weiterhin zu erfüllen.

3 Die Entstehung eines kinderfeindlichen Klimas

Kinder zu haben, ist heute keineswegs mehr der allgemeine Wunschtraum junger Leute. «Sicher habe ich mütterliche Gefühle», meint eine verheiratete Buchhalterin, «aber wenn schon, dann züchte ich lieber Pferde.»

Und ein – verheirateter – Fachmann für Spinklersysteme wehrt entsetzt ab: «Kinder sind das Schlimmste, was einer Ehe zustoßen kann.»[1]

Eine junge Frau stellte bei einer Podiumsdiskussion über alternative Lebensformen an der Tulane University die trotzige Frage: «Ich möchte einfach heiraten und Kinder haben – darf man das noch?»

Dieser Bewußtseinswandel in Sachen Familiengründung markiert eine der tiefgreifendsten Veränderungen im Wertesystem, die die westlichen Gesellschaften gegen Ende des 20. Jahrhunderts erleben.

Ein Kind zu bekommen, hat aufgehört, ein selbstverständlicher Teil des natürlichen Lebens- und Fortpflanzungsprozesses zu sein, und ist zu einer bewußten und überlegten Tat geworden – wenn nicht gar zu einer Mutprobe.

Diese neue Distanziertheit gegenüber dem Kinderkriegen fällt zeitlich zusammen mit dem demographischen Phänomen, daß eine ganze Reihe geburtenstarker Jahrgänge jenes Lebensalter erreicht, in dem normalerweise Familien gegründet und Kinder in die Welt gesetzt werden. Mehr Menschen als jemals zuvor in der Geschichte beschäftigen sich heute mit der Frage, ob sie sich Kinder anschaffen wollen oder nicht, denn in den fünfziger Jahren schnellte die Zahl der neugeborenen Kinder – jetzt selbst im gebär- bzw. zeugungsfähigen Alter – in den Vereinigten Staaten auf die unglaubliche Höhe von neun Millionen hoch. Diesem Babyboom folgte ein Abschwung der Geburtenrate, der bis heute anhält. 1958 kamen auf jede amerikanische Frau im gebärfähigen Alter durchschnittlich mehr als drei Geburten. Mittlerweile hat sich diese Rate bei 1,9 Geburten eingependelt – dabei gibt es heute rund sechs Millionen mehr Frauen zwischen fünfundzwanzig und fünfunddreißig Jahren als vor zehn Jahren.

Länder wie Deutschland, Schweden, Dänemark und England melden ähnlich niedrige Geburtenraten. Während die absolute Zahl der Geburten in den Vereinigten Staaten 1981 höher lag als 1980, ging die Geburten*rate*, wie sie sich in der durchschnittlichen Kinderzahl pro Familie niederschlägt, um ein paar Prozent zurück.

Das Joint Center for Urban Studies hat die «Einstellung zum Kind» unter jung vermählten Paaren, die in den fünfziger Jahren auf die Welt kamen, untersucht. Ergebnis: Vierzig Prozent der jungen Frauen wollten entweder nur ein Kind oder gar keins. Die nach 1960 geborenen jungen Leute, die heute ans Heiraten denken, scheinen babyfreundlicher gestimmt zu sein. Aber das könnte auch daran liegen, daß die Frage sich für sie noch nicht akut stellt.

Fest steht, daß:

– verheiratete Frauen, die ein Kind bekommen wollen, damit viel länger warten. Die Kinderlosigkeit scheint auf dem Vormarsch zu sein. Die Zahl der kinderlosen Frauen zwischen zwanzig und dreißig Jahren hat sich innerhalb von fünfzehn Jahren verdoppelt.[2]
– der Anteil der verheirateten Paare, die definitiv kein Kind haben wollen – weder jetzt noch in Zukunft –, so hoch zu sein scheint wie noch nie. Mindestens ein Viertel aller Frauen, die heute im gebärfähigen Alter sind, werden womöglich kinderlos bleiben.
– die Absicht, kinderlos zu bleiben, besonders ausgeprägt ist bei jungen, berufstätigen Frauen mit Hochschulabschluß.[3]
– ein Geburtenzuwachs nur bei den ungewollten Schwangerschaften von, gewöhnlich unverheirateten, Minderjährigen zu verzeichnen ist.

Der Verhaltenswissenschaftler George Masnick von der Harvard University ist der Meinung, daß die wachsende Zahl kinderloser Haushalte sich zum Nachteil der Kinder auswirken könnte, weil es relativ immer weniger Wähler und Steuerzahler geben wird, die unmittelbar an einer kinderfreundlichen Politik interessiert sind.

Ich kann mich noch an Prognosen aus den geburtenstarken fünfziger

Jahren erinnern, denen zufolge die Bevölkerung der Vereinigten Staaten 1980 die 350-Millionen-Grenze überschreiten werde und vor den Gefahren einer Überbevölkerung – Knapperwerden der Ressourcen und des Lebensraums – gewarnt wurde. Wie sich zeigte, war diese Schätzung um mehr als 100 Millionen zu hoch gegriffen. Wie konnte das passieren?

Seit Beginn der sechziger Jahre sank die durchschnittliche Kinderzahl pro Familie langsam, aber stetig. Mehrere Faktoren trugen zu dieser Entwicklung bei: neue, sicherere Methoden der Empfängnisverhütung, wachsende Berufstätigkeit der Frauen, zunehmend beengte Wohnverhältnisse, die Alternativkultur mit ihrer ablehnenden Haltung gegenüber traditionellen Formen des Familienlebens, die Frauenbewegung. Als der Ruf nach einem Ende des Bevölkerungswachstums laut wurde, also vor allem in den siebziger Jahren, gab es in den Ländern des Westens nicht nur kein nennenswertes Überbevölkerungsproblem mehr – es gab praktisch überhaupt kein Bevölkerungswachstum mehr.

Wenn unserer Erde mit ihren rasch zu Ende gehenden Ressourcen die Gefahr der Überbevölkerung droht, dann geht sie von den ärmsten und am wenigsten entwickelten Ländern aus, in denen drei Viertel der Weltbevölkerung leben.

Die Rockefeller Foundation hat prognostiziert, daß zwischen 1980 und 2000 die Bevölkerung in Afrika um 75 Prozent, in Lateinamerika um 65 Prozent, in Nordamerika dagegen um höchstens 17 Prozent zunehmen wird. Derzeit liegt die Geburtenrate in den USA in etwa nahe dem Niveau, das die Erhaltung der bestehenden Bevölkerungszahl garantiert.

Argumente für und gegen das Kinderkriegen

Wie läßt sich diese in der westlichen Welt sichtbar werdende Tendenz zu niedrigen Kinderzahlen und einer zunehmend bewußteren Familienplanung erklären?

Was die Verheirateten angeht, so können wir uns über diese Entwicklung vermutlich nur freuen, zeigt sie doch, daß wir ins Zeitalter der Wunschkinder eintreten. Damit würde ein von vielen seit langem gehegter Traum in Erfüllung gehen.

Wirksame Verhütungsmittel, die Praxis der freiwilligen Sterilisierung und die Legalisierung der Abtreibung haben die bewußte Entscheidung

37

für oder gegen ein Kind und die Wahl des Zeitpunkts der Niederkunft zu einer realistischen Option (und zu einem heißdiskutierten politischen Thema) gemacht. Die heute lebende Generation ist die erste in der Geschichte der Menschheit, in der in dieser Weg praktisch allen verheirateten Paaren offensteht.

Was bedenklich stimmt, ist die Tatsache, daß dieser alte Wunschtraum sich ausgerechnet zu einer Zeit erfüllt, in der es so viele Vorbehalte gegen das Kinderkriegen gibt. Die Vorstellung, daß zu einer Familie auch Kinder gehören, ist keineswegs mehr selbstverständlich. Wie der Soziologe Amitai Etzioni von der George Washington University es ausdrückt: «Mehr und mehr Amerikanerinnen haben aufgehört, in der Mutterschaft einen hohen Wert oder eine natürliche ‹Karriere› zu sehen.»

Es herrscht nicht einmal Klarheit darüber, wann man überhaupt von einer «Familie» sprechen kann. Die Zeitschrift *UNICEF News* hält noch an der Definition fest, daß «eine Familie stets aus einem Mann, einer Frau und Kindern besteht, vereint durch Bande der Verwandtschaft und der gegenseitigen Verpflichtung». Einige moderne Theoretiker bezeichnen dagegen jede aus zwei oder mehr Menschen bestehende, dauerhaft in einem Haushalt zusammenlebende Gruppe als Familie, egal ob die Mitglieder dieser Gruppe gleichen oder unterschiedlichen Geschlechts sind und ob Kinder vorhanden sind oder nicht.

Eine Konferenz zum Thema Familie im Weißen Haus mußte verschoben werden – und zwar vor allem deshalb, weil die Initiatoren sich nicht darüber einigen konnten, wie «Familie» heute zu definieren ist. Ich neige der Auffassung der UNICEF zu, daß von einer Familie erst die Rede sein kann, wenn Kinder da sind. Auch die Soziologin Alice Rossi von der University of Massachusetts, vor zwei Jahrzehnten eine der Pionierinnen der feministischen Bewegung, ist der Ansicht, daß die neuen, weiter gefaßten Definitionen des Familienbegriffs «das zentrale biologische Faktum außer acht lassen, daß die wesentliche Funktion jedes Familiensystems darin besteht, durch Reproduktion und Kinderaufzucht das Fortbestehen des menschlichen Lebens zu sichern».

Während man sich früher oft dafür rechtfertigen mußte, keine Kinder in die Welt gesetzt zu haben, wird heute Kinderlosigkeit manchmal geradezu als Tugend betrachtet und als «letzter Schritt zur Befreiung»[4] gefeiert.

Der Philosoph Michael Novak hat versucht, diese manchmal anzutreffende Aggressivität der antifamiliären Einstellungen zu deuten: «Zu heiraten und Kinder zu haben, heißt, eine politische Aussage zu machen, die sich gegen das richtet, was heute als ‹Befreiung› gilt. Es ist eine Aussage des Fleisches, der Intelligenz und des Muts.»[5] Es sähe so aus, fügt er hinzu, als schieden sich bei uns die «Individualisten», die nach Glück streben, indem sie sich auf sich selbst konzentrieren, von den «Familienmenschen», die sich hauptsächlich mit einer verwandtschaftlich definierten Gruppe identifizieren.

Die überall zu konstatierende Anti-Kinder-Stimmung erreicht ihren traurigen Höhepunkt in organisierten Bewegungen, die Kinderlosigkeit als Nonplusultra gekonnter Lebensgestaltung betrachten, wie die National Association of the Childless in England und eine entsprechende Vereinigung in den USA, die landesweit Propaganda für das «kinderfreie Leben» macht. Die Vorsitzende dieser National Alliance for Optional Childhood – so der beschönigende Name der Organisation – erklärte mir, ihre wichtigsten Ziele seien, ein «Unterstützungssystem» für Nicht-Eltern bereitzustellen und den Versuch zu machen, «die pronatalistische Voreingenommenheit unserer Kultur ins Wanken zu bringen».

Die Organisation stellt Redner zur Verfügung, gründet Ortsverbände, inseriert im *Bride's Magazine* und hat Hunderte von Werbespots in eigener Sache im Fernsehen und im Radio ausstrahlen lassen. Ihr Ehrgeiz ist es, mit einem Vortragsprogramm in die Schulen zu kommen, das sich an Teenager wendet und den Titel trägt: «Wer wird denn kindisch sein?» Im Rahmen dieses Programms wird Literatur angeboten, die die Schüler dazu anregt, ja, auffordert, den «kinderfreien Lebensstil» als eine Alternative für sich zu entdecken. Die Organisation übt gezielte Kritik an Kinderbüchern mit «pronatalistischer Tendenz», und sogar Luftfahrtgesellschaften und Hotels mit Sonderangeboten für Familien mit Kindern im Programm sind vor ihren Angriffen nicht sicher.

Die Organisation veröffentlichte ein Interview mit dem kalifornischen Psychologen Nathaniel Branden, der auf die Frage: «Würden Sie der Aussage zustimmen, daß Eltern sein als eine Art Spezialberuf angesehen werden sollte?» antwortete: «Unbedingt, ja . . . Wir müssen uns von der Vorstellung befreien, daß Kinderhaben ein ‹normales› Lebensziel eines jeden Paares ist.»

In den Augen mancher kämpferischen Feministinnen stellen Kinder geradezu *das* Fortschrittshindernis dar. Einige der radikalsten unter ihnen sehen in der Kinderlosigkeit den «letzten Schritt zur Befreiung der

Frau». Der ganze Prozeß, der der Frau die Rolle einer Zuchtstute zuweise, sei abzulehnen. Eine ganz in ihrem Hausfrauendasein aufgehende Frau sei so etwas wie eine Schmarotzerin oder eine legalisierte Prostituierte. Eine der entschiedensten feministischen Revolutionärinnen, Shulamith Firestone, schreibt in ihrem Buch *Frauenbefreiung und sexuelle Revolution*: «Der Angelpunkt der Unterdrückung der Frau ist ihre Rolle als Kindergebärerin und Kindererzieherin.» Von Müttern werde *erwartet*, daß sie die Mutterschaft zum Mittelpunkt ihres Lebens machten und sich mit dem Kind als dem einzigen Ersatz für all das, was ihnen in der «Welt draußen» verwehrt bleibe, zufriedengäben.

Die Schwangerschaft selbst beschreibt sie als «barbarisch». Sie zitiert die Äußerung einer frischgebackenen Mutter, das angeblich so erhebende Erlebnis, ein Kind zu gebären, vermittle in Wahrheit «ein Gefühl, wie wenn man einen Kürbis scheißt». Die Frauen sollten so weit wie möglich «von der Tyrannei ihrer biologischen Fortpflanzungsrolle befreit werden».

Gewiß, eine bestimmte Anzahl von Kindern müsse weiterhin geboren werden, nicht aus «Ego-Gründen», sondern im Dienst des Weiterbestandes der Menschheit. Vielleicht, so meint Shulamith Firestone, haben ja manche Frauen auch den Wunsch, weiterhin in «reproduktiven gesellschaftlichen Strukturen» zu leben. Die Ehe als Institution müsse man allerdings nach und nach zugunsten konzessionierter «Haushalte» von etwa zwölf Personen abschaffen. Ein solcher Haushalt würde auf einem zeitlich begrenzten Vertrag mit einer Laufzeit von vielleicht sieben Jahren basieren. Kinder könnten in dieser Gemeinschaft auf Zeit entweder von freiwillig sich zusammenfindenden Paaren oder durch künstliche Befruchtung einer gebärwilligen Frau gezeugt werden. Die so in die Welt gesetzten Kinder dürften sich dann ihre «geliebten Bezugspersonen» selbst auswählen, statt auf die «offiziellen» Eltern angewiesen zu sein. Sobald die Kinder eine stabile Persönlichkeitsstruktur entwickelt hätten, würde man sie in die Gesellschaft entlassen, wo sie – von Frauen *und* Männern – weiter erzogen und betreut werden.

Auf lange Sicht hofft Mrs. Firestone indes, daß die «künstliche Fortpflanzung» – offenbar in einem Brutkasten anstelle der Gebärmutter – den Frauen das Geschäft des Kinderaustragens abnehmen könne.

Andere haben den Vorschlag gemacht, das Austragen von Kindern solle einer kleinen, ausgewählten Gruppe «professioneller» Gebärerinnen übertragen werden. Ihren Empfehlungen nach sollten hierzu perfektionierte technische Methoden und Einrichtungen wie multiple Geburten, Qualitäts-Samenbanken, Embryoverpflanzungen usw. eingesetzt werden. Solche «technologiegestützten» professionellen Gebärerinnen könnten in ihren fünfzehn produktivsten Jahren, ähnlich wie Spitzensportler heute, hohe Einkünfte erzielen.

Die Soziologin Judith Lorber vom Brooklyn College erklärte in einer Familienzeitschrift, das ganze Nachwuchsproblem ließe sich auf elegante Weise lösen, wenn die industrialisierten Länder einfach die Kinder aus den überbevölkerten Entwicklungsländern kauften.[6] Um den Anschein der Ausbeutung zu vermeiden, müßten wir diesen Kindern von vornherein eine gute Ausbildung garantieren.

Das sind, wie gesagt, extreme Standpunkte, aber die Tatsache, daß sie nicht prompter und einhelliger Ablehnung anheimfallen, verrät einiges über die Unsicherheit, die in unserer Gesellschaft in Sachen Fortpflanzung heute herrscht.

Grundlegende Veränderungen der Lebensgewohnheiten, der Organisation des täglichen Lebens und der beruflichen Möglichkeiten liegen den Vorbehalten gegenüber dem Kinderkriegen zugrunde. Betrachten wir die wahrscheinlich wichtigsten Motive für die veränderte Einstellung zum Kind einmal genauer.

Das Kind als Hemmschuh für die «Selbstverwirklichung»

Es heißt, daß es in Kalifornien heute mehr Autos pro Familie gibt als Kinder. Daran läßt sich ablesen, was in unseren Tagen für ein erfülltes Leben als wichtig gilt: Ein Auto verheißt Freiheit und Mobilität, ein kleines Kind nicht.

Die Zeitschrift *Social Casework* veröffentlichte einen Bericht, in dem ein langer Katalog von Gründen angeführt wurde, warum viele verheiratete Paare sich heutzutage für Kinderlosigkeit entscheiden.[7] So war zum Beispiel eine ganze Reihe kinderloser Paare der Meinung, ein Kind würde ihre berufliche Karriere, ihre Bildungsmöglichkeiten sowie einige andere Aspekte ihrer Lebensqualität beeinträchtigen. Für diese Menschen sei, so konstatierte die Zeitschrift, das Elternsein eine «statische und sterile Lebensweise, die das ‹individuelle Leben und die individuelle Entwicklung› hemmt». Fast alle diese Paare waren sich einig darüber, daß «das Beste am Keine-Kinder-Haben die Freiheit» sei, die man sich damit bewahre. Wie eine Frau es ausdrückte: «Ich habe die Zeit, mir darüber klarzuwerden, wer ich bin, was ich bin, was ich will und wo ich hinmöchte. Mit Kindern wäre das auf keinen Fall möglich gewesen. Ich hätte mich wie gefangen gefühlt.»

Die intensive Beschäftigung mit dem eigenen Ego – bestens bekannt unter dem Schlagwort «Selbstverwirklichung» –, die seit über einem Jahrzehnt Hochkonjunktur hat, ist weit mehr als nur ein von besorgten Beobachtern der Gesellschaft an die Wand gemaltes Gespenst, diese «Ich-zuerst-Philosophie», dieser Kult mit sich selbst ist, wie ein Kenner der Szene meint, symptomatisch für eine Gesellschaft, «die das Interesse an der Zukunft verloren hat». Und die Zahlen eines renommierten amerikanischen Meinungsforschungsinstituts untermauern diese Tendenz mit realistischen Daten: Landesweite Umfragen zu diesem Thema haben deutlich «ein wachsendes Interesse an der Beschäftigung mit der eigenen Person»[8] festgestellt.

Viele der Individualisten und Selbstverwirklicher der sechziger und siebziger Jahre haben heute selbst Kinder. Wie machen sie sich als Eltern? Das Meinungsforschungsinstitut von Daniel Yankelovich, aus dessen Analyse über den Wandlungsprozeß der amerikanischen Familie ich gerade schon zitiert habe, hat 1230 Familien mit Kindern zwischen einem und zwölf Jahren im Rahmen seiner Untersuchung befragt. Die Yankelovich-Leute fanden heraus, daß eine knappe Mehrheit von ihnen sich noch in der «traditionellen Elternrolle» sah. Das heißt, sie waren gern bereit, für ihre Kinder Opfer zu bringen, sie hielten Disziplin für wichtig, und sie fühlten sich den traditionellen Familienidealen verpflichtet.

Beinahe die Hälfte der Befragten war jedoch jenem weiter oben schon skizzierten «neuen Elterntypus» zuzurechnen. Das heißt, sie gewährten ihren Kindern alle möglichen Freiheiten, unter der ausgesprochenen oder stillschweigenden Bedingung, daß die Kinder keine allzu großen Opfer von den Eltern erwarteten. Das kommt in der Tat der Einführung eines «Gesellschaftsvertrags» neuer Art zwischen Eltern und Kindern gleich. Im Yankelovich-Bericht heißt es dazu: «Die Kinder des neuen Elterntyps fühlen sich von ihren Eltern weit weniger unter Erwartungsdruck gesetzt, in der Schule gute Leistungen zu bringen, sich beliebt zu machen oder sich auf andere Weise gegenüber ihren Altersgenossen auszuzeichnen.»

Ist das für Kinder und Jugendliche eine Erleichterung, oder empfinden sie es als eine Form der Vernachlässigung? Neigen solche Kinder zu einer geringeren Lernmotivation? Bei manchen Psychologen und Anwälten, die regelmäßig mit straffällig gewordenen Kindern und Jugendlichen aus der Mittelschicht zu tun haben, ist der Eindruck entstanden, daß diese Kinder moralisch orientierungslos sind, weil ihre Eltern ihnen keinen verbindlichen Moralkodex vermitteln konnten oder wollten. Das kann unter Umständen so weitgehende psychische Folgen haben, daß solchen Kindern die Fähigkeit fehlt, Gewissensbisse zu empfinden.[9]

Der Psychologe Henry Smith, der lange Zeit an der Michigan State University lehrte, meint dazu: «Man kann sich nicht selbst verwirklichen, auf die Suche nach der eigenen Identität gehen und gleichzeitig auch noch Kinder aufziehen.»

Damit hat er vermutlich den wunden Punkt getroffen.

Das Kind als Hemmschuh für die Karriere

In den vergangenen beiden Jahrzehnten hat sich die Zahl der berufstätigen Frauen im gebärfähigen Alter um ein Vielfaches erhöht. Einige der Gründe dafür sind:

- die starke Zunahme der Zahl junger Frauen mit qualifiziertem (Hoch-)Schulabschluß;
- die dramatische Umschichtung in der Wirtschaft der westlichen Länder zu Lasten des Produktionsbereichs und zu Gunsten des Dienstleistungsbereichs, in dem weibliche Arbeitskräfte sehr gefragt sind;
- die wachsende Zahl junger Mütter, die allein oder in Scheidung leben und dringend auf eigene Einkünfte angewiesen sind;
- das Erstarken der Frauenemanzipationsbewegung, deren Hauptanliegen das Recht der Frau auf Entfaltung ihrer eigenen Persönlichkeit, ihre Befreiung aus der Abhängigkeit vom Mann und ihre finanzielle Selbständigkeit sind.

Im Laufe der siebziger Jahre hat sich die Zahl der Ehen, in denen sowohl der Mann als auch die Frau berufstätig sind, nach Angaben der Zeitschrift *U.S. News and World Report* um vier Millionen erhöht. Das Dilemma ist, daß für Frauen, die aus finanziellen Gründen arbeiten müssen oder eine berufliche Karriere anstreben, Kinder oft so etwas wie ein Klotz am Bein sind.

Die feministische Schriftstellerin Caroline Bird meint, daß eine junge Mutter, selbst wenn sie sehr viel Energie hat, mit einem Baby im Arm kaum jene Kraft aufbringt, die für den Aufbau einer anspruchsvolleren beruflichen Laufbahn erforderlich ist. Ein frühes Baby ist, so lehrt die Erfahrung allgemein, ein «Karriere-Verhängnis». «Es hindert die Eltern daran, die notwendigen Investitionen in die eigene Person zu tätigen.» Frauen, die ernsthaft an ihrem beruflichen Fortkommen interessiert sind, sollten mit einem Kind zumindest ein paar Jahre warten. Schließlich gibt es genug wirksame Methoden der Empfängnisverhütung, um die jeweiligen «Energie-Investitionen» gemäß einem «Lebensprogramm» ökonomisch zu verteilen, meint Mrs. Bird.

Eine Umfrage unter 3000 Studentinnen von Colleges in den Ostküstenstaaten der USA, die vor einiger Zeit durchgeführt wurde, ergab, daß eine gewichtige Mehrheit der karriereorientierten Studentinnen sich gleichwohl zu einem traditionellen Familienverständnis bekannte. Die jungen Frauen bekundeten die Absicht, sich nach der Geburt eines Kindes ein paar Jahre beurlauben zu lassen, um ihren Mutterpflichten nachkommen zu können. Der wissenschaftliche Leiter der Studie fragte sich, ob dieser «Lebensplan» angesichts der heutigen Realitäten auf dem Arbeitsmarkt nicht ein wenig «naiv» sei.

Doch selbst Betty Friedan, eine Pionierin der Emanzipationsbewegung, scheint, zwei Jahrzehnte nach den heißen Kampfzeiten, eine neue Richtung eingeschlagen zu haben.[10] Mit ihrem 1981 erschienenen Buch *Der zweite Schritt. Ein neues feministisches Manifest* hat sie das Schlagwort für diese Wende geliefert. Die Idee, daß Frauen ihr eigenes Leben führen und sich von der Familie freimachen sollten, habe sich als «Weg ins Abseits» erwiesen. Die Frauen sollten, so meint sie jetzt, ihre Emanzipation im Rahmen der Familie erlangen. Die große Herausforderung der achtziger Jahre bestehe darin, «ein neues Programm zu entwerfen, dessen Ziel es wäre, Frauen die Möglichkeit zu eröffnen, in voller Gleichberechtigung mit den Männern zu arbeiten und zu lieben – und sich, wenn sie es wünschen, für Kinder zu entscheiden... Die Alternativen, die wir in den siebziger Jahren angestrebt haben, sind nicht so einfach zu verwirklichen, wie wir geglaubt hatten.» Und auch das bereits erreichte Maß an Gleichberechtigung sei, fügt sie hinzu, so lange nicht sicher, wie es immer wieder zu unvorhergesehenen Konflikten zwischen den Anforderungen des Berufs einerseits und den Ansprüchen der Familie andererseits kommt.

Es gibt aber auch Feministinnen – zum Beispiel Bella Abzug –, die sich mit dem Wende-Konzept eines «zweiten Schritts» der Frauenbewegung nicht so recht anfreunden wollen.

Das Kind als wirtschaftliche Belastung

In traditionellen Gesellschaften wurden und werden Kinder als wertvolle Aktivposten der Familie betrachtet. Ein Mann, der viele Kinder hatte, fühlte sich reich. Die Tatsache, daß in manchen Gesellschaften nach wie vor so gedacht wird, macht die Bemühungen jener, die die weltweite Bevölkerungsexplosion bremsen möchten, zu einer so frustrierenden Aufgabe. In diesen Kulturen ist die Familie nach wie vor die grundlegende wirtschaftliche Produktionseinheit. Und wo es keine Altersversorgung gibt, verkörpern die Kinder die Zukunftssicherung der Eltern. In solchen Gesellschaften leisten die Kinder in der Regel schon vom sechsten Lebensjahr an produktive Beiträge zum Unterhalt der Familie; das steigert nicht nur ihre Wertschätzung in der Familie, sondern fördert auch ihr eigenes psychisches Wohlbefinden.

Bis zum Alter von neun Jahren lebte ich auf einer Farm im nördlichen Pennsylvania, und meine Kindheitserfahrungen waren für jene Zeit zu Beginn unseres Jahrhunderts ziemlich typisch. Als Achtjähriger molk ich jeden Morgen die Kühe und trieb sie dann auf die Weide, bevor ich in die Schule ging. Zum Familieneinkommen trug ich bei, indem ich unsere Stinktierfallen wartete. Auch war es meine Aufgabe, den Hühnerstall zu säubern und die Eier einzusammeln. Und oft mußte ich unsere Stute Nell vor den Pflug spannen und ein Feld bestellen. Als Zehnjähriger hatte ich in den Sommermonaten einen richtiggehenden, voll bezahlten Job: Für sechs Dollar die Woche fuhr ich einen von einem Pferd gezogenen Wasserkesselwagen durch die Gegend. Und ich war mächtig stolz, daß man mir diese Arbeit anvertraut hatte.

Heute können sich Kinder höchstens noch im Haushalt nützlich machen – aber das Familieneinkommen wird dadurch nicht vermehrt – oder vielleicht mal als Schüler einen Teilzeitjob ergattern, aber das ist auch schon alles.[11]

Die Entscheidung, sich Kinder anzuschaffen, wiegt wirtschaftlich ähnlich schwer wie der Entschluß, sich ein Haus zu bauen. Wobei man das Haus im Notfall wieder abstoßen kann – ein Kind jedoch nicht. Zu Beginn der achtziger Jahre legte das Urban Institute in Washington eine Schätzung vor, der zufolge es eine Familie mit mittlerem Einkommen rund 85 000 Dollar kostet, ein Kind aufzuziehen und bis zum Ende eines vierjährigen Universitätsstudiums zu ernähren. Das entspräche jährlichen Kosten von rund 4000 Dollar. Die Zeitschrift *Parents Magazine* kommt sogar noch zu einem weit höheren Kostenvoranschlag, da sie die Geldentwertung und die möglicherweise verlorenen Berufsjahre der Mutter mit in die Rechnung einbezieht.

Das Kind als Störenfried des ehelichen Glücks

Man hört in letzter Zeit immer wieder, kinderlose Paare würden eine glücklichere Ehe führen, da sie sich stärker auf ihre Beziehung konzentrieren könnten, mehr Bewegungsfreiheit und damit mehr Möglichkeiten hätten, ihren Interessen nachzugehen.

Angesichts des sich wandelnden Charakters der Ehe klingt das ganz plausibel. Was jedoch an Daten aus vergleichenden Untersuchungen über die «eheliche Zufriedenheit» von Paaren mit bzw. ohne Kinder vorliegt, spricht nicht so eindeutig für das größere Eheglück der Kinderlosen.

Ein halbes Dutzend Vergleichsstudien, meist mit einer kleinen Zahl von Befragten, scheint die These zwar zu bestätigen, doch sind die meisten davon als methodisch nicht einwandfrei kritisiert worden. So geben diese Erhebungen zum Beispiel keine Auskunft darüber, ob die kinderlosen Paare, die einbezogen waren, bewußt und freiwillig auf Kinder verzichtet hatten, ob sie aus medizinischen Gründen kinderlos waren oder ob sie einfach *noch* keine Kinder hatten.

Die beiden umfassendsten, auf Landesebene durchgeführten Untersuchungen zur Beziehung zwischen Kindern und Eheglück geben dagegen für die Bestätigung der These, daß kinderlose Paare glücklicher seien, wenig her. Die eine der Umfragen – «Lebensqualität in Amerika» – wurde von einer Gruppe unter der Leitung von Angus Campbell durchgeführt[12], die andere im Auftrag des National Opinion Research Council, deren Ergebnis von der schwerlich dem traditionalistischen Lager zuzurechnenden Harvard-Professorin Mary Jo Bane analysiert wurde.[13]

Das Campbell-Team widerlegte die Behauptung aus dem Jahre 1972, der zufolge «kinderlose Paare, die zusammenbleiben, tendenziell glücklicher sind als Ehepaare mit Kindern». Campbells Mitarbeiter stellten vielmehr eine zwanzigprozentige Minderung der «Lebenserfüllung» bei kinderlosen Paaren nach Überschreiten des dreißigsten Lebensjahres fest. (Ihr Zufriedenheitsgrad entsprach allerdings in etwa dem gleichaltriger Paare mit Kindern.)

Mary Jo Bane teilte in ihrer Analyse die verheirateten Paare je nach Lebenssituation in acht Gruppen ein und hielt dann fest, wie viele aus jeder Gruppe ihre Ehe als «sehr glücklich» bezeichneten. Man kann annehmen, daß im Rahmen einer so «allgemeinen gesellschaftlichen Erhebung» bei den Befragten eine starke Neigung vorlag, die eigene Ehe als glücklicher zu charakterisieren, als sie in Wirklichkeit war. Das ändert aber nichts daran, daß bei den «kinderlosen Paaren, keine Kinder geplant» die «Bestnote» für die eigene Ehe («sehr glücklich») seltener vergeben wurde als bei allen anderen Gruppen – nämlich nur von 48 Prozent der Befragten. Bei den kinderlosen Paaren, die die Absicht hatten, irgendwann ein Kind zu haben, wurde die Bestnote von 84 Prozent der Befragten vergeben. Bei Familien mit Kindern im Teenager-Alter lag die Quote bei 73 Prozent.

Die Untersuchungsbefunde *in toto* scheinen mir einige Schlüsse zuzulassen:

– Paare unter dreißig Jahren, die noch kein Kind haben, schätzen ihre Ehe in der Regel als sehr glücklich ein. Auch in einem höheren Lebensalter geben viele kinderlose Paare ihrer Ehe noch gute Noten.
– Die Zufriedenheit mit der eigenen Ehe sinkt in den Jahren nach der Geburt des ersten Kindes – vor allem bei der Frau. Die neuen Belastungen scheinen auf das Eheglück zu drücken.
– Mit zunehmendem Alter der Kinder wächst die Zufriedenheit mit der Ehe und erreicht einen Höhepunkt, wenn die Kinder «flügge» werden.

Die Auswirkung von Kindern auf die eheliche Beziehung ist natürlich nur ein Kriterium unter mehreren, an denen sich der individuelle oder gesellschaftliche «Lohn» für die Zeugung neuen Lebens ablesen läßt.

Ein wichtiger Aspekt ist, daß das Aufziehen des ersten, gewollten Kindes für beide Eheleute eine Erfahrung sein kann, durch die sie selbst an menschlicher Reife gewinnen. Im Rahmen einer von Jean Macfarlane geleiteten Langzeit-Untersuchung wurde der Lebensweg von mehr als hundertfünfzig Personen von der Geburt bis zum Erreichen des dreißigsten Lebensjahrs verfolgt.[14] Im Hinblick auf die Bedeutung der Elternschaft für diese Menschen kam Mrs. Macfarlane zu dem Schluß, daß sie «als eine sehr wichtige Periode für die Festigung der Identität und für den Fortgang des Reifungsprozesses zu betrachten ist». Selbst bei Vätern, die zuvor eher aggressive, rebellische junge Männer gewesen waren, stellte sie fest, daß die Verantwortung für ein Kind «ein neues Selbstwertgefühl vermittelte, das Potenzen für andere Aufgaben im Rahmen der Gesellschaft freisetzte».

Der bekannte Entwicklungspsychologe Erik Erikson hat acht Stadien der psychischen Entwicklung beschrieben, die ein Mensch im Zuge des Erwachsenwerdens durchläuft bzw. durchlaufen sollte. Das siebente dieser Stadien in seinem Modell ist die «Generativität», eine durch den Wunsch, Nachwuchs zu zeugen und zu ernähren und an der Entwicklung einer neuen Generation mitzuwirken, gekennzeichnete Phase. 1979 sprach Erikson auf einer internationalen Konferenz über Psychoanalyse die Befürchtung aus, der heute immer stärker werdende Trend zu immer weniger oder gleich gar keinen Kindern stelle eine neue und gefährliche Art der Triebverdrängung dar, vergleichbar der Verdrängung der Sexualität in der Viktorianischen Zeit. Er machte den Vorschlag, Menschen, die keine Kinder haben wollen oder können, sollten sich im Interesse ihres eigenen psychischen Wohlbefindens auf irgendeine Weise mit den Kindern anderer Leute beschäftigen.

Auf jeden Fall steht fest, daß Eltern sein zwar beschwerlich sein mag, aber für viele Menschen auch einen Höhepunkt ihres Lebens darstellt. So wie für jene Psychologin, die ihr erstes Kind – einen Jungen – bekam, als sie schon auf die Vierzig zuging: «Ich spielte mit dem Gedanken, ihn Jonas zu nennen, weil das Erlebnis, ihn zu kriegen, für mich einer Wiedergeburt gleichkam.»

Der Schriftsteller John Cheever, bekannt für seine anspruchsvollen, schwierigen Texte, wurde mehr als einmal gefragt: «Was war das Aufregendste in Ihrem Leben?» Seine Antwort war jedesmal: «Die Geburt meiner Kinder.» Und er fügte hinzu: «Es ist unbeschreiblich, welchen Reichtum Kinder in das Leben ihrer Eltern bringen können.»

Doch heutzutage wird das Kinderhaben zunehmend als lästig betrachtet.

Die Schuldgefühle der Nur-Hausfrau

Während die «Hausfrau und Mutter» vor Jahren noch mitleidig auf jene Frauen herabsah, die arbeiten gehen «mußten», ist heute sie die bemitleidete Dumme. Die Familien mit Kindern, in denen die Frau sich ausschließlich dem Haushalt und ihren Mutterpflichten widmet, stellen eine immer kleiner werdende Minderheit dar.

Eine solche Hausfrau und Mutter, Terry Martin Hekker, hat vor einigen Jahren einen amüsanten Artikel geschrieben über die «peinlichen Situationen», in die sie immer gerät, wenn sie jemandem erklären muß, daß sie von Beruf eben nichts anderes sei als Hausfrau und Mutter.[15] Ihr Mann ist Richter in einer Kleinstadt im Staate New York; sie hat fünf Kinder und ein ziemlich großes Haus zu versorgen. Sie bezeichnet sich selbst als Exemplar einer vom Aussterben bedrohten Art. Immer wieder werde sie gefragt, ob sie sich denn keine «Arbeit» suchen wolle, und ihr Sohn habe bei der Ausfüllung seiner Bewerbungsunterlagen fürs College in puncto «Beruf der Mutter» geschwindelt. Sie bekennt sich dazu, jener Gruppe von Personen anzugehören, die heutzutage viele als unproduktive Schmarotzer betrachten. Entsprechend den neuen Normen sei «die einzige Arbeit, die es wert ist, getan zu werden, die, für die man bezahlt wird». Wenn bei einer Party das Gespräch auf die Berufe der einzelnen käme, habe sie oft das Gefühl, mit ihrer Arbeit prestigemäßig unterhalb einer Dirne zu rangieren. Als sie einmal von einer Frau gefragt wurde, wer sie sei, und zur Antwort gab: «Die Frau von Jack Hekker», ergriff die Dame ihre Hand und meinte, ob das denn wirklich die einzige Möglichkeit für sie sei, sich selbst zu definieren: als Frau eines Mannes. Mrs. Hekker erwähnte, daß sie fünf Kinder habe – und erntete stummes Mitleid. Schließlich, einer Eingebung folgend, erklärte sie der anderen, die Kinder «seien aber nicht meine eigenen, sondern die meiner toten Schwester. Und dann aalte ich mich in der Wärme ihres anerkennenden Blickes.»

4 Der schockierende Eintritt ins Leben

Vor der Ankunft

Für viele Kinder heute sind die ersten Eindrücke, die sie von dieser Welt empfangen, trostlos; das gilt nicht etwa nur für jene, die im Zeichen von Armut und Elend geboren werden. Gerade gutgestellte schwangere Frauen beeinträchtigen oft unwissend und unwillentlich durch ihre Gewohnheiten die Lebenschancen der Kinder, mit denen sie schwanger gehen.

Der Zigarettenkonsum junger Frauen und minderjähriger Mädchen hat im Laufe der letzten zwanzig Jahre sprunghaft zugenommen. Unter den Aktivrauchern findet man heute relativ mehr (junge) weibliche als männliche Personen. Während noch vor fünfzig Jahren kaum eine Frau rauchte, stieg in den Jahren zwischen 1966 und 1976 die Zahl der stark rauchenden Frauen im gebärfähigen Alter um zwanzig Prozent. Seit 1976 hat sich der Anteil der starken Raucherinnen in dieser Altersgruppe kaum verändert.

Die allgemeine Gesundheitsschädlichkeit des Rauchens ist wohlbekannt, doch weisen Forschungsergebnisse aus jüngerer Zeit auf ein bisher nicht beachtetes Opfer des Tabakgenusses hin: den Fetus im Bauch der rauchenden Schwangeren. Das von ihr inhalierte Nikotin kann zu einer Reduzierung der Atembewegungen des Fetus führen, und das ebenfalls inhalierte Kohlenmonoxid kann die durch das Blut der Mutter dem Fetus zugeführte Sauerstoffmenge verringern.

Beides kann schädliche Folgen für das ungeborene Kind haben. Mittlerweile wurden Dutzende, zum Teil groß angelegte Untersuchungen über die Auswirkungen des Rauchens auf das Ungeborene durchgeführt.[1] Der Gesundheitsbeauftragte der amerikanischen Regierung gab in seinem Bericht *Smoking and Health* (1979) einen Überblick über die Forschungsergebnisse und kam zu dem Schluß: «Das Zigarettenrauchen während der Schwangerschaft hat deutlich schädigende Auswirkungen auf das Wohlbefinden des Fetus, auf die Gesundheit des Neugeborenen und auf die zukünftige Entwicklung des Kindes.» Negative Spätfolgen sind bei manchen Kindern bis zum zwölften Lebensjahr beobachtet worden.

Fazit des Reports:

- Rauchen erhöht die Wahrscheinlichkeit einer Frühgeburt.
- Neugeborene Kinder von Raucherinnen sind in der Regel kleiner, leichter und haben einen geringeren Schädelumfang als «Durchschnitts-Babys».
- «Plausible Anhaltspunkte» sprechen dafür, daß Rauchen während der Schwangerschaft langfristige negative Auswirkungen auf das körperliche Wachstum, die geistige Leistungsfähigkeit und die psychische Gesundheit des Kindes zeitigt. Es scheint, daß Kinder rauchender Mütter in verschiedenen Entwicklungsphasen hinter den Kindern von Nichtraucherinnen zurückbleiben.
- Je stärker eine Frau während der Schwangerschaft raucht, desto ausgeprägter ist das Untergewicht ihres Kindes bei der Geburt.
- Kinder von Müttern, die während der Schwangerschaft rauchen, entwickeln mit größerer Wahrscheinlichkeit eine Neigung zur Hyperaktivität.

Wie andere Untersuchungen in jüngster Zeit ergeben haben, besteht auch ein Zusammenhang zwischen den Rauchgewohnheiten der Mutter und der Häufigkeit von Erkrankungen der Atmungswege sowie von angeborenen Mißbildungen beim Kind. Und eine vom Bericht des Gesundheitsbeauftragten noch nicht erfaßte, großangelegte staatlich finanzierte Untersuchung, das sogenannte Collaborative Perinatal Project, hat zu dem Ergebnis geführt, daß starkes Rauchen bei werdenden Müttern die Wahrscheinlichkeit erhöht, daß die Plazenta sich weit unten in der Gebärmutter bildet und es infolgedessen während der Wehen und der Geburt zu Komplikationen kommt.

Es ist in letzter Zeit außerdem unwiderleglich klargeworden, daß Alkoholgenuß während der Schwangerschaft den Fetus schädigen kann, dessen Blutkreislauf an den der Mutter angeschlossen ist. Hat die Mutter nun Alkohol im Blut, gerät dieser ungehindert in die Plazenta und damit in die Blutversorgung des fetalen Gehirns.

Im Laufe der beiden letzten Jahrzehnte hat der Alkoholkonsum junger Frauen und minderjähriger Mädchen zugenommen, vor allem zwischen Mitte der sechziger und Mitte der siebziger Jahre war ein sprunghafter Anstieg zu verzeichnen. In dieser Zeit gab es dreihundert Prozent mehr Fälle von Trunkenheit unter amerikanischen Oberschülerinnen;[2] sie betranken sich ebensooft wie ihre männlichen Schulkameraden. Eine ähnliche, wenn auch weniger drastische Erhöhung des Alkoholkonsums ist in Europa zu verzeichnen.

Überzeugende Befunde über die Auswirkungen starken Alkoholgenusses schwangerer Frauen auf Neugeborene sind erst im Zuge der Untersuchungen des französischen Wissenschaftlers P. Lemoine im Jahre 1968 zusammengetragen worden. 1973 beschrieb eine Forschergruppe in Seattle das «fetale Alkoholsyndrom» bei Neugeborenen und seinen Zusammenhang mit starkem Alkoholgenuß während der Schwangerschaft.[3] Säuglinge, bei denen dieses Syndrom voll ausgeprägt ist, haben, wie genauere Untersuchungen ergaben, ein vergleichsweise flaches Gesicht. Oft sind sie auch unterdurchschnittlich klein, weisen Anomalien an Fingergelenken und Handflächen auf, zeigen Störungen der Herztätigkeit und, was am meisten zu denken gibt, gelegentlich auch Anzeichen geistiger Retardation.[4] Die Mütter jener Säuglinge, die das ganze Symptomespektrum aufwiesen, hatten während der Schwangerschaft mindestens 85 Gramm reinen Alkohols pro Tag konsumiert, also die Menge, die beispielsweise in sechs harten Drinks enthalten ist.

Aber auch das «normale» gesellige Trinken – ein paar Gläser Wein pro Tag etwa – scheint nicht harmlos zu sein. Das National Institute on Alcohol Abuse and Alcoholism vertritt die Auffassung, daß Alkohol auch in geringen Dosen subtile Schäden zur Folge haben kann. Eine werdende Mutter, die pro Tag ein Viertel Wein zu sich nimmt, spielt nach Ansicht des Instituts mit dem Feuer. Manche Fachleute meinen, daß selbst noch die Hälfte dieser täglichen Alkoholmenge den Fetus in irgendeiner Weise schädigen könne und daß völlige Abstinenz die beste und sicherste Lösung sei.

Die amerikanischen Behörden sind heute davon überzeugt, daß es kritische Perioden gibt, in denen starker Alkoholgenuß besonders schädliche Folgen nach sich ziehen kann, vor allem der erste und der letzte Schwangerschaftsmonat scheinen offenbar dazuzugehören.

Das gleiche wie für Alkohol gilt natürlich auch für mehr oder weniger harte Drogen. Selbst Marihuana ist problematisch. Sein spezifischer euphorisierender Wirkstoff, THC, kann die Plazenta durchwandern und, da er löslich ist, bis zu einer Woche im Blutkreislauf des Fetus verbleiben. Wie Tierversuche gezeigt haben, kann Marihuana einen tierischen Fetus sogar töten; es läßt sich daher vermuten, daß es auch in der Lage ist, einem menschlichen Fetus Schaden zuzufügen.

Und was ist mit der Ernährung? Ein Psychologe von der University of Minnesota hat auf der Grundlage von Tierversuchen die These aufgestellt, daß eine schwangere Frau ihrem Kind durch den regelmäßigen Verzehr minderwertiger Nahrung Schaden zufügen kann. Minderwertig im ernährungsphysiologischen Sinn sind Lebensmittel mit einem hohen Zucker-, Fett- und Salzgehalt und einem niedrigen Anteil an wichtigen Nährstoffen.

In einem Artikel in der Zeitschrift *Canadian Medical Association* aus dem Jahr 1981 heißt es, eine physiologisch falsche Ernährung der Schwangeren könne beim Fetus zu schwereren Entzugserscheinungen führen als bis dato angenommen. Allerdings ist bis jetzt wenig Konkretes über die Auswirkungen nährstoffarmen Essens auf den Organismus des Ungeborenen bekanntgeworden. 1977 veröffentlichte die Zeitschrift *Science* einen Bericht, dem zufolge Glutamat, ein kristallines Salz, das vielen Lebensmitteln, zum Beispiel Suppen- und Fleischkonserven, als Geschmacksverstärker zugesetzt wird, bei Tieren physiologische Schäden hervorgerufen hat.

Eine Analyse der im Rahmen des Collaborative Perinatal Project zusammengetragenen Daten über die Entwicklung des Fetus im Mutterleib zwingt uns auch dazu, gewisse Arbeitsgewohnheiten schwangerer Frauen kritisch zu betrachten. Übt die Schwangere einen Beruf aus, bei dem sie stundenlang ohne angemessene Pausen stehen muß, kann es im neunten Schwangerschaftsmonat zu der ernsten Gefahr einer unzureichenden Blutversorgung des Fetus kommen. Bei solchen werdenden Müttern besteht auch eine erhöhte Wahrscheinlichkeit, daß sie ein untergewichtiges Baby zur Welt bringen.

Unser unwirtliches Geburtshilfesystem

Muriel Sugarman von der medizinischen Fakultät der Harvard University meint, daß «die Geburt eines Kindes in unserer Gesellschaft unter den denkbar künstlichsten Bedingungen vor sich geht: an einem fremden

Ort, unter fremden Menschen und oft ohne daß die Mutter bei der Entscheidung über den Wehen- und Geburtsverlauf oder über das, was mit ihrem Baby anschließend passiert, ein Wort mitzureden hat». Fast alle diese «künstlichen Bedingungen», so Professor Sugarman, seien lediglich dazu da, dem medizinischen Personal die Arbeit zu erleichtern.

Alle wissenschaftlichen Neuerungen auf dem Gebiet der Geburtshilfe lassen sich weitgehend mit den Bedürfnissen einer arbeitssparenden Massenabfertigung in den Kliniken erklären. Es sind die Ärzte mit ihren Maschinen und Medikamenten, die im Drama einer Geburt die Starrolle übernommen haben. Die Mutter soll nach Möglichkeit passiv, manchmal der Bewußtlosigkeit nahe, daliegen und die Dinge über sich ergehen lassen. Die Anwesenheit von Familienangehörigen ist meist unerwünscht, da sie den Ärzten und Schwestern nur im Weg stehen könnten.

Die Klinikärzte haben die Niederkunft zu einer Art geheimnisumwitterter Krankheit gemacht und sich erst in jüngster Zeit dazu bequemt, einige ihrer Praktiken aufzugeben. Man glaubte, der «Krankheit» der werdenden Mutter nur mit einem raffinierten technischen Apparat beikommen zu können, und zwar nach Möglichkeit im Rahmen der Vierzig-Stunden-Woche. Die Zeitschrift *Medical World News* berichtete 1970 zustimmend über ein Verfahren – die Verabreichung des Hormons Oxytocin an Hochschwangere –, die Wehen künstlich einzuleiten, da das Klinikpersonal auf diese Weise die anstehenden Geburten gleichmäßig über den Arbeitstag verteilen und in der Nacht seine Ruhe haben könne.[5]

Ein Jahrzehnt später, 1980, wurde in einem auf der Jahrestagung der American Association for the Advancement of Science gehaltenen Referat darauf hingewiesen, daß zwischen Oxytocingaben und «psychomotorischen Defiziten» sowie «niedrigeren Werten bei Schulleistungstests» in späteren Jahren ein Zusammenhang besteht.

Psychologen fanden bei der Analyse von Erhebungsdaten, die bei dem großangelegten, staatlich finanzierten Collaborative Perinatal Project gewonnen worden waren, heraus, daß der Einsatz von Betäubungsmitteln und starken Beruhigungsmitteln im Zuge der Geburtsvorbereitung subtile Langzeitwirkungen bei Kindern nach sich ziehen kann, da diese Mittel offenbar in das Nervensystem des Ungeborenen eindringen.

Im Rahmen einer Nachfolgeuntersuchung zum Collaborative Perinatal Project wurden 3500 «normal geborene» Säuglinge beobachtet; es stellte sich heraus, daß jene, deren Mütter während der Wehen mit beruhigenden und schmerzlindernden Mitteln vollgepumpt worden waren, im Durchschnitt wesentlich länger brauchten, bis sie lernten, aufrecht zu sitzen oder zu krabbeln. Und wenn sie einen Kummer hatten und weinten, ließen sie sich nur schwer trösten. Manche Unterschiede zwischen Kindern, deren Mutter bei der Geburt unter starker Medikamenteneinwirkung stand, und anderen Kindern waren noch im siebten Lebensjahr meßbar, vor allem wenn der Mutter Narkotika per Inhalation verabreicht worden waren. In 41 Prozent der durchgeführten Tests zeigte sich ein «signifikanter Zusammenhang» zwischen dem Einatmen von Narkotika und «negativen Folgen».[6]

Fazit: «Die Befunde legen den Schluß nahe, daß Inhalantien in Verbindung stehen mit Defiziten in den psychomotorischen und neuromotorischen Funktionen während des ersten Lebensjahrs und daß auch Oxytocin mit psychomotorischen Defiziten in Zusammenhang steht. Auf andere Altersstufen bezogen besteht ein Zusammenhang zwischen Scopolamin* und geringfügig unterdurchschnittlichen Leistungen bei manchen kognitiven Aufgaben sowie zwischen Oxytocin und niedrigeren Werten im Leistungstest.»[7]

In letzter Zeit sind die Geburtshelfer mit dem Einsatz von Inhalantien zurückhaltender geworden.

Andere Forschungsberichte weisen darauf hin, daß die Verabreichung stark wirkender Medikamente die Stillfähigkeit der frischgebackenen Mutter für mehrere Tage beeinträchtigen kann, und zwar gerade jene Tage, da die Muttermilch mit speziellen Proteinen angereichert ist, die das Kind gegen Infektionen schützen Die Konzentration dieser Stoffe in der Milch ist während dieser Zeit wesentlich höher als zu irgendeinem späteren Zeitpunkt.

In Gesellschaften, die sich seit Jahrhunderten kaum verändert haben, bringen die Frauen ihre Kinder vergleichsweise leicht und rasch zur Welt. Es ist dort üblich, daß die Schwangere während der Wehen steht und umhergeht, so daß die Schwerkraft mithilft, den Kopf des Ungeborenen nach unten, in die richtige Lage, zu bringen.

Ist der Augenblick der Geburt gekommen, läßt die Frau sich auf die Knie oder in die Hocke nieder, immer noch gleichsam mit der Schwerkraft im Bunde. Ihr vertraute Menschen sind in diesen Augenblicken, die

---

* Wird vor allem zur Behandlung schwerer Erregungszustände verwendet, chemisch dem Atropin verwandt.

für sie eine tiefe, ja, mystische Bedeutung haben können, um sie versammelt und reden ihr gut zu.

Die zivilisierten Kulturen – als erste die Griechen – führten einen «Geburts-Stuhl» mit einer ovalen Öffnung ein: Die Frau saß, aber nach wie vor half ihr die Schwerkraft. Im Laufe der Jahrhunderte wurden diese Stühle weiterentwickelt und perfektioniert. Erst seit etwa zweihundert Jahren, seit die Ärzte in der Geburtshilfe an die Stelle der Hebammen zu treten begannen, liegen werdende Mütter im Bett flach auf dem Rücken wie Kranke. Und noch jünger ist die Errungenschaft, die – nach wie vor flach auf dem Rücken liegende – werdende Mutter an einen Apparat anzuschließen und ihr zu sagen, sie solle sich möglichst wenig bewegen.

In einem typischen Krankenhaus von heute wird die Schwangere, wenn der Augenblick der Niederkunft naht, rücklings auf eine Art Operationstisch gelegt; dann werden, wie Muriel Sugarman es beschreibt, ihre Beine angehoben «und so weit gespreizt, daß der Arzt gut sehen und bequem arbeiten kann». In dieser Lage, so fügt sie hinzu, sei das Baby ausgesprochen gefährdet. Der Druck seines Körpergewichts auf die großen Blutgefäße des Bauchraums «hemmt die Blutzirkulation und hat eine bedenkliche Senkung des Blutdrucks zur Folge, wodurch die Versorgung der Plazenta und damit des Babys mit Blut und Sauerstoff eingeschränkt wird».[8]

In manchen fortschrittlichen Kliniken hat man einen Kompromiß gefunden: Die werdende Mutter setzt sich zur Niederkunft in einen hydraulischen, in der Höhe verstellbaren Stuhl, der auf Wunsch des Arztes gekippt werden kann. (Er ähnelt dem seit Jahrzehnten bewährten Zahnarztstuhl.) Die Benutzung des Stuhls verkürzt die Dauer einer Geburt durchschnittlich um die Hälfte.

Ein Arzt, der diesen Stuhl einsetzt, Warner Nash vom Lenox Hill Hospital in New York, erklärt dazu: «Es ist peinlich für uns Ärzte, daß wir bis zum Jahre 1981 brauchten, um endlich zu begreifen, was die Natur uns von jeher gesagt hat. Die meisten Frauen dieser Welt würden in senkrechter Haltung gebären, wenn kein Arzt dazwischenfunken und sie dazu bringen würde, sich flachzulegen.»[9]

Das erste, was der erschrockene Ankömmling normalerweise erlebt, ist, daß er an den Beinchen gehalten wird und, kopfunter hängend, ein paar kräftige Klapse aufs Hinterteil erhält; diese Übung hat nicht, wie weithin angenommen wird, den Zweck, die Lungen zu öffnen, sondern soll seine Atemwege von Schleimresten befreien. Das könnte man ebensogut mit einem Absauger bewerkstelligen, und mittlerweile tut man es auch.

Das Neugeborene ist, aus der 37 Grad warmen, dunklen Höhle der Gebärmutter kommend, in einem hellerleuchteten, mit rund 20 Grad vergleichsweise kalten Raum gelandet – die Ärzte arbeiten am liebsten bei dieser Temperatur. Um die Not des neuen Erdenbürgers noch größer zu machen, träufelt man in seine Augen Silbernitrat, obwohl man das ebensogut zu einem späteren Zeitpunkt machen könnte.

Nach der Ankunft

Entsprechend einer jahrzehntelangen Routine wird das derart in Angst und Schrecken versetzte Neugeborene, während die Mutter oft halb benommen zurückbleibt, in einen Raum gebracht, wo schon zwanzig andere brüllende Säuglinge aufgereiht liegen. Oft vergehen zwölf oder gar sechzehn Stunden, bis das Kleine seiner Mutter sozusagen offiziell vorgestellt wird, sich glücklich saugend an ihre warme Brust schmiegen darf und die ihm vertrauten Herzschläge wieder hört.

In den Krankenhäusern wird in der Regel von der stillschweigenden Voraussetzung ausgegangen, daß die Schwestern auf den Säuglingsstationen von der Mutterrolle weit mehr verstehen als die Mütter selbst, vor allem die Erstgebärenden unter ihnen. Aber im Gegensatz zu einer Krankenschwester verfügt eine frischgebackene Mutter nach der Niederkunft über eine erhöhte Hormonkonzentration – die beste Voraussetzung, liebevoll und einfühlsam auf ein Kind zu reagieren. Es gibt Vermutungen, daß gerade die ersten beiden Stunden nach der Geburt von großer Bedeutung für die Zukunft eines Kindes sind.

Wenn das stimmt, dann betrügt die auf vielen Geburtshilfestationen seit eh und je geübte Praxis Mütter und Kinder möglicherweise um ein wichtiges Erlebnis. Denn die Mütter müssen in der Klinik nicht nur oft genug lange auf den ersten Kontakt mit ihrem Baby warten, sondern bekommen es auch danach nur alle vier Stunden für dreißig Minuten zu sehen. Während der gesamten Dauer des Klinikaufenthalts sind sie die allermeiste Zeit von ihrem Kind getrennt: Nur ein Zwölftel der Zeit verbringen sie mit ihm zusammen!

Es gibt Untersuchungen, die darauf hindeuten, daß die Fähigkeit einer

Mutter, ihr Kind über einen längeren Zeitraum befriedigend zu stillen, durch einen frühen und häufigen Kontakt zwischen beiden nach der Geburt gefördert wird. Auch spricht vieles dafür, daß unter diesen Umständen eine stärkere Identifizierung der Mutter mit dem Kleinen erfolgt. Und es gibt Hinweise darauf, daß das Kind sich bei früherem und häufigerem Kontakt mit der Mutter rascher entwickelt.

An der Case Western Reserve University haben Mediziner und Psychologen, allen voran Marshall Klaus und John Kennell, eine Reihe interessanter Untersuchungen über den Einfluß klinischer Praktiken auf die Entwicklung der Mutter-Kind-Beziehung durchgeführt. Sie verglichen dabei eine Gruppe von Müttern, denen nur das klinikübliche Maß an Kontakten zu ihrem Kind gestattet wurde, mit einer Gruppe, der man erheblich mehr Kontakte gewährte.

Den Müttern der letzteren, der sogenannten «Kontakt-Gruppe», ließ man das noch nackte Baby nach der Geburt eine ganze Stunde lang, und an jedem weiteren Tag, den sie in der Klinik verbrachten, durfte das Kleine täglich mehrere Stunden zur Mutter ins Bett.

Nach einem Monat beurteilten mehrere Fachleute, die nicht wußten, zu welcher Gruppe die einzelnen Mütter gehörten, das Verhalten der Probandinnen. Es zeigte sich, daß die Mütter aus der «Kontakt-Gruppe» ihre Kinder während der Beobachtungsphasen häufiger liebkosten und trösteten, daß es ihnen mehr Freude bereitete, sie anzuschauen, und daß sie allgemein besorgter waren um sie.

Da aus den ersten Studien nicht eindeutig hervorging, welche Faktoren innerhalb der allgemeinen Variablen «mehr Kontakt» vielleicht besonders stark zur Entstehung einer intensiveren Bindung beigetragen hatten, wurde eine umfangreichere Untersuchung in einem anderen kulturellen Umfeld, und zwar in Guatemala, durchgeführt. Dort wurde die «Kontakt-Gruppe» noch mal in zwei Untergruppen aufgeteilt: In der einen erhielten die Mütter das Neugeborene unmittelbar nach der Geburt für fünfundvierzig Minuten, in der anderen fand dieser erste fünfundvierzigminütige Kontakt erst zwölf Stunden nach der Geburt statt.

Der Unterschied war offenbar verblüffend. Nur die Mütter, die ihr Kind unmittelbar nach der Geburt erhalten hatten, zeigten jene besonders ausgeprägte, zärtliche Zuwendung. Die Mütter der Gruppe mit dem verzögerten Kontakt unterschieden sich in ihrem Verhalten nicht wesentlich von den Müttern der Kontrollgruppe. Es gibt also, folgerten die Wissenschaftler, «eine die ersten Minuten und Stunden nach der Geburt umfassende sensible Phase», die entscheidend ist für die Entwicklung einer intensiven Mutter-Kind-Beziehung.

Einer so weitgehenden und verallgemeinernden Schlußfolgerung stehen andere jedoch skeptisch gegenüber, zumal sich das Interesse der Forscher bei diesen Untersuchungen ganz auf die *Mutter* konzentrierte. Uri Bronfenbrenner lobte die Untersuchung, merkte aber an, er hätte sich gewünscht, daß nicht nur das Verhalten der Mutter, sondern auch das des Neugeborenen genauer beobachtet worden wäre, das intensive Bindungsgefühle nach dem allgemeinen Stand der Forschungsmeinung erst wesentlich später entwickelt.

Unabhängig von der eben zitierten Untersuchung stellte Michael Daly, Leiter der Geburtshilfeklinik an der Temple University, aufgrund einer Reihe von Erhebungen fest, daß Säuglinge, die im Laufe der ersten beiden Stunden nach der Geburt fünfundvierzig Minuten in direktem Körperkontakt mit der Mutter verbrachten, sich überdurchschnittlich gut entwickelten. Sie nahmen schneller zu und verfügten als Zweijährige über einen reicheren Wortschatz als Säuglinge, die nach der Geburt wie üblich von der Mutter getrennt wurden.

Im Laufe der letzten Jahre ist ein deutlicher Trend weg von der Klinikgeburt und hin zur Hausgeburt zu verzeichnen. Impulse aus der alternativen Szene spielen dabei ebenso eine Rolle wie die allmähliche Verbreitung wissenschaftlicher Forschungsergebnisse über die Bedeutung des frühen Mutter-Kind-Kontakts. Immer mehr junge Mütter bestehen heute auf einer «natürlichen Geburt» in häuslicher Atmosphäre und in Anwesenheit des Ehemannes.

Noch vor gut einem Jahrzehnt war der Zutritt zum Kreißsaal den Ehemännern in den meisten Kliniken verwehrt. Heute hat sich endlich weithin die Einsicht durchgesetzt, daß auch der Vater eine sehr viel intensivere Beziehung zu seinem Kind entwickelt, wenn er dessen Geburt miterlebt.

Mit einiger Verspätung haben in jüngster Zeit einige Kliniken damit begonnen, neben den Gesichtspunkten der Bequemlichkeit und der Arbeitserleichterung für ihr Personal auch die Bedürfnisse der Familien in Betracht zu ziehen. Nachdem die Zahl der Geburten stagniert, werben viele Krankenhäuser heute um Kundschaft, indem sie mehr Kontakt anbieten: In den Vereinigten Staaten können werdende Eltern bereits in jeder sechsten Klinik einen «Gebärraum» mieten, der wie ein gemütliches Wohnzimmer eingerichtet ist. Die Mutter darf während der Wehen umhergehen, und sie kann ihr Kind in jeder von ihr gewünschten Körperhaltung – und in Anwesenheit des Kindsvaters – zur Welt bringen. Eine medizinische Notfallausrüstung steht in unmittelbarer Nähe bereit, ist aber nicht zu sehen. Das Neugeborene bleibt im gleichen Raum wie die Mutter. Neugierige Geschwister des Säuglings dürfen zu kurzen Besuchen kommen. In Großbritannien ist es schon seit einigen Jahren üblich, das Bettchen des Neugeborenen unmittelbar neben das Bett der Mutter zu stellen.

Einige französische Ärzte stießen auf reges Interesse und lösten eine lebhafte Diskussion aus mit ihrem Versuch, die Ankunft eines Kindes auf dieser Welt zu einem erhebenden Erlebnis (statt einer unangenehmen und schmerzhaften Krankenhauserfahrung) zu machen. Die von ihnen betreuten Geburten gehen bei gedämpftem Licht vonstatten; ebenso gedämpft sind die Stimmen der Schwestern und Assistenten. Sobald das Baby da ist, wird es auf den Bauch der Mutter gelegt. Es wird nicht hochgehalten, erhält keinen Klaps, wird nicht gewaschen und bekommt keine brennenden Augentropfen verabreicht. Wenn es zu atmen beginnt, wird die Nabelschnur durchgeschnitten und es wird der Mutter an die Brust gelegt, möglichst nahe ihrem Herzen.

Der französische Arzt Frédérick Leboyer hat sogar den Versuch unternommen, Neugeborene in ein Wasserbad zu legen, das die gleiche Temperatur besaß wie die Gebärmutter, aus der sie gerade gekommen waren. Sie scheinen sich da ganz wohl gefühlt zu haben.

5 Der kinderfeindliche Vermieter

In einem Inserat, das 1979 in einer kalifornischen Zeitung erschien, heißt es: «Wenn Sie von einem schönen Leben träumen, denken Sie an unsere Wohnsiedlung Oakwood Garden . . . Leider nur ohne Kinder.»

Die Firma, der Oakwood Garden gehört, besitzt in den Vereinigten Staaten über 19 000 Wohnungen, die meisten davon im Westen. In Kalifornien hat die Firma ihre kinderfeindliche Vermietungspolitik in letzter Zeit modifizieren müssen – ein neues Gesetz verbietet dort jetzt solche «Kinderverbote».

Besagte Firma bildet jedoch keineswegs einen Einzelfall. Tausende amerikanischer Vermieter, vom privaten Hauswirt bis zur landesweit operierenden Immobilienfirma, wollen Familien mit Kindern in ihren Wohnungen nur ungern oder überhaupt nicht haben.

Mit Kindern eine Wohnung oder ein Haus zu finden, ist in den Vereinigten Staaten daher zu einem echten Problem geworden. Allein zwischen 1976 und 1980 stieg die Zahl der Mietwohnungen, in denen Kinder ausdrücklich nicht erwünscht waren, landesweit um dreiundfünfzig Prozent. Ein Viertel aller amerikanischen Vermieter duldet heute keine Kinder; in einigen Städten liegt der Anteil der ausschließlich kinderlosen Mietern vorbehaltenen Wohnungen bei über sechzig Prozent. Auflagen und Beschränkungen irgendwelcher Art für Mieter mit Kindern werden landesweit von der überwiegenden Mehrheit *aller* Vermieter verhängt.

Die Tendenz zu praktischer Kinderfeindlichkeit beschränkt sich aber nicht auf die Vermieter. In vielen Teilen der Vereinigten Staaten kann man nicht mal mehr eine Eigentumswohnung kaufen, wenn man Kinder hat. Die in Wohnanlagen mit Eigentumswohnungen geltenden Regeln und Hausordnungen werden normalerweise von den Eigentümerversammlungen aufgestellt.

Woher kommt diese Welle der Kinderfeindlichkeit im Wohnungswesen? Der Engpaß im Wohnungsangebot – verursacht durch den Rückgang im Wohnungsbau aufgrund der hohen Hypothekenzinsen und der ausufernden Baukosten – ist just zu der Zeit aufgetreten, als die enorm geburtenstarken Jahrgänge der fünfziger Jahre volljährig wurden und die jungen Leute daran zu denken begannen, eine Familie zu gründen. Die meisten der Appartementhäuser, die heute in den Großstädten entstehen, verfügen fast nur über Ein- und Zweizimmerwohnungen und kommen damit lediglich für Alleinstehende oder für kinderlose Paare in Frage. Ferner verringert sich die Zahl der mietbaren Wohnungen auch durch die in großem Stil betriebene Umwandlung von Miet- in Eigentumswohnungen. Für die meisten jungen Familien im Einzugsbereich amerikanischer Großstädte ist der Gedanke an ein eigenes Haus zu einem in immer weitere Ferne rückenden Wunschtraum geworden.

In vielen Großstädten liegt der Anteil der leerstehenden Wohnungen heute unter drei Prozent, was den Vermietern die Möglichkeit gibt, äußerst wählerisch zu sein.

Eine Bundesbehörde stellte 1979 fest, daß in keiner der vier neuen großen Wohnsiedlungen in Atlanta Kinder geduldet werden. In Denver schätzte ein großer Bauunternehmer, daß neunzig Prozent der neuerrichteten Wohngebäude ausschließlich Erwachsenen vorbehalten waren. Eine Baufirma in Houston räumte ein, daß praktisch in allen neuen Wohnanlagen der Stadt Kinder entweder überhaupt nicht oder nur in einzelnen, eigens dafür bestimmten Häusern zugelassen waren. In Cincinnati ergab eine Überprüfung von 197 in Privatbesitz befindlichen Wohngebäuden, daß in etwa siebzig Prozent davon Kinder grundsätzlich nicht und in den meisten anderen nur unter gewissen Einschränkungen, zum Beispiel hinsichtlich Alter bzw. Zahl der Kinder, geduldet wurden.

Behörden verbieten Kinderverbote

Die Bürger Kaliforniens sind in den letzten Jahren Zeugen sehr unschöner Streitigkeiten über von Vermietern ausgesprochene Kinderverbote geworden. Einige zornige Eltern setzten sich schließlich gegen die kinderfeindlichen Hauswirte durch, zumindest vor Gericht. In vielen kalifornischen Städten waren in den späten siebziger Jahren Kinder in drei von vier Mietwohnungen unerwünscht.

Im Zuge meiner Recherchen vor Ort für dieses Buch traf ich mich in Santa Monica mit Dora Ashford, einer sanften, hübschen, jungen geschiedenen Frau mit einer niedlichen Tochter namens Alisa, die zum Zeitpunkt meines Besuchs elf Jahre alt war. Mrs. Ashford hatte bereits in einer Reihe von Berufen gearbeitet, aber während der letzten Jahre hatte sie sich neben ihrem Jura-Studium vor allem im Kampf gegen die Diskriminierung des Kindes engagiert – zweifellos teilweise aus persönlicher Wut und Betroffenheit heraus. Schließlich hatte sie selbst monatelang eine Wohnung gesucht und war bei mindestens fünfzig Vermietern abgeblitzt, ehe sie jemanden fand, der sie und ihre Tochter als Mieter akzeptierte.

Zusammen mit anderen Betroffenen gründete Dora Ashford dann einen als gemeinnützig anerkannten Verein mit dem Ziel, fairere Bedingungen für Wohnungssuchende mit Kindern zu erkämpfen. Der Fair Housing for Children Coalition standen und stehen nur äußerst spärliche Mittel zur Verfügung, aber sie hat dennoch, auch weit über Südkalifornien hinaus, einiges dazu beigetragen, den Vermietern die Diskriminierung von Familien mit Kindern zu erschweren.

Auf unserer Tour durch den westlichen Teil von Los Angeles kamen wir auf der Ocean Avenue an einem Hochhauskomplex vorbei, und Mrs. Ashford sagte: «Die schreiben es nicht auf ihre Schilder oder in ihre Zeitungsanzeigen, aber sie nehmen keine Kinder. Ich habe angerufen, und man hat es mir gesagt.»

Ich schlug vor, noch einmal die Probe aufs Exempel zu machen. Wir bogen in die ziemlich protzig wirkende Einfahrt ein und fragten den Pförtner, ob die Hausverwaltung Mieter mit Kindern akzeptierte.

Pförtner (nach einigem Nachdenken): «Jaa... aber über so was müßten Sie mit dem Makler sprechen. Kann sein, daß Sie ihn dazu überreden können.»

Wir bedankten uns und fuhren weiter. «Manchmal», erzählte Mrs. Ashford, «gibt es in solchen Komplexen ein paar extra teure oder extra häßliche Wohnungen, die niemand sonst haben will, und in die dürfen dann auch Leute mit Kindern.»

Wir fuhren an vielen Gebäuden vorbei, vor denen Schilder prangten, die signalisierten: Kinder unerwünscht. In Brentwood passierten wir eine Schule, vor der mehrere Kinder spielten. In etwa hundert Meter Entfernung, dem Schulhof genau gegenüber, befand sich ein großer Wohnblock, davor ein Schild mit der Aufschrift: «Nur Erwachsene».

Während wir weiterfuhren und uns Notizen über Kinderverbotstafeln machten, berichtete Dora Ashford von einigen der verzweifelten Eltern, denen ihr Verein zu helfen versucht hatte: «Ein Mann hat mit seinen drei Kindern im Auto gewohnt. Sie parkten einfach auf der Straße und verlegten andauernd ihren Wohnsitz. Er hatte wohl einen Arbeitsplatz und auch Geld, aber er fand wegen der Kinder einfach keine Wohnung.

Dann wandte sich eine Familie mit fünf Kindern hilfesuchend an uns. Alle sieben wohnten in einem Kombiwagen, der den Sommer über auf einem öffentlichen Parkplatz am Pier geparkt war. Sie wirkten wie eine nette, normale Familie – der Mann hatte Arbeit –, nur daß die Frau sehr dünn war und sehr müde aussah – schließlich lebten sie schon ungefähr ein Jahr lang im Auto ...»

Mrs. Ashford hatte auch etliche Familien kennengelernt, die in ihrer Ratlosigkeit ins Motel gezogen waren, obgleich dies eine sehr teure Lösung war.

Wenn Dora Ashford und ihre Freunde den einen oder anderen Vermieter zur Rede stellten und nach dem Grund für seine Abneigung gegen Kinder fragten, kam manchmal der Hinweis auf den Lärm, den Kinder machen. Sie sagte dazu: «Es sieht so aus, als sei Kindergeschrei etwas, das manche Erwachsene mehr stört als der Lärm von Stereoanlagen oder von Flugzeugen oder Motorrädern. Viele Leute, die ich kenne, müssen in Siedlungen, in denen nur Erwachsene wohnen, einen unglaublichen Lärmpegel verkraften – verursacht von streitenden Ehepaaren.»

Bei einer 1980 vom Institute for Social Research der University of Michigan unternommenen landesweiten Umfrage stellte sich heraus, daß der Anteil derer, die glauben, daß Mieter sich durch Kinder gestört fühlen, unter den Vermietern weit höher liegt als unter den Mietern selbst.

Auch die Zahl der Kinder, die man hat, kann in manchen Gegenden eine entscheidende Rolle spielen. Familien mit drei oder mehr Kindern bekamen in Kalifornien oft den Rat zu hören, sie sollten sich um eine staatliche Wohnung bemühen. Doch bei den meisten Wohnungsämtern gibt es lange Wartelisten. Im Zuge einer landesweiten Erhebung des Institute for Social Research stellte sich heraus, daß Familien mit drei oder mehr Kindern bei sechzig Prozent aller in den USA angebotenen Mietwohnungen keine Chance hätten, als Mieter in Frage zu kommen.

Einige kleine Fortschritte lassen sich mittlerweile im Kampf gegen die kinderfeindlichen Kräfte auf dem Wohnungsmarkt bereits verzeichnen.

Aber die Tatsache, daß die Diskriminierung von Familien mit Kindern nach wie vor weithin geduldet wird, ist gefährlicher sozialpolitischer Zündstoff. Es ist schon ein schlechtes Omen, wenn eine Generation der nächsten nahelegt, sie solle sich woandershin scheren...

6 Das einsame Kind

In den Vereinigten Staaten ziehen jedes Jahr ungefähr zwölf Millionen Kinder und Jugendliche um; mehr als die Hälfte von ihnen muß dabei die Schule wechseln. In Europa ziehen Kinder im statistischen Durchschnitt nur halb so oft um wie in Amerika, aber die Tendenz ist auch hier steigend.

Ein Kind empfindet nicht nur einen Umzug in eine andere Stadt, einen anderen Landesteil oder gar ins Ausland als Versetzung in eine andere Welt; auch ein Umzug innerhalb der Stadt, von einem Viertel ins andere, kann das Kind mit einer völlig veränderten Umwelt konfrontieren.

In Amerika zieht heute im Durchschnitt jede fünfte Familie einmal im Jahr um. Bei Familien mit kleinen Kindern ist diese Quote noch viel höher. Dabei besteht, statistisch gesehen, eine ziemlich exakte Korrelation zwischen der Mobilitätsrate (d. h. der durchschnittlichen Anzahl der Umzüge pro Familie und Jahr) und der Scheidungsrate.

Es gibt Anzeichen dafür, daß der Umzugsboom, der durch bürokratische Versetzungs- und Beförderungsmechanismen im zurückliegenden Jahrzehnt angeheizt worden ist, sich langsam abschwächt. Die Wohnungsknappheit, die zum Teil horrenden Mieten und die hohen Lebenshaltungskosten in den Großstädten – erfahrungsgemäß fünfzehn Prozent höher als sonst im Land –, wo sich die Karriereorientierten konzentrieren, veranlassen heute manchen, auf eine berufliche Chance oder Beförderung zu verzichten, wenn der Preis dafür der Umzug in eine dieser Metropolen ist.

Der starke Zuwachs an Frauen mit Hochschulausbildung, die am bisherigen Wohnort der Familie eine gutbezahlte Stellung innehaben, hat sich ebenfalls dämpfend auf den Umzugseifer ausgewirkt. Wie eine Befragung von 36 Ehepaaren, bei denen beide Teile einen qualifizierten Beruf ausübten, ergab, hatte eine mit einem Umzug verbundene Versetzung oder Beförderung des einen Partners bei einem Drittel der Paare zu einem ernsten Ehekonflikt geführt.[1]

Ein Umzug, aus welchem Grund auch immer er erfolgt, stellt ein Kind vor die Aufgabe, sich in einer ungewohnten Umgebung zurechtzufinden. Es muß sich in eine neue Wohnumwelt und eine neue Schule einleben, sich an neue Umgangsformen und Gebräuche gewöhnen, neue Freunde finden. Bei vielen Kindern zwischen sieben und zwölf Jahren kann ein Umzug die Persönlichkeitsentwicklung und die Erfolgschancen im späteren Leben nachhaltig beeinflussen. Die Herausforderung, sich einer bis dato fremden Umgebung zu stellen, kann anregend sein und den Horizont erweitern – wenn zwischen den Umzügen jeweils wenigstens ein paar Jahre liegen und wenn sie im Sommer stattfinden, also zum Schuljahrswechsel. In jedem Fall aber werden Kinder nach einem Umzug ihre alten Freunde vermissen. Säuglingen bedeutet ein Umzug in der Regel wenig, es sei denn, es kommt dabei zur Trennung von einer geliebten, ihnen wichtig gewordenen Bezugsperson.

Doch für Kinder im Alter von drei bis vier Jahren kann ein Umzug schon ein einschneidendes emotionales Erlebnis sein, weil gerade sie, so jedenfalls die Überzeugung der bekannten Entwicklungspsychologin Louise Bates Ames, ein ungewöhnlich ausgeprägtes Bedürfnis nach Stabilität – und damit auch nach vertrauter Umgebung – haben.

Kinder zwischen zehn und fünfzehn Jahren kann ein Umzug nach Meinung von Mrs. Ames aus dem psychischen Gleichgewicht bringen, weil sie sich ohnehin in einer Phase grundlegender physiologischer Veränderungen befinden und Flirts und Liebeleien sowie das Akzeptiertwerden in einer Gruppe Gleichaltriger für sie ungeheuer wichtig sein können. Ein Umzug bedeutet, daß sie wieder ganz von vorn anfangen müssen, sich Anerkennung zu verschaffen. Darüber hinaus sind sie gerade in einem Stadium der allmählichen Loslösung von den Eltern. Alles, was in dieser Zeit zusätzliche Unruhe in ihr Leben bringt, erschwert ihnen die ohnehin schon schwierige Entwicklung zu psychischer Selbständigkeit.

Man kann daher sagen, daß Kinder und Jugendliche *jeder* Altersstufe jedesmal, wenn sie umziehen müssen, ihre Rollenidentität und damit ein gut Teil Selbstwertgefühl verlieren.

Bei vielen Kindern wirkt sich ein Umzug eher emotional destabilisierend als stimulierend aus. Kinder bewerten einen neuen Wohnort oft nach ganz anderen Kriterien als ihre Eltern. Während diese eine größere

Wohnung in einem schöneren Stadtteil als Verbesserung betrachten, trauern ihre Kinder möglicherweise den am alten Wohnort zurückgelassenen Freunden und Freundinnen so sehr nach, daß sie der gestiegenen Wohnqualität nicht das geringste abgewinnen können.

Und wie steht es um die Schulleistungen von Kindern, die alle zwei oder drei Jahre die Schule wechseln müssen? Nicht wenige Kinder erreichen das zehnte Lebensjahr, ohne auch nur ein vollständiges Schuljahr an ein und derselben Schule absolviert zu haben.

Bei einem einigermaßen guten Schüler mag ein Umzug, wenn er nicht gerade mitten im Schuljahr erfolgt, die Leistungen nicht wesentlich beeinflussen. Bei durchschnittlich oder eher schlecht lernenden Kindern kann der Schulwechsel jedoch, wie mir der Leiter einer Schule mit einem hohen Anteil von Kindern aus mobilen Familien bestätigte, einen eklatanten Leistungsrückgang zur Folge haben. Das Lerntempo und die Schwerpunkte, die im Lehrstoff gesetzt werden, unterscheiden sich von Schule zu Schule, so daß der eine Schüler sich vielleicht plötzlich überfordert, ein anderer dagegen gelangweilt fühlt, weil der Unterricht ihm nichts Neues bringt. Überforderung und Unterforderung können aber gleichermaßen demotivierend wirken und zu psychischen Problemen führen.

Wie eine großangelegte Untersuchung ergab, beeinflußt häufiges Umziehen die Zeugnisnoten der Kinder in jedem Fall negativ, egal ob sie gute oder schlechte Schüler sind. In einer amerikanischen Großstadt wurden die 23 Grundschulen mit der stabilsten Schülerschaft und die 23 mit der mobilsten Schülerschaft einander gegenübergestellt. Die Schüler der ersten Gruppe lagen mit ihren Leistungen bei den im Rahmen der Untersuchung veranstalteten Tests wesentlich über dem örtlichen sowie auch über dem landesweiten Durchschnitt. Die Schüler der Schulen mit den hohen Mobilitätsraten wiesen weit schlechtere Testergebnisse auf – noch unter dem nationalen Durchschnitt.

Von einer Bekannten erfuhr ich, daß ihr achtjähriger Enkel bereits wegen Magengeschwüren behandelt wird! Er mußte im Laufe von drei Jahren viermal die Schule wechseln. Vor dieser Serie von Umzügen hatte er hervorragende Zeugnisse nach Hause gebracht. Nun drohte er wegen schlechter Leistungen sitzenzubleiben. Offenbar sind die Anforderungen in seiner jetzigen Schule höher, und der äußerlich ruhig wirkende Junge scheint heftig unter Anpassungsproblemen zu leiden. Der Vater, ein Armeeangehöriger, dessen erneute Versetzung bereits vorgesehen war, hat im Interesse seines Sohnes seine Dienststelle ersucht, ihn vorläufig am Ort zu lassen.

Eine in staatlichem Auftrag landesweit durchgeführte Untersuchung ergab, daß in Schulen mit hoher Mobilitätsrate oft auch ein höheres Maß an Gewalttätigkeit herrscht.[2] Das wäre nicht sehr überraschend. Ein neuer Mitschüler wird von den «Alteingesessenen» gern zu Mut- und Kraftproben herausgefordert. Auch fällt es einem irgendwie leichter, einem Fremden etwas zu klauen als einem bereits vertrauten Klassenkameraden.

Aus meinen Gesprächen mit Lehrern, Pädagogen, Schuladministratoren und leidgeprüften Eltern habe ich den Schluß gezogen, daß Kinder im Pubertätsalter eine überdurchschnittliche «Chance» haben, eines von drei typischen Verhaltensmustern zu entwickeln; entweder

- sie werden extrem kalt und abweisend, «durch nichts zu erschüttern»; oder
- sie versuchen, durch exaltiertes Benehmen Aufmerksamkeit zu erregen; oder
- sie werden zu introvertierten Einzelgängern.

Kinder und Jugendliche aus dezidiert mobilen Familien haben überdurchschnittlich große Probleme, wirklich enge Freundschaftsbeziehungen aufzubauen. Sie sind psychisch angeknackst, weil sie bereits einmal oder mehrmals aus Freundschaften herausgerissen worden sind, die ihnen wichtig waren, und sie wollen offenbar vermeiden, daß ein solches Trauma sich wiederholt.

Ausgeprägt mobile Familien wohnen in der Regel in bestimmten Vierteln einer Stadt und bleiben auch sonst gewöhnlich auf Distanz zu den Einheimischen. Von Immobilienmaklern weiß ich, daß die Häufig-Umzieher Häuser in Standardausführung bevorzugen, weil sie dafür leichter einen Nachmieter oder Käufer finden als für architektonisch eigenwillige Bauten. Leute, die viel umziehen, entwickeln meist eine Vielzahl von «Techniken», mit deren Hilfe es ihnen gelingt, rasch Freundschaften zu schließen. Ihre Kinder kommen vorwiegend mit Kindern zusammen, die ebenso wurzellos sind wie sie selbst.

Ein weiterer Aspekt: Wer oft umzieht, hat es schwerer, seinen Elternpflichten nachzukommen. Bei einer Diskussion mit Mitgliedern eines Newcomers Club in einer Stadt im Einzugsbereich von New York meinte eine Mutter: «Wie können Eltern, die in eine ihnen unbekannte Stadt gezogen sind, ihren Kindern bei der Auswahl ihrer Freunde helfen, da sie über deren Eltern ja gar nichts wissen? Und bekommen solche Eltern dann nicht das Gefühl, daß ihnen der Einblick in das Leben ihrer Kinder verlorengeht – und damit auch ihr Einfluß auf sie?»

Möglich, daß in diesem tendenziellen Verlust der traditionellen Rolle der Eltern im Sozialisationsprozeß des Kindes auch der Grund für die so beunruhigend breit gewordene Kluft zwischen den Generationen zu suchen ist. Das vielfältig geknüpfte Netz der von den Eltern und der größeren sozialen Gemeinschaft ausgeübten Kontrollen und gewährten Orientierungshilfen ist an vielen Stellen durchtrennt, die Kinder müssen ihren Weg in viel stärkerem Maße als früher selber finden.

Ein Umzug in eine Umgebung, in der ganz andere moralische Maßstäbe gelten – zum Beispiel aus einem Dorf oder einer Kleinstadt in die Großstadt –, kann ebenfalls dazu führen, daß die Eltern für das Kind an Autorität verlieren.

Vor allem Ehepaare, in deren Ehe es ohnehin schon kriselt, sollten sich einen Umzug aus beruflichen Gründen sehr lange und sehr sorgfältig überlegen. Die Kinder machen sich in einem solchen Fall wahrscheinlich sowieso bereits Sorgen um die Zukunft der Familie, und ein Umzug könnte leicht dazu führen, daß die ehelichen Probleme und damit die Nöte der Kinder sich verschärfen.

Kinder in gläsernen Wohntürmen

In einem Artikel von Clare Cooper Marcus in einer amerikanischen Architekturzeitschrift heißt es: «Das vielstöckige Hochhaus stellt eine von Grund auf anti-kindliche Umwelt dar, die Verhaltensweisen erfordert, die allem, was Kind sein heißt, diametral entgegengesetzt sind.»

Viele der attraktiveren Wohnkomplexe, in denen Kinder nicht geduldet werden, bestehen aus zwei- oder dreistöckigen Appartementhäusern in «Parklage», während die Kinder in den Großstädten Amerikas wie Europas im Laufe der vergangenen zwei Jahrzehnte in zunehmendem Maße in Hochhäuser abgeschoben wurden.

Je mehr Menschen in die großstädtischen Ballungsgebiete drängten, um so dringender wurde Wohnraum benötigt, der bei den astronomischen Grundstückspreisen und dem auf natürliche Weise begrenzten

Bauland am schnellsten und billigsten durch Hochhäuser zu beschaffen war.

In den Vereinigten Staaten wohnen mindestens eine Million Kinder und Jugendliche vier bis dreißig Stockwerke hoch über dem Erdboden. Vor allem für kleine Kinder bedeutet das Leben in so hohen Wohntürmen Einschränkungen nicht nur offensichtlicher, sondern auch subtiler Art.

Französische Kritiker dieses Zustands wie die Psychiaterin Ménie Grégoire haben die vielstöckigen Hochhäuser in Frankreich, insbesondere in den Randbezirken von Paris, moderne Konzentrationslager für Kinder genannt. «Überall, wo ich war», meinte Madame Grégoire, «stellte ich fest, daß die Verantwortlichen die Kinder vergessen hatten.» Sie habe dann in einem dieser Türme kleine Kinder, die dort aufgewachsen waren, gebeten, ein Haus zu zeichnen: «Ohne Ausnahme malten sie alle ein kleines Häuschen mit zwei Fenstern und einem Kamin auf dem Dach, aus dem Rauch quoll.» Für Madame Grégoire war klar, was das bedeutete: Die Kinder sehnten sich nach einer anderen, überschaubareren, wohnlicheren Umwelt. Sie würden am liebsten, wie ein zehnjähriges Mädchen es ausdrückte, «in einem kleinen Häuschen wohnen, wo ich einen Hund oder eine Katze haben könnte und wo ich Blumen pflanzen und zusehen könnte, wie sie wachsen, und wo man auch Ball spielen darf.»

Das Leben im Hochhaus muß für Kinder nicht unbedingt trostlos sein. Das Problem ist nur, daß die allermeisten Bauherren – und keineswegs nur die privaten – keinen Gedanken daran verschwenden, kindgerecht und kindgemäß zu bauen.

Die meisten bahnbrechenden Forschungen über die Auswirkungen des Hochhauslebens auf Kinder wurden in Großbritannien durchgeführt. Schon um die Mitte der sechziger Jahre stellte der britische Arzt D. M. Fanning in einer Studie über Familien von in Deutschland stationierten britischen Soldaten fest, daß Kinder, die in Hochhauswohnungen aufwuchsen, weit überdurchschnittlich zu neurotischen Erkrankungen sowie zu Schnupfen und anderen Infektionen der Atemwege neigten. Und je höher sie wohnten, desto größer war die Wahrscheinlichkeit, daß solche Probleme auftraten.[3]

Das Wohnen in Hochhäusern ist für Kinder «schädlich», weil sie dort isoliert und einsam sind – vor allem leiden sie darunter, wie eine Untersuchung zur Lebensqualität in Hochhauswohnungen in Glasgow herausfand, daß sie nicht «vor der Tür spielen» können und so kaum Gelegenheit zu Kontakt mit anderen Kindern haben. Die Lehrer einer Schule, die viele Kinder aus umliegenden Hochhäusern besuchten, beschrieben diese Kinder als im allgemeinen «schweigsam», «zurückhaltend» und «erstaunlich wenig neugierig aufeinander».[4]

In einem amerikanischen Bericht aus dem Jahre 1974 wurde darauf hingewiesen, daß Kinder, die in einem Hochhaus wohnen, nur von halb so vielen Freunden besucht werden wie Kinder, die «erdnah» leben.[5]

Warum das Wohnen im Hochhaus Kindern nicht gefällt – dafür scheint es eine ganze Reihe von Gründen zu geben. Die dichtgedrängte Unterbringung von Menschen in Wohntürmen führt, wenn keine Möglichkeiten für einen zwanglosen Umgang der Bewohner miteinander vorgesehen sind, dazu, daß die Leute sich in ihren Waben einmauern. Da sie ihre Nachbarn nicht kennen, betrachten sie sie in erster Linie als potentielle Störfaktoren. Diese Einstellung überträgt sich auf die Kinder. Einen Platz zu finden, wo kleine Kinder ungefährdet mit Altersgenossen spielen können, ist in einem modernen Wohnturm ein Problem.

Der Psychologe Leonard Bachelis, Direktor des Behavior Therapy Center of New York, hat sich intensiv Gedanken über die Auswirkungen des Hochhauswohnens auf Kinder gemacht, hat er doch nicht nur dadurch geschädigte Kinder behandelt und betreut, sondern selbst seinen Sohn in einer solchen Wohnung großgezogen. Im Gespräch mit mir hob er die Unnatürlichkeit dieser Wohnwelt, vor allem für Kinder, hervor: «Sie merken nicht viel vom Wechsel des Wetters oder der Jahreszeiten. Sie erleben nie, wie es ist, Schnee zu schaufeln. Sie haben wenig Gelegenheit, Ideen und Initiativen zu entwickeln – etwa einen Baum zu pflanzen oder einen Graben zu ziehen.»

Kinder, die im Hochhaus aufwachsen, tun sich, meint Dr. Bachelis, unter Umständen schwer bei der Entwicklung ihrer motorischen Fähigkeiten, wie Kinder sie normalerweise einüben, indem sie Fangen oder Räuber und Gendarm spielen oder auf Bäume klettern. In einem Untersuchungsbericht aus dem Jahre 1971 wurde sogar eine Tendenz zu muskulärer Unterentwicklung konstatiert.[6]

Ein anderer Experte machte 1979 darauf aufmerksam, daß Übergewichtigkeit bei in Hochhauswohnungen aufwachsenden Kindern zu einem ernsthaften Problem geworden sei – essen, so meinte er, sei eben eine der wenigen unverfänglichen «Betätigungen», die einem gelangweilten, frustrierten Kind, das sich eingeengt fühlt und seine motorischen Bedürfnisse nicht ausleben kann, noch geblieben sind.

Ein weiteres Problem ist die Anonymität, die in modernen Wohntürmen herrscht. Die Angst, man könnte im Aufzug oder in einem öden Korridor im zwanzigsten Stock überfallen werden, ist in unserer gewalttätigen Zeit schließlich nicht ganz unbegründet.

Eine faszinierende Untersuchung zu diesem Thema nahm ein New Yorker Sozialwissenschaftler vor, der herausfinden wollte, mit welchen städtebaulichen Maßnahmen die Kriminalitätsrate gesenkt werden könnte.[7]

Ergebnis: In Hochhäusern wurden ungefähr zweieinhalbmal so viele Gewaltdelikte verübt wie in Mietshäusern traditioneller Art. Die Zahl der räuberischen Überfälle lag in den Hochhäusern sogar um das Viereinhalbfache höher als in den Blocks mit nur wenigen Geschossen. Die Anzahl der Gewaltdelikte war darüber hinaus in den zu großen Wohnkomplexen gruppierten Hochhäusern höher als in denen, die zu kleinen Einheiten gehörten.

Ein Fazit der Untersuchung lautete: «Große Hochhaus-Wohnanlagen fördern das Verbrechen, indem sie Gefühle der Anonymität, der Isoliertheit, der Nicht-Verantwortlichkeit, der Nicht-Identität mit der Umgebung hervorrufen.» Und je höher ein Gebäude, desto größer die Gefahr für die Bewohner, Opfer von Gewalttaten, insbesondere von Raubüberfällen, zu werden. In einem neunzehnstöckigen Gebäude kam es beispielsweise viermal so oft zu Überfällen wie in einem sechsstöckigen.

Infolge der in großen Hochhauskomplexen herrschenden Anonymität können sich Fremde dort ungehindert herumtreiben, da ja niemand weiß, ob es sich nicht doch um Hausbewohner handelt. Wenn trotzdem jemand Verdacht schöpft, gibt es zahlreiche Möglichkeiten für den Eindringling, sich durch Ausreden oder durch Flucht aus der Affäre zu ziehen. In einem Hochhaus dauert es lange, bis alarmierte Helfer eintreffen.

In traditionellen Wohnblocks mit drei oder vier Stockwerken und ohne Aufzüge, wo ein Treppenhaus jeweils nur von einer überschaubaren Anzahl von Leuten benutzt wird, kennen sich die Bewohner untereinander. Ein Fremder fällt sofort auf. In einer solchen Umgebung verhalten sich die Menschen viel eher nachbarschaftlich und freundlich im Umgang miteinander. Und ihre Kinder spielen zusammen im Hinterhof oder vor dem Haus.

Es ist klar, daß es im großen gesellschaftlichen Rahmen keine Rückkehr mehr zum Kleinstadtleben gibt. Aber auch in den Großstädten können wir eine Menge tun, um Kinder und Erwachsene wieder zusammenzubringen und die Frustrationen und die Unpersönlichkeit im Alltagsleben, vor allem im Interesse der Kinder, ein Stück weit abzubauen.

Verschiedene Kinderumwelten in der Großstadt

Großstädte gibt es seit Jahrhunderten, und die Kinder haben sich in ihnen immer zurechtzufinden gewußt. Erst durch die Hochhausbauten der letzten dreißig Jahre sind unsere Städte so unwohnlich und kinderfeindlich geworden. Ob Kinder sich wohlfühlen und sich gut entwickeln, hängt in hohem Maß von Beschaffenheit und Charakter ihrer unmittelbaren Umwelt ab. Und in den meisten Großstädten gibt es Gott sei Dank auch noch zahlreiche intakte «Inseln», Straßenzüge, Stadtviertel oder Wohngebiete, in denen ein für das Aufwachsen günstiges Lebensklima herrscht.

Meiner Ansicht nach hängt es weitgehend von dem in einem städtischen Wohnbezirk herrschenden (bzw. nicht vorhandenen) Gemeinschaftsgeist und Traditionsbewußtsein ab, ob Kinder dort gut oder schlecht aufgehoben sind. Vor ein paar Jahren liefen in zwei New Yorker Zeitungen Serien über Atmosphäre und Lebensweise in rund zwanzig unterschiedlich strukturierten Vierteln der Riesenstadt. Die Stimmung der Bewohner war in acht von diesen Vierteln eindeutig negativ, in fünf entschieden positiv zu nennen.

Eines der Viertel mit dezidiert positiv eingestellten Bewohnern war das «sichere, stolze Maspeth», wie die *New York Times* es nannte. Maspeth liegt im Stadtteil Queens, nahe der Grenze zu Brooklyn, ziemlich genau im geographischen Zentrum von New York City. Seine ethnisch gemischte Einwohnerschaft gehört der mittleren und unteren Mittelschicht an. Viele rührige Kirchen und andere Gemeindeorganisationen sorgen für ein aktives Gemeinschaftsleben. Die Kriminalitätsrate ging in Maspeth zu einer Zeit, da sie in anderen Stadtteilen hochschnellte, sogar zurück. Scharen von Kindern spielen auf sauberen, baumgesäumten Straßen, die turnusmäßig für den Kraftverkehr gesperrt werden, Fußball oder Rollhockey. Die Menschen bleiben vor den Haustüren stehen, um miteinander zu plaudern. Man kennt die Ladenbesitzer beim Namen, grüßt freundlich, wenn man auf der Straße jemanden trifft, und wenn für eine Parade ein Spielmannszug zusammenzustellen ist, melden sich zahlreiche Freiwillige.

Nicht weit von Maspeth entfernt, in dem Mittelschichts-Wohnviertel Jackson Heights, ist das Klima dagegen angespannt. Die Leute sind allgemein der Ansicht, daß viele Dinge sich hier zu schnell verändern, immer öfter ziehen junge Leute aus diesem Viertel fort, und man sieht nur wenige Kinder. Viele Menschen wirken unzugänglich und mißtrauisch, und die Geschäfte sind meist mit stählernen Sicherheits-Rolläden ausgerüstet.

Wenn Kinder es sich selbst aussuchen könnten, würden sie am liebsten in Kiesgruben und aufgelassenen Sägewerken spielen oder im Tragegebälk einer Scheune herumklettern. Im Zuge der Verstädterung und der damit verbundenen Veränderung der Wohnumwelt verschwinden solche Spielorte jedoch mehr und mehr. Und die in den Städten angelegten Spielplätze ringen tatendurstigen, phantasievollen Kindern nur ein mitleidiges Lächeln ab. Selbst kleinere Kinder verlieren spätestens nach einer halben Stunde das Interesse an den Rutschen, Schaukeln, Wippen und Klettergerüsten auf Asphalt- oder Sandboden, die das gewöhnliche Arsenal öffentlicher Spielplätze bilden.

Kinder, die in Hochhauskomplexen aufwachsen, müssen weitgehend mit Korridoren, Aufzügen und Tiefgaragen als Spielplätzen vorlieb nehmen. Rasenflächen dürfen sie meist nicht betreten. So fällt ihnen oft nichts Besseres ein, als herumzulungern.

Für Kinder ist das Spielen ein äußerst ernsthaftes Geschäft. Anregende Spielmöglichkeiten sind wichtig für die Persönlichkeitsentwicklung des einzelnen, im phantasievollen Spiel erkundet das Kind, wo die eigene Sphäre endet und die Außenwelt beginnt. Es lernt, selbständig Aktivitäten zu starten, und erwirbt dadurch Selbstvertrauen. Das Spiel fördert außerdem die Kommunikation mit anderen. Indem ein Kind lernt, mit anderen Kindern umzugehen, sich mit ihnen auseinanderzusetzen und mit ihnen zu teilen, überwindet es seine Einsamkeit. Phantasiespiele vermitteln dem Kind eine Art Machtgefühl und helfen ihm, seine Ängste zu verarbeiten.

Nicht wenige maßgebliche Entwicklungspsychologen haben hervorgehoben, wie entscheidend das Spielen die Entwicklung von Sprachvermögen und anderen sozialen Fertigkeiten fördert. Kinder, die wenig

Gelegenheit haben, mit anderen Kindern zu spielen, können im späteren Leben unter Umständen Schwierigkeiten haben, sich adäquat auszudrücken.[8]

Die Anstrengungen, die zur Verbesserung der Kinderspielplätze unternommen worden sind, waren oft eher geeignet, die Erwachsenen zufriedenzustellen als die Kinder. Der gerade als letzter Schrei angepriesene «zeitgemäße Spielplatz» ist mit ästhetisch gefälligen, ungewohnten Designformen aus neuartigen Materialien und mit verspielt wirkenden Phantasiefiguren ausgestattet. Es gibt vielleicht einen Tunnel zum Durchkriechen, eine gewellte Rutschbahn oder Schildkröten aus Beton, auf denen man reiten kann. Die optische Wirkung des Ganzen ist meist sehr eindrucksvoll; die Spielgeräte sehen oft aus wie die Objekte eines modernen Bildhauers, und die Eltern finden sie wundervoll. Die Sachverständigen der Versicherungsgesellschaften und der technischen Überwachungsvereine haben sie abgesegnet, und die Leute, die die Spielplätze in Schuß halten müssen, haben ebenfalls nichts daran auszusetzen. Vielleicht stellen sie tatsächlich einen Fortschritt dar, aber nach den Reaktionen der Kinder zu urteilen, einen ziemlich bescheidenen. Auch diese modernen Spielplätze sind nichts anderes als ein statisches Gelände, das schnell erkundet ist und dann langweilig wird, allenfalls noch als Übungsstätte für bestimmte turnerische Fertigkeiten interessant.

Die Spielplätze, vor denen Kinder Schlange stehen und auf denen sie mit Begeisterung auch einen ganzen Tag zubringen, werden gern Abenteuerspielplätze genannt. Sie sind oft so unansehnlich, daß man sie schamhaft mit einem hohen Bretterzaun umgibt. Dahinter kann sich ein unbebautes Grundstück, ein alter Steinbruch, ein Tümpel oder ein nicht mehr benutztes Abwasserbecken verbergen, in dem sich Regenwasser gesammelt hat. Eine Reihe improvisierter Hütten wird man da in der Regel finden, ein windschiefes Fort oder ähnliches, und über das Wasser, wenn vorhanden, ist vielleicht ein Seil als Brücke gespannt. Bei einem Rundgang entdeckt man womöglich Blumen- oder Gemüsebeete, die von Kindern liebevoll gepflegt werden, und eine Feuerstelle mit einem einfachen Grillgitter, auf dem man Würstchen braten kann. Normalerweise bekommt jedes Kind auf dem Gelände eines solchen Spielplatzes eine kleine Parzelle zugewiesen, mit der es anstellen kann, was es will, und meist ist auch nur ein einziger Erwachsener zugegen – weniger als «Aufpasser», mehr als «Schutzengel».

Den ersten Abenteuerspielplatz hat, wie es scheint, der dänische Landschaftsarchitekt Carl Theodor Sörensen in den dreißiger Jahren per Zufall «kreiert» – nach folgendem Schlüsselerlebnis: Sörensen hatte bereits viele konventionelle Spielplätze gebaut und war gerade dabei, einen weiteren zu vollenden. Die meisten Rutschen, Schaukeln usw. waren schon installiert, und ein paar Kinder hatten sie bereits mit Beschlag belegt. In einer Ecke des Spielplatzes lagerten jedoch noch Stapel von Baumaterialien und Haufen von Bauabfällen, die die Handwerker und Arbeiter zurückgelassen hatten. Und dort vergnügten sich die meisten der Kinder, denen dieses Sammelsurium von Bauteilen viel mehr Spaß machte als die für sie gedachten Spielgeräte.

Abenteuerspielplätze entstanden zunächst in Skandinavien und dann, nach dem Zweiten Weltkrieg, in Ländern wie Großbritannien, wo aus traurigem Anlaß wunderbare Spieloasen entstanden waren: die Trümmergrundstücke in den ausgebombten Städten.

Seither hat sich der Abenteuerspielplatz in vielen Ländern zwar nicht als Norm, aber als beliebte Alternative durchgesetzt. Das größte Hindernis für seine weitere Verbreitung ist offenbar die Vorliebe der Behörden und vieler Bürger für klinische Sauberkeit und für alles, was nach Fortschritt aussieht. Abenteuerspielplätze bieten weder das eine noch das andere – nur viele aufregende Spielmöglichkeiten für die Sechs- bis Dreizehnjährigen.

Auch andere Alternativideen für kreatives Spielen werden erprobt. So können beispielsweise im Children's Museum in Boston Kinder mit allen möglichen fremdartigen, interessanten Materialien aus der Produktion einer Firma spielen, die Abfälle wiederverwertet. Es gibt dort Brillengestelle und Schaumgummimatten, Knöpfe und Kunststofflinsen, aber auch so interessante Dinge wie Schneidewerkzeuge, Leim usw.; die Kinder können mit all dem machen, was ihnen gerade einfällt, unter der einzigen Bedingung, daß sie anschließend selbst saubermachen.

Der Erwachsene als notwendige Bezugsperson des Kindes

In ländlichen Kleinstädten geht es häufig nicht so romantisch zu, wie viele von uns sich das gern vorstellen. Es gibt Fehden, Gemeinheiten, Langeweile. Aber es gibt auch etwas unschätzbar Wertvolles: Kinder sind in solchen Landgemeinden spätestens mit zehn oder elf Jahren in das tägliche Leben – vor allem auch das Arbeitsleben – der Erwachsenen integriert und lernen schnell, sich selber wie Erwachsene zu verhalten. Und viele Familien kennen sich untereinander seit langer Zeit.

Einer der führenden Kinderpsychologen unserer Zeit, Professor Edward Zigler von der Yale University, hat erklärt, Kinder brauchten den regelmäßigen Umgang mit Erwachsenen, eine Unabhängigkeit à la Huckleberry Finn sei gerade nicht das, was sie sich wünschten, und wenn sie keine erwachsenen Bezugspersonen hätten, fühlten sie sich oft um etwas Wichtiges betrogen.

Heute besteht jedoch die allgemeine Tendenz, daß Erwachsene einerseits, Kinder und Jugendliche andererseits in verschiedenen Welten leben. Die Erwachsenen verschwinden tagsüber aus dem Gesichtskreis der Kinder, um einer Arbeit nachzugehen, von der die Kinder nur vage Vorstellungen haben. Auch das persönliche Meister-Lehrling-Verhältnis, das früher eine so wichtige Rolle im Rahmen der Ausbildung des Jugendlichen spielte, ist weitgehend verschwunden. Die Großeltern wohnen nicht am selben Ort oder sind in einem Altersheim, und auch andere erwachsene Verwandte, die eine positive Rolle im Leben eines Kindes spielen könnten, fallen, selbst wenn sie in der gleichen Stadt wohnen, als Bezugspersonen weitgehend aus.

Partys und Feste, an denen Kinder allenfalls als zeitweilig geduldete Zaungäste teilnehmen, sind an die Stelle der großen Familientreffen getreten.

Am deutlichsten wird diese Kontaktreduktion zwischen Vätern und Kindern in den sogenannten Schlafstädten, wo der Vater frühmorgens die Wohnung verläßt, hin und wieder, wenn er auf Geschäftsreise ist, tagelang ausbleibt oder aber abends gerade noch rechtzeitig nach Hause kommt, um seinen Kindern gute Nacht zu sagen. Ein Lehrer von der Schule einer solchen Schlafstadt sagte mir: «Wenn der Vater in der Nähe arbeitet und seine Arbeitszeit sich in Grenzen hält, genießt er viel größere Autorität bei seinen Kindern. Viele Probleme, die wir an der Schule haben, rühren daher, daß die Eltern zu selten zu Hause sind. Die Leitfigur fehlt, und das ist nicht gut.»

Eine Mutter aus derselben Stadt meinte: «Ich habe hier eine ganze Generation aufwachsen sehen. Aus den Familien der niedergelassenen Ärzte, der Anwälte und Geschäftsleute ist meines Wissens noch kein wirkliches Problemkind hervorgegangen. Probleme gibt es vor allem in Familien, wo der Vater entweder zu einem weit entfernten Arbeitsplatz pendelt oder überhaupt viel unterwegs ist – oder wo die Ehe gescheitert ist.»

Selbst in den Stunden, in denen Eltern und Kinder gemeinsam zu Hause sind, haben sie zunehmend weniger Kontakt miteinander. Es gibt eine über fünfundzwanzig Jahre laufende Studie von Urie Bronfenbrenner, aus der hervorgeht, daß die Interaktion zwischen Eltern und Kindern sich im Laufe dieser Zeit deutlich verringert hat. Besonders ausgeprägt ist diese Reduktion bei Familien mit mittlerem Einkommen, vor allem betroffen der Kontakt zwischen Vätern und Kindern. Bronfenbrenner sieht gerade darin einen ursächlichen Faktor für die zunehmende Entfremdung zwischen den Generationen. Er erinnert in diesem Zusammenhang an eine Erhebung, bei der Väter auf Befragen erklärten, daß sie durchschnittlich fünfzehn bis zwanzig Minuten pro Tag mit ihren kleinen Kindern spielten. Eine andere, ähnliche Studie läßt jedoch seiner Ansicht nach vermuten, daß diese Angaben noch zu hoch gegriffen waren: Im Rahmen dieser Untersuchung wurden einer Reihe von Säuglingen kleine Mikrophone ans Leibchen geheftet. Eine Analyse der damit aufgenommenen Tonbandprotokolle ergab, daß die durchschnittliche tägliche Dauer des intensiven Vater-Kind-Kontakts (d. h. des direkten zärtlichen Ansprechens, Herumschmusens usw. mit dem Kind) bei 37 *Sekunden* lag.[9]

In den meisten industrialisierten Ländern des Westens gehört die Großfamilie, das heißt die Familie, bei der mehrere Generationen unter einem Dach oder in nächster Nachbarschaft miteinander leben, längst der Vergangenheit an. Wie der New Yorker Kinderpsychiater Arthur Kornhaber berichtet, haben nur fünf Prozent der amerikanischen Kinder regelmäßigen Kontakt zu einem oder beiden Großelternteilen. Und das ist seiner Meinung nach sehr schade, denn Großeltern sind die natürlichen Verbündeten der Kinder, da sie ihre Liebe gleichsam bedingungslos schenken können, während die Eltern oft unbewußt dazu neigen, dafür eine Gegenleistung in Form von Wohlverhalten zu erwarten.

Im gleichen Maße, da Erwachsene für Kinder und Jugendliche tagsüber kaum mehr greifbar sind, hat die Gesellschaft Gleichaltriger stark an Bedeutung gewonnen; die «Clique» wird oft zu einer Art Familienersatz.

Unterscheiden sich Kinder und Jugendliche, deren Bezugspersonen vor allem Gleichaltrige sind, von solchen, bei denen noch die Familie im

Mittelpunkt steht? Eindeutig ja. Sie neigen zu einem negativen Selbst-bild, zu einer allgemein pessimistischen Haltung und tendieren im stärkeren Maße zu aggressiven und anderen antisozialen Verhaltenswei-sen. Gymnasiasten, die angeben, nur lockere familiäre Bindungen zu haben, sind fünfmal mehr in Gefahr, drogensüchtig oder alkoholabhän-gig zu werden, als ihre Schulkameraden, die sich ihrer Familie eng verbunden fühlen; so jedenfalls sagen es die Ergebnisse einer Erhebung, in deren Rahmen 8553 Schüler weiterführender Schulen befragt wurden.[10]

Eine andere Reaktion von Kindern und Jugendlichen, die sich zu Hause vernachlässigt fühlen, ist die mehr oder weniger starke Selbstiso-lierung – eine «Lösung», die noch schädlichere Folgen zeitigen kann. Ein einsames Kind entwickelt in der Regel, wenn überhaupt, nur schwer soziale Fertigkeiten. Es bemüht sich auch nicht, wie man vielleicht annehmen könnte, um menschliche Wärme, sondern entwickelt gewöhnlich eine unzugängliche, kühl und arrogant wirkende Persönlich-keit. Eine Kinderpsychologin, die einige Erfahrung mit solchen «coolen» Kindern hat, sagte mir mal, sie verhielten sich oft so, als seien sie «schon gestorben».

Skepsis hinsichtlich der These von den negativen Auswirkungen geringerer Eltern-Kind-Kontakte zugunsten ausgeprägter Kontakte mit Gleichaltrigen könnte man anmelden, wenn man sich die Erfahrungen in israelischen Kibbuzim vergegenwärtigt, wo die Kinder in Gemein-schafts-Kinderhäusern aufwachsen. Die meisten Wissenschaftler, unter anderen der bekannte Psychologe Bruno Bettelheim, stimmen darin überein, daß Kibbuz-Kinder offensichtlich bestens gedeihen. Die Eltern-Kind-Beziehungen in diesen Kollektiven ähneln eher der Beziehung zwischen Großeltern und Enkeln, da die Kinder sich an ihren Kindern erfreuen können, ohne daß Konflikte auftreten, wie sie sich bei einem normalen Familienalltag oft ergeben.

Die Situation im Kibbuz ist aber in keiner Weise mit der in einer «Schlafstadt» zu vergleichen. Eher schon mit der in einem kleinen Dorf: Die Kinder sind häufig in Kontakt mit Erwachsenen, werden von Erwachsenen sorgfältig beaufsichtigt und frühzeitig in die Erwachsenen-welt und -arbeit integriert. Die Eltern befinden sich meistens in Rufweite ihrer Kinder, die Säuglinge werden gewöhnlich von ihren Müttern gestillt. Die Kinder verbringen in der Regel jeden Nachmittag nach der Arbeit und vor allem am Wochenende einige Zeit mit den Eltern. Die meisten Beobachter berichten von tiefer Zuneigung zwischen den Eltern und ihren im Kinderhaus aufwachsenden Sprößlingen.

Worunter die Eltern anscheinend am meisten leiden, ist, so meint der New Yorker Psychologe Howard Halpern, daß sie zwar die Freuden des Elternseins voll auskosten können, aber von der Verantwortung, den Sorgen und Ängsten – normalerweise mit dem Kinderhaben verbunden – befreit sind. Die Aufgabe, Kinder großzuziehen, fördert im Idealfall die Fähigkeit, Opfer zu bringen, andere zu beschützen und zu lieben, und um diesen Aspekt ihrer persönlichen Entwicklung fühlen sich, so meint Professor Halpern, manche Kibbuz-Eltern betrogen.

7 Kindernöte in und mit der Schule

Zu den rühmenswerteren politischen Taten des 19. Jahrhunderts gehörte die Einführung eines allgemeinen, kostenlosen Schulunterrichts – unter anderem verbunden mit der Absicht, die Entwicklung einer aufgeklärten und demokratischen Gesellschaft zu fördern. Bis weit ins 20. Jahrhundert hinein war die Schule eine wichtige kommunale Institution, und dementsprechend standen die Lehrer in hohem öffentlichen Ansehen. Sie verkörperten Gelehrsamkeit und Fortschritt. Selbst das Privatleben der Lehrer (in Amerika, im Gegensatz zu den meisten europäischen Ländern, überwiegend Frauen) wurde von der Gemeinschaft mit Argusaugen beobachtet, da man der Auffassung war, ein Lehrer müsse nicht nur Wissen vermitteln, sondern durch seine ganze Persönlichkeit und Lebensführung Vorbild für die Heranwachsenden sein. Ich kann sowohl die Hochachtung als auch die Argusaugen aus eigener Erfahrung bezeugen: Meine Mutter, meine Schwester und meine Frau waren Lehrerinnen – alle drei übrigens zur gleichen Zeit.

Neben den ihr offiziell obliegenden Aufgaben erfüllen die Schulen heute stillschweigend noch einige andere, unausgesprochene, aber wichtige Funktionen: die Heranwachsenden von zu Hause, von der Straße und vom Arbeitsmarkt fernzuhalten.

Ein Mandat der öffentlichen Schulen ist es, jedermann gleiche Bildungschancen zu eröffnen. Wenn nun Schüler aus unterprivilegierten Schichten in großer Zahl zusammen mit Kindern unterrichtet werden, die in vielfältiger Weise vom Schicksal bevorzugt sind, denken die Eltern letzterer vielleicht, ihre Sprößlinge kämen zu kurz, wenn engagierte Lehrer sich zu viel mit «den anderen» beschäftigen, und melden ihr Kind lieber in einer Privatschule an.

1981 veröffentlichte das U.S. Education Department eine erstaunliche und zugleich brisante Bilanz: Unter den Schulabgängern privater und kirchlicher Schulen lag der Anteil an erfolgreichen Studenten prozentual höher als bei den Abgängern der öffentlichen Schulen. Die Studie, die zu diesem Ergebnis kam, entstand unter der Leitung des angesehenen Bildungssoziologen James S. Coleman von der University of Chicago. Sie zeigte außerdem, daß Privatschulen in mancher Hinsicht auch ethnische Minderheiten besser zu integrieren verstanden als ihre öffentlichen Konkurrenten.

Der Bericht stieß verständlicherweise auf harsche Kritik von seiten mancher Vertreter des öffentlichen Schulsystems. Coleman führte das bessere Abschneiden der privaten und kirchlichen Schulen vor allem auf zwei Faktoren zurück:

- Sie stellen höhere wissenschaftliche Anforderungen, und
- sie bieten in stärkerem Maß als die öffentlichen Schulen eine Atmosphäre der Ruhe und Disziplin und damit eine geordnetere, für das Lernen günstigere «schulische Umwelt».

Coleman hätte hinzufügen können, daß die privaten Schulen da ja auch von vornherein im Vorteil sind: Sie können Bewerber annehmen oder ablehnen, und sie können Unruhestifter rauswerfen, ohne ein langwieriges juristisches Nachspiel befürchten zu müssen. Dazu kommt, daß die Eltern finanzielle Opfer und persönliches Engagement aufbringen müssen, um ein Kind in einer Privatschule unterzubringen und dort zu halten; sie haben also ein Motiv, sich darum zu kümmern, wie ihr Kind sich in der Schule macht.

Der vielleicht wichtigste Grund, warum die öffentlichen Schulen in Schwierigkeiten sind – und sie sind in Schwierigkeiten –, ist, daß sich die Probleme der Gesellschaft als Ganzer in ihnen viel direkter widerspiegeln.

Urie Bronfenbrenner hat das amerikanische Schulsystem einmal eine «Brutstätte der Entfremdung» genannt; einige der Argumente, mit denen er diese Charakterisierung begründete, lassen sich gewiß auch auf andere westliche Länder übertragen, obwohl sicher vieles in erster Linie für die Schulen in den USA kennzeichnend ist.

Betrachten wir einmal der Reihe nach einige der wichtigsten Probleme, die sich an den modernen Schulen heute stellen.

Der Trend zum Schulzentrum

Für eine der Hauptursachen der «Entfremdungsgefühle» junger Menschen hält Urie Bronfenbrenner den Trend zu weit von den Wohnungen entfernt liegenden, großen Schulzentren neuen Typs. Das Kriterium der ökonomischen Rationalität, nach dem Schulen heute geplant werden, verändert den Charakter der Schule grundlegend. Ende des Zweiten Weltkriegs hatte die durchschnittliche örtliche Schule weniger als 250 Schüler, heute hat sie mehr als 2500. Der Ehrgeiz der Kommunalpolitiker und Bürger und das Effizienzdenken der Bildungsbehörden haben den Trend zum Gigantismus gefördert. Die Lehrer kennen heute nur noch einen kleinen Teil der Schüler, die sie durch die Korridore eines weitläufigen Betonpalasts zu lotsen versuchen.

Schon in einer Schule mit 500 Schülern leiden die Kleineren oft unter der Anonymität, der erzwungenen Passivität und einem Gefühl der Ohnmacht, und das zu einer Zeit, da ihnen eine schulische Umwelt guttäte, die genug Vertrautheit und Intimität besäße, um ihnen die Entwicklung von Selbstbewußtsein durch Leistung, durch Freundschaften oder durch die Teilnahme an verschiedenen Aktivitäten zu ermöglichen.

Es gibt eine ganze Reihe von Hinweisen darauf, daß an solchen Großschulen Gewalttätigkeit und Vandalismus überhandnehmen. Manch eine Region, die sich ein Prunkstück an Schulzentrum zugelegt hat, mußte sehr bald feststellen, daß sie ebensoviel Geld für Reparaturen aufzuwenden hatte wie für die Anschaffung von Lehrbüchern.

Qualität und Motivation des Durchschnittslehrers

Man kann heute beim *durchschnittlichen* Lehrer nicht mehr ohne weiteres voraussetzen, daß er ein berufener Pädagoge ist, man muß schon froh sein, wenn er über ausreichende didaktische Fähigkeiten und Fachkenntnisse verfügt, Grundwissen zu vermitteln.

Was uns beispielsweise zu denken geben muß, ist der seit fünfzehn Jahren zu beobachtende stetige Rückgang der meßbaren Leistungen unserer Schüler. Mangelnde Qualität und Motivation der Lehrer ist sicher eine der Ursachen dafür.

Ein alarmierendes Indiz für die unzureichende Qualität des Unterrichts ist die Tatsache, daß, wie sich erst kürzlich bei Überprüfungen herausstellte, dreizehn Prozent der getesteten Schüler des elften Jahrgangs noch De-facto-Analphabeten waren. Wie konnten sie so weit kommen – bis in die vorletzte High-School-Klasse? In letzter Zeit sind in einer ganzen Reihe amerikanischer Staaten Bestimmungen erlassen worden, die bestimmte anspruchslose Leistungstests vorschreiben, um die peinlichsten Überraschungen dieser Art in Zukunft auszuschließen.

Die Probleme mit der Qualität der amerikanischen Lehrer beginnen an den pädagogischen Ausbildungsstätten. Von einigen wenigen bemerkenswerten Ausnahmen abgesehen, bieten diese Institute ein Billigprogramm an Kursen und Seminaren an, die kaum in der Lage sind, intelligente, ehrgeizige Studenten für diesen Beruf zu motivieren. Ein Bildungsforscher von der Boston University hat denn auch herausgefunden, daß Studienanfänger, die sich an einem dieser Teacher Colleges einschreiben, in ihren verbalen Fertigkeiten deutlich und in ihren mathematischen Fähigkeiten geradezu erschreckend weit unter dem Durchschnitt der Studienanfänger im allgemeinen lagen.[1]

In Dallas, Texas, unterzogen sich mehrere hundert Junglehrer einem Klassifikationstest, bei dem etwa die Hälfte von ihnen verheerende Resultate erzielte. Schüler verschiedener Klassen, die man den gleichen Test machen ließ, konnten mit deutlich besseren Ergebnissen aufwarten als die Lehrer zuvor.[2]

Einer neuen Verordnung zufolge müssen in Texas seit 1984 angehende Lehrer einen Test absolvieren, mit dem ihre Qualifikation und Kompetenz zumindest in dem Fach, in dem sie unterrichten wollen, überprüft wird.

Beamte aus den Schulverwaltungen haben im Gespräch mit mir darüber geklagt, daß es ganz besonders schwierig sei, wirklich geeignete Lehrer für die mathematischen und naturwissenschaftlichen Fächer zu finden oder zu behalten, weil solche Leute in der Elektronikindustrie entschieden besser bezahlte Jobs kriegen können.

Ein weiteres Problem ist, daß an vielen Schulen die Lehrer nicht mehr bereit sind, öfter und länger als eine Stunde pro Woche über den Pflichtunterricht hinaus den Schülern für Diskussionen oder Einzelgespräche zur Verfügung zu stehen. Wenn sie gebeten werden, irgendwelche Aktivitäten der Schüler zu beaufsichtigen oder zu leiten, tun sie dies häufig nur gegen zusätzliche Bezahlung.

Aber die Schuld liegt nicht allein bei den Lehrern und bei der Schule.

Ein Pädagoge, der eine Sonderkommission leitete, die berufen worden war, um den Rückgang der Testleistungen zu analysieren und zu bewerten, nannte als Ursache auch «das nachlassende Interesse der Familie am schulischen Lernprozeß ihrer Kinder».

Chaos und Vandalismus

Die wachsende Disziplinlosigkeit ist vielleicht die augenfälligste Veränderung, die sich während der letzten beiden Jahrzehnte an unseren öffentlichen Schulen, insbesondere den großstädtischen, vollzogen hat. Wie viele Lehrer berichten, gehören massenhafter Ungehorsam und Aufsässigkeit im Klassenzimmer praktisch schon zum Schulalltag.

Kinder, denen auf Schritt und Tritt Zeugnisse ausgetobter Zerstörungswut ins Auge fallen, fühlen sich unter dem Schutz der Anonymität zur Nachahmung ermutigt. In einem von der amerikanischen Regierung vorgelegten Bericht werden die Schäden durch Vandalismus in der Schule auf annähernd eine halbe Milliarde Dollar jährlich veranschlagt.

Ein gleichzeitig mit dem Vandalismus in Erscheinung getretenes Problem ist der Handel mit Drogen unter den Schülern.

Und dann gibt es da noch, vom Vandalismus zu unterscheiden, die Gewalt gegen Personen, die in den letzten Jahren ein nie gekanntes Ausmaß erreicht hat. Im Laufe des vergangenen Jahrzehnts hat an den amerikanischen Schulen die Gewalttätigkeit in allen nur erdenklichen Formen zugenommen. Die offizielle Verbandszeitschrift der National Education Association bilanzierte die Situation Ende der siebziger Jahre wie folgt: «Im vergangenen Jahr haben amerikanische Schüler 100 Morde, 12 000 bewaffnete Raubüberfälle, 9000 Vergewaltigungen, 204 000 schwere Tätlichkeiten ... verübt. Sie waren verantwortlich für 270 000 Diebstähle in der Schule.»

Proportional zur Größe der Schule und zur Größe der Stadt wächst die Zahl der Gewalttätigkeiten gegen Personen und Sachen. Am schlimmsten ist das Ausmaß unkontrollierter Gewalt offenbar in den Klassen der sechsten bis neunten Jahrgangsstufe; die Schüler dieser Klassen sind mitten in der Pubertät und, wie es scheint, am wenigsten in der Lage, ihre destruktiven Impulse zu zügeln. Ein Bericht des National Institute of Education zog 1978 das betrübliche Fazit, daß Schüler sich auf den Straßen der Großstadt sicherer fühlen als in der Schule.

Einer vom amerikanischen Kongreß in Auftrag gegebenen landesweiten Untersuchung zufolge vermeidet ein knappes Viertel aller Schüler weiterführender Schulen, wenn es irgend geht, das Aufsuchen der Schultoiletten.[3] Diese Kinder haben so große Angst davor, auf der Toilette den Angriffen rabiater Mitschüler ausgeliefert zu sein, daß sie buchstäblich eher in die Hose machen, als aufs Klo zu gehen; manche urinieren in einen Winkel des Korridors.

An einigen Schulen gibt es bereits uniformierte Sicherheitspolizisten, die mit Funksprechgeräten durch das Gebäude patrouillieren und in manchen Fällen nach Beginn der Unterrichtsstunden die Klassenzimmer abschließen. Viele Lehrer haben an ihrem Tisch einen Notrufknopf, mit dem sie das Direktionsbüro alarmieren können, wenn die Situation im Klassenzimmer brenzlig wird. In ein paar Schulen hat man den Lehrern sogar ein nach dem Prinzip des Lügendetektors arbeitendes Meßinstrument verpaßt, das am Handgelenk getragen wird und automatisch ein Funksignal an das Direktionsbüro sendet, wenn die Meßwerte anzeigen, daß der Lehrer es mit der Angst kriegt.

In einem Schulbezirk in Maryland, wo an vielen Schulen die Gewalttätigkeit überhandnahm, konnte eine spürbare Verbesserung der Situation erreicht werden, indem man die Schüler aufforderte, sich an der Einrichtung und der Arbeit eines schuleigenen «Sicherheitsrats» zu beteiligen. Die Vertrauensleute dieses Gremiums tragen Ordnerbinden und sind verpflichtet, Disziplinverstöße zu melden. An zwanzig Schulen stellten sich über tausend Schüler freiwillig zur Verfügung. Ein Schulleiter sagte mir: «Es gibt auf jeder Schule viele Schüler, die ernsthaft daran interessiert sind, die Atmosphäre an ihrer Schule zu verbessern.»

Aggressionen gegen Lehrer

Anstatt sich des Respekts und der Achtung ihrer Schüler zu erfreuen, werden Lehrer, vor allem an Großstadtschulen, häufig zu Opfern gewalttätiger Attacken, in erster Linie seitens älterer Schüler. Gegen mindestens 65 000 Lehrer werden jedes Jahr Tätlichkeiten irgendwelcher Art verübt. In der Großstadt ist die Gefahr für einen Lehrer, bedroht oder angegriffen zu werden, neunmal so groß wie auf dem Land. Hier einige Beispiele:

- In New York wurde eine Lehrerin von einem Schüler, dem sie verboten hatte, das Klassenzimmer zu verlassen, mit einer Kette bedroht.
- In Los Angeles wurde ein kräftig gebauter Lehrer, der eingriff, als Schüler eine Lehrerin bedrohten, niedergeschlagen und mit Fußtritten gegen den Kopf traktiert, bis er ohnmächtig wurde. Er trug einen schweren Gehörschaden davon. Die Täter wurden festgenommen, aber nicht angeklagt.
- Ebenfalls in Los Angeles sah sich eine Lehrerin, als sie Zeugnisse austeilte, von Schülerinnen angegriffen, denen die Zensuren nicht gut genug erschienen. Die Schülerinnen setzten das Haar der Lehrerin in Brand. Als diese zum Direktor ging, um den Vorfall zu melden, tadelte er sie, weil sie das Klassenzimmer verlassen und die Ordnung nicht aufrechterhalten hatte. Ein Psychiater hat berichtet, daß viele Lehrer an großstädtischen Schulen nervöse Streßsymptome zeigen, die an die Symptome der sogenannten Schlachtfeldneurose erinnern.
- In Norfolk, Virginia, biß ein Schüler der Lehrerin ein Drittel ihres Ohres ab.
- In New York gibt es eine offizielle Anweisung, der zufolge Lehrer sich nicht in leeren Zimmern aufhalten und das Schulgebäude sofort nach Unterrichtsende verlassen sollen.

Juristische Probleme

In vielen Fällen entlädt sich die Aggressivität der Schüler «nur» in verbalen Drohungen und Beschimpfungen. In einer Schule in Maryland beantwortete ein etwa vierzehnjähriger Schüler eine Vorhaltung seiner Lehrerin mit den Worten: «Fuck you, bitch!» Sie schickte ihn zum Direktor. Der Schultag ging zu Ende, ohne daß der Junge auch nur nach Hause geschickt worden wäre.

Die Schulverwaltungen sind zunehmend weniger bereit, Lehrern durch das Aussprechen von Schulverweisen den Rücken zu stärken, es sei denn, der betreffende Schüler hätte etwas getan, das auch außerhalb der Schule als strafbare Handlung gelten würde (z. B. eine Waffe in die Schule geschmuggelt oder eine Vergewaltigung begangen).

1969 stellte der Oberste Gerichtshof der Vereinigten Staaten fest, daß

Schüler ihre von der Verfassung garantierten Rechte «nicht an der Eingangspforte der Schule abgeben». Und in diesem Zusammenhang tut sich dann ein interessantes juristisches Dilemma auf: Wenn wir Schülern den Schulbesuch zur Pflicht machen, müssen wir ihnen auch den Zugang zum Unterricht offenhalten, egal wie unangemessen sie sich in der Schule verhalten mögen. Es hat bereits Fälle gegeben, in denen vom Unterricht ausgeschlossene Schüler wegen Verletzung ihrer verfassungsmäßigen Rechte gegen die Schule geklagt haben. Die Folge ist, daß, wie es in einem offiziellen Resümee heißt, «den Schulfrieden störende Verhaltensweisen an den Schulen in zunehmendem Maß geduldet werden».[4]

Ein Lehrer, der in ein Gerichtsverfahren verwickelt wurde, das ein auf sein Betreiben von der Schule verwiesener Schüler angestrengt hatte, mußte innerhalb von neun Monaten dreimal vor Gericht erscheinen, und jedesmal wurde der Fall vor der Anhörung irgendwelcher Zeugen vertagt. Der Lehrer erhielt in dieser Zeit mehrere Morddrohungen. Schließlich warf er das Handtuch und bewarb sich um eine Stelle in einem anderen Schulbezirk. Die Folge solcher Erfahrungen ist, daß, wie ein Funktionär der National Association of Secondary School Principals mir erklärte, «die Lehrer gerichtliche Auseinandersetzungen mit den Schülern um jeden Preis zu vermeiden suchen».

In manchen Großstädten wird trotz zahlreicher von Schülern begangener Verfehlungen oft über Jahre hinweg kein einziger Schulverweis ausgesprochen. Der Ausschluß vom Unterricht ist zur Ultima ratio geworden.

Die Gerichte heben zwar hervor, daß die Schulen das Recht und die Pflicht haben, für ein der Erfüllung des Unterrichtsauftrags günstiges Klima zu sorgen, überlassen es den Schulen in der Praxis aber selbst, den richtigen Weg zur Bewältigung dieser Aufgabe zu finden.

Manche Schulen haben den «Karzer» in zivilisierterer Form wieder eingeführt: in Gestalt eines Aufenthaltsraumes für vom Unterricht ausgeschlossene Schüler; in anderen werden Schüler, die sich eines schwerwiegenden Vergehens schuldig gemacht haben, zur Mitarbeit an Schulverschönerungsmaßnahmen vergattert.

Marihuana in der Schule

In den letzten Jahren müssen die Schulen sich mehr und mehr mit einem ganz neuen Problem herumschlagen: dem Marihuanarauchen während der Unterrichtszeit.

War der Genuß dieses Rauschmittels in den frühen siebziger Jahren vor allem an den Universitäten populär, so hat sich der Schwerpunkt des Marihuanakonsums heute offensichtlich in die Schulen verlagert, und zwar scheinen vor allem Dreizehn- bis Sechzehnjährige besonders anfällig dafür zu sein.

Diese Kinder oder Jugendlichen steigen, um ihren eigenen Bedarf finanzieren zu können (und/oder um sich ein hübsches Taschengeld dazuzuverdienen), oft selbst in den Handel mit der beliebten Droge ein. Sie verkaufen Joints an den Haltestellen der Schulbusse und auch in der Schule selbst. In einer offiziellen Dokumentation aus dem Jahre 1977 wurde die Zahl der Jugendlichen zwischen zwölf und siebzehn Jahren, die regelmäßig Marihuana rauchten, auf vier Millionen geschätzt.

Die meisten Jugendlichen sind davon überzeugt, daß die Joints ihnen «nicht schaden», und berufen sich dabei auf eine in den siebziger Jahren von vielen Leuten vertretene Ansicht. Das Gras, das damals geraucht wurde, war jedoch in Gehalt und Wirkung deutlich schwächer. Das mindeste, was man laut *Behavior Today** sagen kann, ist, daß der regelmäßige Marihuanagenuß den Lernprozeß verlangsamt, die Merkfähigkeit beeinträchtigt und die Urteilskraft schwächt. Das bestätigte 1982 auch das Institute of Medicine of the National Academy of Sciences.

Die Unlust, Hausaufgaben zu machen

Die Hausaufgaben sind traditionell ein wichtiger Bestandteil des schulischen Lernprogramms unserer Kinder. Man ging und geht davon aus, daß das selbständige Arbeiten zu Hause das Kind zum Denken und zur Entwicklung «intrinsischer Motivation» anregt und seine Selbstdisziplin fördert. Einem Schüler bleiben zwischen der Rückkehr von der Schule und dem Schlafengehen in der Regel sieben Stunden freie Zeit, also fünfunddreißig Stunden pro Woche, und dazu noch das Wochen-

* In einem Beitrag der Zeitschrift vom 2. November 1981.

ende. Wie aus einer offiziellen amerikanischen Statistik des Jahres 1978 hervorgeht, beschäftigen sich jedoch die meisten siebzehnjährigen Schüler weniger als fünf Stunden pro Woche mit Hausarbeiten für die Schule. Diese Schüler schnitten – wie zu erwarten – bei Leistungstests wesentlich schlechter ab als jene, die pro Woche mehr als zehn Stunden über ihren Hausaufgaben saßen.

Was steckt wirklich hinter den vielen Klagen über die Vernachlässigung der Schularbeiten? Die Lehrer suchen die Schuld gern bei den Eltern, die in falsch verstandener Gutmütigkeit darauf verzichteten, ihre Kinder zu einer gewissen Arbeitsdisziplin zu zwingen, oder die beruflich so eingespannt seien, daß sie sich nicht auch noch darum kümmern könnten, wie gut und gründlich ihr Kind seine Hausaufgaben erledigt. Außerdem, so meinen die Lehrer, verbrächten die meisten Kinder die normalerweise für die Hausarbeiten zur Verfügung stehende Zeit vor dem Fernsehapparat oder mit dem Hören von Rockmusik. Die Lehrergewerkschaften behaupten, daß mindestens zwanzig Prozent der Schüler regelmäßig zum Unterricht erscheinen, ohne die aufgegebenen Hausarbeiten gemacht zu haben, und sich zu dieser Arbeitsverweigerung auch offen bekennen würden. Viele Schüler haben die Erfahrung gemacht, daß ein solches Verhalten praktisch nicht bestraft wird.

Allerdings ist der Verdacht nicht ganz unbegründet, daß auch die Lehrer selbst an der verbreiteten Hausaufgabenunlust nicht ganz schuldlos sind: Es gibt Berichte über Lehrer, die die Hausaufgabenblätter ihrer Schüler zwar eingesammelt und mitgenommen, dann aber unkorrigiert abgelegt haben sollen – wegen zu starker Arbeitsbelastung.

Die lange Abhängigkeit des Jugendlichen

Das vielleicht beunruhigendste Problem ist, daß die moderne Schule oft nicht in der Lage ist, Jugendlichen das Gefühl des Erwachsenwerdens zu vermitteln. Dabei ist die weiterführende Schule gegenwärtig *die* gesellschaftliche Institution, von der man die Lösung dieser immer schwerer werdenden Aufgabe erwartet.

In einem Rundschreiben der National Association of Secondary School Principals wurde der Sorge Ausdruck verliehen, daß eine «verlängerte Abhängigkeit der Heranwachsenden» dazu führe, daß «ältere Jugendliche heute psychisch im Stadium der Halbwüchsigkeit verharren, obgleich sie die für die Übernahme ‹erwachsener› Verantwortlichkeiten erforderlichen Qualifikationen und Energien besitzen». Sie haben kaum eine Chance, aus eigener Kraft teilweise oder ganz von ihren erwachsenen Bezugspersonen unabhängig zu werden. Weil Jugendliche von heute so wenig Gelegenheit haben, wirklich Verantwortung zu übernehmen, «erfüllen sie sich ihr Bedürfnis nach Selbständigkeit, indem sie die Konfrontation mit Erwachsenen und Autoritätssymbolen suchen».

Diese Besorgnis darüber, daß die Schule es aufgrund ihrer «eng-begrenzten Zielsetzungen» nicht vermag, dem Jugendlichen in dieser schwierigen Übergangssituation echte Hilfestellung zu leisten, spricht auch aus einem Bericht der Jugendkommission, die den amerikanischen Präsidenten in Fragen der Wissenschaft berät:

> Im besten Fall stattet die Schule den Schüler mit kognitiven und nichtkognitiven, für seine berufliche Zukunft wichtigen Fertigkeiten, mit Kenntnissen über einen gewissen Ausschnitt aus dem kulturellen Erbe der Menschheit und mit der Motivation aus, sich weitere Fertigkeiten und Kenntnisse anzueignen. Sie bietet jedoch nicht ausreichend Gelegenheit zur Einübung praktischer Selbständigkeit; sie fördert auch selten die intensive Konzentration auf eine bestimmte Tätigkeit, und sie ist ein unzulängliches Übungsfeld für alles, was mit dem Verantwortungtragen für andere zu tun hat. Soweit diese Entwicklungsziele beim Übergang zum Erwachsensein eine wichtige Rolle spielen – und wir sind überzeugt, daß sie es tun –, wirkt die Schule sich in dieser Hinsicht hemmend und verzögernd aus, indem sie ihre Zeit ausschließlich auf die Förderung der eng definierten Unterrichtsziele verwendet.[5]

Was motiviert zum Lernen?

Die Pädagogen haben Jahrzehnte damit verbracht, Lerntheorien zu entwickeln bzw. vorhandene daraufhin zu testen, ob sich mit ihrer Hilfe Lernprozesse beschleunigen oder intensivieren lassen. Die meisten Pädagogen heute scheinen darin übereinzustimmen, daß Erziehung und Bildung nicht nur das Ziel verfolgen sollten, das Lernen als solches zu organisieren und zu fördern, die Lehrenden sollten vielmehr versuchen, problemlösungsfähige, kompetente, selbstbewußte künftige Staatsbürger heranzuziehen, die über die notwendigen Fähigkeiten verfügen, sich in einer zunehmend komplexer werdenden Gesellschaft zurechtzufinden. Die meisten sind sich auch darin einig, daß es ein wichtiges Ziel sein sollte, die Freude am Lernen zu wecken. Und schließlich herrscht auch größtenteils Einigkeit darüber, daß Lernen ein aktiver und nicht bloß ein passiver Vorgang sein sollte.

In der Vergangenheit sind die meisten Pädagogen davon ausgegangen, daß Kenntnisse am besten zu vermitteln seien, indem ein Lehrer den Lernenden systematisch mit Informationen füttert und dieser sie sich durch Wiederholen und Einprägen aneignet. Der Schweizer Lernpsychologe Jean Piaget war maßgebend für die Erarbeitung einer neuen Sicht des Lernprozesses. Er akzeptierte passive Lernmethoden im Zuge der Vermittlung eines feststehenden Informationskanons, war aber im übrigen der Ansicht, daß Lernen im optimalen Fall ein aktiver Prozeß ist, in dessen Verlauf die intrinsische Neugier des Kindes, seine Lust am Erkunden und Entdecken, geweckt wird. Jedes Kind entdeckt und erfindet für sich neu, was die Menschheit in ihrer Geschichte entdeckt und erfunden hat. Die Aufgabe des Pädagogen ist es, Bedingungen zu schaffen, die es dem Lernenden ermöglichen, diese seine Fähigkeiten zu entfalten.[6]

Und die Aufgabe der Eltern ist es, sich soweit wie möglich am Lernprozeß ihrer Kinder zu beteiligen. Ein Lernpsychologe ist nach Gesprächen mit vielen Fachleuten zu der Überzeugung gelangt, daß «das aktive Interesse der Familie am schulischen Geschehen ein Schlüsselfaktor für die Sozialisation und den Lernerfolg des einzelnen Kindes ist». Die Eltern spielen auch eine wichtige Rolle bei der Förderung des Neugierverhaltens und der Entdeckungsfreude des Kindes sowie seines Bedürfnisses, Neues zu lernen und seinen Horizont zu erweitern.

Eine Reihe von Forschern hat versucht, die Probleme unserer Schulen auf den Begriff zu bringen, indem sie per Vergleich die Elemente herausarbeiteten, die jenen Schulen gemeinsam sind, wo tatsächlich Lernen auf hohem Motivationsniveau stattfindet. Schließlich kristallisierten sich fünf notwendige Bedingungen für einen in wissenschaftlicher wie menschlicher Hinsicht erfolgversprechenden Unterricht heraus:

– Lehrer, die hohe Erwartungen in alle Schüler setzen;
– ein Schulleiter, der die Schule aktiv und kreativ führt;
– Konzentration auf grundlegende Fertigkeiten;
– standardisierte Tests zur Messung dieser Fertigkeiten;
– eine Atmosphäre der Ordnung und Ruhe.[7]

8 Gefahren für das geistige und körperliche Wohl des Kindes

Was die Bewußtseinsbildung unserer Kinder angeht, sollten wir den Einfluß der Institution Fernsehen annähernd dem der Schule gleichstellen. In einem amerikanischen Durchschnittshaushalt läuft der Fernsehapparat täglich sechs bis sieben Stunden lang, in den europäischen Ländern bewegt man sich ebenfalls auf diese Einschaltzeit zu. Die Stimmen, die Millionen von Kindern Tag für Tag hören, kommen zum größeren Teil nicht mehr aus den Kehlen leibhaftiger Menschen, sondern aus den Lautsprechern des Fernsehapparats oder des Radios.

Binnen einer Generation hat das Fernsehen den kindlichen Alltag grundlegend verändert. Befristete Fernsehverbote als Strafe sind heute üblicher als Ohrfeigen oder Hausarrest. In puncto Sauberkeitserziehung sind viele Eltern dazu übergegangen, das erwünschte Verhalten dadurch zu belohnen, daß sie das Töpfchen vor dem Fernsehapparat aufstellen.[1]

Manchen fällt es schwer, sich klarzumachen, wieviel Zeit die Kinder wirklich vor dem laufenden Fernseher verbringen. Eine amerikanische Firma, die Einschaltquoten mißt, fand 1980 heraus, daß Vorschulkinder durchschnittlich mehr als vier Stunden täglich fernsehen. Grundschulkinder kamen trotz Schulbesuchs noch auf durchschnittlich 26 Fernsehstunden pro Woche. Das bedeutet, wenn man die Ferien mit berücksichtigt, daß sie mindestens ebensoviel Zeit vor dem Bildschirm verbrachten wie im Unterricht. Kinder sehen häufiger und länger fern als Erwachsene. Der überwiegende Teil dessen, was sie sich anschauen, gehört freilich in die Kategorie «Erwachsenenprogramm». Auf die speziellen Kindersendungen am frühen Nachmittag entfällt nur ein kleiner Teil ihres TV-Konsums.

Am größten ist die Zahl der kleinen Zuschauer in der Stunde zwischen acht und neun Uhr abends – vermutlich der Hauptgrund dafür, daß die TV-Anstalten zu dieser Tageszeit gern und oft Sendungen von recht kindlichem Niveau ins Programm nehmen. Untersuchungen über die Sehgewohnheiten können aber auch sonst noch mit einigen Überraschungen aufwarten:

- Nahezu 25 Prozent aller Kinder im Vorschulalter und fast 40 Prozent aller Grundschulkinder sehen regelmäßig noch zwischen 9 und 10 Uhr abends fern.
- Fast 10 Prozent der Vorschulkinder und beinahe 25 Prozent der Grundschulkinder sehen regelmäßig noch zwischen 10 und 11 Uhr abends fern.
- Knapp 5 Prozent der Vorschulkinder und 10 Prozent der Grundschüler sehen regelmäßig noch zwischen 11 und 12 Uhr abends fern.
- Ungefähr 1 Million amerikanischer Kinder sitzen noch zwischen Mitternacht und 1 Uhr morgens vor dem Bildschirm, wenn die allermeisten erwachsenen Amerikaner schon längst schlafen. Eine Erklärung hierfür dürfte sein, daß in fast der Hälfte aller amerikanischen Haushalte zwei oder mehr Fernsehgeräte stehen – eines davon oft im Kinderzimmer. (Ein anderer Grund könnte die wachsende Zahl der bis spät in die Nacht hinein arbeitenden Eltern sein.)

Die meisten Kinder im Grundschulalter dürfen den heimischen Fernsehapparat nach Belieben einschalten, und viele Eltern kontrollieren nicht, was ihre Sprößlinge sich da so anschauen. Ein Mitarbeiter der Foundation for Child Development erklärte auf einer Tagung über Fragen der Familie (vielleicht mit leiser Ironie):

«Ich glaube, daß mehr und mehr Kinder künftig nicht mehr von ihren Eltern erzogen werden, sondern von interaktiven, computergesteuerten Fernsehapparaten, die nach von . . . Entwicklungspsychologen erarbeiteten Richtlinien programmiert sind.»

In Westdeutschland sehen Kinder unter acht Jahren – anders als ihre amerikanischen Altersgenossen – erheblich weniger fern als Kinder über acht, woraus man vielleicht schließen kann, daß deutsche Eltern mehr als amerikanische ein Auge auf die Fernsehgewohnheiten ihres Nachwuchses haben. In westeuropäischen Ländern werden die für Kinder bestimmten Programme auch grundsätzlich nicht mit Werbespots garniert.[2] Dabei ist die Sendedauer dieser speziellen Kinderprogramme, die jeden Nachmittag ausgestrahlt werden, beträchtlich.

In den USA dagegen, wo die großen kommerziellen Fernsehanstalten den Kindern fast nur Zeichentrick-Klamauk bieten, vor allem am Samstagvormittag, sind diese Programme stark mit speziell auf Kinder abzielenden Werbespots durchsetzt.

Vieles von dem, was das Fernsehen sendet, kann für Kinder durchaus ein Gewinn sein. Am frühen Abend sieht man oft Sendungen, in denen, dokumentiert mit hervorragenden Bildern, aus dem Leben der verschiedensten Tiere – zum Beispiel der Fledermäuse, der Füchse, der Fischotter – erzählt wird. Das öffentlich-rechtliche Fernsehen bringt erstklassiges Ballett, Opernaufführungen und Kammermusik. Es ist in seinem Element bei der Übertragung wichtiger Ereignisse wie Raketenstarts, Einweihungen oder Fußballspiele. Es gibt auch eine ganze Reihe sehenswerter Filme oder Fernsehspiele. Und die Kinder können sich an so hervorragenden Serien wie der *Sesamstraße,* den *Muppets* oder den *Peanuts* erfreuen.

Jene Eltern, die aus Ärger oder Besorgnis über das Fernsehprogramm ihr Gerät auf dem Dachboden einmotten, tun damit vermutlich des Guten zuviel. Das Fernsehen war (und ist) eine vielversprechende Institution, seine Einführung ein echtes historisches Ereignis. Indes sollte sich weder das Fernsehen noch ein anderes der elektronischen «Zerstreuungsmedien», wie etwa die Video-Computerspiele, zu einem dominierenden Faktor des häuslichen Lebens auswachsen.

Was das Fernsehen in seiner heutigen Gestalt angeht, so überwiegen sicherlich die negativen Aspekte, jedenfalls soweit es die Kinder betrifft, für die es sogar zu einer echten Sucht werden kann. Im Rahmen verschiedener Untersuchungsreihen hat sich gezeigt, daß Kinder, die eine Woche lang nicht fernsehen durften, geradezu mit Depressionen reagierten. Ein Neunjähriger klagte: «Ich dachte, ich müßte sterben.»

Die Auswirkungen übermäßigen Fernsehkonsums auf die Vorstellungswelt des Kindes

In seinem Buch *Education for A New Millenium* trug der angesehene Pädagoge Harold Shane die Äußerungen von mehr als hundert Wissenschaftlern zusammen über alles, was ihnen im Hinblick auf die Welt von morgen am meisten Sorge bereitete. Einige von ihnen waren besonders beunruhigt angesichts des verhängnisvollen Einflusses des Fernsehens auf die «geistige und emotionale Stabilität» der heute heranwachsenden Generation. Das Fernsehen, so der Tenor ihrer Befürchtungen, «vernebelt unseren Verstand und bringt unser Zeitgefühl sowie unser Gefühl für die geographischen Dimensionen der ‹wirklichen Welt› durcheinander, indem es zu viele Eindrücke in zu wenigen Sendeminuten zusammendrängt».

Andere machen sich Sorgen über die Entwertung der Werte und den Zynismus, den das ständige Trommelfeuer der Werbespots ihrer Ansicht nach bei Kindern hervorruft.

Zum Zeitpunkt seines High-School-Abgangs hat der durchschnittliche amerikanische Teenager Werbespots in einer Gesamtlänge von 1500 Stunden konsumiert. Rechnet man dies auf eine fünfunddreißigstündige Arbeitswoche um, so ergibt sich, daß ein solcher Jugendlicher nahezu ein ganzes Arbeitsjahr damit verbracht hat, sich Werbung anzusehen oder anzuhören.

Die mehr als 10 000 Werbespots, die das amerikanische Kind durchschnittlich pro Jahr hört und sieht, haben mehr und andere Folgen, als nur seine Vorliebe für diesen oder jenen Markenartikel zu wecken. Sie beeinflussen seine Vorstellung davon, wie die Welt beschaffen ist und worum es im Leben geht – offenbar vor allem um die Anhäufung materieller Güter.

Die Absicht (oder zumindest die Wirkung) eines großen Teils der auf Kinder abzielenden Werbespots besteht darin, hartnäckige Bettler und Nörgler aus ihnen zu machen. Eine Zeitschrift der Werbebranche zitierte die folgende Bemerkung eines Mitarbeiters einer Werbeagentur: «Wenn man auf wirklich große Verkaufszahlen aus ist, sollte man die Kinder als Aushilfsvertreter einspannen. Sie verkaufen; sie quengeln, bis sie den Widerstand der Mutter oder des Vaters gebrochen haben.» Wenn die Eltern sich den Kauf des betreffenden Produkts nicht leisten können, ist der Familienzwist schon programmiert.

Daß Kinder tatsächlich ihren Eltern mit dem Wunsch nach Dingen, die sie in der Werbung gesehen haben, in den Ohren liegen, wurde an der University of Georgia nachgewiesen, wo man im Rahmen eines Forschungsprojekts einen kleinen Supermarkt mit 163 verschiedenen Artikeln eingerichtet hatte. Mütter konnten dort mit ihren Kindern einkaufen gehen, nachdem sie ein Programm mit Zeichentrickfilmen gesehen hatten, in das sechs Werbespots für Süßigkeiten und Salzgebäck eingeschaltet waren. Prompt drängten die Kinder ihre Mütter zum Kauf dieser sechs Produkte, für die geworben worden war.

Im amerikanischen Fernsehen laufen seit kurzem Werbeeinlagen, in denen kleine Mädchen aufgefordert werden, mit Kinderkosmetika zu experimentieren. Im Vertriebsprospekt einer Herstellerfirma war ein siebenjähriges Mädchen abgebildet, das sich die Wimpern tuschte – darunter der Satz: «Das ist Ihre Marktlücke. Sie ist zwischen vier und neun.»

Wie Jean Piaget feststellte, sprechen Kinder dieser Jahrgänge mehr als alle anderen Altersgruppen auf die überzogenen Botschaften der Werbung an. Kinder im Vorschulalter, die eifrigsten Fernsehzuschauer, die es in unserer Gesellschaft gibt, glauben so gut wie alles aufs Wort, was die Erwachsenen auf dem Bildschirm ihnen erzählen. Sie verstehen die Aussagen der Werbespots als direkte Handlungsanweisungen. Erst im Alter von neun oder zehn Jahren beginnen Kinder, eine kritische Einstellung gegenüber irreführenden oder übertriebenen Behauptungen der Werbung zu entwickeln, und das Gefühl, getäuscht worden zu sein, ruft dann bei vielen Verärgerung hervor. So sehr dies einerseits eine heilsame Erfahrung sein mag, so besteht doch die Gefahr, daß Kinder dadurch zu kleinen Zynikern werden und an nichts mehr glauben können, was aus der Welt der Erwachsenen kommt.[3]

Die U. S. Federal Trade Commission ist in letzter Zeit von Elterninitiativen hart bedrängt worden, gegen die speziell auf Kinder zugeschnittenen Werbeprogramme einzuschreiten. Als eine von der Behörde selbst in Auftrag gegebene Analyse erbrachte, daß die Ausstrahlung von Werbesendungen, die gezielt Kinder einer bestimmten Altersgruppe ansprechen, die ihre verkaufsfördernde Absicht noch nicht durchschauen können, eine «unlautere Praxis» sei, erklärte sie sich schließlich bereit, Expertenanhörungen durchzuführen. Die Anhörungen endeten, nachdem die Wirtschaft über den Kongreß (von dem die Trade Commission abhängig ist) beträchtlichen Gegendruck ausgeübt hatte, damit, daß alles beim alten blieb: Es seien angeblich noch weitere Anhörungen erforderlich, bevor irgendwelche Maßnahmen ergriffen werden könnten.

Diese Entscheidung fiel zu einer Zeit, als laut einer repräsentativen Meinungsumfrage drei Viertel der amerikanischen Eltern für ein Verbot aller auf Kinder unter acht Jahren abzielenden Fernsehwerbung eintraten.

Wenn ein älteres Kind regelmäßig Tag für Tag drei bis vier Stunden fernsieht, bleibt ihm daneben nicht mehr allzuviel Zeit, die Hausaufgaben gründlich zu machen oder gar darüber hinaus noch Bücher zu lesen. In einer staatlich finanzierten Studie zum nationalen Bildungsfortschritt in den USA hieß es 1978: «Im allgemeinen hinterließen die Schüler, die den quantitativ geringsten Fernsehkonsum angaben, leistungsmäßig den besten Eindruck.» Diese Aussage bezog sich auf Siebzehnjährige.

Den Kindern im Vorschulalter, die vier Stunden täglich vor dem Fernseher sitzen, entgehen viele Dinge, die für ihre Persönlichkeitsentwicklung wertvoll sein könnten. Sie beschäftigen sich weniger mit (Bilder-)Büchern, oder sie spielen weniger. Das Fernsehen regt nicht, wie Lesen und Spielen, die Vorstellungskraft des Kindes an. Es erfordert nicht so viel geistige Aktivität wie das Lesen. Das für die Entwicklung eines Kindes so wichtige Erschaffen eigener Phantasiewelten findet beim Spiel statt, nicht jedoch vor dem Bildschirm.

Ein Kind, das viel fernsieht, hat wenig Gelegenheit, seine verbale Artikulationsfähigkeit zu üben. Lernvorgänge dieser Art finden beim passiven Konsumieren von Fernsehprogrammen nicht statt. Jean Piaget hat jedoch nachdrücklich darauf hingewiesen, wie wichtig gerade *konkrete Erfahrungen* für die geistige Entwicklung des Kindes sind, «und nicht bloß Bilder», damit es lernt, selbst «Hypothesen zu bilden und diese ... mittels eigener aktiver Manipulationen zu überprüfen».

Bei einem Kind, das Tag für Tag mehrere Stunden lang tranceartig auf die Mattscheibe starrt, liegen während dieser Zeit sicherlich jene Gehirnfunktionen brach, deren Entwicklung durch Übung eine entscheidende Voraussetzung für die Entfaltung sprachlicher Kompetenz wäre.

In einem Artikel der Zeitschrift *Children Today* wurde auf zwei Parallelen zwischen Drogenkonsum und starkem Fernsehkonsum hingewiesen: Beide lenken von der Wirklichkeit ab und fördern im wesentlichen eine passive Rezeptionshaltung.

Und, natürlich, nicht zu vergessen und nicht zu unterschätzen: Es bedeutet eine Verarmung des Familienlebens, wenn Abend für Abend alle miteinander schweigend in die Röhre schauen.

Produziert das Fernsehen nervöse Kinder?

Es kommt so gut wie nie vor, daß der flimmernde Bildschirm den kindlichen Zuschauer einen länger als eine Minute währenden Blick auf einen Gegenstand oder eine Szenerie tun läßt, ohne daß das Bild sich, etwa durch einen Umschnitt auf eine andere Kamera, einen Schwenk oder einen Zoom, verändert. Die Menschen, die im Fernsehen auftreten, scheinen einer geheimen Weisung gemäß ständig in Bewegung zu sein. Sogar bei der hochgelobten Kindersendung *Sesamstraße* findet alle paar Minuten ein abrupter und willkürlicher Themenwechsel statt. In Nachrichtensendungen gilt ein Interviewbeitrag, der länger als neunzig Sekunden dauert, schon als sehr lang. Und Werbeeinblendungen kommen in einem Stakkatorhythmus von zehn, fünfzehn oder dreißig Sekunden pro Spot.

Nicht wenige Psychologen fragen sich angesichts dieser visuellen Hektik, ob das Fernsehen nicht Kinder mit extrem kurzer Aufmerksamkeitsspanne und hyperaktivem Naturell produzieren hilft. Das wirkliche Leben jedenfalls hat ein derartiges Trommelfeuer optischer und akustischer Sinnesreize nicht zu bieten.

Produziert das Fernsehen Mißtrauen und Aggressivität?

Das Fernsehen begann seinen Siegeszug in der ersten Hälfte der fünfziger Jahre, und Mitte der siebziger Jahre war in den großen Industrieländern des Westens die Sättigungsgrenze (mindestens ein Fernseher in jedem Haushalt) praktisch erreicht. Ein beträchtlicher und vom Publikum mit hohen Einschaltquoten honorierter Teil des Fernsehprogramms besteht aus Spielfilmen und Spielserien, in denen häufig Gewalttaten verschiedenster Art gezeigt werden. Wenn ein Kind heute jenes Alter erreicht, in dem man es als strafmündig betrachtet, hat es in aller Regel schon Hunderte oder gar Tausende von Gewaltakten bis hin zu Folterung und Mord im Fernsehen miterlebt.[4] Im Laufe der drei Jahrzehnte, die seit der Einführung des Fernsehens vergangen sind, hat sich die Zahl der wegen schwerer, mit Gewalt verbundener Straftaten verhafteten Jugendlichen um 1600 Prozent erhöht.[5] Über die Ursachen für diese Entwicklung läßt sich natürlich nur spekulieren; aber vieles spricht dafür, daß auch das Fernsehen nicht ganz unschuldig daran ist.

Eine im Auftrag des U. S. Surgeon General's Office erstellte Studie kommt zu dem Schluß: «Je mehr Gewalt und Aggressivität ein Kind im Fernsehen zu sehen bekommt, desto aggressiver ist es in der Regel in seinem eigenen Denken und Verhalten. Dieser Zusammenhang zeigte sich nicht etwa nur bei Kindern, die in irgendeiner Hinsicht abnorm waren, sondern bei einer großen Zahl völlig normaler Kinder.» Wie 1981 bekannt wurde, ergab eine weiterführende Studie, daß die Belege, die für einen Zusammenhang zwischen Gewaltdarstellungen und einem späteren aggressiven Verhalten der damit bombardierten Kinder sprachen, «überwältigend» waren.

Auch das National Institute of Mental Health meldete sich 1982 mit einem ausführlichen Bericht zu Wort, in dem ebenfalls von «überwältigenden» Belegen dafür gesprochen wurde, daß Kinder gewisse Formen der Gewalt, die sie auf dem Bildschirm vorgeführt bekommen, in das Repertoire ihres Alltagsverhaltens aufnähmen und bestimmte daran orientierte Denk- und Verhaltensmuster dauerhaft verinnerlichten.

Eine zunehmende Neigung zur Aggressivität bei Kindern, die viel fernsehen, ist im Zuge zahlreicher experimenteller Untersuchungen beobachtet worden. Größere Aufmerksamkeit verdient vielleicht eine in London durchgeführte Langzeitstudie (Untersuchungszeitraum: sechs Jahre), in deren Rahmen 1565 durch Zufallswahl ausgesuchte Jungen im Teen-Alter daraufhin beobachtet wurden, ob sich eine Korrelation zwischen ihrer Aggressivität im täglichen Leben und ihren Fernsehgewohnheiten feststellen ließ.[6] Die Ergebnisse sprachen «sehr stark» für die These, daß die Berieselung mit Gewaltdarstellungen über einen langen Zeitraum hinweg die Neigung von Jungen verstärkt, sich selbst aggressiv zu verhalten oder gar strafbare Gewalttaten zu begehen.

In der Studie heißt es dazu: «Es sieht so aus, als baue das Fernsehen die Aggressionshemmungen, die dem Kind von den Eltern und von anderen Sozialisationsinstanzen beigebracht worden sind, teilweise oder ganz wieder ab.» Das Fernsehen kann auch dazu beitragen, daß Kinder und Jugendliche unempfindlich werden gegen Brutalitäten, die anderen zugefügt werden, erleben sie doch im Fernsehen immer wieder, daß jemand, der zusammengeschlagen wird, eine Woche später, in der nächsten Folge der Serie, wieder gesund und munter auftaucht.

Gewalt im Fernsehen bewirkt aber offenbar noch mehr, als Kinder zur aktiven Nachahmung anzuregen: Sie züchtet auch Angst und Mißtrauen. Kinder, die viel fernsehen, sagen von sich im Durchschnitt doppelt so häufig, sie hätten Angst, allein aus dem Haus zu gehen. Das ergab eine Befragung von 2300 Kindern zwischen sieben und elf Jahren.

Wie der amerikanische Ärzteverband berichtete, neigen die Leute – Kinder und Erwachsene gleichermaßen –, die sich am häufigsten Kriminalfilme und -serien anschauen, in weit überdurchschnittlichem Maß dazu, sich Sicherheitsschlösser, Wachhunde oder Waffen zum Selbstschutz zuzulegen. Sie haben auch größere Angst, bei Dunkelheit allein auf die Straße zu gehen. Ferner zeichnen sich die Angehörigen dieser Personengruppe dadurch aus, daß sie ein dezidiert negatives Menschenbild haben, das heißt ihren Mitmenschen wenig Gutes zutrauen. Sie vertreten in der Regel die Überzeugung, man müsse auf sich aufpassen und könne im Umgang mit anderen Leuten nicht vorsichtig genug sein.

Was tun also?

Alle Anzeichen deuten darauf hin, daß der Fernsehkonsum in den Ländern der westlichen Welt künftig eher noch wachsen als abnehmen wird. Die steigenden Energiepreise, auf die wir uns im kommenden Jahrzehnt gefaßt machen müssen, werden vermutlich dafür sorgen, daß die Menschen mehr als bisher zu Hause bleiben. Und die bevorstehende Revolution in der Technik der Telekommunikation, die uns 130-cm-Bildschirme mit gestochen scharfem Bild, Videorecorder und diverse neuartige Kabelfernseh-Errungenschaften verheißt, mag für viele die Anziehungskraft des Fernsehens noch verstärken.

Doch die Eltern können Einfluß auf den Inhalt der Fernsehprogramme nehmen – etwa im Sinne einer Reduzierung der Gewaltdarstellungen und der Werbung –, indem sie sich den bestehenden Initiativen und Organisationen, die sich diesen Zielen verschrieben haben, anschließen oder sie unterstützen.

Was die Präsenz und die Rolle des Fernsehapparats als Mittelpunkt des Familienlebens betrifft, so sind es wiederum die Eltern, die dafür sorgen müssen, daß das gemeinsame Fernsehen nicht zur alles andere verdrängenden «Kommunikation» wird. Gegenwärtig ist sich offenbar erst eine Minderheit dieses Problems bewußt und versucht, dementsprechende praktische Konsequenzen zu ziehen.[7]

Einige solcher Konsequenzen, die ich für besonders wichtig halte, wären:

- Das Fernsehendürfen sollte niemals als Belohnung, das Fernsehverbot niemals als Strafe eingesetzt werden. Dadurch wird das Fernsehen in den Augen der Kinder nur aufgewertet.
- Kinder, deren Eltern sparsam fernsehen, entwickeln sich in der Regel nicht zu notorischen Röhrenguckern. Oder, andersherum gesagt: Wer die Fernsehgewohnheiten seiner Kinder lenken möchte, sollte zunächst einmal seine eigenen beobachten und sie, wenn nötig, ändern.
- Kinder unter fünfzehn sollten keinen unbegrenzten Zugang zum Fernsehen haben, etwa durch einen eigenen Apparat in ihrem Zimmer.
- Kinder unter sechs Jahren sollten nur gelegentlich und unter Aufsicht fernsehen.
- Für Schulkinder bis zur vierten Klasse sollte man eine tägliche «Regel-Fernsehzeit» von maximal einer Stunde sowie ein Maximum von fünf Fernsehstunden am Wochenende einführen. Das wären zusammen zehn Fernsehstunden wöchentlich, mehr als manche Kinderpsychologen für ratsam halten, aber andererseits weniger als die Hälfte dessen, was heute als «normal» gilt.

Noch ein Wort zur Werbung. Wenn ein Kind zum ersten Mal Werbespots sieht, sollten die Eltern ihm erklären – und zwar wiederholt und anhand verschiedener Beispiele –, daß die Werbung etwas vom eigentlichen Fernsehprogramm Verschiedenes ist. Wie die Sprecherin einer amerikanischen Elterninitiative mir sagte: «Kinder können mit Fernsehwerbung nicht umgehen, weil sie nicht wissen, wozu sie da ist.» Die Eltern sollten den Kindern erklären, daß der Zweck des Werbefilms darin besteht, die Zuschauer zum Kauf des darin angepriesenen Produkts zu animieren, und daß die Auftraggeber des Werbespots mit dem Verkauf ihrer Erzeugnisse Geld verdienen wollen. Wenn sich ein besonders gutes Beispiel für eine überzogene Werbebehauptung bietet, sollten die Eltern die Gelegenheit ergreifen, um daran deutlich zu machen, wie die Hersteller konkurrierender Produkte versuchen, einander mit mehr oder weniger übertriebenen Versprechungen zu überbieten.

Auf jeden Fall sollte man Kindern unter acht Jahren nicht gestatten, den Fernsehapparat selbständig zu bedienen, das heißt einzuschalten oder auf andere Programme umzuschalten. Das Kind sollte wissen, daß die Auswahl der Sendungen Sache der Eltern ist.

In Deutschland habe ich Familien getroffen, bei denen der Fernsehapparat in einem verschließbaren Schrank steht, zu dem nur die Eltern einen Schlüssel haben und auf diese Weise bestimmen, wann und wie lange die Kinder fernsehen.

Andere Geräte, die Töne von sich geben

Wenn ein Kind erst mal über zehn Jahre alt ist, spielt das Musikhören eine große Rolle in seinem Leben – egal ob der aktuelle Sound aus Radio, Plattenspieler oder Kassettenrecorder dringt. Neun Zehntel der über Zehnjährigen verbringen einen beträchtlichen Teil des Tages in Hörweite eines eingeschalteten Radios. Wie in einer Werbefachzeitschrift zu lesen war, hört der Durchschnitts-Teenager fast drei Stunden pro Tag Radio.[8] Da der durchschnittliche tägliche Fernsehkonsum dieser Altersgruppe ebenfalls bei drei Stunden liegt, muß man daraus schließen, daß unsere Jugendlichen sich rund sechs Stunden täglich mit Tönen und Bildern aus irgendwelchen Geräten berieseln lassen – wenn sie nicht, was offenbar auch manche tun, gleichzeitig fernsehen und Musik hören.

Das Musikhören ist natürlich oft nur eine Nebenbeschäftigung, während man lernt oder mit Freunden zusammensitzt. Jugendliche verwenden Musik auch gern als Hintergrundgeräusch bei Verführungsversuchen und sexuellen Kontakten. Bestimmte populäre Songs stehen in dem Ruf, eine besonders gute «Beischlafmusik» abzugeben. Laut einem Umfrageergebnis an einigen amerikanischen Schulen sind fast alle Kinder minderjähriger unverheirateter Mütter beim Klang von Pop- und Rockmusik gezeugt worden.

Bis zur Mitte der siebziger Jahre waren die Texte der Lieder, die in den Musikprogrammen für junge Leute gesendet wurden, eher einschmeichelnd und andeutend. Dann jedoch drangen aus dem Äther auf einmal Töne, die eindeutig an wollüstiges Ächzen und Keuchen erinnerten. *Love to love you, Baby* ist nichts anderes als die lautmalerische Beschreibung eines Geschlechtsaktes. Die Platte, im Radio häufig gespielt, verkaufte sich millionenfach. Als ich einmal ein Popmusik-Programm verfolgte, erfuhr ich, daß die zu jener Zeit aktuelle Hitparade Songtitel enthielt wie *Foreplay, Into You* oder *Back in the Saddle*. In einem anderen Lied fordert die Sängerin «ihn» beständig auf, «es» noch einmal mit ihr zu machen.

Da Jugendliche Musik offensichtlich nur in extremer Lautstärke genießen können, stellen sich so ganz nebenbei höchst unerwünschte physische Folgen ein: Bleibende Gehörschäden sind nicht selten. Im Zuge einer Reihenuntersuchung von siebzig in Diskotheken arbeitenden Diskjockeys stellte sich heraus, daß ein Drittel von ihnen an erheblichen Beeinträchtigungen der Hörfähigkeit litt. Alle Untersuchten waren erst ungefähr Mitte Zwanzig.

Wie ein New Yorker Psychologe, der in dreijähriger Arbeit rund 20 000 Pop- und Rockplatten analysierte, herausfand, kommt in etwa der Hälfte dieser Stücke eine (meist mit der dumpfen Baßtrommel geschlagene) Rhythmusfigur vor, die aus einem Doppelschlag, einer kleinen Pause, einem Einzelschlag, einer etwas längeren Pause, dann wieder einem Doppelschlag usw. besteht; diese Rhythmusfigur löst, so meint der betreffende Wissenschaftler, beim Hörenden ein Streßsignal aus, welches das Gleichgewicht zwischen den beiden Hemisphären des Gehirns stört. Die Folge ist ein vorübergehender sechzigprozentiger Verlust des Muskeltonus.[9]

Seit kurzem hat ein anderer Zeitvertreib viele Kinder, vor allem jedoch Jungen, so stark in seinen Bann geschlagen, daß eine ganze Reihe Erwachsener zumindest nachdenklich geworden sind: die Videospiele – sei es in öffentlichen Spielhallen oder am heimischen Fernseher.

Die Jungen, die sich in den Spielhallen um die neue elektronische Attraktion drängen, opfern für das Vergnügen, an diesen Geräten spielen zu können, oft ihr Essensgeld oder gar das Geld, das ihnen die Eltern für den Kauf von Schulheften und dergleichen mitgegeben haben. Es ist auch schon vorgekommen, daß Kinder Parkuhren aufgebrochen oder die mütterliche Geldbörse geplündert haben, um ihre Spielsucht befriedigen zu können. Das Kleingeld, das sie in die Schlitze der flimmernden Spielgeräte stecken, läppert sich zu einer unfaßbaren Summe zusammen: über 20 Milliarden Mark im Jahr allein in den USA.

In manchen Gegenden haben die Behörden Bestimmungen erlassen, die es Kindern unter sechzehn Jahren verbieten, an öffentlich aufgestellten Videospielautomaten zu spielen. Ende 1982 schaltete sich der Gesundheitsbeauftragte der US-Regierung mit der Behauptung in die Kontroverse ein, Videospiele stellten möglicherweise eine Gesundheitsgefährdung für die ihrem Reiz verfallenen jungen Menschen dar. Er erklärte, es könne zu einer «körperlichen und seelischen» suchtähnlichen Abhängigkeit von diesen Geräten kommen; empirische Belege für diese These konnte er allerdings nicht vorweisen, er beschränkte sich darauf anzukündigen, daß sich solche Belege im Zuge bereits angelaufener Untersuchungen einstellen würden.

Andere wissenschaftliche Beobachter sind sich da nicht so sicher. Die Soziologin Sherry Turkle vom Massachusetts Institute of Technology (MIT) gelangte aufgrund einer Untersuchung zu der Auffassung, daß Videospiele sogar einige positive Aspekte haben: Die Kinder würden lernen, sich vollkommen zu konzentrieren – und das in einer Zeit, da so viele Kinder gerade unter Konzentrationsschwäche zu leiden scheinen. Mrs. Turkle meinte im Gespräch mit mir, das Videospielgerät werde für das mit ihm vertraute Kind zu einem «Zusatzorgan», einer Erweiterung seiner eigenen Person, und das rufe, zusammen mit der Erfahrung des Zusammenspiels von Muskeln und Gehirn im konzentrierten Spiel, ein Gefühl der Euphorie und eine lustbetonte, sexuell gefärbte Erregung hervor.

Tatsächlich schulen viele Videospiele das Reaktionsvermögen und die Fähigkeit, Auge und Hand zu koordinieren, und sie vermitteln vielen unter Komplexen leidenden Kindern wichtige Erfolgserlebnisse. Außerdem tragen sie dazu bei, Kindern auf eine Spaß machende Weise Qualifikationen zu vermitteln, die für den Umgang mit Computern nützlich sind und die bei den Erwachsenen so verbreitete Computer-Phobie gar nicht erst aufkommen lassen.

Auf der Negativseite steht der Vorwurf, die obsessive Lust am Videospiel schlage tatsächlich sehr leicht in eine zwanghafte, ja, suchtähnliche Abhängigkeit um und verschlinge zudem eine Menge Zeit, die das Kind besser zum Hausaufgabenmachen nutzen sollte. Ein Soziologe von der University of California in Berkeley warf die Frage auf, ob Videospiele nicht eine Fließbandarbeiter-Mentalität züchteten: Die Maschine erteilt «Arbeitsanweisungen», die der Spieler so geschickt und effizient wie möglich umzusetzen versucht.

In dieser Hinsicht sind die Videospiele, die der Heimcomputer anbietet, sicherlich weniger diktatorisch als die in den öffentlichen Spielhallen aufgestellten. Zu Hause können die Kinder, befreit von dem Zwang, die durch das Einwerfen einer Münze erkaufte Spielzeit auch optimal zu nutzen, sooft sie wollen, wieder von vorn anfangen, können improvisieren und haben Zeit, Alternativen und einen eigenen Spielstil zu entwickeln.

Der Niedergang der Eßkultur

Der Ernährungswissenschaftler Hugh Powers sagte in einem Gespräch über die zunehmende Aufsässigkeit von Schulkindern: «Wir sind davon überzeugt, daß sich ein signifikanter Zusammenhang nachweisen ließe zwischen der fortschreitenden Verschlechterung der Nahrung, die die Amerikaner zu sich nehmen, und der fortschreitenden Verschlechterung des Benehmens ihrer Kinder.»

Eine interessante Hypothese, gewiß, wenngleich die Aufsässigkeit der Kinder, wie bereits dargelegt, eine ganze Reihe von Ursachen haben dürfte.

Kinder werden ständig mit Werbesprüchen bombardiert, die sie auffordern, bestimmte Markenartikel zu essen oder zu trinken, und gewöhnlich handelt es sich dabei um Produkte, die einen hohen Zucker-, Fett- und/oder Salzgehalt haben. Jeder dieser drei Stoffe bedroht, wenn im Übermaß verzehrt, die Gesundheit von Kindern ebenso wie die von Erwachsenen. Eine Expertengruppe der National Academy of Sciences, die den Zusammenhang zwischen Ernährung und Krebs untersuchte, warnte beispielsweise 1982 vor dem regelmäßigen und ausgiebigen Verzehr fett- oder salzhaltiger Nahrungsmittel. An die Adresse jener gewandt, die glauben, ein nennenswertes Krebsrisiko gäbe es erst im hohen Alter, wiesen die Wissenschaftler auf den «langen Zeitraum» hin, in dem die meisten Krebsformen sich entwickeln.

Zum Beispiel Zucker. Im Plan der Schöpfung war sicherlich nicht vorgesehen, daß Zucker einmal zu einem menschlichen Grundnahrungsmittel werden würde. Unsere Muttermilch enthält nur winzige Spuren davon. Im Jahre 1815 nahmen die Menschen, alles zusammengerechnet, rund 7 Kilogramm Zucker im Jahr zu sich. Heute müssen wir für den durchschnittlichen jährlichen Zuckerkonsum unserer Kinder und Jugendlichen die zehnfache Menge, rund 70 Kilogramm, ansetzen![10] Das entspricht einer Tagesration von immerhin knapp 200 Gramm.

Eine der angesehensten amerikanischen Ernährungswissenschaftlerinnen, Jean Mayer, hat erklärt, der gewohnheitsmäßige Verzehr solcher

Zuckermengen stelle ein erhebliches Gesundheitsrisiko dar. Die Belege dafür, daß Zucker den Zahnverfall beschleunigt, sind erdrückend. Der Gesundheitsbeauftragte der US-Regierung hat 1979 in einem kritischen Kommentar zu den kinderorientierten Werbestrategien der Hersteller von Süßwaren darauf hingewiesen, daß Karies sich zur «chronischen Kinderkrankheit Nummer eins» entwickelt hat. Zwischen starkem Zuckerkonsum und Übergewicht besteht nicht nur insofern ein Zusammenhang, als der Geschmack mancher Süßigkeiten zu so etwas wie einer Suchtabhängigkeit führen kann, sondern auch wegen der sogenannten «leeren Kalorien» des Zuckers. Zucker enthält so gut wie keinen für den menschlichen Organismus notwendigen Nährstoff. Es gibt sogar Hinweise auf einen Zusammenhang zwischen starkem Zuckerkonsum und Diabetes.

Viele Kinder, die sich einen großen Zuckerverbrauch angewöhnen, handeln sich damit außerdem womöglich eine erhöhte Chance ein, später einmal eine Sucht nach Nikotin oder anderen Drogen zu entwickeln.

Die Ärztin und Suchtspezialistin Janice Phelps ist zu der Überzeugung gelangt, daß alle Formen der Abhängigkeit – sei es von einer Droge, von Alkohol, Nikotin oder sonst etwas – ursächlich mit der Tatsache zusammenhängen, daß die Bauchspeicheldrüse vieler Menschen zu Überreaktionen auf im Blut vorhandenen Zucker neigt. Ihr Rat an die von dieser verbreiteten Dysfunktion Betroffenen lautet, ihren Verbrauch an einfachen Kohlehydraten, insbesondere Zucker, drastisch einzuschränken.

Die Hersteller von Säuglingsnahrung verwendeten Zucker bis vor kurzem (als ihnen das verboten wurde) als billiges Füllmaterial. Viele für Kinder gedachte Frühstücksflocken auf Getreidebasis enthalten bis zu fünfzig Prozent Zucker – mehr Zucker als Getreide-Anteile!

Die meisten der auf den kindlichen Verbrauch abzielenden Reklamespots im Fernsehen werben für stark zuckerhaltige Produkte, Süßigkeiten oder Limonaden. Wie Untersuchungen gezeigt haben, beugen sich Mütter beim Einkauf von Frühstücksnahrung fast durchweg den Wünschen ihrer Kinder.

Ähnlich wie bei der Kampagne für ein Verbot direkt auf Kinder abzielender Werbung machte die U. S. Federal Trade Commission auch in diesem Fall einen Rückzieher: Eine ihrer eigenen Arbeitsgruppen hatte ein Verbot der Fernsehwerbung für stark zuckerhaltige Kindernahrungsmittel empfohlen. Allein, die Interessenvertreter der betroffenen Hersteller, der Werbebranche und des Fernsehens «überredeten» den zuständigen Parlamentsausschuß, diese Initiative zu stoppen. Die Parlamentarier schlugen der Aufsichtsbehörde vor, erst einmal weitere Untersuchungen in dieser Sache anzustellen.

Oder zum Beispiel Fett. Der Verzehr fetthaltiger Nahrungsmittel hat sich im Laufe dieses Jahrhunderts ganz allgemein stark erhöht. Namhafte Experten glauben, daß wir unserer Gesundheit einen sehr schlechten Dienst erweisen, wenn wir regelmäßig mehr als ein Drittel unseres Kalorienbedarfs mit Fettstoffen bestreiten.

Unter den Medizinern herrscht seit langem weitgehend Einigkeit darüber, daß stark fetthaltige Speisen, im Überfluß genossen, langfristig die Funktionsfähigkeit der Blutgefäße schädigen. Pommes frites, eine Lieblingsspeise vieler Kinder, bestehen zu rund fünfzig Prozent aus Fett. Gleiches gilt für den Hamburger, ein anderes Standardnahrungsmittel der heranwachsenden Generation.

Aber auch Salz. Pommes frites schmecken, wenn sie nicht gesalzen sind, meist fad. Gleiches gilt für Kartoffelchips. An der Medizinischen Fakultät der Louisiana State University wurden im Rahmen einer Studie einige Affen acht Wochen lang auf eine Diät gesetzt, die den gleichen hohen Salz- bzw. Zuckeranteil enthielt wie die typischen Fließband-Nahrungsmittel, die unsere Kinder zunehmend konsumieren. Die Versuchsaffen entwickelten einen abnorm hohen Blutdruck – und bei sich entsprechend ernährenden Menschen stellt sich gewöhnlich nach einigen Jahren ein chronischer Bluthochdruck ein.

Eine Versuchsreihe am Brookhaven National Laboratory lieferte Anhaltspunkte nicht nur dafür, daß ein Zusammenhang zwischen hohem individuellen Salzverbrauch und Bluthochdruck besteht, sondern auch dafür, daß letzterer heute schon bei wesentlich jüngeren Altersgruppen, sogar bei Teenagern, in Erscheinung tritt. Der Leiter des Laboratoriums erklärte: «Das Kind entwickelt einen Salzappetit, dem es dann für den Rest seines Lebens Tribut zollen muß.»

Überall in den USA streiten sich die Verantwortlichen darüber, ob und in welchem Ausmaß als ungesund erkannte Nahrungsmittel und Getränke in den Speisesälen der Schulen ausgegeben oder mittels aufgestellter Automaten verkauft werden dürfen. Manchmal hört man das Argument: Immer noch besser, die Kinder essen minderwertige Fließband-Gerichte, als sie werfen nährstoffreiche, ausgewogene Nahrungsmittel, die sie von zu Hause mitbringen oder in der Schule serviert bekommen, weg bzw. lassen sie stehen – was offenbar immer wieder vorkommt. Anscheinend müssen wir uns vorläufig damit abfinden, daß gesundes Essen bei Kindern weniger beliebt ist.

Eine typische Fließband-Mahlzeit aus dem Schnellimbiß besteht aus einem Hamburger, einer Portion Pommes frites und einem Milchshake oder einem anderen süßen Getränk. Eine solche Mahlzeit strotzt nicht nur vor Fett, Zucker und Salz, sie enthält auch lediglich ein Drittel des empfohlenen Anteils an acht lebenswichtigen Nährstoffen. In manchen Schulkantinen hat man versuchsweise damit begonnen, Fließband-Nahrungsmittel so weit mit lebensnotwendigen Nährstoffen anzureichern, daß sie den offiziellen Richtlinien entsprechen. Aber das läßt natürlich den Zucker, das Fett und das Salz nicht verschwinden.

Als die US-Regierung 1978 bekanntgab, sie erwäge, den Verkauf und die Ausgabe minderwertiger Nahrungsmittel wie Süßigkeiten, Limonade und Kaugummi an Schulen zu verbieten, ging ein Aufschrei des Entsetzens durch sämtliche Chefetagen der einschlägigen Herstellerfirmen. Daraufhin wurden alle Verbotspläne wieder fallengelassen.

Mittlerweile ist, im Zeichen der Sparmaßnahmen der Regierung Reagan, auch die lange Zeit gültige Regel, der zufolge das in der Schule servierte Mittagessen die Kinder mit einem Drittel der lebenswichtigen Vitamine und Mineralien versorgen sollte, außer Kraft gesetzt worden. Im Sommer 1981 gab das Landwirtschaftsministerium bekannt, daß die staatlich finanzierten Schulmahlzeiten nur noch achtzehn Prozent des Kalorienbedarfs der Kinder enthalten müßten. Nach den neuen Richtlinien könnten beispielsweise Ketchup und Essiggürkchen als «Gemüse» durchgehen, Kuchen, Kekse und Kartoffelchips als «Brot». (Als demokratische Mitglieder des zuständigen Kongreßausschusses in einer landesweit ausgestrahlten Fernsehnachrichtensendung ein nach diesen Kriterien zusammengestelltes Mahl «servierten», erklärten die Behörden, es handle sich um einen Irrtum und man werde die Richtlinien überprüfen.)

Ernährungswissenschaftler bezeugen ungeachtet dessen, daß der Einzug des Schnellrestaurant-Futters in die Schulspeisesäle weiter fortschreitet. Wenn dem so ist, was bekommen unsere Kinder dann in der Schule zu essen? Die Zeitschrift *Consumer Reports* ließ im September

1979 die von zehn amerikanischen Schnellrestaurant-Ketten angebote-nen Menüs analysieren, in deren Mittelpunkt Hamburger, Brathähn-chen, Pizza und natürlich, als allgegenwärtige Beilage, Pommes frites standen. Zitat aus dem Analysebericht:

«Der Fettgehalt fast aller Hauptgerichte war hoch... Natrium (Salz) war in praktisch allen Schnellrestaurant-Gerichten überaus reichlich enthalten... Sogar in den Milchshakes... Weniger wäre besser... Im allgemeinen enthielten die Hamburger, Cheeseburger usw. mehr Kalo-rien, Fett, Zucker (in den Soßen) und Salz als alle anderen Gerichte.» An anderer Stelle heißt es: «Die Pizza [einer bestimmten Restaurantkette] erwies sich als das nahrhafteste unter den von uns analysierten Schnellre-staurant-Gerichten.»

Die Lösung besteht vielleicht – für jene, die es sich leisten können – in der Rückkehr zum von Mutter zu Hause hergerichteten Lunchpaket. Aber möglicherweise hat Mutter es morgens zu eilig, zur Arbeit zu kommen...

TEIL II

Das Kind berufstätiger Eltern

9 Familienleben im Zeichen einer berufstätigen Mutter

Es fällt schwer, sich klarzumachen, daß vor vierzig Jahren noch drei Viertel aller Amerikaner es nicht für richtig hielten, daß eine Frau arbeiten geht, wenn das Einkommen ihres Mannes ausreichte, um die Familie zu ernähren. Heute hat in den USA jedes zweite Kind unter fünfzehn Jahren eine Mutter, die außer Haus berufstätig ist. Jedes dritte Kind unter drei Jahren hat eine berufstätige Mutter, und von diesen Müttern haben zwei Drittel einen Full-time-Job.

Den Kindern unter drei Jahren muß unser besonderes Augenmerk gelten, da die Art und Weise, wie sie in ihren ersten Lebensjahren behandelt und erzogen werden, prägend ist für ihre gesamte psychische und sprachliche Entwicklung und ihre Soziabilität. Das Alter zwischen drei und sechs ist vermutlich eine fast ebenso kritische Lebensphase. Wenn die Kinder das sechste Lebensjahr erreichen, nimmt die Schule sie in ihre Obhut, jedenfalls neun Monate des Jahres und täglich für etwa drei Viertel der Zeit, in der die typische voll berufstätige Mutter außer Haus ist. Damit bleiben immer noch mehrere Stunden täglich, in denen irgend jemand sich um das Kind kümmern muß, vor allem solange es noch unter zehn ist. Und wenn das Kind Sommerferien hat, heißt es für die Eltern, entweder eine ganztätige Aufsicht zu arrangieren (etwa indem sie das Kind in ein Ferienlager schicken) oder dem Kind möglichst früh beizubringen, wie es für sich selber sorgen kann.

Die Probleme lösen sich nicht unbedingt in dem Augenblick von selbst, da das Kind das zwölfte oder dreizehnte Lebensjahr erreicht. Sicher kann man ihm in diesem Alter eine gewisse Selbständigkeit zutrauen – aber wie viel? Gerade in der schwierigen Umbruchphase der Pubertät neigen viele Jugendliche zu unkontrolliertem Verhalten, und die erwachende Sexualität bringt noch Extraprobleme mit sich. Während Eltern sich früher hauptsächlich Sorgen darüber machten, was die

Kinder wohl anstellten, wenn sie abends aus waren, gilt heute, wenn Vater und Mutter berufstätig sind, ihre Hauptsorge wahrscheinlich eher der Frage, womit die Sprößlinge sich den Nachmittag vertreiben.

Daß so viele Mütter arbeiten gehen, hat seinen Grund keineswegs nur im rein Materiellen. Neben der geringeren Arbeitsanforderung, die ein Haushalt heutzutage stellt – nicht zuletzt auch durch arbeitssparende Geräte und abgepackte Fertiggerichte –, ist vor allem der Wunsch, nicht zu Hause zu «versauern», ein starkes Motiv, einem Beruf nachzugehen, insbesondere in einer großstädtischen, durch hohe Mobilität geprägten Umgebung, die zunehmend als Ort der Einsamkeit und Isoliertheit empfunden wird.

Der Psychologe Alvin F. Poussaint von der Harvard University hat kategorisch festgestellt, daß es «ganz einfach auf Kosten der Versorgung der Kinder geht», wenn beide Elternteile außer Haus arbeiten. Etliche werden das für einen überzogenen Standpunkt halten. Ich selbst kenne viele Familien, in denen Vater und Mutter berufstätig sind und trotzdem – nach allem, was man so sehen kann – ihre Kinder ganz gut betreuen und erziehen. Allerdings hat Poussaints Äußerung in ihrer Pauschalität, vor allem wenn man sie in erster Linie auf Säuglinge und Kleinkinder beschränkt, den Vorzug, mit der öffentlichen Meinung weitgehend übereinzustimmen.

1981 wurden in den USA die Resultate einer Repräsentativumfrage zum Problem «Familien mit berufstätiger Mutter» veröffentlicht. Ein renommiertes Meinungsforschungsinstitut hatte dazu landesweit 1503 erwachsene Familienmitglieder befragt, ferner in jeweils getrennten Stichproben 235 Teenager, 104 leitende Mitarbeiter von Firmen-Personalabteilungen, 56 Gewerkschaftsfunktionäre, 49 führende Vertreter der «Pro Familia»-Bewegung und 52 aktive Feministinnen.[1] Hier einige Ergebnisse:

- Alle Gruppen – außer den Feministinnen – stimmten der Aussage zu, daß «der Trend zur Berufstätigkeit beider Elternteile sich negativ auf die Familie auswirkt.» Sogar die arbeitenden Ehefrauen stimmten dem zu.
- Die erwachsenen Familienmitglieder nannten als Hauptproblem bei Berufstätigkeit der Mutter deren «mangelnde Zeit für die Familie/die Kinder. Man hat weniger Zeit für einander.»
- Besonders interessant waren die Aussagen der Teenager. Sie waren

im großen und ganzen der Meinung, Berufstätigkeit beider Elternteile bringe ihrer Altersgruppe mehr Vorteile als Nachteile. Nach den Auswirkungen auf Kinder unter zwölf Jahren befragt, äußerten sich dieselben 235 jungen Leute jedoch deutlich kritisch. Vier Fünftel von ihnen erklärten, für jüngere Kinder sei die Doppel-Berufstätigkeit der Eltern im allgemeinen von Nachteil.

Es wurde auch die Frage gestellt: «Wenn ein Ehepaar kleine Kinder hat, die noch nicht zur Schule gehen, sollten deiner Ansicht nach dann beide Elternteile außer Haus arbeiten, oder sollte einer zu Hause bleiben, oder findest du, daß es egal ist?» Eine Mehrheit der befragten Teenager (55 Prozent) entschied sich für die Antwort: «Ein Elternteil sollte zu Hause bleiben.»

Die gleiche Frage wurde gestellt in bezug auf ältere, bereits in die Schule gehende Kinder (ohne exakte Altersangabe); hier hielt nahezu die Hälfte der jungen Leute es für unbedenklich, daß beide Elternteile arbeiten gehen, und ein Viertel meinte, es sei egal.

Manche Mütter kehren schon bald nach der Geburt des Kindes in ihren Beruf zurück, auch wenn das weder unter wirtschaftlichen Gesichtspunkten noch im Hinblick auf die Wahrnehmung von Karrierechancen unbedingt notwendig ist. Diese Frauen denken vermutlich so wie viele ihrer berufstätigen Geschlechtsgenossinnen, für die das monatlich überwiesene Gehalt Zeichen und Grundlage einer gewissen Unabhängigkeit ist und zugleich Beleg dafür, daß sie noch etwas anderes im Kopf haben als Haferschleim.

Eine junge Mutter sagte mir: «Nachdem ich meine Stelle im Verlag aufgegeben hatte, um mein Kind zur Welt zu bringen, hab ich ungefähr acht Monate gebraucht, bis ich den Leuten dort eingestanden habe, daß mir das Muttersein wirklich Spaß macht. Heute, nach vier Jahren zu Hause, kann ich sagen: Was ich am meisten vermisse, ist ein eigenes Girokonto.»

Manche Frauen, die in den Beruf zurückkehren, obwohl der Ehemann eine gute Stellung hat, tun es auch aus Zukunftsangst. Der Mann arbeitet vielleicht in einer Branche, wo viele Arbeitsplätze abgebaut werden oder bedroht sind. Jetzt, da man ein Kind hat, muß mindestens ein Elternteil auf längere Sicht einen Job haben.

Dazu kommt, so wird jedenfalls immer wieder behauptet, daß eine Frau, die ausgefüllt und zufrieden ist, wenn sie sich Tag für Tag in einem

Beruf, der ihr Spaß macht, bewähren kann, womöglich eine bessere Mutter ist als eine unzufriedene Daheimgebliebene, die ihre Frustrationen an den Kindern ausläßt. Als die Schauspielerin Meryl Streep in einer Fernsehsendung über die bevorstehende Geburt ihres Kindes befragt wurde, sagte sie, sie habe zwar noch immer keine befriedigende Lösung für die Betreuung des Babys gefunden, hoffe aber gleichwohl, wenige Wochen nach seiner Geburt wieder vor der Kamera stehen zu können: «Ich liebe meine Arbeit. Ich wäre keine gute Mutter, wenn ich nicht dafür sorgen würde, daß ich ein glücklicher Mensch bleibe.»

Ein uneingeweihter Beobachter würde die sogenannte Doppelverdiener-Familie am ehesten daran erkennen, daß es bei ihr allmorgendlich ziemlich hektisch zugeht (es sei denn, man kann sich eine festangestellte Haushälterin leisten). In Millionen von Haushalten finden Kinder auf dem Frühstückstisch nur leere Schalen vor, in denen sie sich ihr Müsli oder ihre Knusperflocken mit Milch zusammenmischen können. Neben der Waschmaschine liegt wahrscheinlich ein Haufen schmutziger Wäsche, und im Kinderzimmer hat Mutter vielleicht gerade noch Zeit gehabt, das Bettzeug zum Auslüften zurückzuschlagen, nachdem die Kinder aus den Federn gekrochen sind. Manche Frauen scheinen die «Doppelbelastung von Haushalt und Beruf», wie es oft mit anerkennendem Unterton heißt, eher zu genießen als unter ihr zu leiden.

Die Kinder müssen sich damit abfinden, daß ihre berufstätige Mutter abends oft müde und abgespannt nach Hause kommt. Gewöhnlich hat sie dann noch eine Reihe von Standardhausarbeiten zu erledigen, versucht aber, daneben ein wenig Zeit für die Kinder zu erübrigen. Und vielen gelingt es tatsächlich, die Abende im Familienkreis zu einem für alle Beteiligten befriedigenden Tagesausklang zu machen – zum Beispiel indem man zusammen ißt und gelegentlich miteinander spielt, den Kindern vor dem Einschlafen etwas vorliest oder regen Anteil an ihren Schulerlebnissen nimmt.

Dauernd unter Hochdruck zu stehen, ist für manche Frauen anregender, als zu Hause zu sitzen und weniger zu tun zu haben. Viele Hausfrauen mit bereits schulpflichtigen Kindern bekämpfen die Langeweile, die sich an vielen Tagen einstellt, indem sie sich Fernsehserien anschauen oder zum Bridge gehen. Die Phantasievolleren und Nachdenklicheren unter ihnen versuchen sich in einem kommunalen oder sozialen Bereich nützlich zu machen, woraus sich eine Menge Selbstwertgefühl ziehen läßt, zumal die Gemeinschaft mitunter tatsächlich von diesem Engagement profitiert.

Am folgenreichsten für die Gesellschaft wie für die Eltern ist wohl der Rückgang sowohl der häuslichen als auch der nachbarschaftlichen und kommunalen Aktivitäten, die Kinder mit einschließen. Eine Reporterin des *Wall Street Journal,* Joann Lublin, lieferte eine ausführliche Bestandsaufnahme der Veränderungen, die sich als Folge der zunehmenden Berufstätigkeit von Ehefrauen und Müttern im Leben einer amerikanischen Kleinstadt vollzogen haben.[2] Hier einige ihrer Beobachtungen:

- Die League of Women Voters war der Meinung, es müsse unbedingt etwas für die Betreuung der Schlüsselkinder getan werden, deren Zahl in der Stadt stetig zunahm. Aber es blieb fraglich, ob die Liga genügend Unterstützung für das Vorhaben würde mobilisieren können – die Zahl ihrer Mitglieder war binnen acht Jahren um die Hälfte geschrumpft. «Alle sind wieder arbeiten gegangen», erklärte die Vereinspräsidentin.
- Bei der allgemeinen Elternversammlung für die drei Schulen der Stadt erschienen nur etwa fünfzig Eltern. Ein Vertreter der Schulbehörde machte für diese geringe Resonanz die Berufstätigkeit vieler Mütter verantwortlich. Noch vor zehn Jahren seien zu dieser Veranstaltung viermal im Jahr über dreihundert Eltern gekommen.
- Die Zahl der tagsüber verübten Einbrüche ist sprunghaft gestiegen. Opfer waren vor allem Familien mit berufstätigen Eltern – und Täter meist Teenager.
- Im größten Supermarkt am Ort herrscht der stärkste Kundenandrang zwischen fünf und sechs Uhr abends. Der Geschäftsführer sagte dazu: «Wir verkaufen dann jede Menge tiefgefrorene Pizzas, Fernsehfutter und Fertigmahlzeiten wie Corned Beef – alles, was schnell geht, wo man nicht lange am Herd zu stehen braucht.»
- Ab 7 Uhr 45 morgens setzen die ersten berufstätigen Mütter auf dem Weg zur Arbeit ihre Kinder vor den Türen der örtlichen Grundschule ab. Wenn die Türen sich um 8 Uhr 30 öffnen, wartet davor schon eine größere Kinderschar.

– Die an der Grundschule tätige Rotkreuzschwester verbringt Woche
für Woche viele Stunden damit, die berufstätigen Eltern krank
gewordener Kinder zu erreichen bzw. ihnen bestellen zu lassen, daß
sie ihr Kind abholen kommen sollen. Doch die ziehen es oft vor, ihr
Kind in der Schule pflegen zu lassen. Eine Lehrerin meinte, die
Eltern träten auch viele andere ihrer Pflichten und Verantwortlichkeiten zunehmend an die Schule ab.

Familienleben im Zeichen berufsbedingt getrennter Haushalte

Angesichts der zunehmenden Zahl von Frauen, die in gutbezahlte und
verantwortliche Positionen aufsteigen, kann es nicht ausbleiben, daß
viele unter ihnen, die verheiratet sind und Kinder haben, eine Stellung
angeboten bekommen, die verlockende berufliche Perspektiven bietet,
aber den Umzug in eine andere Stadt notwendig machen würde. Wenn
der Ehemann in einem ortsgebundenen Beruf arbeitet, was in der Regel
der Fall sein wird, bedeutet die Annahme eines solchen Angebots, daß
ein in zwei «Filialen» gespaltener Familienhaushalt entsteht – eine
Situation, die, wenn man den Prognosen glauben darf, in Zukunft mehr
und mehr eintreten wird.

Es kommt vor, daß der Ehemann sich eine neue Stellung sucht, um
einen Umzug der Familie an die neue Wirkungsstätte der Frau zu
ermöglichen. Als beispielsweise Eleanor Smeal zur Präsidentin der
National Organization of Women gewählt wurde und, um dieses Amt
ausüben zu können, ihren Wohnsitz nach Washington verlegen mußte,
nahm ihr Mann, ein Metallurge, einen neuen Job in der Umgebung der
Bundeshauptstadt an.

Meistens jedoch läuft es so, daß die Frau an ihrem neuen Arbeitsort
eine Wohnung oder auch nur ein Zimmer mietet und jedes Wochenende
«heimfährt» zu Mann und Kindern, die in der vertrauten Umgebung
zurückgeblieben sind. Ist die Entfernung für derartige Wochenendaus-
flüge zu groß, wird sie es vielleicht einrichten, alle paar Wochen für einen
etwas längeren Zeitraum «nach Hause» kommen zu können. Eine solche
Konstellation nennt man «Wochenendehe» oder «Pendlerehe» oder
«Fernehe». Viele, die mit dieser Situation fertig werden müssen, opfern
einen größeren Teil ihres Haushaltsgeldes für den Luxus, jeden Abend
mit dem Ehepartner und den Kindern zu telefonieren.

Wenn die Familie es sich leisten kann, stellt sie vielleicht zur Entlastung des Vaters eine Haushälterin oder ein Hausmädchen ein. Oder die Kinder werden, wenn sie schon älter sind, in ein Internat geschickt. Kinder im frühen Schulalter können in vielen Fällen in einer Kindertagesstätte untergebracht werden, wo sie unter Aufsicht Hausaufgaben machen oder spielen, bis der Vater sie abends abholen kommt. Mädchen können sich frühzeitig in Haushaltsarbeiten üben, indem sie dem Vater beim Kochen helfen. Manchen Töchtern macht es auch Spaß, in Mutters Bett schlafen zu dürfen. Ungemütlich wird es für den Vater, wenn eins der Kinder Windpocken oder eine andere Kinderkrankheit bekommt.

Diese «Wochenendehen» werfen, mit wieviel Energie und gutem Willen sie auch immer angegangen werden, zwangsläufig Probleme auf, besonders wenn die Kinder noch klein sind. Harriet Engel Gross, die 28 solcher Ehen eingehend studierte, schrieb dazu: «Auch wenn der Ehemann auf die beruflichen Erfolge seiner Frau stolz ist, empfindet er die für ihn in bezug auf die Kinder und den Haushalt anfallende Mehrarbeit als belastend. Die Frau wiederum vermißt ihre Kinder und macht sich Gedanken über ein mögliches Verblassen ihrer Rolle im Leben der Kinder.»[3]

Eine andere Wissenschaftlerin beschäftigte sich mit den Erfahrungen von 160 Ehepaaren mit berufsbedingt getrennter Haushaltsführung. Sie kam zu dem Schluß, daß eine Ehe ein solches Arrangement dann am ehesten und besten übersteht, wenn es von vornherein als zeitlich begrenzt betrachtet wird. Kinder verkörpern, so meint sie, in einer solchen Konstellation symbolisch das Weiterbestehen der Ehe.[4]

Strategien für die Normalisierung des Familienlebens bei berufstätigen Eltern

Wenn eine Mutter einem Beruf außer Haus nachgeht, so gibt es für diese Situation durchaus Strategien, mit deren Hilfe sich für die Kinder ein einigermaßen normaler Tagesablauf organisieren läßt. Die Sprechstundenhilfe meines Arztes zum Beispiel macht jeden Nachmittag um drei Uhr zehn Minuten Pause, um ihre dreizehnjährige Tochter zu Hause anzurufen und mit ihr über die bisherigen Geschehnisse und den weiteren Ablauf des Tages zu plaudern.

Die Frau, der es gelingt, Berufstätigkeit und Mutterrolle erfolgreich miteinander zu verbinden, zeichnet sich in der Regel dadurch aus, daß sie es versteht, ihrem Kind das Gefühl ihrer *Gegenwart* zu vermitteln, auch wenn sie die meiste Zeit nicht zu Hause ist (und in der wenigen Zeit, die sie es ist, alle Hände voll mit dem Haushalt zu tun hat). Sie hält nicht nur vom Arbeitsplatz aus den Kontakt aufrecht, sondern reserviert auch eine bestimmte Zeit dafür, dem Kind oder den Kindern für vertrauliche Gespräche über jedwedes sich stellende Problem zur Verfügung zu stehen. In einer funktionierenden Familie wissen die Kinder, daß sie zu jeder Zeit mit ihren Sorgen zur Mutter kommen können. Eine vielbeschäftigte New Yorker Modedesignerin, Mutter einer siebenjährigen Tochter, war zutiefst beglückt, als sie zum Valentinstag eine Karte bekam, auf der in der kindlichen Handschrift des Töchterchens geschrieben stand: «Warum liebe ich meine Mama? Weil sie immer für mich da ist.»[5]

Die Eltern sehr kleiner Kinder können ihre Schlafenszeiten so einrichten, daß sich ein Maximum an gemeinsamer Wachzeit ergibt. Statt um elf Uhr können sie um neun Uhr abends zu Bett gehen, um dann wie die Kinder um fünf Uhr morgens aufzuwachen und zwei gemütliche Stunden mit ihnen zusammen zu verbringen. So etwas geht natürlich unter Umständen auf Kosten der eigenen Ausgeh- und Geselligkeitsbedürfnisse.

Bei manchen Paaren wird es sich machen lassen, daß ein Elternteil seine Arbeits- bzw. Schichtzeit so wählt, daß er oder sie während eines möglichst großen Teils des Tages zu Hause ist. Polizisten tun aus diesem Grund nicht ungern Nachtdienst. Und viele Arbeiter mit kleinen Kindern übernehmen Nachtschichten, weil sie dann nach «Feierabend» den Vormittag über die Kinder betreuen können. Sie gehen um die Mittagszeit herum schlafen und haben dann vielleicht am Abend noch eine Stunde Zeit für die Kinder. Der Nachteil einer solchen Lösung ist natürlich, daß die Ehepartner selbst wenig voneinander sehen.

Mütter, die nach einer Erwerbsmöglichkeit Ausschau halten, werden feststellen, daß manche Berufe sich wesentlich besser mit den Anforderungen der Mutterrolle vereinbaren lassen als andere. Als Lehrerin in einer nahe gelegenen Schule zu arbeiten, ist für die Mutter eines kleinen Kindes gewiß eine der günstigeren Lösungen. Sie kommt in der Regel am frühen Nachmittag nach Hause und kann sich dem Kind so noch gute fünf oder sechs Stunden widmen.

Ein eigenes Geschäft zu haben, verleiht einer Mutter auch dann eine größere Flexibilität in der Zeiteinteilung, wenn es sich nicht in unmittelbarer Nähe der Wohnung befindet. In Springfield im US-Bundesstaat Virginia haben drei Mütter eine Firma eröffnet, die Neubauten vor dem Einzug der ersten Mieter reinigt. Die Firma floriert; die drei Frauen fahren zur Arbeit, wenn die Kinder in der Schule sind, und sind vor den Kindern wieder zu Hause.

In der fränkischen Stadt Ochsenfurt sprach ich mit Barbara Remling, der reizenden Tochter des dortigen Bürgermeisters. Sie studierte zu dieser Zeit gerade an der Universität im nahen Würzburg Wirtschaftswissenschaften, ohne jedoch die Promotion anzustreben, weil sie sich bereits für einen anderen Lebensplan entschieden hatte. Sie sagte mir: «Ich will heiraten und Kinder großziehen, daher habe ich kein Interesse an einer Karriere in der Wirtschaft. Aber ich möchte mich – qualifiziert durch mein Studium – als Anlageberaterin für die Kunden einer unserer Versicherungsgesellschaften etablieren. Auf diese Weise würde ich meine Arbeitszeit weitgehend selbst bestimmen können.»

Viele berufstätige Mütter kleiner Kinder können ihre Tätigkeit zu einem großen Teil oder sogar völlig von zu Hause aus erledigen – zum Beispiel Werbetexterinnen, Familienberaterinnen, Modedesignerinnen, Übersetzerinnen, um nur einige zu nennen.

In sehr naher Zukunft werden sich dank der rasanten Entwicklung auf dem Gebiet der Kommunikationstechnologie noch weit mehr Möglichkeiten häuslicher Berufstätigkeit ergeben. Wenn eine Tätigkeit nicht die Verarbeitung bestimmter Stoffe, den dauernden persönlichen Kontakt mit anderen oder die Anwesenheit an einem bestimmten Ort zu einer bestimmten Zeit erfordert, wird es vermutlich bald so weit sein, daß sie günstiger in Heimarbeit erledigt werden kann. Die hohen Energiekosten, die der Berufsverkehr verursacht, und der ins Astronomische gestiegene Mietzins für Büroräume in den Zentren der Großstädte sind nur zwei Gründe, deretwegen viele Unternehmen und Unternehmensberater die Entwicklung der technischen Infrastruktur für die Schaffung vernetzter häuslicher Arbeitsplätze mit großem Interesse verfolgen. Geräte wie Textprozessoren, Telekopierer, Computer-Terminals und Fernsehtelefone mit Konferenzschaltung werden die Einrichtung elektronischer Heim-Arbeitsplätze zunehmend attraktiver machen – sowohl für die Arbeitgeber als auch für die Arbeitnehmer.

Schon heute ist es technisch möglich, Briefe und andere Texte zu schreiben, Computerprogramme zu erstellen, automatisierte Produktionsvorgänge in einem weit entfernten Chemiewerk zu steuern oder als Börsenmakler oder Anlageberater zu arbeiten, ohne auch nur einen Fuß vor die Tür des eigenen Hauses setzen zu müssen. Dies ist eine neue Art der Heimarbeit, die nicht mehr viel gemein hat mit der traditionell damit verbundenen Vorstellung von für einen Hungerlohn im Akkord schuftenden Näherinnen.

Es ist nicht ausgeschlossen, daß das Dilemma, vor dem viele intelligente und leistungsfähige junge Frauen heute stehen – Mutterschaft oder Karriere? –, sich bald nicht mehr in dieser Schärfe stellen wird. Im Augenblick jedoch müssen sich noch Millionen junger Frauen entscheiden, ob sie, nachdem sie ein Kind zur Welt gebracht haben, wieder in einen Beruf zurückkehren sollen oder nicht. Und wenn ja, wann.

10 Gibt es einen Ersatz für die Mutter?

Wann kann eine Frau, die Mutter geworden ist, wieder in ihren Beruf zurückkehren bzw. sich nach einer Arbeit außer Haus umschauen?

Bei der Suche nach einer Antwort auf diese Frage geraten wir auf umkämpftes Gelände. Sogar einige Kinderpsychologen räumen ein, daß die Veränderung traditioneller gesellschaftlicher Rollen gegenwärtig so rasant verläuft, daß selbst unter Fachleuten eine gewisse Ratlosigkeit herrscht.

Beifall und Rückhalt von irgendeiner Seite kann eine Frau für jede Entscheidung finden, die sie in dieser Hinsicht trifft – und Hunderttausende alleinstehender Frauen haben überhaupt keine Wahl, als so früh wie möglich nach der Geburt eines Kindes ihre Arbeit wieder aufzunehmen.

Jerome Kagan, der als anerkannte Autorität auf dem Gebiet der Psychologie des Kleinkindes gilt, vertrat lange Zeit – wie viele angesehene Entwicklungspsychologen – die Auffassung, daß ein Kind die Trennung von der Mutter erst nach Erreichen des dritten Lebensjahres ohne größere traumatische Schäden verkraften könne. Heute glaubt er jedoch, daß bei behutsamem Vorgehen und wenn bestimmte Voraussetzungen erfüllt sind, die Entwöhnung von der permanenten Gegenwart der Mutter schon wenige Monate nach der Geburt einsetzen kann. Im Zuge einer unter guatemaltekischen Kindern durchgeführten Untersuchung fand er beispielsweise heraus, daß selbst schwerste Entwicklungshemmungen physischer und psychischer Natur während der ersten Lebensjahre nicht irreversibel sein müssen. Das heißt, so sein Schluß, die beiden ersten Lebensjahre müssen nicht unbedingt die alles entscheidende Phase sein.

Andere halten jedoch mit Nachdruck daran fest, daß während der ersten zwei oder drei Lebensjahre bedeutsame Weichenstellungen erfolgen und daß die Mutter zumindest während eines Teils des Tages präsent sein sollte, um mitzuhelfen, daß die Weichen in eine für das Kind günstige Richtung gestellt werden.

Heutzutage sind so viele Millionen Mütter berufstätig, daß die Auseinandersetzung zwischen den Experten sich im wesentlichen auf die Streitfrage beschränkt, ob eine Mutter in den ersten drei Lebensjahren ihres Kindes ganz für es da sein sollte oder ob ein gewisses Maß an berufsbedingter Trennung auch schon in dieser Zeit vertretbar ist.

Diese Meinungsunterschiede haben natürlich nicht nur eine «fachliche», sondern zu einem nicht geringen Teil auch eine handfest ideologische Grundlage: Je nachdem wie ein Psychologe die Rolle der Frau sieht, wird er mehr der einen oder der anderen Auffassung zuneigen.

Manche Wissenschaftler betrachten, wie sie selbst zugeben, die Emanzipationsbewegung als eine den Fortschritt der Menschheit derart fördernde Kraft, daß sie sich scheuen, Postulate zu formulieren, die zu erfüllen einer jungen Mutter, die ihr eigenes Leben zu leben versucht, praktisch unmöglich ist – mit dem Ergebnis, daß sie dem Kind gegenüber erhebliche Schuldgefühle entwickelt, was für eine gute Mutter-Kind-Beziehung wiederum wenig förderlich ist. Eine Frau, die sich nach der Geburt eines Kindes zu Hause einsam und isoliert fühlt, gibt nach Ansicht dieser Psychologen möglicherweise eine weit schlechtere Mutter ab als eine Frau, die in ähnlicher Lage die Initiative ergreift und sich eine Arbeit sucht, die ihr Spaß macht.

Die Praxis vieler Arbeitgeber ermuntert frischgebackene Mütter auch nicht gerade dazu, sich mit der Rückkehr an den Arbeitsplatz Zeit zu lassen. Oft werden nur wenige Wochen Mutterschaftsurlaub gewährt, und man gibt jungen Frauen mehr oder weniger unverblümt zu verstehen, daß es ihren Chancen, innerhalb der Firma vorwärtszukommen, nicht gerade guttun wird, wenn sie für ein Jahr oder zwei aussteigen, um sich auf ihre Mutterrolle zu konzentrieren.

Was nun jene frischgebackenen Mütter angeht, die tatsächlich eine gewisse Wahlfreiheit haben hinsichtlich des Zeitpunkts, da sie in ihren Beruf zurückkehren wollen, so möchte ich sie mit zwei Expertenmeinungen bekanntmachen, die mich besonders beeindruckt haben.

William Kessen, Leiter des Fachbereichs Psychologie an der Yale University, sagte mir: «An der großen Bedeutung der mütterlichen Pflege und Betreuung in der allerersten Lebensphase kann kein Zweifel bestehen. Was mir jedoch Sorge bereitet, ist die überzogene, ja, polemische Form, in der dieses Problem behandelt wird . . ., und daß wir nach all den Jahren des Beobachtens und Spekulierens noch immer so wenig über die Besonderheiten der frühen Mutter-Kind-Beziehung wissen.»

Und Berry Brazelton, Professor für Kinderheilkunde in Harvard, meinte: «Jeder zusätzliche Monat des Zusammenseins ist für beide, Mutter und Kind, ein Gewinn – wie zinstragendes Geld auf der Bank.»

Aber gibt es denn überhaupt keinen Ersatz für die Mutter? Im Prinzip kann jeder die Mutter ersetzen, der vierzehn Jahre oder älter ist, über die erforderliche Zeit verfügt, das Kind liebt, zärtlich und fürsorglich sein kann und viel Geduld besitzt. Solange ein Kind noch sehr klein ist, kann ihm liebevolle Zuwendung in jeder Form und in jedem Ausmaß nur guttun.

Wie wär's mit dem Vater, falls er die nötige Zeit hat? Gewiß, wenn er sich der Aufgabe gewachsen fühlt und die oben genannten Anforderungen erfüllt. In den neuerdings immer häufiger anzutreffenden Ehen, in denen die Partner sich als in jeder Beziehung gleichberechtigt betrachten, scheinen die Männer in einem bislang nicht gekannten Maß zur Übernahme häuslicher Pflichten bereit zu sein, vor allem, wenn die Frauen mitverdienen.

Ein Säugling spricht auf jede erwachsene Person, die sich liebevoll mit ihm abgibt, an, egal ob es sich um eine Frau oder einen Mann handelt. Die Frage ist nur, ob ein Mann ebenso auf ein kleines Kind anspricht wie eine Frau.

Zwei amerikanische Entwicklungspsychologen beobachteten im Rahmen einer Studie das Fütterungsverhalten sowohl von Müttern als auch von Vätern, denen die Betreuung eines Neugeborenen oblag.[1] Die Mütter wurden, jeweils für die Dauer von zehn Minuten, in ihren Betten auf der Wöchnerinnenstation beobachtet, die Väter absolvierten ihre, ebenfalls zehnminütigen, Testphasen in einem nahe gelegenen, ruhigen Zimmer der Station. Die Autoren gelangten zu dem Ergebnis, daß «Väter einem neugeborenen Kind ebensogut wie Mütter liebevolle Zuneigung, Anregung und die notwendige Pflege angedeihen lassen können».

Die Väter waren sicherlich hochmotiviert, da sie diese Rolle erst vor kurzem übernommen hatten und sich in einer Testsituation befanden. Im Hinblick auf längere Zeiträume sind allerdings manche Beobachter gleichwohl der Meinung, daß Mütter infolge ihres speziellen Hormonhaushalts und dank der Erfahrung monatelanger körperlicher Einheit mit dem heranwachsenden Fetus die «von Natur aus» besseren Babyfütterer sind. Auch bestimmte Fürsorgeinstinkte sind bei Müttern vielleicht doch stärker ausgeprägt. Die Soziologin Alice Rossi hat darauf hingewiesen, daß fast alle Mütter, egal ob sonst Rechts- oder Linkshänderinnen, ihr Neugeborenes in der linken Armbeuge halten und an ihre linke Brustseite drücken, wo das Kind das beruhigende Pochen des mütterlichen Herzens spüren kann, das ihm aus seinem fetalen Dasein vertraut ist.

Akzeptieren wir es aber einmal als Tatsache, daß viele Väter ausgezeichnete «Mütter» sein können – ich selbst kenne eine ganze Reihe lebender Beispiele dafür. Wenn die Kinder älter werden, in die Pubertät kommen und schließlich «erwachsen» werden, haben vielleicht Väter als Erzieher einen «natürlichen» Vorteil, jedenfalls wenn das Kind ein Junge ist. Sie genießen dann in den Augen eines Sohnes oft größere Autorität, zumal wenn sie ihm im Sport und auf anderen «männlichen» Betätigungsfeldern ein Vorbild sein können.

Aber wie weit her ist es wirklich mit der Bereitschaft junger Väter, sich im Zeichen der Gleichberechtigung die täglichen Aufgaben und Pflichten des Erziehers und die damit verbundenen Arbeiten im Haushalt zuzumuten? Eine amerikanische Werbeagentur befragte 452 Ehemänner, welche Hausarbeiten sie denn so regelmäßig verrichteten. Entsprechend dem Ergebnis kristallisierten sich vier Gruppen heraus:

1. Fortschrittliche (die sich wirklich ins Zeug legen)   13%
2. Bekenner (die schön reden, aber wenig tun)   33%
3. Ambivalente (die etwas mithelfen, aber ohne Überzeugung)   15%
4. Traditionalisten   39%

Offenbar ist noch sehr viel Kulturarbeit nötig, bevor die Männer in wirklich großer Zahl freudig die täglichen Pflichten der Kinderpflege auf sich nehmen, während die Frau arbeitet. Männer, die heute schon hierzu bereit sind, findet man am ehesten unter Studenten und freiberuflichen Akademikern, die ohnehin relativ viel zu Hause arbeiten und bei denen möglicherweise die Frau die Hauptverdienerin ist. Wenn der Vater arbeitslos ist, stellt sich die Frage der ehelichen Arbeitsteilung von vornherein unter ganz anderen Vorzeichen.

Eine gute, jedoch nicht billige Lösung ist es, eine Kinderpflegerin einzustellen für die Zeit, da die Mutter außer Haus arbeitet. Allerdings sind entsprechende Fachkräfte rar, so daß man unter Umständen lange suchen muß, bis man einen qualifizierten Mutterersatz gefunden hat, für den man dann etwa 1200 bis 1500 Mark monatlich ausgeben muß. Nach Auskunft einer New Yorker Agentur, die sich darauf spezialisiert hat, Frauen für diesen Job zu vermitteln, kommen auf jede Bewerberin rund hundert Angebote.

Eine gute und relativ preisgünstige Alternative ist es – sofern am Ort eine Universität mit einer psychologischen Fakultät vorhanden –, stundenweise Studenten zu engagieren, die sich studienbedingt für kleine Kinder interessieren.

Wenn ältere Geschwister – von elf, zwölf oder mehr Jahren – da sind, so können sie nach der Rückkehr von der Schule die Aufsicht über ihr jüngeres Schwesterchen oder Brüderchen übernehmen, wenn dieses nicht mehr allzu klein ist. Die Verantwortung für einen Säugling sollte man älteren Geschwistern nach Ansicht von Fachleuten frühestens im Alter von vierzehn Jahren übertragen.

Erwachsene Babysitter, zum Beispiel ältere Damen, lassen sich auch in Ballungsgebieten meist unschwer finden. Sie kommen ins Haus, solange die Mutter fort ist. Man sollte sich allerdings die Mühe machen, die Referenzen zu prüfen. Ich weiß von einem Fall, da eine Mutter eine Annonce in der Zeitung entdeckte, wo eine Frau ihre Dienste anbot und behauptete, viel Erfahrung in der Betreuung von Kleinkindern zu haben. Beim Vorstellungsgespräch machte sie auch einen angenehmen und «mütterlichen» Eindruck und wurde engagiert. Die Mutter vertraute ihr das dreimonatige Baby an und nahm guten Mutes ihre Arbeit als Personalchefin einer größeren Firma wieder auf. Nach ein paar Tagen erhielt sie einen Anruf von einer Nachbarin, die ihr riet, doch einmal zu Hause vorbeizuschauen: Ihr Kind schreie seit einer geschlagenen Stunde. Sie machte sich sofort auf den Weg und fand das Baby auf dem Schoß der Frau, die im Stuhl eingeschlafen war – völlig betrunken...

Mehr als ein Drittel aller Kinder berufstätiger Mütter werden heute im Rahmen privater Arrangements von Verwandten, Nachbarn oder Freunden der Familie gehütet. Und trotzdem wissen die Experten erstaunlich wenig darüber, ob und wie gut diese Arrangements klappen, wie sie funktionieren und wie sie den betreffenden Kindern bekommen.

Man nimmt gewöhnlich an, daß Verwandte die besten Babysitter sind, weil das Kind sie kennt und weil man mit einiger Wahrscheinlichkeit annehmen kann, daß sie dem Kleinen eine gewisse Zuneigung entgegenbringen. Großmutter oder Großvater könnten, zumindest vorübergehend, unter Umständen sogar voll in den Haushalt integriert und auf diese Weise mehr als nur stundenweise Bezugsperson sein.

Kinderfüttern – ein Problem?

Diese Frage ist von einiger Bedeutung, nicht nur, weil eine Mutter, die kurze Zeit, nachdem sie ein Kind zur Welt gebracht hat, wieder eine ganztägige Arbeit aufnimmt, womöglich nicht in der Lage ist, ihr Baby zu stillen. Zumindest wird sie dazu während der acht bis zehn Stunden, die sie in ihrer Firma verbringt, nicht in der Lage sein, es sei denn, sie nimmt das Kind mit und stillt es in den Arbeitspausen.

Seltsamerweise ist die Zahl der Mütter, die stillen, gerade jetzt, wo mehr und mehr Mütter kleiner Kinder den heimatlichen Herd verlassen, um einem Beruf außer Haus nachzugehen, sprunghaft gestiegen. In den USA stillt heute jede fünfte Mutter ihr Neugeborenes noch fünf Monate nach seiner Geburt. Vorübergehend aus der Mode gekommen, ist Stillen jetzt wieder «in».

Der «neue Naturalismus» der Gegen- und Subkulturbewegungen mag dazu beigetragen haben, entscheidender aber waren wohl jene Forschungsergebnisse, die gezeigt haben, daß das Stillen der vormals nicht nur als schick, sondern auch als «wissenschaftlich» geltenden Flaschenfütterung in mehr als einer Hinsicht überlegen ist. Diese Erkenntnis wird ständig durch weitere Forschungsbefunde bestätigt.

Flaschengefütterte Säuglinge haben, zumindest statistisch betrachtet, einen schlechteren Start ins Leben als Neugeborene, die einige Monate lang gestillt werden. Es gibt Kinderärzte, die die aus medizinischer Sicht zu konstatierenden Vorzüge des Stillens als «überwältigend» bezeichnen. Die Muttermilch ist für die ersten sechs Lebensmonate eine ideale, die Ernährungsbedürfnisse des Säuglings voll und ganz befriedigende Kost. Die American Academy of Pediatrics hat unlängst offiziell festgestellt, daß die Muttermilch die eindeutig beste Babynahrung ist, da sich bei Flaschenfütterung das Risiko signifikant erhöht, an Infektionen des Magen-Darm-Traktes zu erkranken, unter Verdauungsstörungen und Durchfall zu leiden, sich Hauterkrankungen zuzuziehen oder gar in späteren Lebensjahren sich mit Fettsucht herumschlagen zu müssen.

Die Flaschenfütterung kann auch aus psychologischer Sicht Nachteile haben. So braucht das Neugeborene, jedenfalls nach übereinstimmender Ansicht namhafter Kinderärzte und -psychologen, bei der Nahrungsaufnahme unbedingt jene Wärme und Geborgenheit, die sich in idealer Weise einstellt, wenn die stillende Mutter es an ihre Brust drückt.[2] Die Flaschenfütterung erfordert diese intime Zweisamkeit nicht, sondern läßt eine ganze Reihe von Fütterungsstellungen mit wenig oder gar keinem Körperkontakt zu, die vor allem von unerfahrenen Betreuungspersonen oft bevorzugt werden.

Aber auch für die Mutter kann der Verzicht auf das Stillen einen psychischen Verlust bedeuten – ein Aspekt, der leider viel zu selten in Betracht gezogen wird. Es gibt zwar Frauen, die behaupten, Stillen sei lästig und langweilig, doch vielleicht haben einige von ihnen nur wenige eigene Stillerfahrungen gesammelt.

Die Soziologin Alice Rossi schreibt in einem Artikel über die biosozialen Aspekte des Elternseins: «Man setze eine [stillende] Frau in einen Schaukelstuhl, und man wird erkennen, daß der träumerische Ausdruck der Lust... sehr viel stärker an die sinnliche Eva erinnert als an die heilige Maria.»

Eine Psychologin, die über gelegentliche Orgasmuserlebnisse der Mutter beim Stillen berichtete, meinte dazu, die Natur habe es wohl so eingerichtet, daß das Stillen mit körperlicher Lust belohnt wird – ein Beitrag zur Sicherung des Überlebens der Art.

Zwei Mediziner stellten vor einigen Jahren in einer Untersuchung fest, daß eine Korrelation besteht zwischen der Milchmenge, die die Brust beim Stillen abgibt, und dem sexuellen Erregungsgefühl, das die Frau dabei empfindet.[3] Die Organisation La Leche League International, die die Brustfütterung propagiert, bezeichnet die Stillperioden schlicht als «die friedvollsten und angenehmsten Momente des Tages».

Manche berufstätigen Mütter verstehen es so einzurichten, daß jemand ihnen während der Mittagspause oder in anderen Arbeitspausen ihren Säugling zum Stillen in die Firma bringt. In einer Stadt in den USA verlor eine Frau aus diesem Grund ihre Stellung bei der städtischen Feuerwehr. In Florida verklagte eine Kindergärtnerin ihren Arbeitgeber, da sie sich gezwungen sah, einen längeren Urlaub zu nehmen, weil ihr Vorgesetzter ihr untersagt hatte, in der Mittagspause ihr Baby zu stillen. Die Kindergartenverwaltung verwies auf eine Bestimmung, derzufolge es den Angestellten verboten war, ihre Kinder mit an den Arbeitsplatz zu bringen. Die Frau berief sich auf ihre von der Verfassung garantierten Freiheitsrechte, die sie als verletzt betrachtete. Das Bezirksgericht wies ihre Klage als unbegründet ab.

Mit Hilfe der Anwälte der National Education Association legte sie Berufung ein. Das Berufungsgericht gab ihr insoweit recht, als es feststellte, die Verfassung schütze in der Tat «die Entscheidung einer Frau, ihr Kind zu stillen, vor überzogenen Verbotseingriffen des Staates». Es verwies den Fall an das Bezirksgericht zurück mit der Auflage, herauszufinden, ob dem von der Kindergartenverwaltung ausgesprochenen Verbot ein legitimes «Staatsinteresse» zugrunde lag, das schwerer wog als die «Freiheitsinteressen» der Kindergärtnerin.

Der gleiche Richter, der das erste Urteil gefällt hatte, verkündete im März 1982 seine Entscheidung, daß das ausgesprochene Verbot «in einer vernünftigen Relation zum Interesse des Staates an einem effektiven und störungsfreien Funktionieren des öffentlichen Schulwesens» stehe. Die Kindergärtnerin hat die Möglichkeit, erneut Berufung einzulegen. Die Leute von der National Education Association haben in jedem Fall mit Genugtuung registriert, daß die Berufungsinstanz ein verfassungmäßig garantiertes «Recht auf Stillen» anerkannt hat.

Die bekannte englische Schauspielerin Lynn Redgrave stieg aus einer beliebten amerikanischen Fernsehserie aus, weil der Produzent ihr nicht erlaubte, ihr Töchterchen Annabel in den Drehpausen zu stillen. Sie erhielt und spielte danach Hauptrollen bei allen drei großen amerikanischen Fernsehgesellschaften – und stillte ihr Kind an jedem Arbeitstag so oft wie nötig.

In letzter Zeit häufen sich Berichte über Frauen, die, ohne irgendwelche Schwierigkeiten zu bekommen, am Arbeitsplatz ihr Kind stillen. Eine Frau im US-Bundesstaat Washington, die als Sekretärin und Buchhalterin in einer Arztpraxis arbeitet, hat ihr Baby den ganzen Tag über in einer Art Mini-Liegestuhl vor sich auf dem Schreibtisch stehen. Zum Stillen geht sie mit dem Kleinen in einen privaten Nebenraum der Praxis. Und zwei Senatoren des Staates Wisconsin gestatten ihren Sekretärinnen, ihre Säuglinge ins Büro mitzubringen und sie, wann immer es ihnen erforderlich erscheint, zu stillen.

Der häufigere Fall ist allerdings noch der, daß berufstätige Mütter tagsüber Milch aus ihrer Brust in ein Plastikgefäß pressen und es im Kühlschrank (bzw. auf dem Transport nach Hause in einer Thermosflasche) aufbewahren. Das Kind bekommt diese Milch per Flasche im Laufe des nächsten Tages von seiner Betreuungsperson.

Das «Abzapfen» der Milch läßt sich ohne weiteres von Hand bewerkstelligen. Es gibt auf dem Markt eine ganze Palette unterschiedlicher Pumpen, die, von Hand bedient oder elektrisch betrieben, die Saugbewegungen des Babys imitieren und die Milch in einen Behälter abpumpen. Die elektrisch betriebenen Modelle sind natürlich teurer als die Handpumpen; man kann sie aber in Drogerien oder in Geschäften für Praxis- und Klinikbedarf auch leihweise bekommen. Mütter, die sich dafür interessieren, können bei den einschlägigen Beratungsstellen erfahren, welche Modelle besonders empfehlenswert sind. Auf jeden Fall müssen jene Teile der Pumpe, die mit der Muttermilch in Berührung kommen, vor jedem Gebrauch sterilisiert werden.

Wenn die Zahl der außer Haus berufstätigen Mütter kleiner Kinder weiterhin zunimmt, täten Firmen, die viele weibliche Mitarbeiter haben, gut daran, spezielle Ruheräume einzurichten, in denen Mütter ihre Kinder stillen oder sich Milch abpumpen können. Bis jetzt sind noch keine Beispiele bekanntgeworden, daß Firmen sich in dieser fürsorglichen Weise hervorgetan hätten. Die meisten berufstätigen Mütter pumpen sich ihre Milch im Toilettenvorraum oder in irgendeinem ungenutzten Büro- oder Lagerraum oder auch im Erste-Hilfe-Raum ihrer Firma ab, in dem sich meist auch ein Kühlschrank befindet.

Wie wichtig ist die sogenannte Eltern-Kind-Beziehung?

Eine solide Mehrheit der wissenschaftlich mit der frühkindlichen Entwicklung befaßten Psychologen und Ärzte scheint sich darüber einig zu sein, daß ein Neugeborenes, um einen guten Start ins Leben zu haben, eine feste Gefühlsbeziehung oder -bindung zu einem oder mehreren Erwachsenen aufbauen sollte. Manche halten das Zustandekommen einer solchen Beziehung für absolut lebensnotwendig. Einige wenige sind sich zwar nicht ganz klar, worin diese «Beziehung» eigentlich besteht, doch ihr Fehlen kann, darin stimmen jedenfalls die meisten Experten überein, irreversible negative Folgen haben.

Menschenkinder kommen in einem relativ unfertigen Zustand zur Welt, wesentlich unfähiger, sich allein zurechtzufinden, als die meisten Säugetierjungen. Eine nach außen hin sichtbare Bindung an eine bestimmte erwachsene Bezugsperson entsteht erst im sechsten oder siebenten Lebensmonat. Das bedeutet jedoch keineswegs, daß sich nicht schon vorher einige andere sehr wichtige Dinge abspielen.

Wenn ein Baby ein Geborgenheitsgefühl und eine vertrauensvolle Grundstimmung entwickeln soll, muß es ausgiebig liebkost und gehätschelt werden; es braucht den direkten Kontakt zum warmen Körper eines Erwachsenen. Es gibt eine Untersuchung, die auf der Analyse privater Erinnerungsfilme aus der frühen Kindheit von Personen beruht, die später psychiatrischer Behandlung bedurften; die Aufnahmen zeigen mit auffallender Häufigkeit ein abweisendes Verhalten der Mütter gegenüber den instinktiven Versuchen der Babys, sich eng an ihren Körper zu schmiegen.[4] Andererseits kommt es auch vor, daß Angehörige eines Kindes, das unter einer psychischen Störung oder einem psychischen Defekt leidet, sich daran erinnern, daß das betreffende Kind sich als Säugling heftig dagegen gewehrt hat, von der Mutter gehalten und liebkost zu werden.

Das Neugeborene blüht in dem Maße auf, in dem es Zuwendung erfährt. Kinder, die die notwendigen «Streicheleinheiten» von einer oder mehreren ihnen vertrauten Personen bekommen, gewinnen dadurch für ihre Entwicklung einen offenbar uneinholbaren Startvorsprung.[5] Leon Yarrow, einer der führenden Männer am National Institute of Child Health and Human Development, traf die bemerkenswerte Feststellung: «Die vielleicht erstaunlichste Erkenntnis ist, in welch hohem Grad die Stimulierung durch die Mutter den Entwicklungsfortschritt [des Neugeborenen] während der ersten sechs Monate beeinflußt. Umfang und Qualität dieser Zuwendung korrelieren stark mit dem Intelligenzquotienten des Säuglings.» (Für «Mutter» könnte man vermutlich auch jede andere Bezugsperson einsetzen, sofern sie nur eine ähnlich intensive Beziehung zum Neugeborenen unterhält und in der Lage ist, es zu füttern.)

Im Idealfall entwickelt die Mutter im Laufe der ersten Lebensmonate des Kindes eine starke Gefühlsbindung zu ihm. Das Kind seinerseits braucht etwas länger, um sich ebenso intensiv für seine Bezugsperson zu erwärmen; manifest wird diese Bindung, wie gesagt, erst nach etwa sechs Lebensmonaten.

In der Zeit, da der Säugling sich anschickt, zum Kleinkind zu werden, entwickelt er ein starkes Bedürfnis, jenem Erwachsenen nahe zu sein, zu dem er die stärkste Gefühlsbindung aufgebaut hat. Er wird weinen oder traurig sein, wenn er von dieser Person getrennt ist, und freudige Erregung zeigen, wenn sie zurückkehrt. Und er wird oft «fremdeln», das heißt ängstlich reagieren, wenn er mit einer ihm bis dato unbekannten Person allein gelassen wird – vielleicht sogar schon, wenn eine fremde Person sich ihm nähert.

Bis zum achtzehnten Lebensmonat etwa verstärkt sich die Gefühlsbeziehung zur Bezugsperson und wird für das Kind immer wichtiger. Die Intensität dieser Bindung läßt sich gleichsam negativ ablesen am Grad der Ängstlichkeit, die es entwickelt, wenn die Bezugsperson, in der Regel die Mutter, sich aus seinem Wahrnehmungsbereich entfernt. Das Nachlassen dieser Trennungsangst scheint mit der wachsenden Fähigkeit des Kindes, die Sprache als Kommunikationsmittel zu gebrauchen, zusammenzuhängen. Ein Wissenschaftler der University of Edinburgh hat eine Verlaufskurve der kindlichen Trennungsangst gezeichnet: Sie hat ihren Höhepunkt im achtzehnten Lebensmonat, fällt danach allmählich ab, bis sie, etwa im sechsundzwanzigsten Lebensmonat, ein mittleres Niveau erreicht, auf dem sie ungefähr bis zum Beginn des vierten Lebensjahres bleibt, um danach weiter abzufallen.[6]

Eine Psychologin am Kinderkrankenhaus von Boston vertrat im Gespräch mit mir die Auffassung, daß die Bindung eines Kindes an seine Bezugsperson nicht unbedingt synchron mit seiner Trennungsangst nach dem achtzehnten Lebensmonat schwächer wird, sondern möglicherweise nur andere Formen annimmt: «Das Kleinkind sucht nicht mehr so ausschließlich wie der Säugling den engen körperlichen Kontakt zur Bezugsperson, ohne daß deswegen jedoch seine Kontaktwünsche völlig verschwunden wären – man denke nur an seine eifrigen Bemühungen, immer wieder Blickkontakt mit der Mutter herzustellen, oder an die fortwährenden Versuche auch noch der Drei- bis Fünfjährigen, mit verbalen Mitteln Aufmerksamkeit zu gewinnen.» Vierjährige sind, wie wir noch sehen werden, besonders anfällig für schwere und lang nachwirkende psychische Traumata, wenn die Eltern sich scheiden lassen. Darin kann sich allerdings ebensogut ein starkes Bedürfnis nach Stabilität äußern wie eine enge Gefühlsbindung an den fortgehenden Elternteil.

Einer der großen alten Männer der Entwicklungspsychologie, Erik Erikson, hat vor den Gefahren gewarnt, die man heraufbeschwört, wenn man Kleinkindern keine ausreichende Chance gibt, Gefühlsbindungen aufzubauen. Beständige, verläßliche, liebevolle Pflege und Zuwendung spielen, so hat er immer wieder betont, eine entscheidende Rolle bei der

Entwicklung einer gesunden Ich-Identität. Wer in seiner frühen Kindheit nicht eine vertrauens- und liebevolle Beziehung zu einem oder mehreren Erwachsenen kennengelernt hat, wird womöglich für immer ein im Grunde mißtrauischer Mensch bleiben.

Die leidenschaftlichste Warnung vor einer Vernachlässigung der Kontaktbedürfnisse unserer Säuglinge und Kleinkinder hat Selma Fraiberg von der University of Michigan formuliert. Sie spricht geradezu von «Beziehungsmangel-Erkrankungen», die sich im Laufe der ersten achtzehn Lebensmonate entwickeln können.[7] Das diesen Erkrankungen gemeinsame Charakteristikum sei, so meint sie, «die Unfähigkeit der betreffenden Person, menschliche Bindungen einzugehen... Wenn aber menschliche Bindungen fehlen, kann sich kein Gewissen bilden, ja, es entwickeln sich nicht einmal die Fähigkeiten der Selbstbeobachtung und der Selbstkritik.» Unter Umständen, so stellt sie fest, können diese Defekte irreversibel sein. Im schlimmsten Fall hinterlassen diese Bindungsmangel-Erkrankungen beziehungsunfähige Menschen – «eine der größten Problemgruppen in der Welt von heute, die einen weit überproportionalen Beitrag zu den gesellschaftlichen Fehlentwicklungen, Krankheitssymptomen und Mißständen unserer Zeit leistet». Diese «kaputten Typen» sind in ihrer Fähigkeit, Arbeits- und Freundschaftsbeziehungen einzugehen, eine Ehe zu führen und Kinder aufzuziehen, mehr oder weniger stark beeinträchtigt.

Gibt es Entwicklungsphasen, die eine berufstätige Mutter besonders beachten sollte?

Millionen Mütter von heute scheinen zu glauben, daß ihr Kind, wenn es erst einmal ein halbes Jahr alt ist, die kritischste Zeit hinter sich hat. Das ist ein gefährlicher Irrglaube.

Natürlich sind die ersten sechs Monate, wie bereits erwähnt, eine äußerst wichtige Phase, in der das Kind sehr viel Körperkontakt und Stimulation braucht, in der es ermuntert werden will und soll, die Welt, in die es hineingeraten ist, voller Neugier zu erkunden, in der es das so wichtige Urvertrauen erwirbt (oder nicht erwirbt) usw. Das Vorhandensein bzw. Nichtvorhandensein dieses Urvertrauens läßt sich, darauf hat Erik Erikson hingewiesen, am besten daran ablesen, wie gut und tief das

Kind schläft, wie leicht es sich füttern läßt und wie entspannt seine Hinterbackenmuskulatur ist.

Aber auch und gerade nach dem sechsten Monat vollziehen sich im Leben des Kindes wichtige Dinge. Es ist auf dem Weg, ein seiner selbst bewußtes, sich autonom bewegendes menschliches Wesen zu werden. Burton White und seine Mitarbeiter haben im Rahmen des Harvard Preschool Project über einen Zeitraum von zehn Jahren das Verhalten von Kleinkindern beobachtet und kommentiert und anhand dieser Beobachtungsprotokolle schließlich eine detaillierte Beschreibung der kindlichen Entwicklung während der ersten drei Lebensjahre erarbeitet.[8] Ich möchte dieses Entwicklungsmodell kurz skizzieren:

Die ersten acht Monate im Leben eines Kindes sind nach Whites Ansicht die Zeit, in der die Eltern, sofern ihre emotionale Einstellung zum Kind stimmt, am wenigsten falsch machen können: «Für die Eltern vermutlich die leichteste aller Perioden. Wenn sie dem Baby das normale Maß an Liebe, Zuwendung und physischer Sorgfalt zukommen lassen, wird die Natur den Rest gratis besorgen.» White fügt ausdrücklich hinzu, es sei überflüssig, daß Eltern sich Sorgen machen, sie könnten einen Säugling verziehen, indem sie ihn zu oft – wann immer er schreit – hochnehmen. Das ist, so meint er, bei einem Kind unter acht Monaten so gut wie unmöglich. Vom zweiten Lebensjahr an besteht diese Gefahr des Verwöhnens allerdings.

Mit dem achten Monat setzt nach Ansicht Whites die aufregendste und schwierigste Phase in der Entwicklung des Kindes ein. Die Anforderungen an die Eltern steigen, mehr kritische Entscheidungen müssen getroffen werden. Diese Periode beginnt, so White, ungefähr zu dem Zeitpunkt, da das Kind anfängt herumzukrabbeln.

«Die Sozialisationsschritte, die sich so etwa zwischen dem achten und dem zwanzigsten Lebensmonat vollziehen», erklärt White, «*sind von allen vergleichbaren Entwicklungsvorgängen im Laufe eines menschlichen Lebens die wichtigsten und bedürfen der sorgfältigsten Beobachtung und Anteilnahme... Wenn man sich um die Sozialisationsfortschritte eines Kindes erst zu kümmern beginnt, wenn es bereits zwei Jahre alt ist, dann ist es schon viel zu spät...*»

White nennt als die vier entscheidenden Lernziele in dieser Lebensspanne das Erlernen der Sprache, die Entwicklung sozialen Verhaltens, die Entwicklung von Neugier und das Aufkeimen der Intelligenz. Jeder der vier Aspekte kann von dem, was sich zwischen dem achten und dem zwanzigsten Lebensmonat abspielt, ganz wesentlich beeinflußt werden. «Uns ist noch nie ein acht Monate altes Kind untergekommen, das nicht unglaublich neugierig war»; allerdings, so gibt White zu bedenken, ist es keineswegs selbstverständlich, daß die kolossale Neugierde des Achtmonatigen sich während der folgenden zwölf Monate vertieft und erweitert. Ebensowenig selbstverständlich ist es, «daß ein Kind sprechen lernt . . ., daß sein Sozialverhalten sich stetig und erfreulich entwickelt . . . oder daß eine Basis für die Intelligenzentwicklung gelegt wird». White ist überzeugt, daß nur die wenigsten Kinder in diesen vier Entwicklungsbereichen so weit kommen, wie es aufgrund des in ihnen steckenden Potentials unter optimalen Bedingungen möglich wäre. Dabei war White besonders beeindruckt von der Beobachtung, daß «die unmittelbare Familie des Kindes [in den ersten Lebensjahren] für das Resultat eine so offensichtlich zentrale Rolle spielt».

Es gibt, wie bereits gesagt, auch Kinderpsychologen, die sich nicht so sicher sind, daß die Umstände und Erlebnisse dieser frühen Phase sozusagen schicksalhaft für die gesamte Entwicklung eines Kindes sind. Jene, die eher die von Jerome Kagan vertretene Auffassung teilen, daß Kinder in ihren ersten Lebensjahren äußerst anpassungsfähig und «hart im Nehmen» sind, fragen sich vielleicht, ob die von White konstatierte und zeitlich sehr begrenzt definierte kritische Phase nicht vielleicht ein durch die Untersuchungssituation induziertes Artefakt sein könnte. Offensichtlich sind hier noch weitere Forschungen nötig.

Was Kinder im Vorschulalter betrifft, also zwischen drei und fünf Jahren, so gibt es eine Hypothese, die für eine Mutter, die während dieser Zeit wieder arbeiten gehen möchte, von Interesse sein dürfte. Manche Kinderexperten halten dies nämlich für eine Phase, in der das Kind auf Veränderungen des Status quo besonders empfindlich reagiert und es am liebsten sieht, wenn «alles ganz gleich bleibt» – bis hin zur Wohnungseinrichtung. Mütter sollten ihr Kind darum sorgfältig auf jedwede bevorstehende Änderung ihrer und seiner Lebensumstände vorbereiten. Wenn sie eine Arbeit anzutreten plant, sollte sie das Kind einmal mit in die Firma nehmen und ihm zeigen, wo sie arbeitet und was sie im einzelnen tun wird. Die Mutter sollte dem Kind auch rechtzeitig sagen, welche Vorkehrungen für seine Betreuung sie getroffen hat oder zu treffen gedenkt. Wenn ein Umzug notwendig wird, sollte die Einrichtung des Kinderzimmers in der neuen Wohnung der bisherigen möglichst ähneln.

Im Alter von sechs bis zwölf Jahren, in der Latenzzeit also, wie die Psychologen diese Phase nennen, macht es Kindern nichts aus, wenn ihre Mutter arbeiten geht. Vielleicht sind sie im Gegenteil sogar stolz auf deren berufliche Erfolge. Was sie allerdings bedrückt, ist die Vorstellung, beim täglichen Nachhausekommen eine leere Wohnung vorzufinden. Daher sollte eine Lösung gefunden werden, die gewährleistet, daß dieses Erlebnis so selten wie möglich eintritt, und wenn es sich doch einmal nicht vermeiden läßt, sollte man dem Kind zumindest das Gefühl vermitteln, daß jemand Bescheid weiß und sich um es sorgt.

Mit dem Eintritt in die Pubertät, in eine Phase einschneidender körperlicher Veränderungs- und Wachstumsprozesse, in der die Übernahme von Erwachsenenpflichten in Reichweite rückt, werden, wie Erikson hervorhebt, «alle Gleichförmigkeiten und Kontinuitäten, die bisher als selbstverständlich akzeptiert wurden, mehr oder weniger in Frage gestellt». Auf der Suche nach neuen Werten und Sinngebungen müssen die Jugendlichen viele der Kämpfe ihrer Kindheit noch einmal ausfechten, und es kann vorkommen, daß sie dabei in ausgesprochen wohlmeinenden Leuten wie ihren Eltern plötzlich ihre Feinde sehen.

Berufstätige Eltern bekommen in solchen Situationen vielleicht das Gefühl, bei der Erziehung ihrer Kinder etwas falsch gemacht zu haben, während diese in Wirklichkeit vielleicht nur eine normale Phase der Verunsicherung und des Umbruchs durchlaufen.

Tatsache ist, daß Millionen von Müttern kleiner Kinder einem Ganztagsberuf nachgehen oder planen, dies zu tun. Somit stellt sich für viele die Frage: Wie wird man mit der Situation auf die für das Kind angenehmste und am wenigsten schmerzhafte Weise fertig? Die Hauptsorge sollte dabei den Kleinkindern unter drei Jahren gelten; für sie scheint mir, da sie in dieser Lebensphase viele wichtige Fähigkeiten erwerben oder auch nicht erwerben können, am meisten auf dem Spiel zu stehen. Wenn es aber zu irgendeinem Zeitpunkt notwendig wird, sich nach einer ganztägigen Betreuungsmöglichkeit für das Kind umzusehen, worauf ist dann vor allem zu achten? Ich bin zu folgender Auffassung gelangt:

Wenn für die Mutter kein zwingender Grund besteht, arbeiten zu gehen, sollte sie damit warten, bis das Kind achtzehn oder zwanzig Monate alt ist, wenn möglich sogar noch etwas länger. Wenn seine Entwicklung bis dahin gut verlaufen ist, dürfte zu diesem Zeitpunkt eine solide emotionale Basis vorhanden sein, die auch gewissen Belastungen standhält. Falls vor dem achtzehnten Lebensmonat der Einsatz einer anderen Betreuungsperson notwendig wird, sollte man möglichst ein Arrangement mit nur einer Bezugsperson treffen, an die das Kind sich schrittweise gewöhnen kann.

In den ersten Lebensjahren ist es wichtig, die Betreuung des Kindes so personenbezogen wie möglich zu gestalten. Nachfolgend zähle ich einige der in Frage kommenden Lösungen in der Reihenfolge ihrer Wünschbarkeit im Interesse des Kindes auf:

1. Eine Oma oder ein Opa oder ein(e) andere(r) Verwandte(r), den (die) das Kind kennt und gern hat. Bei solchen Bezugspersonen ist die Chance am größten, daß sie jene ausgeprägte Zuneigung für das Kind empfinden, die so wichtig ist.

2. Eine kinderliebe Haushälterin oder eine kinderliebe und erfahrene Babysitterin über vierzehn, die in die Wohnung kommt (und der man nicht etwa das Kind hinbringen muß).

3. Eine zuverlässige Nachbarin, die sich gern als Mutterersatz betätigt, die dem Kind vertraut ist, vielleicht selbst Kinder hat und die das Kind zu sich in die Wohnung nimmt.

4. Eine vertrauenswürdige Frau, die selbst Kinder aufgezogen (und gut aufgezogen) hat und jetzt eine kleine, private, aber behördlich anerkannte Kindertagesstätte betreibt. In den USA ist man zur Zeit dabei, solche privaten Kinderbetreuungsstellen organisatorisch zu erfassen. Vielleicht ist man in einigen Städten oder Stadtteilen schon so weit, daß Eltern sich an eine Agentur wenden und dort erfahren können, wo sie in ihrer Nähe ein geeignetes Ersatz-Zuhause für ihr Kind finden können.

5. Eine öffentliche Kindertagesstätte. Es kann dies eine vom Staat betriebene und finanzierte Tagesstätte für Kinder aus Familien mit niedrigem Einkommen sein oder eine kommunale oder kirchliche Einrichtung oder ein von einer Müttergruppe genossenschaftlich betriebenes Heim oder aber ein kommerzielles, das heißt profitorientiertes Tagesheim. Es sieht so aus, als würde es, zumindest in den USA, vor allem in der letzten Kategorie ein zunehmend größeres Angebot geben.

TEIL III

Kinder, deren Eltern sich trennen

Wir haben bereits erwähnt, wie brüchig die Institution Ehe im Zuge der sich immer rascher verändernden gesellschaftlichen Strukturen und individuellen Lebensentwürfe geworden ist. Was dabei oft übersehen wird, ist, daß die Begriffe «Ehe» und «Familie» keineswegs etwas bezeichnen, das völlig oder auch nur weitgehend deckungsgleich sein muß. Die Ehe ist eine *juristische* Einheit, die Familie ihrer grundlegenden Bedeutung nach jedoch eine *biologische* Einheit, die sowohl das Fortbestehen der Art als auch das «Weiterleben», das Erbe einzelner im weitesten Sinn garantiert. Wenn sich die Menschen klarmachten, daß die Familie als biologische Einheit auch nach und trotz einer Scheidung weiterbesteht – selbst wenn jeder der geschiedenen Partner wieder heiratet –, gäbe es weniger Groll, Verwirrung und Flucht vor der Verantwortung. Und vor allem gäbe es weniger Leid für die betroffenen Kinder.

Die Scheidungsrate bei Ehepaaren mit minderjährigen Kindern ist überdurchschnittlich stark gestiegen. Die allgemeine Scheidungsrate hat sich seit 1960 verdoppelt, die Zahl der von einer Scheidung betroffenen Kinder jedoch verdreifacht. Die Belastungen, die das Aufziehen von Kindern unter den heutigen Bedingungen mit sich bringt, können einer Ehe, die vielleicht sowieso schon auf schwachen Füßen steht, den Rest geben. In den Vereinigten Staaten sind bei zwei von drei Ehescheidungen Kinder betroffen. Wie die neueste verfügbare Jahresstatistik ausweist, hat die Zahl der in eine Scheidung mitverwickelten Kinder die neue Rekordhöhe von 1 181 000 erreicht. Ungefähr ein Drittel aller minderjährigen Amerikaner lebt heute nicht mehr mit beiden leiblichen Eltern in einem Haushalt. Bei den Kindern unter vierzehn ist der Anteil sogar noch höher. Das Problem der hohen Scheidungsraten beschränkt sich übrigens nicht auf die westlichen Industrieländer. In der Tschechoslowakei zum Beispiel werden vierzig Prozent aller Ehen nach nur wenigen Jahren wieder geschieden.

Für die starke Zunahme der Scheidungen gibt es sicherlich viele Ursachen, aber mit an erster Stelle sind wohl zu nennen der Wandel der gesellschaftlichen Normen (die Höherbewertung des individuellen Glücksanspruchs gegenüber dem verblassenden Leitbild der Familie), die Desintegration des Familienlebens und der kommunalen Lebensgemeinschaften (als Folge der rapiden Verstädterung und der wachsenden Mobilität der einzelnen), sowie der immer geringer veranschlagte Stellenwert der Religion als einer die Lebensplanung und Lebensführung bestimmenden Kraft.

Wie Untersuchungen in Kalifornien ergeben haben, erreicht die statistische Scheidungskurve im vierten Ehejahr ihren Höhepunkt und fällt danach stetig ab.

Wenn ein Ehepaar sich erst einmal mit dem Gedanken an Scheidung befaßt, so führt dies meist zu unterschwelligen Spannungen, zu einem emotionalen Rückzug der Partner voneinander, vielleicht zu Situationen eisigen Schweigens vor den Kindern oder auch zu häufigeren aggressiven Auseinandersetzungen in deren Gegenwart.

Wenn zwischen den Ehepartnern ein gutes Kommunikationsklima herrscht, werden sie über das, was an ihrer Ehe nicht stimmt, miteinander reden und nach einer Reihe von Gesprächen entweder eine neue Basis für ein befriedigendes Zusammenleben gefunden haben oder aber sich darauf einigen, ihre Ehe unter möglichst großer Schonung der Kinder zu beenden. Unglücklicherweise läßt jedoch die Gesprächsfähigkeit von Ehepartnern gerade unter den Bedingungen einer akuten Ehekrise mit ihren emotionalen Begleiterscheinungen oft zu wünschen übrig. Statt in Ruhe miteinander über alles zu reden, streitet man sich um Kleinigkeiten – immer häufiger, immer heftiger und immer unverblümter. Manche lassen sich in ihrer Wut sogar dazu hinreißen, den Partner mit Ohrfeigen oder Fausthieben zu traktieren oder Einrichtungsgegenstände nach ihm zu werfen.

Doris Jacobson von der University of California in Los Angeles befragte dreißig Personen, die sich im Laufe des vorausgegangenen Jahres vom Ehepartner getrennt hatten, nach Ursachen und Verlauf des Konflikts, der zur Trennung geführt hatte.[1] Mehr als die Hälfte der Befragten berichtete von physischen Gewalttätigkeiten irgendwelcher Art, die zum großen Teil auch in Gegenwart der Kinder begangen worden waren. Ein Drittel gab an, daß ein Partner versucht habe, die Kinder gegen den anderen aufzuhetzen.

Hineingezogen in solche Ehekonflikte, regredieren kleine Kinder oft auf bereits überwundene Verhaltensmuster. Manche fangen wieder an zu krabbeln, nachdem sie schon laufen gelernt hatten. Etwas ältere Kinder lassen in solchen Situationen oft in der Schule Dampf ab, indem sie sich mit Mitschülern prügeln, oder sie entwickeln psychosomatische Symptome. Teenager aus Konfliktehen greifen mit sehr viel höherer Wahrscheinlichkeit als der Durchschnitt ihrer Altersgenossen zu Rauschgiften. Der Londoner Kinderpsychiater Michael Rutter nannte als *ersten* der sechs Faktoren, die seiner Ansicht nach am häufigsten Ursache für Verhaltensstörungen bei zehnjährigen Kindern sind, «schwere eheliche Konflikte».

Manchmal versuchen die verzweifelten Kinder, als Schlichter oder Schiedsrichter in die elterlichen Auseinandersetzungen einzugreifen. Ein Student, dessen Eltern sich hatten scheiden lassen, als er acht Jahre alt war, erzählte einem Forscher, wie einer seiner entsprechenden Versuche verlaufen war: «Als sie sich beim Abendessen mal wieder wie gewöhnlich anschrien, nahm ich mir ein Blatt Papier und begann zu schreiben: ‹Bitte hört auf mit streiten›, aber dann hielt ich inne, weil ich überlegte, ob es nicht heißen mußte ‹zu streiten›. Meine Mutter wurde aufmerksam und fragte, was ich denn da schriebe. Ich begann zu weinen und konnte gar nicht mehr aufhören.»[2]

Eine Eheberaterin in Kalifornien erzählte mir von einem Mädchen, das jedesmal, wenn seine Eltern sich zu streiten begannen, unter den Wohnzimmertisch kroch.

Auf den Tonbändern, die ich bei meinem bereits weiter oben erwähnten Gespräch mit Schülerinnen über die Trennung ihrer Eltern aufnahm, findet sich folgende besonders interessante Äußerung:

Ein Mädchen schilderte die Gefühle, die es hatte, als es erfuhr, daß seine Eltern sich trennen würden (es war damals zwölf Jahre alt): «Ich habe ein so schlechtes Gewissen, denn als meine Mami mir zum ersten Mal davon erzählte, lebten wir gerade in Florida. Sie sagte, wir würden nach Maryland ziehen, und dort würde sie sich scheiden lassen. Das einzige, was mir darauf einfiel, war, daß ich meinte, da würde ich endlich einmal Schnee zu sehen bekommen..., was wirklich beschissen war von mir. Aber das einzige, woran ich denken konnte, war Schnee. Ich dachte nur, na ja, ist ja bloß ein Umzug mehr in meinem Leben, denn damals war ich in der siebten Klasse, und es war für mich schon die siebte Schule. Jetzt bin ich auf der zwölften...»

Die glücklicheren unter den betroffenen Kindern sind jene, die einen Menschen finden, mit dem sie über alles, was sie im Zusammenhang mit der Scheidung der Eltern bewegt, sprechen können – im günstigsten Fall jemanden aus dem engeren oder weiteren Familienkreis.

Wenn eine Ehekrise sich verschlimmert, verläßt vielleicht einer der Partner einfach den gemeinsamen Haushalt, ohne daß zunächst von Scheidung die Rede ist. Traditionell ist das meist der Ehemann/Vater gewesen. Statistisch kamen früher auf einen Fall, in dem die Frau die Familie verließ, rund dreihundert Männer, die ihr Bündelchen schnürten. Heute sind es mehr und mehr die Frauen, die Mann und Kinder verlassen. Es gibt in den Vereinigten Staaten Firmen, die sich auf die Suche nach als vermißt gemeldeten Personen spezialisiert haben. Einer der Direktoren der größten dieser Firmen bestätigte mir, daß die Zahl der fortgelaufenen Ehefrauen/Mütter sprunghaft gestiegen ist. In wenigen Jahren wird seine Firma vielleicht nach mehr Frauen als Männern fahnden. Andere Detekteien aus allen Teilen des Landes beurteilen die Situation ähnlich – die Konstellation ist «umgekippt», wie eine der Agenturen sich ausdrückt. Die größte Gruppe unter den «Nestflüchterinnen» bilden Frauen, die jung geheiratet und Kinder bekommen haben, die mittlerweile in die Schule gehen. Sie fühlen sich «in der Falle» und wollen lieber «ihr eigenes Leben leben», wie ein auf die Suche nach verschwundenen Ehepartnern spezialisierter Detektiv mir sagte.

Im Rahmen einer in Toronto durchgeführten Untersuchung wurden 38 fortgelaufene Ehefrauen befragt, die zusammengenommen 103 Kinder im Stich gelassen hatten.[3] Sie bezeichneten als wichtigste Motive für ihre Flucht den Mangel an Kommunikation mit dem Ehepartner und das Fehlen gemeinsamer Interessen. Die meisten betonten, daß es auch für die Kinder die beste Lösung gewesen sei, sie beim Vater zurückzulassen, der ihnen mehr wirtschaftliche Sicherheit habe bieten können. Die meisten räumten jedoch ein, daß ihnen die Kinder fehlen würden.

Von den im Rahmen der Untersuchung Befragten gaben die meisten an, sie hätten ihrem Partner gegenüber ihre Absicht fortzugehen, deutlich gemacht. Etliche von ihnen hatten es allerdings unterlassen hinzuzufügen, daß sie die Kinder nicht mitzunehmen gedachten. Nur rund die Hälfte der Frauen hatte mit den Kindern selbst über ihren Entschluß gesprochen.

Einige erklärten ihr Versäumnis damit, daß die Kinder zu klein gewesen seien, um so etwas zu verstehen. Von denen, die laut ihren eigenen Angaben versucht hatten, ihren Kindern zu erklären, daß und warum sie sie verlassen würden, berichtete etwa die Hälfte, die Kinder hätten sich verständnisvoll gezeigt. Andere erzählten von bestürzten und aufgeregten Reaktionen ihrer Kinder. Eine der Frauen gestand, daß sie manchmal darüber nachdachte, ob ihre Kinder sie wohl später einmal hassen würden. Ungefähr die Hälfte der 103 Kinder befanden sich in dem Augenblick, als ihre Mutter die Koffer packte, in der Wohnung und erlebten ihren Weggang unmittelbar mit.

In vielen Fällen trennen sich Ehepartner, die nicht mehr miteinander leben wollen, ohne sich gleich scheiden zu lassen. Dann bleiben die Kinder meist bei der Mutter. Möglicherweise wird eine Scheidung überhaupt nicht in Betracht gezogen, sei es aus religiösen Gründen oder weil einer der Partner verhindern will, daß der andere wieder heiraten kann. Manchmal entschließt sich ein Ehepaar zu einer «Trennung auf Probe», entweder um zu sehen, ob die Ehe sich nicht vielleicht während einer solchen Trennungsphase «erholt», oder um die Kinder möglichst schonend auf die endgültige Trennung vorzubereiten.

Oft kommt das Ende einer Ehe für die Kinder vollkommen überraschend, selbst wenn die Eheleute zuvor ausgiebig in Gegenwart der Kinder gestritten haben. Wie eine Untersuchung von dreißig auseinandergebrochenen Familien ergab, waren in einem Drittel der Fälle die Kinder von den Eltern in keiner Weise auf die Trennung vorbereitet worden. Am besten mit der neuen Situation fertig wurden die Kinder, mit denen die Eltern ihre Scheidungsabsicht intensiv durchgesprochen hatten.

Die psychischen Belastungen, unter denen Kinder leiden, deren Eltern einen stummen oder lautstarken Ehekrieg miteinander führen, haben zu der Auffassung Anlaß gegeben, daß eine Scheidung für Kinder auch eine gute Sache sein kann, wenn sie von ihnen nämlich als ein Ereignis empfunden wird, das einer unerträglichen Situation ein Ende macht.

Das mag für Fälle gelten, in denen auf seiten der Eltern keinerlei Wunsch und Bereitschaft besteht, zu einem auch für die Kinder erträglichen Modus vivendi zu kommen. Allein, das Einreichen der Scheidung bringt, wie wir noch sehen werden, nicht unbedingt mehr Ruhe und inneren Frieden für die Kinder mit sich. Gewiß, es gibt «kultivierte» Scheidungen, bei denen die Partner ihr möglichstes tun, den Kindern die

Umstellung zu erleichtern. Doch das sind Ausnahmen, die sich am ehesten dann ergeben, wenn Partner sich trennen, die womöglich schon vor Jahren das Interesse aneinander verloren und nur noch nebeneinanderher gelebt haben – ohne deswegen schlechte Eltern gewesen sein zu müssen. Wenn solche Leute sich schließlich zur Scheidung entschließen, dann sicherlich nicht in erster Linie zum Besten der Kinder, sondern aus anderen Motiven. Ob die Kinder dabei letztlich wirklich mehr gewinnen als verlieren, ist zumindest zweifelhaft. Aber auch in der großen Mehrheit der Fälle, in denen eine Scheidung sich nicht so glatt und «zivilisiert» vollzieht, empfinden die Kinder die Trennung meistens nicht als Erlösung aus einer unerträglich gewordenen Situation. Für viele ist sie auch dann ein traumatisches Erlebnis, das böse Narben hinterläßt.

Reaktionen auf die Scheidung als solche

Manche Kinder nehmen die Mitteilung, daß ihre Eltern sich trennen werden oder getrennt haben, äußerlich mit Gelassenheit hin. Sie geben sich vielleicht sogar ausgesprochen tapfer und tun so, als sei überhaupt nichts Wichtiges geschehen. Die meisten Eltern sind in der Zeit der Trennung so mit ihrer eigenen Wut oder Enttäuschung oder Trauer beschäftigt, daß sie gar nicht merken, was im Innern ihrer Kinder vorgeht.

Tatsache ist, daß der Vorgang der Trennung oder Scheidung der Eltern für die meisten Kinder ein traumatisches Erlebnis ersten Ranges ist. Ihre erste Reaktion, solange sie noch unter zehn Jahren sind, ist Panik. Der Schlag, den das Selbstwertgefühl des Kindes erhält, ist in der Regel dann besonders heftig, wenn es zum fortziehenden Elternteil eine besonders innige Gefühlsbeziehung gehabt hat.

Kleinere Kinder fühlen sich in der Regel von dem fortziehenden Elternteil im Stich gelassen (womit sie ja manchmal auch recht haben), und manche plagt auch die Angst, im Eifer des Gefechts könnten womöglich auf einmal beide Eltern fort sein.

Ein achtjähriger Junge, dessen Vater vor einem Jahr die Familie verlassen hatte und an einen weit entfernten Ort gezogen war, machte seitdem nachts ins Bett und litt an immer wiederkehrenden Alpträumen. «Er wachte heftig schreiend auf, klammerte sich an seine Mutter... und fragte wieder und wieder: ‹Wenn du gehst, wer wird für mich sorgen?›»[4]

Ein anderes, verbreitetes Motiv für panische Reaktionen kleiner Kinder sind Schuldgefühle. Da das Denken des Kleinkinds sich in der Regel vor allem um die eigene Person dreht, neigt es dazu, auch die Trennung der Eltern auf sich zu beziehen, das heißt sich selbst eine verursachende Rolle dabei zuzuschreiben. Dr. E. Mavis Hetherington, eine der führenden Kapazitäten in Sachen Kinder und Scheidung, stellte bei Kindern zwischen drei und acht Jahren eine besonders starke Neigung zu solchen Schuldgefühlen fest.

Die meisten Kinder versinken nach der Scheidung der Eltern eine Zeitlang in einen Zustand tiefen Kummers, besonders wenn sie noch unter zwölf sind. Sie wehren sich gegen die Einsicht, daß die Ursache ihres Kummers nicht nur ein vorübergehender Zustand ist. Sie glauben hartnäckig, der entschwundene Elternteil werde zurückkehren. Der bekannte Kinderarzt Albert J. Solnit meinte dazu: «Kinder, die noch klein sind, wenn ihre Eltern sich scheiden lassen, werden sich den Rest ihres Lebens danach sehnen und teilweise auch aktiv zu fördern versuchen, daß ihre Eltern wieder zusammenfinden.»

Die Sehnsucht nach der Rückkehr des verlorenen Elternteils kann sich auf höchst subtile Art äußern. So weigerte sich zum Beispiel ein neunjähriges Mädchen, im Winter einen Mantel zu tragen: Sie legte es darauf an, so krank zu werden, daß ihre Eltern sich aus Sorge um sie an ihrem Krankenbett wieder zusammenfinden würden. Und ein elfjähriges Mädchen, dessen Vater nach der Scheidung die Familie verließ, wollte daraufhin ein ganzes Jahr nirgendwo anders als im Bett des Vaters schlafen. Noch Jahre später schrieb sie ein Gedicht, das mit der Zeile endete: «Aus den Tiefen meiner Seele rufe ich dich: Komm mit der aufgehenden Sonne.»

John McDermott, der Leiter des Fachbereichs Psychiatrie an der University of Hawaii, sagt: «Die häufigste Ursache für Depressionen bei Kindern heißt heute Scheidung.» Am psychiatrischen Fachbereich der University of Michigan wurden die Familiendaten von mehreren hundert Kindern, die wegen Verhaltensauffälligkeiten psychiatrisch beobachtet worden waren, statistisch erfaßt und ausgewertet. Es stellte sich heraus, daß der Anteil der Kinder aus geschiedenen Ehen unter diesen Patienten nahezu doppelt so hoch war wie ihr Anteil an der Gesamtheit der Kinder.[5]

Es liegen mittlerweile zwei besonders beeindruckende Untersuchungen darüber vor, was sich in einer auf Mutter und Kind(er) reduzierten

Familie in der akuten Phase einer Scheidung abspielt (nachdem der Ehemann/Vater den Haushalt verlassen hat und das Verfahren entweder läuft oder die Scheidung gerade ausgesprochen wurde).

Die erste dieser beiden Studien – erstellt unter der Leitung von Dr. E. Mavis Hetherington, die lange Jahre an der University of Virginia lehrte, und der Mitarbeit der Psychologen Martha und Roger Cox – berücksichtigte 96 Familien mit Kindern im Kindergartenalter. Die Hälfte der Familien hatte kurz zuvor eine Scheidung durchgemacht. Die beiden Gruppen (geschiedene und nichtgeschiedene Ehen) entsprachen einander hinsichtlich Zahl, Alter, Geschlecht und Geburtsreihenfolge der Kinder, und alle Kinder besuchten denselben Kindergarten. Das Verhalten der Kinder beider Gruppen wurde beobachtet und miteinander verglichen. Einer besonders gründlichen Verhaltensanalyse wurden die geschiedenen Eheleute und ihre Kinder jeweils zwei Monate nach dem Vollzug der Scheidung unterworfen, dann nochmals ein Jahr nach der Scheidung und schließlich ein drittes Mal zwei Jahre nach der Scheidung. In allen Fällen lebten die Kinder bei der Mutter.

Die Schwierigkeiten, mit der durch die Scheidung entstandenen Situation fertig zu werden, erreichten ihren Höhepunkt etwa ein Jahr nach der Trennung. Nach einem weiteren Jahr hatten sich die meisten Probleme entschärft und das Familienleben sich so weit normalisiert; allerdings hatten sich einige der Jungen, wie wir noch sehen werden, gewisse eigentümliche Verhaltensmuster angewöhnt. Es sah so aus, als würden kleine Buben durch die Scheidung der Eltern viel nachhaltiger aus der Bahn geworfen als kleine Mädchen.

Während des gesamten ersten Jahres nach der Scheidung herrschte im Leben der geschiedenen Familien viel mehr Unruhe und Durcheinander als in den Familien der Nichtgeschiedenen. Die Mahlzeiten wurden wesentlich häufiger improvisiert, das heißt zu nicht festgelegten Zeitpunkten mit rasch eingekauften Fertiggerichten bestritten. Die geschiedenen Mütter aßen seltener mit ihren Kindern zusammen. Ihre Kinder gingen zu unterschiedlicheren Zeiten ins Bett, und ihre Mütter lasen ihnen vor dem Einschlafen seltener vor als die nichtgeschiedenen Mütter ihren Kindern. Die vaterlosen Kinder kamen außerdem öfter zu spät in den Kindergarten.[6] Auch die fortgezogenen Väter bescheinigten sich in vielen Fällen einen, wie einer von ihnen es ausdrückte, «chaotischen Lebensstil».

Zwei Monate nach der Scheidung waren die Beziehungen zwischen den Ex-Ehepartnern bei 44 der 48 geschiedenen Paare von gegenseitiger Bitterkeit, Wut, Enttäuschung und Gekränktheit gekennzeichnet. Bemerkenswerterweise waren diese Gefühle aber häufig ambivalent; eine positive Gefühlsbeziehung bestand fort, ja, verstärkte sich in manchen Fällen, jetzt wo die Eheleute nicht mehr gezwungen waren, Tag für Tag aufeinanderzuhocken. Sechs der Ex-Ehepaare schliefen in diesen ersten beiden Monaten nach der Scheidung sogar noch gelegentlich miteinander. Und vier der Väter spielten den Babysitter, um ihrer Ex-Frau einen Abend außer Haus zu ermöglichen.

Ungefähr ein Viertel der geschiedenen Männer und Frauen empfand zwei Monate nach der Scheidung ein «unbändiges Freiheitsgefühl», überschattet allerdings durch gewisse hie und da auftauchende Ängste. Nach Ablauf des ersten Jahres war die Euphorie bei fast allen einem Gefühl der Niedergeschlagenheit, Sorge oder Apathie gewichen. Im Laufe des zweiten Jahres besserte sich die Stimmung aber allmählich wieder. Selbstvertrauen und Selbstwertgefühl waren bei den geschiedenen Eltern gegen Ende des ersten Jahres tief gesunken, vor allem bei Müttern von kleinen Jungen. Bei den Müttern, die berufstätig waren – und damit in den Arbeitskollegen auch eine emotionale Bezugsgruppe hatten –, ließ sich kein so starker Einbruch des Selbstbewußtseins verzeichnen. Andererseits taten sie sich weitaus schwerer, Betreuungsmöglichkeiten für ihre Kinder zu finden. Wie es in der Untersuchung dazu heißt: «Es ist schwer, ein Kind zu ernähren, wenn man sich selbst ernähren muß.»

Als problematisch erwies sich oft auch der Verlust an Unterstützung und Autorität, die bis dahin der jetzt fehlende Vater eingebracht hatte. Jene Kinder, die nach der Scheidung noch regelmäßigen und häufigen Kontakt zum Vater hatten, neigten weniger zu weinerlichem und bockigem Verhalten.

Die geschiedenen Mütter zeigten sich den Kindern gegenüber überdurchschnittlich oft streng und kurz angebunden und erteilten ihnen Anweisungen, die die Kinder gewöhnlich ignorierten oder denen sie sogar zuwiderhandelten. Es war typisch und bezeichnend, daß diesen Frauen, die genug mit ihren eigenen Sorgen zu tun hatten, auch noch von ihren Kindern das Leben schwergemacht wurde, namentlich wenn es Buben waren. Die Kinder neigten zu Quengeligkeit, Weinerlichkeit und zu Forderungen nach Zuwendung, die Jungen darüber hinaus zu Aggressivität und Aufsässigkeit. Eine Mutter berichtete, das erste Jahr nach der

Scheidung mit den Kindern allein sei für sie so gewesen, «wie wenn man von einer Schar Enten zu Tode gebissen wird».

Je schlechter auch nach der Scheidung die Beziehung der geschiedenen Partner zueinander blieb, desto unleidlicher benahmen sich die Kinder und desto unglücklicher wirkten sie.[7]

Am Ende des ersten Monats nach der Scheidung legten sie ein vergleichsweise eingeschränktes Spielverhalten an den Tag. Spielen ist in einer solchen Situation ein besonders wirksames und wichtiges Mittel zum Abbau von Spannungen. Die Kinder der Geschiedenen spielten weniger phantasievoll und wiederholten öfter die gleichen Spiele als die Kinder aus den intakten Familien. Oft sahen sie auch nur anderen Kindern beim Spielen zu. Die Mädchen näherten sich in ihrem Spielverhalten bald wieder den Kindern der Vergleichsgruppe an, doch die Buben zeigten sogar noch nach zwei Jahren ein eigenbrötlerischeres, weniger kooperatives und weniger phantasievolles Spielverhalten als ihre Alters- und Geschlechtsgenossen aus den intakten Familien.[8] Dazu kam, daß die Jungen aus den geschiedenen Familien im allgemeinen in der Gruppe weniger beliebt waren, sich mehr mit kleineren Kindern und mit Mädchen abgaben und Schwierigkeiten hatten, in Spielgruppen aufgenommen zu werden.

Was die Eltern anging, so lautete eines der überraschenden Ergebnisse: *Nach Ablauf der ersten zwei Jahre nach der Scheidung glaubte eine Mehrheit der Ex-Ehepartner, daß die Trennung vielleicht ein Fehler gewesen sei und daß sie sich mehr Mühe hätten geben müssen, ihre Konflikte anders beizulegen.* (60 Prozent der Männer und 72 Prozent der Frauen vertraten diese selbstkritische Meinung.)

Eine kleinere Untersuchung, in die sechzehn Kinder im Kindergartenalter einbezogen wurden, führte der Psychiater John McDermott durch. Er beobachtete die Entwicklung dieser Kinder jeweils mehrere Monate lang von dem Augenblick ab, da deren Eltern bzw. ein Elternteil die Scheidung eingereicht hatten. Er unterteilte das Reaktionsverhalten der Kinder in drei Gruppen:

- *Im wesentlichen unverändert.* Traf nur auf drei der sechzehn Kinder zu. Ihre Beziehungen zu beiden Elternteilen blieben intakt. Offenbar hatten die Eltern in diesen Fällen ihr Kind gemeinsam auf die Trennung vorbereitet.
- *Stark verstört.* In diese Kategorie fielen nur zwei der Kinder.

McDermott nannte sie «verlorene, entwurzelte Kinder». Vermutlich kämpften sie schon mit Identitätsproblemen, als die Scheidung akut wurde. Sie wirkten verwirrt. Der Junge vergaß, wo sein Schließfach war. Das Mädchen kaute auf seinem Haar und auf seinem Stofftier herum, beschmutzte sein Höschen und bat die Lehrerin ein ums andere Mal, ihm die Schuhe zuzubinden.

– *Traurig und zornig.* Zu ihnen rechnete McDermott mehr als zwei Drittel aller in die Untersuchung einbezogenen Kinder. Sie zeigten im Kindergarten ein von Wut, Niedergeschlagenheit und Kummer geprägtes Verhalten. Typisch für sie waren emotionale Ausbrüche, bei denen sie lärmten, unruhig herumzappelten, kategorische Besitzansprüche auf irgendwelche Gegenstände anmeldeten oder ihre Kameraden schubsten, traten und hin und wieder auch bissen, all dies im Gegensatz zu ihrem Verhalten vor der Scheidung der Eltern. Ein von McDermott als typischer Vertreter dieser Gruppe bezeichneter vierjähriger Junge hatte vorher gerade zu den wohlerzogenen Kindern mit gutem Sozialverhalten gehört. Nach der Scheidung seiner Eltern begann er, die Klötzchentürme der anderen Kinder umzustoßen und ihre Spielsachen und ihr Eßgeschirr durch den Raum zu werfen. Dann wieder saß er stundenlang ununterbrochen stumm da und tat nichts anderes, als müde und traurig dreinzuschauen.[9]

McDermott schloß aus seinen Beobachtungen an dieser, allerdings ziemlich kleinen Gruppe von Kindern, daß Buben unter einer Scheidung stärker leiden als Mädchen.

Die Altersabhängigkeit der Reaktionen

Die Fachleute scheinen sich darin einig, daß Kinder eine Scheidung am besten verkraften, wenn sie entweder noch unter fünfzehn Monate oder aber schon über fünfzehn Jahre alt sind. In all den dazwischenliegenden Jahren ist die Wahrscheinlichkeit, daß sie seelische Schäden davontragen, groß, wenn es auch starke altersbedingte Unterschiede hinsichtlich Form und Intensität der traumatischen Wirkungen gibt. Die Art und Weise, wie Kinder die Auflösung ihrer Familie zu verarbeiten und zu verkraften versuchen, variiert offensichtlich von Altersgruppe zu Altersgruppe.

Säuglinge empfinden die Trennung der Eltern bzw. deren Begleitumstände nur indirekt. Der emotionale Aufruhr, den eine Scheidung meist auslöst, beeinträchtigt unter Umständen die Zuwendungsbereitschaft der Mutter, ihr Stillvermögen oder ihre Fähigkeit, dem Säugling ein Geborgenheitsgefühl zu vermitteln. Im Säuglings- und frühen Kleinkindalter, wo die intensive Gefühlsbindung eine so wichtige Rolle spielt, ist normalerweise die Mutter die Hauptbezugsperson. Das Verschwinden des Vaters wird daher bei einem Kind dieser Altersstufe meist kein anhaltendes Trauma hinterlassen. Wenn der Vater allerdings als annähernd gleichwertige Bezugsperson neben der Mutter in Erscheinung getreten ist, wird sein Fortgang das Kind schmerzen.

Unter den Beispielen, die sich in der einschlägigen Literatur finden, ist ein Bericht über einen eineinhalb Jahre alten Buben, der weinend jeden Winkel der Wohnung nach dem verschwundenen Vater absuchte. Das ging so monatelang, obwohl der Vater den Jungen einmal wöchentlich abholte und einen Tag mit ihm verbrachte. Der Vater war im ersten Lebensjahr des Buben dessen zentrale Betreuungs- und Bezugsperson gewesen!

Die unmittelbaren Auswirkungen einer Trennung auf Kinder unterschiedlicher Altersgruppen sind im Rahmen mehrerer systematischer Studien untersucht worden. Die umfangreichste Erhebung dieser Art entstand in einem überdurchschnittlich wohlhabenden Bezirk im nördlichen Einzugsbereich von San Francisco, wo die Scheidungsrate relativ hoch ist. Einbezogen waren insgesamt 131 Kinder aus 60 geschiedenen Ehen. Die von der Untersuchung erfaßten Familien entsprachen einem repräsentativen Querschnitt der Bevölkerung des betreffenden Bezirks. Das Alter der Kinder zum Zeitpunkt der Scheidung lag zwischen zweieinhalb und dreizehn Jahren. Für die Untersuchung verantwortlich zeichneten die Wissenschaftlerinnen Judith S. Wallerstein von der University of California in Berkeley und Joan B. Kelly.

Die Kinder und ihre Familien wurden zunächst unmittelbar nach der Scheidung befragt und beobachtet, dann ein Jahr später und noch einmal fünf Jahre später. Nachfolgend einige der, nach Altersgruppen unterteilten, Ergebnisse der Erhebung:

Reaktionen von Kindern im Vorschulalter. Diese Gruppe umfaßte Kinder zwischen zweieinhalb und sechs Jahren.[10]

Die Mehrheit der von Wallerstein und Kelly beobachteten Kinder im

Vorschulalter hatte sich, so schien es, nach Ablauf des ersten Jahres nach der Scheidung der Eltern gefangen und zu einem normalen Entwicklungsprozeß zurückgefunden. Dies mochte zumindest teilweise der Tatsache zu verdanken sein, daß den Familien in der kritischen Phase nach der Scheidung am kommunalen Therapiezentrum, mit dem Mrs. Wallerstein und Mrs. Kelly zusammenarbeiteten, kompetente psychologische Berater zur Verfügung standen. Nichtsdestoweniger wurde einer stattlichen Minderheit der Kinder, nämlich 44 Prozent, bei der zweiten Untersuchung ein Jahr nach der Scheidung eine «erheblich verschlechterte psychische Verfassung» bescheinigt. Keines dieser Kinder war vor der Scheidung der Eltern durch psychische Störungen irgendwelcher Art aufgefallen. Viele der Kinder hatten das Gefühl, sie trügen irgendwie eine Schuld oder Mitschuld an der Scheidung. Sie waren in dieser Beziehung einem «magischen Denken» verhaftet, um einen Ausdruck Piagets zu verwenden; das heißt, sie stellten einen prälogischen, magischen Erklärungszusammenhang her.

Anders als Hetherington und ihre Mitarbeiter in ihrer Studie über Kindergartenkinder, konstatierten Wallerstein und Kelly bei den Kindern dieser Altersgruppe, daß die Mädchen die sensibleren Reaktionen auf die Trennung der Eltern zeigten. Es ist dabei allerdings zu berücksichtigen, daß die von Hetherington und ihrem Team festgestellten schwerwiegenden Probleme der Buben geschiedener Mütter in ihren Beziehungen zu gleichaltrigen Kindern erst zwei Jahre nach der Scheidung in vollem Umfang sichtbar wurden. Den beiden Untersuchungen liegt ein unterschiedlicher zeitlicher Bezugsrahmen zugrunde.

Wallerstein und Kelly unterteilten ihre Vorschulalter-Gruppe noch einmal in drei Untergruppen.

Zweieinhalb bis dreieinviertel Jahre. Alle Kinder dieser Untergruppen zeigten nach der Scheidung ein akut regressives Reinlichkeitsverhalten. Sie verfügten kaum über Mechanismen zur Leidensbewältigung. Das dauerhafteste Symptom ihrer psychischen Kränkung war ein «unstillbarer Hunger» nach emotionalen Beziehungen, der sich in einem übereifrigen «Anbandeln» mit fremden Erwachsenen äußerte. Diese Kinder waren glücklich, wenn sie auf dem Schoß eines Fremden sitzen durften oder wenn irgend jemand ihre Hand hielt.

Ein Junge, der ein besonders inniges Verhältnis zu seinem Vater gehabt hatte, verbrachte täglich mehrere Stunden mit dem Abspielen von Schallplatten, auf denen die Stimme des Vaters zu hören war, und versuchte immer wieder, ihn mit Hilfe seines Spielzeugtelefons anzurufen. Die drei Kinder aus der jüngsten Untergruppe, die nach Ablauf des ersten Jahres in der relativ schlechtesten Verfassung waren, hatten eines gemeinsam: Ihre geschiedenen Eltern lagen sich zu diesem Zeitpunkt noch immer in den Haaren.

Dreieinviertel bis vierdreiviertel Jahre. Diese Untergruppe entsprach altersmäßig am ehesten Hetheringtons Kindergartenkindern. Die Reaktionen dieser Kinder sind von besonderem Interesse, weil es bei ihren Eltern offenbar keine über die Scheidung hinaus andauernden Fehden gab. Daher durfte man annehmen, daß alle bei ihnen zu beobachtenden Verhaltensänderungen Reaktionen auf die Tatsache der Trennung als solche waren. Die Kinder dieser Untergruppe wurden nach der Scheidung ihrer Eltern durchweg weinerlicher, reizbarer und aggressiver. Sie waren noch nicht in der Lage, das erlittene Trauma im Spiel zu verarbeiten; nur eines der Kinder spielte mit zwei Puppen «Vater und Mutter» und ließ beide zusammen in einem Bett schlafen.

Der bemerkenswerteste Befund war jedoch, daß die meisten Kinder dieser Untergruppe trotz des Fehlens nennenswerter offener Konflikte zwischen den Eltern am Ende des ersten Jahres psychisch schlimmer dran waren als die Kinder der beiden anderen Untergruppen dieser Altersklasse. Daraus könnte man schließen, daß Kinder im Alter von etwa vier Jahren am anfälligsten für anhaltende traumatische Nachwirkungen einer Scheidung sind.

Vierdreiviertel bis sechs Jahre. In dieser Altersgruppe finden wir zum ersten Mal Kinder, die einigermaßen zu begreifen schienen, was da mit ihrer Familie vorgegangen war. Sie waren imstande, ihrer Trauer und ihrer Sehnsucht nach dem Vater Ausdruck zu verleihen. Viele dieser Kinder hatten schon vor der Scheidung unter den zunehmenden Spannungen in der Ehe ihrer Eltern gelitten, so daß der schließliche Auszug des Vaters sie nicht so überraschte und schockierte wie die kleineren Kinder. Von dem Zeitpunkt an, da sie Gewißheit über die Trennung der Eltern hatten, war bei ihnen eine allgemeine Zunahme trotziger, aggressiver und ängstlicher Verhaltensweisen zu beobachten. Einige von ihnen gewannen jedoch im Laufe weniger Monate ihre Lebhaftigkeit und ihr Selbstvertrauen zurück und erlitten keinen längerfristigen Entwicklungsrückschlag. Bei etwa einem Drittel der Kinder war dagegen nach Ablauf des ersten Jahres eine Verschlechterung der psychischen Verfassung zu verzeichnen.

Reaktionen der Kinder im frühen Grundschulalter. Diese Gruppe umfaßte 26 Kinder im Alter zwischen fünfeinhalb und sieben Jahren. Wallerstein und Kelly definierten die Entwicklungsphase, in der diese Kinder sich befanden, als «frühe Latenzzeit».[11] Mit Latenzzeit bezeichnet man in der psychologischen Entwicklungslehre die nach-ödipale Phase, in der die Sexualität des Kindes «schläft».

Bei diesen Kindern waren keine Schuldgefühle mehr wegen einer vermuteten Mitverantwortung für das Scheitern der elterlichen Ehe vorhanden – wahrscheinlich dank einer entwickelteren rationalen Denkfähigkeit –, das objektiv-logische Denken hatte bei ihnen über das ichbezogen-magische Denken gesiegt. Sie hingen nach Ablauf eines Jahres nicht mehr unrealistischen Wunschphantasien hinsichtlich einer Rückkehr des fortgezogenen Vaters nach, wenngleich die meisten von ihnen – namentlich die Buben – dem Vater noch nachtrauerten und große Stücke auf ihn hielten.

Die auffälligste Reaktion der Kinder dieser Altersgruppe war, nach dem ersten Schock, eine tiefe Traurigkeit. Ein Siebenjähriger beschrieb seine Stimmung nach der Trennung der Eltern als «sehr, sehr traurig». Er erklärte, er müsse dauernd an sich halten, um nicht die ganze Zeit zu heulen.

Ein anderer Junge bestritt zunächst, daß die Scheidung seiner Eltern ihm ernsthaft zu schaffen mache. Er sagte, er sei froh, daß die Entscheidung gefallen und besiegelt sei. Mehrere Monate später jedoch bat er um ein Gespräch: Er wollte über die «schrecklich schlimmen Probleme, die ich bei Nacht habe», mit jemandem reden.

In dieser Altersgruppe tauchte auch zum ersten Mal ein Problem ganz anderer Art auf: Viele der Kinder fürchteten, sie könnten in Konflikt mit der Mutter geraten. Sie waren jetzt alt genug, um von einem Elternteil oder von beiden als Verbündete in dem häufig noch andauernden Streit mit dem Ex-Ehepartner betrachtet zu werden. Wallerstein und Kelly stellten fest, daß es bei den Eltern der Kinder dieser Altersgruppe weit über den Zeitpunkt der Scheidung hinaus ein beträchtliches Maß an gegenseitiger Bitterkeit und Vorwürfen gab. Die Kinder wurden in diese Auseinandersetzungen hineingezogen, und in vielen Fällen entstand hieraus ein gewisser Gegensatz zur Mutter, deren Erbitterung gegenüber dem ausgezogenen Vater die Kinder nicht nachvollziehen konnten.

Manche der Kinder fingen an, viel zu essen und dick zu werden. Etwa bei der Hälfte der Kinder war früher oder später ein merklicher schulischer Leistungsabfall zu verzeichnen. Und bei etwa einem Viertel der Kinder dieser Altersgruppe konstatierten die Wissenschaftler am Ende des ersten Jahres nach der Scheidung eine beträchtliche Verschlechterung der allgemeinen psychischen Verfassung.

Reaktionen von Kindern im späten Grundschulalter. Diese Altersgruppe umfaßte 31 neun- und zehnjährige Kinder. Wallerstein und Kelly ordneten diese Altersgruppe im entwicklungspsychologischen Kalender der Phase der «späten Latenzzeit» zu.

Auf den ersten Blick machten diese Kinder den Eindruck, mit der Trennung der Eltern ganz gut zurechtzukommen. Viele wirkten bei ihrem ersten Gespräch mit den Wissenschaftlern «aufgeweckt, gelassen und tapfer».[12] Die Nüchternheit, Klarheit und gelegentliche Kühnheit ihres Auftretens verblüffte die Forscher zunächst. Von der Verstörtheit und Gehemmtheit, die viele aus der frühen Latenzzeit-Gruppe an den Tag gelegt hatten, war bei ihnen wenig zu spüren. Einige schienen geradezu begierig darauf, ihre Situation zu schildern. Ein Mädchen erklärte, wenn es nicht bald mit jemandem über alles reden könnte, würde es platzen.

Anstatt sie zu verunsichern, weckte die Scheidung der Eltern bei diesen Kindern offenbar ganz im Gegenteil schlummernde Energien. Ein Mädchen zettelte eine regelrechte Kampagne zur «Wiedervereinigung» ihrer Eltern an, indem sie ihre Mutter mit lautstarken Schimpftiraden und Vorwürfen eindeckte und es ihr oft unmöglich machte, Verabredungen mit Bekannten und Freunden wahrzunehmen. Es wäre ihr beinahe gelungen, ihre Mutter zu bewegen, den von ihr bereits eingereichten Scheidungsantrag zurückzuziehen.

Die auffälligste und häufigste konkrete Reaktion dieser Kinder war intensive Wut – oft nahe dem Jähzorn –, die sich manchmal gegen einen Elternteil, manchmal gegen beide richtete.

Die Kinder hielten beharrlich an der Überzeugung fest, ihre Eltern hätten eine Dummheit gemacht, als sie sich scheiden ließen. Zwei Geschwister aus dieser Gruppe leisteten heftigen Widerstand gegen den Entschluß ihrer Mutter, sich scheiden zu lassen, obwohl sie sogar mit angesehen hatten, wie der Vater die Mutter mißhandelte, indem er ihr Haarnadeln in die Nase steckte.

Ein anderes, bei dieser Altersgruppe erstmals anzutreffendes Phänomen war, daß diese mittlerweile zu voller logischer Denkfähigkeit gelangten Kinder im Kleinkrieg zwischen Vater und Mutter bewußt Partei zu ergreifen begannen.

Auch in dieser Altersgruppe war bei der Hälfte der Kinder irgendwann während der Monate nach der Scheidung ein merklicher Leistungsabfall in der Schule festzustellen, aber die meisten hatten sich nach Ablauf des ersten Jahres wieder gefangen.

Während diese Kinder die Scheidung ihrer Eltern anfänglich gelassen hingenommen hatten, hatten sie am Ende des ersten Jahres größere Probleme als die Kinder der frühen Latenzperiode-Gruppe. Die Hälfte von ihnen zeigte bei dem zu diesem Zeitpunkt geführten Gespräch mehr Anzeichen von Verstörtheit als beim ersten Gespräch ein Jahr zuvor.

Reaktionen von Kindern im Pubertätsalter. Von den insgesamt 131 in die Studie von Wallerstein und Kelly einbezogenen Kindern gehörten nur 21 zu dieser Altersgruppe. Gleichwohl sind die Eindrücke, die die Forscher gewannen, interessant. Sie waren überrascht, wie viele dieser Jugendlichen auf die Nachricht von der bevorstehenden Trennung ihrer Eltern hin spontane Leidenssymptome bildeten. Die meisten fingen sich jedoch relativ rasch wieder, und einige zeigten nach Ablauf eines Jahres sogar Anzeichen eines bemerkenswerten Reifungsprozesses.[13]

Die Jugendlichen dieser Gruppe reagierten wütend, enttäuscht und in vielen Fällen auch beschämt ob der Tatsache, daß ihre Eltern auseinandergegangen waren. Manche sagten es nicht einmal ihren engsten Freunden – vielleicht weil sie es vermeiden wollten, den Freunden Gründe für die Trennung nennen zu müssen.

Ihre Betroffenheit hatte teilweise praktische Motive: Die Scheidung der Eltern warf die große Frage auf, wer das Studium, das sie möglicherweise planten, finanzieren würde. Eine weitere Quelle des Unbehagens war das plötzliche Aufmerksamwerden auf die Sexualität der Eltern – zu einer Zeit, da Sexualität in ihrem eigenen Leben eine mehr oder weniger beunruhigende, wichtige Rolle zu spielen begann. Das nächtliche Fortbleiben des Vaters oder die über Nacht bleibenden männlichen Besucher der Mutter verunsicherten sie. Mehrere Mädchen und Jungen aus dieser Gruppe reagierten darauf ihrerseits mit einem erhöhten Maß an sexueller Aktivität bei wechselnden Partnern. Die Reaktion einiger anderer war, daß sie sich spontan vornahmen, niemals zu heiraten.

Wie die Sechs- bis Zehnjährigen wurden auch die Pubertierenden von den Eltern in Loyalitätskonflikte gestürzt. Sie wurden damit jedoch besser fertig als jene. Sie bewältigten dieses Problem hauptsächlich dadurch, daß sie sich zurückzogen und eine Distanz zwischen sich und ihren sich befehdenden Eltern herstellten.

Am Ende des ersten Jahrs nach der Scheidung ging es denen aus dieser Altersgruppe, die vor der Scheidung psychisch einigermaßen stabil gewesen waren, ganz überwiegend wieder gut. Jene, die sich am augenfälligsten in die innere Emigration zurückgezogen hatten, waren nun zu einer realistischen Beurteilung der Situation gelangt und zeigten sogar Mitgefühl und Verständnis für ihre Eltern. Ein Mädchen zum Beispiel, das sich vorübergehend völlig unnahbar und egozentrisch gegeben hatte, übernahm nun bereitwillig einen großen Teil der Betreuung seiner kleineren Geschwister und schien ehrlich um das Wohlergehen der Mutter besorgt.

Die Intensität des anfänglichen Schmerzes und der defensive Akt des Sich-Zurückziehens sind Reaktionen, die seither auch von anderen Forschern konstatiert wurden, die sich mit den psychologischen Auswirkungen einer Scheidung auf Jugendliche beschäftigt haben. Zum Beispiel:

– Der Kinderarzt Murray Kappelman von der Johns Hopkins University schreibt: «Viele Eltern warten mit der Scheidung, bis ihre Kinder in der Pubertät sind; sie glauben, das sei die günstigste Zeit, da die Kinder nun annähernd erwachsen sind. Das ist... falsch, denn Teenager reagieren extrem sensibel auf eine Scheidung. Ein Jugendlicher, der ohnehin gerade mit sich und der Umwelt kämpft, tut sich sehr schwer, den Zerfall der Familie zu bewältigen.» (Wallerstein und Kelly würden dem wahrscheinlich zustimmen, aber zu bedenken geben, daß Jugendliche eher in der Lage scheinen, sich relativ rasch wieder zu fangen.)

– Bonnie Robson, eine Kinderpsychiaterin aus Toronto, die Gespräche mit 28 Jugendlichen im Pubertätsalter führte, meint, im allgemeinen mache diese Gruppe die ganze Gefühlsskala von Schock, Wut und allmählicher Abkühlung durch, ehe sie sich schließlich mit der durch die Scheidung geschaffenen Situation abfinde. Ihre Hauptsorge sei festzustellen, «wo sie stehen».

– Lora Tessman kam in ihrer Studie über Reaktionen von Teenagern auf die Trennung ihrer Eltern zu dem Resultat, daß manche heftig Partei ergriffen und ihre Mißbilligung des geplanten Schrittes zum Ausdruck brächten. Diese Jugendlichen verfielen, wenn ihr Widerstand nichts fruchtete, in Depressionen und zogen sich in sich selbst zurück. «Viele Jugendliche wandten sich in der Phase unmittelbar nach der Scheidung gegen den zuvor besonders geliebten Elternteil. Ihr eigenes Bedürfnis, sich bis zu einem gewissen Grad von ihren bisherigen Empfindungen für diese Bezugsperson loszusagen, verstärkte in dieser Phase ihres Lebens die Sprunghaftigkeit ihrer Reaktionen.»[14]

In den siebziger Jahren, als die Scheidungsrate hochschnellte, bestand eine Zeitlang die Neigung, die Dinge optimistisch zu betrachten und vor allem die Widerstands- und Anpassungsfähigkeit von Kindern hervorzuheben. Sich scheiden zu lassen wurde zum festen Bestandteil des neuen Lebensstils. Der Kinderpsychologe Michael Lamb von der University of Wisconsin erklärte damals: «Eine Scheidung muß nicht zwangsläufig negative Folgen für die Kinder haben.» Eine im Auftrag der Foundation for Child Development durchgeführte umfangreiche Erhebung unter 2300 Kindern zwischen sieben und elf Jahren kam zu dem Ergebnis, viele Kinder überstünden die Scheidung, «ohne durch sie psychisch angeschlagen oder aus der Bahn geworfen zu werden und offenbar auch ohne Verhaltensstörungen zu entwickeln, jedenfalls nicht im Alter zwischen sieben und elf». Wobei festzustellen ist, daß diese Erkenntnisse nicht aus intensiven Gesprächen resultierten, sondern aus einer Meinungsumfrage.

In jüngerer Zeit ist eine Reihe von Experten zu einer weniger rosigen Sicht der Dinge gelangt. Im Mittelpunkt ihrer Bedenken steht nicht so sehr die Möglichkeit, daß Kinder im Zuge einer Scheidung ihrer Eltern Entwicklungsrückschläge erleiden und langfristige psychische Störungen entwickeln – bei manchen ist dies der Fall, bei vielen anderen nicht –, ihre Sorge gilt vielmehr der emotionalen Einstellung, die womöglich das ganze weitere Leben dieser Kinder bestimmt.

Die Herausgeberin einer Fachzeitschrift interviewte anläßlich einer der letzten Tagungen des amerikanischen Verbandes der Ehe- und Familientherapeuten eine große Zahl in der Praxis tätiger Fachleute. Hinter manchen Aussagen verbarg sich vielleicht ein unbewußtes Berufsinteresse daran, die in eine Scheidung verwickelten Menschen als potentielle Klienten zu sehen. Auf jeden Fall äußerten sich viele der Therapeuten «verstärkt pessimistisch über die Zukunft von Scheidungskindern». «Sie sehen in der Zukunft massive Probleme auf die Gesellschaft zukommen, wenn nicht etwas getan wird, um den Traumata, Depressionen usw., denen diese Kinder jetzt ausgesetzt sind, entgegenzuwirken.» Das soll nun allerdings nicht heißen, daß diese Kinder ihr ganzes oder halbes Leben über traumatisiert bleiben. Aber, wie die Herausgeberin einen der von ihr befragten Psychologen zitiert:

> Es kann nicht ausbleiben, daß sich aus diesen Erfahrungen bestimmte Denk- und Verhaltensmuster entwickeln, Muster, deren Herausbildung viele von uns schon jetzt beobachten. Eines dieser Denkmuster ist die Abneigung des Scheidungskindes, eine wirklich verbindliche Beziehung einzugehen. Sich in eine verpflichtende Abhängigkeit wie etwa eine Ehe zu begeben, ist in den Augen dieser Gruppe der Anfang vom Ende jeder Beziehung. Oder man betrachtet die Ehe als bloßes Schönwetterverhältnis – in dem Moment, wo Probleme auftauchen, folgt man dem Beispiel der Eltern: Man läßt sich scheiden. In jeder Ehe gibt es mal Probleme, aber zuviele aus dieser Gruppe weigern sich, ihre Beziehung so ernst zu nehmen, daß sie diese Probleme gemeinsam zu lösen versuchen.

Wird die Scheidungswelle unserer Tage also zur Quelle einer weit größeren Flut an Scheidungen und Single-Existenzen von morgen? Gewiß nicht zwangsläufig, aber tendenziell, wie auch der New Yorker Kinderpsychiater Richard A. Gardner, der in vielen Scheidungsprozessen, bei denen Kinder im Spiel waren, als Gutachter tätig war, befürchtet:

> Da Scheidungskinder diesen zusätzlichen Traumata und Belastungen ausgesetzt sind, überrascht es nicht, daß es ihnen nicht so gut ergeht wie denen, die in einer intakten, relativ stabilen und glücklichen Familie aufwachsen. Scheidungskinder setzen in der Regel weniger Vertrauen in menschliche Beziehungen und betrachten diese eher als unstabil und unstet. Wenn sie älter sind, werden sie vielleicht den Gedanken an eine Ehe ganz und gar in den Wind schlagen, um sich davor zu bewahren, eine Bindung einzugehen, die in ihren Augen sowieso zum Scheitern verurteilt ist. Falls sie doch heiraten, kann es sein, daß sie sich von Anfang an in der Beziehung zum Ehepartner unsicher fühlen – daß sie von vornherein damit rechnen, zurückgewiesen und im Stich gelassen zu werden.[15]

Wir sollten in der Senkung unserer exorbitant hohen Scheidungsrate bei Ehen mit Kindern eine nationale Aufgabe ersten Ranges sehen. Zunächst aber müssen wir daran arbeiten, die kurz- und langfristigen Folgen für die bereits von einer Scheidung betroffenen Kinder dadurch so weit wie möglich zu mildern, daß wir den Eltern helfen, bessere Eltern zu sein, und ihnen flächendeckendere und jederzeit ansprechbare Beratungsdienste zur Verfügung stellen.

Wie groß die Chance ist, daß ein Kind mit einigermaßen «heiler Seelen-Haut» eine Scheidung übersteht, hängt in hohem Maße ab von den Sorgerechts- und Besuchsvereinbarungen, die die Eltern miteinander treffen, und von den Beziehungen des Kindes zu *beiden* geschiedenen Elternteilen. Werfen wir darum nun einen Blick auf die besseren und schlechteren Möglichkeiten, das Sorgerechts- und Besuchsproblem im Falle einer Scheidung zu lösen.

Jahr für Jahr geraten Zehntausende von Kindern in die Situation, in banger Erwartung zusehen zu müssen, wie ihre zerstrittenen Eltern oder deren Anwälte darum feilschen, wer das Sorgerecht bekommt und ob und wie oft die Kinder den nicht sorgeberechtigten Elternteil werden besuchen dürfen.

Man glaubte vor einem Jahrzehnt allgemein, die Ersetzung des Schuldprinzips durch das wertfreiere Zerrüttungsprinzip werde den Scheidungsverfahren einiges von ihrer bis dato häufigen Verbissenheit nehmen. Und tatsächlich ist das Schmutzige-Wäsche-Waschen vor Gericht wesentlich seltener geworden – wenigstens bei kinderlosen Paaren. Wenn jedoch Kinder im Spiel sind, kann es nach wie vor zu einem langen und erbitterten Hickhack kommen. Mit gegenseitigen Vorwürfen hinsichtlich ehelicher Verfehlungen, pädagogischer Unfähigkeit, mangelnder moralischer oder psychischer Festigkeit versucht man, vor Gericht Punkte zu machen, wenn es um die Vergabe des Sorgerechts, um Unterhaltszahlungen und Besuchsregelungen geht.

Die Zahl der gerichtlichen Auseinandersetzungen über Sorgerechtsfragen ist stark gestiegen – nicht nur wegen der vermehrten Zahl der Scheidungen an sich, sondern auch weil einige althergebrachte, lange Zeit für selbstverständlich gehaltene Ansichten zu diesem Thema über den Haufen geworfen worden sind.

Fast die Hälfte aller Scheidungen, von denen Kinder mit betroffen sind, enden auf die eine oder andere Weise als Streitfälle vor Gericht, und rund ein Drittel erfordert mehrere Termine.[1] Vielerorts sind die Gerichte so mit Sorgerechtsverfahren eingedeckt, daß bis zum Prozeßbeginn zwei Jahre vergehen können – eine Zeit, in der die betroffenen Kinder in einer Art Schwebezustand leben.

Der Elternteil, der vor Gericht unterliegt, hat die Möglichkeit, die

Entscheidung unter Berufung auf mittlerweile veränderte Umstände anzufechten, notfalls mehrmals und durch mehrere Instanzen. In San Francisco gab es einen Sorgerechtsfall, der innerhalb von vier Jahren über zwanzig Mal die Gerichte beschäftigte.

Väter können heute mit größerer Aussicht auf Erfolg das Sorgerecht fordern, weil sie sich möglicherweise im Zeichen der Gleichberechtigung der Geschlechter mit ihrer berufstätigen Frau in die Aufgaben der Kinderbetreuung geteilt hatten. Dabei haben sie vielleicht eine enge Gefühlsbeziehung zu ihrem Kind bzw. ihren Kindern aufgebaut. Im Vorfeld einer Scheidung scheuen sich manche Eltern nicht, in Konkurrenz zueinander um die Zuneigung und Loyalität ihrer Kinder zu werben.

Einige Väter haben vielleicht auch weniger edle Motive als innige Kindesliebe für die Anstrengung eines Sorgerechtsverfahrens. Möglicherweise wollen sie in erster Linie ihrer Ex-Frau eins auswischen, oder es geht ihnen in Wirklichkeit eher um die Wohnung oder das Haus als um die Kinder. Oder sie bluffen und wollen, indem sie Anspruch auf das Sorgerecht anmelden, lediglich erreichen, daß die Frau sich letzten Endes mit geringeren Unterhaltszahlungen zufriedengibt. Eine juristische Zeitschrift zitierte einen, aus dem Mund von Anwälten offenbar häufiger zu hörenden, zynischen Ausspruch: «Es ist erstaunlich, wie leicht sich Sorgerechtsansprüche durch ein gewisses Entgegenkommen in Mark und Pfennig aus der Welt schaffen lassen.»[2]

Eine relativ neue «Errungenschaft» ist das Tauziehen der Ex-Ehegatten darum, wer von ihnen gegenüber dem Finanzamt die für Kinder gewährten Steuerabzüge geltend machen darf. Diese Abzüge summieren sich unter Umständen zu ansehnlichen Beträgen, vor allem wenn für ein Kind Sonderausgaben fällig werden, wie beispielsweise die Finanzierung einer von der Krankenversicherung nicht gedeckten psychotherapeutischen Behandlung (die vielleicht als Folge des Scheidungsstresses notwendig wird) oder für eine aufwendige Zahnbehandlung.[3]

Im Regelfall kann der Elternteil, der das Sorgerecht zugesprochen bekommt, die Steuervergünstigungen in Anspruch nehmen; es gibt aber eine Reihe Ausnahmen von dieser Regel, vor allem wenn der nicht sorgeberechtigte Elternteil beträchtliche Unterhaltszahlungen leistet.

Ein Antrag auf Sorgerecht kann auch dem Verlangen entspringen, sich für die Untreue des Partners zu rächen. Eine Eheberaterin aus Los Angeles sagte mir, es sei in manchen Fällen sehr schwer herauszufinden, worum es den geschiedenen Ex-Partnern bei ihren Auseinandersetzungen eigentlich wirklich geht. Jemand, der sich von seinem Partner schnöde im Stich gelassen fühlt – etwa eine Ehefrau und Mutter, die von ihrem Mann wegen einer jüngeren Frau verlassen worden ist –, hat möglicherweise aus dem Gefühl der Einsamkeit heraus ein dringendes emotionales Bedürfnis, das Kind oder die Kinder bei sich zu behalten. Manchmal klammern sich auch beide Elternteile an die Kinder, um dabei in erster Linie ihre eigene Sehnsucht nach menschlicher Wärme und Geborgenheit zu befriedigen – freilich oft, ohne sich ihrer Motive bewußt zu sein.

Kinder werden vor Gericht als Spieleinsätze mißbraucht und im Eifer des Gefechts, wie die New Yorker Anwältin und Expertin für Familienrecht, Marion Robinson, zu berichten weiß, «bewußt oder unbewußt zum Pfand gemacht», auch von Eltern, die ihr Kind durchaus lieben.

Namhafte Experten für Familienrecht haben die «Fließband-Gerichtsbarkeit» in Sachen Sorgerecht und Besuchsregelungen beklagt. Die Wirklichkeit sieht jedoch so aus, daß Scheidungsanwälte nicht selten ihre Klienten noch anspornen, sich unversöhnlich zu geben. Je länger der Rechtsstreit sich hinzieht, desto üppiger das Honorar für die Anwälte – die dann auch oft die einzigen Gewinner eines solchen Streits sind. Bei einem typischen Sorgerechtsverfahren liegen die Anwaltskosten, zumindest in der Großstadt, zwischen 15 000 und 35 000 Mark.

Ich habe einige Verhandlungen vor dem Familiengericht verfolgt und dabei in New York einen Fall erlebt, den ich als «gutes» Beispiel dafür schildern möchte, in was für eine traumatische Situation ein Kind gebracht und welchen Peinlichkeiten Eltern ausgesetzt werden können, wenn ein unter Zeitdruck stehender Richter ein Sorgerechtsverfahren nach dem anderen durchzuziehen versucht.

Im Gerichtssaal drängten sich Ex- und Noch-Ehepaare, Stiefväter und -mütter und dazwischen ein dreizehnjähriges Mädchen. Mehrere Anwälte liefen, ungeduldig auf die Uhr blickend und auf ihren Einsatz wartend, hin und her.

Der Richter war ein Mann in mittleren Jahren, mit sanfter Stimme und schütterem Haar. Im Laufe des Vormittags, während er einen Fall nach dem anderen aufrief, wurde deutlich, daß er alles daransetzte, im wahrsten Sinne des Wortes kurzen Prozeß zu machen. Wenn irgend etwas nicht wie am Schnürchen lief, schnauzte er sofort die Gerichtsdiener an. Wenn er seine Beschlüsse verkündete, sprach er langsam, aber beim Zeugenverhör ratterte er die Standardfragen so schnell herunter, daß den Befragten Hören und Sehen verging.

Schließlich wurde die «Sorgerechtssache Walker» aufgerufen. Mr. Walker und seine neue Gattin erhoben Anspruch auf das Sorgerecht für die dreizehnjährige Tochter aus Mr. Walkers erster Ehe. Das Mädchen hatte bis dahin bei seiner Mutter und deren neuem Ehemann gelebt. Mr. Walker, ein kleiner Geschäftsmann, machte seine Aussage. Ihm zur Seite stand eine mollige, müde wirkende Anwältin, die ich Mrs. Leopold nennen will.

Der Richter mußte zunächst sein Gedächtnis auffrischen. Er wandte sich an Mr. Walker:

«Sie streben also das Sorgerecht für eine dreizehnjährige Tochter an?»

«Ja, sie sitzt gleich dort.» Er wies auf ein pausbäckiges, nett angezogenes Mädchen mit Brille, das im Zuschauerraum saß.

Der Richter musterte das Mädchen; dann wandte er sich an die Anwältin und befahl ihr mit Stentorstimme, das Kind sofort aus dem Gerichtssaal zu bringen. Die Anwältin wollte ihm etwas erklären, aber er ließ sie nicht zu Wort kommen.

An die Anwesenden – «das Volk» – gewandt, verkündete er streng: «Ich will in diesem Gerichtssaal keine Kinder haben. Ich werde sehr ungemütlich mit jedem Anwalt oder Prozeßbeteiligten umspringen, der mir ein Kind in den Gerichtssaal bringt.»

Das Mädchen wurde von seinem Vater hinausgeführt, der sofort wieder hereinkam, weil er ja ebensowenig wie alle anderen wußte, wie es weitergehen würde. Der Richter erklärte, offenbar um die Anwältin zu bestrafen, er werde erst etwas später wieder auf den Fall zurückkommen. Dann hakte er mit seinen Beisitzern und Gerichtsdienern ein paar Routinefälle ab.

Ich ging auf den Gang hinaus. Das Mädchen saß allein auf einem Stuhl neben der Tür. Es machte einen verstörten Eindruck, weinte aber nicht. Ich versuchte, es ein wenig aufzumuntern, und meinte, ein Gerichtssaal sei wirklich kein angenehmer Ort – für Kinder schon gar nicht. Die Kleine sah mich an und sagte leise, sie wolle gern zu ihrem Papi.

Ich kehrte in den Saal zurück und sprach die äußerst unwirsch dreinblickende Mrs. Leopold an. Der Richter habe, so flüsterte sie mir zu, ausdrücklich angeordnet, daß das Kind mitzubringen sei, um für Fragen zur Verfügung zu stehen. Er hatte seine eigene Anordnung einfach vergessen. Ich fragte, ob es wirklich verboten sei, Kinder in den Gerichtssaal mitzubringen. «Ach was, er will einfach keine kleinen Kinder hier haben, weil sie manchmal losheulen und stören», meinte sie.

Nach etwa einer Viertelstunde kam der Richter wieder auf den Fall Walker zurück und rief die beiden Anwälte zu einer Unterredung zu sich. Danach verkündete er, er habe beschlossen, daß die Aussage des Kindes relevant sei, und werde es im Richterzimmer befragen. Mrs. Leopold ging das Mädchen holen. Der Anwalt der Gegenpartei, ein stupsnasiger junger Mann, begleitete den Richter ins Richterzimmer.

Nach etwa zwölf Minuten kehrte der Richter zurück und begann erneut, andere Fälle aufzurufen; die beiden Anwälte baten unterdessen ihre Mandanten auf den Gang hinaus. Ein paar Minuten später ging ich nach ihnen sehen. Die beiden Parteien saßen, jede mit ihrem Anwalt, ungefähr fünfzehn Meter voneinander entfernt und beratschlagten. Das Mädchen saß zufrieden zwischen Vater und Stiefmutter. Wie ich mitbekam, hatte der Richter zugunsten von Mr. Walker entschieden; bevor er seinen Beschluß verkündete, sollten die Anwälte jedoch genaue Besuchsregelungen für die Mutter aushandeln.

Dies ging so vor sich, daß beide Anwälte einige Minuten lang mit ihrer jeweiligen Partei tuschelten und sich dann in der Mitte zwischen den beiden Grüppchen trafen, um, ebenfalls im Flüsterton, die Ergebnisse auszutauschen, wonach beide wieder zu ihren Klienten zurückkehrten. So lief das ungefähr zwanzig Minuten lang. Die geschiedene Mrs. Walker, die Mutter des Mädchens, eine korpulente Frau in wallender Pumphose, bestand offenbar hartnäckig auf einer bestimmten Forderung.

Endlich kehrten sie alle in den Saal zurück, abgesehen von dem Mädchen, das wieder vor der Tür warten mußte. Die Anwälte signalisierten dem Protokollführer: alles in Butter. Nachdem der Richter den gerade zur Verhandlung anstehenden Fall abgeschlossen hatte, rief er die beiden Anwälte zu einer Flüsterkonferenz zu sich; dann forderte er die Parteien auf, zu ihm zu kommen. Der Vater und die Stiefmutter des Kindes, Mr. Walker und seine jetzige Frau, traten an den Richtertisch. Mrs. Leopold, die Anwältin, stand neben ihnen. Der Richter nahm ihnen den Eid ab. In diesem Moment stießen etwas verspätet die Mutter des Kindes und ihr Anwalt zu der Gruppe. Der Richter blickte sie verwirrt an und fragte: «Wer sind Sie denn?»

«Ich bin die Mutter des Mädchens.»

Der Richter heftete den Blick auf die andere Frau und sagte: «Und wer sind Sie?»

«Ich bin die Stiefmutter.»

Der Richter griff sich mit der Hand an die Stirn, schüttelte ein paarmal den Kopf, schickte die Stiefmutter auf ihren Platz zurück und wandte sich tadelnd an Mrs. Leopold: Die Stiefmutter sei keine Prozeßbeteiligte, was sie sich dabei nur gedacht hätte.

Der Richter verlas für das Protokoll seinen Schiedsspruch und dazu die von den Anwälten vereinbarten Regelungen, wobei er an letzteren durchweg Detailkorrekturen vornahm. Das Sorgerecht für die Tochter erhielt der Vater, doch hatte die Mutter Anspruch darauf, an jedem Wochenende 24 Stunden lang mit ihrer Tochter zusammen zu sein, wann immer sie dies wünschte, ohne – so seine höchstrichterliche Abänderung – daß der Vater um seine Einwilligung gefragt werden müßte. Der wurde vielmehr darauf hingewiesen, daß er den Staat, in dem sein Wohnsitz lag (New Jersey), auf keinen Fall und aus keinem Anlaß mit der Tochter verlassen dürfe, ohne seine Ex-Frau mindestens dreißig Tage vorher schriftlich davon in Kenntnis zu setzen.

Die Rolle des Kindes vor Gericht

Es besteht allgemein Einigkeit darüber, daß der Hauptbetroffene bei einem gerichtlichen Sorgerechtsverfahren das Kind ist, das durch die Entscheidung des Gerichts möglicherweise von einer wichtigen Bezugsperson getrennt wird. Die widerstreitenden Wünsche der Eltern, die vielleicht beide das Kind nicht hergeben wollen, gelten als zweitrangig. Und doch ist das Kind gewöhnlich nur Zaungast.

Wer nimmt eigentlich die Interessen des Kindes vor Gericht wahr?

Die Gerichte gehen üblicherweise davon aus, daß Kinder noch nicht in der Lage sind, selbst zu beurteilen, was gut ist für sie.[4] Obgleich ein älteres Kind sehr wohl sagen kann, was es will und was nicht, haben die Gerichte traditionell so getan, als seien die entsprechenden Äußerungen eines Vierzehnjährigen ebenso bedeutungslos wie die eines Vierjährigen.

Tatsächlich sind kleinere Kinder oft noch nicht in der Lage, die Situation klar zu überschauen. Bei einem Prozeß, in dem der Vater versuchte, seiner Ex-Ehefrau das Sorgerecht für den gemeinsamen sechsjährigen Sohn streitig zu machen, fragte der Richter den Jungen, wie er denn darüber denke, und der Kleine antwortete, er würde gern bei seinem Vater leben. Doch der Richter wollte es genauer wissen: «Ja, und was ist mit deiner Mutter?» Darauf der Junge: «Die hab ich ja schon.» Er wollte die Mutter behalten und den Vater noch dazubekommen.

Manche Richter nehmen nach wie vor wenig Rücksicht auf die Wünsche und Vorlieben, die ein Kind hinsichtlich des Sorgerechts äußert. In rund der Hälfte der Staaten der USA sind die Richter mittlerweile jedoch per Gesetz verpflichtet, den Wünschen eines Kindes, das im Mittelpunkt eines Sorgerechtsstreits steht, «geziemendes Gewicht» beizumessen oder sie in irgendeiner Form in «Betracht zu ziehen».[5]

Andererseits sind Kinderpsychologen und andere Fachleute entschieden der Auffassung, daß es falsch wäre, ein kleineres Kind in einem Sorgerechtsverfahren vor die Entscheidung zu stellen, bei welchem Elternteil es leben möchte. Im Zuge einer dreijährigen Studie zum Thema Kinder und Sorgerecht an der Harvard University wurde deutlich, daß es für Kinder eine alptraumhafte Vorstellung ist, von einem Richter aufgefordert zu werden, sich zwischen Vater und Mutter zu entscheiden.

In den letzten Jahren sind die Gerichte zunehmend davon abgekommen, Kinder in öffentlicher Verhandlung zu befragen. Wenn ein Richter die Meinung eines Kindes hören will, tut er dies heute im allgemeinen in der weniger einschüchternden Atmosphäre des Richterzimmers. Ein New Yorker Berufungsgericht befürwortete diese Praxis mit der Begründung: «Das Wohlergehen des Kindes steht an erster Stelle.» Doch wurde die Rechtmäßigkeit dieser Entscheidung angefochten mit dem Argument, die Regeln einer rechtsstaatlichen Prozeßführung erforderten es, daß Aussagen in der Öffentlichkeit des Gerichtssaals gemacht würden und die Möglichkeit bestehe, den Aussagenden einem Kreuzverhör zu unterwerfen.

In den meisten US-Bundesstaaten haben die Gerichte jedoch mittlerweile die Auffassung akzeptiert, daß Sorgerechtsfälle etwas Besonderes sind und daß der Richter recht daran tut, sich bestimmte Auskünfte unter Ausschluß der Öffentlichkeit, im Richterzimmer, geben zu lassen. Allerdings muß er dabei gewisse Regularien beachten, die von Staat zu Staat verschieden sind. So kann es beispielsweise sein, daß er die Zustimmung beider Eltern einholen muß, bevor er mit einem Kind unter vier Augen spricht. Oder die Anwälte beider Elternteile müssen bei dem Gespräch zugegen sein, oder das Gespräch zwischen Richter und Kind muß auf Tonband aufgenommen werden, so daß die Eltern später die Möglichkeit haben, ein Protokoll davon einzusehen.

Jede Regelung, die eine bessere Wahrnehmung der Interessen der von gerichtlichen Auseinandersetzungen über das Sorgerecht betroffenen Kinder vor Gericht ermöglicht, ist zu begrüßen. Die Kinder sind ja schließlich die Streitobjekte, um die es geht. Ihre Interessen können mit denen der Erwachsenen, die sich in ihrer gegenseitigen Verbitterung vielleicht selbst wie Kinder benehmen, sehr wohl kollidieren, und doch ist von Gesetzes wegen fast nirgendwo dafür gesorgt, daß diese Interessen gleichberechtigt artikuliert und vertreten werden.

In einigen US-Bundesstaaten wurde immerhin ein Anfang gemacht: Dort hat man festgelegt, daß ein Richter in Sorgerechtsfällen einen zusätzlichen Anwalt bestellen «kann» oder «soll», der die betroffenen Kinder vertritt. Da, wo dies lediglich eine Kann-Bestimmung ist, wird freilich kaum Gebrauch davon gemacht, vielleicht weil die Gerichte befürchten, daß dies zu einer weiteren Verlängerung der durchschnittlichen Verfahrensdauer führen würde.

In Philadelphia experimentiert man neuerdings mit einem aus öffentlichen Kassen finanzierten Anwaltsbüro für Kinder. Seine Mitarbeiter vertreten Kinder vor Gericht und überprüfen Gerichtsbeschlüsse. Einer der an diesem Projekt beteiligten Anwälte wies mich auf ein Paradoxon unseres Rechtssystems hin: Die Rechte eines Angeklagten, der eines Verbrechens verdächtig ist, werden viel umfassender gewahrt als die Rechte «unschuldiger» Kinder, denen wir es zumuten, daß ein unter Termindruck stehender Richter in Minutenschnelle über ihre Zukunft entscheidet.

Richter rufen um Hilfe

Mit der steigenden Zahl der Sorgerechtsfälle, dem ihnen innewohnenden Potential an menschlichen Gemeinheiten und der Veränderung einiger Grundanschauungen konfrontiert, halten viele Richter Ausschau nach Mitteln und Wegen, die Last der Schiedsrichterrolle wenigstens teilweise von sich abzuwälzen. Weshalb eigentlich, so fragen sie, müssen wir es sein, bei denen Hunderttausende geschiedener Ehepartner ihren

Streit um die Kinder abladen? Und wenn wir schon die Rolle moderner Salomone spielen müssen, warum gibt man uns, die sich mit den Bedürfnissen von Kindern nicht auskennen, nicht verbindliche und vertretbare Richtlinien an die Hand? Gewiß, die zerstrittenen Eltern engagieren oft Fachleute, wie beispielsweise Kinderpsychologen, die den Sorgerechtsanspruch ihres Klienten mit wissenschaftlichen Argumenten untermauern sollen. Aber wenn beide Seiten mit solchen in hochgestochenem Fachjargon abgefaßten «Expertisen» auftrumpfen, trägt das oft eher zur zusätzlichen Verwirrung eines ratlosen Richters bei.

Daher gehen die Richter zunehmend dazu über, ihrerseits irgendwelche Experten einzuschalten und sich von ihnen Empfehlungen geben zu lassen. In den meisten Fällen sind das Familienberater, Psychiater oder Kinderpsychologen, die von den Richtern als Gutachter zu Hilfe gerufen werden.

Diese Fachleute versuchen dann in der Regel, die Hauptbeteiligten eines Verfahrens, einschließlich der Kinder, persönlich kennenzulernen. Sie beobachten, wie die Betreffenden miteinander umgehen. Kleinere Kinder werden normalerweise nicht direkt gefragt werden, bei welchem Elternteil sie lieber bleiben würden, aber der Gutachter fordert sie vielleicht auf, ein Bild zu malen oder mit einer Puppenstube zu spielen, deren Puppen eindeutig bestimmten Familienmitgliedern zugeordnet werden können. Eine andere Methode ist, einem Elternteil und dem Kind eine gemeinsame Aufgabe zu stellen, beispielsweise aus Bauklötzchen einen Wolkenkratzer zu errichten; der Gutachter beobachtet die beiden dann dabei, ohne daß sie es merken.

Ein Kinderpsychologe, der schon oft von Gerichten als Gutachter bestellt wurde, ist Alan M. Levy aus New York. Er erklärte mir, wenn er einen solchen Auftrag übernehme, versuche er zunächst, Einzelgespräche sowohl mit den Eltern als auch mit dem Kind bzw. den Kindern zu führen und daran anschließend eine Reihe von «Sechsaugengesprächen», an denen jeweils ein Kind und ein Elternteil beteiligt seien. Dann unterhalte er sich mit jedem Kind in Gegenwart beider Eltern. Und schließlich und endlich versuche er, eine Unterredung mit der ganzen Familie zu arrangieren.

Manche mit Entscheidungen in Sorgerechtsfragen Befaßte halten es für Zeitvergeudung, ein Kind unter zwölf Jahren nach seiner Meinung zu fragen. Ein Richter erklärte einmal: «Das wäre ja noch schöner, wenn ich mir von einem Achtjährigen sagen ließe, was ich zu tun habe.» Alan

Levy ist da anderer Meinung. Er hält das, was Kinder, sofern sie sich überhaupt schon artikulieren können, über ihre Zukunftsvorstellungen zu sagen haben, in jedem Fall für wichtig: «Ich bin sogar dafür, die Kinder in Gegenwart ihrer Eltern nach ihren Wünschen zu fragen.» Mir schien dies eine unzumutbare Überforderung der kindlichen Persönlichkeit, und ich sagte dies auch. Daraufhin erläuterte er seinen Standpunkt wie folgt:

> Zu dem Zeitpunkt, da ich die Kinder kennenlerne, sind sie mit großer Wahrscheinlichkeit schon von ihren Eltern auf die eine oder andere Weise nach ihren Wünschen hinsichtlich des Sorgerechts gefragt worden... In fast allen Fällen von Scheidung oder Trennung fühlen die Kinder sich zwischen Mutter und Vater hin- und hergerissen, und auch wenn niemand anders sie fragt, was ihnen lieber wäre, quälen sie sich selbst in Gedanken mit dieser Frage ab. Sehr oft jedoch werden sie von ihren Eltern ganz offen gefragt: «Würdest du nicht lieber bei mir bleiben als bei deiner Mutter/deinem Vater?» Oder: «Mach dir keine Sorgen, der Richter wird schon entscheiden, daß du bei mir bleibst.»

Wenn man das Kind nun auffordert, seine Wünsche und Vorstellungen zu artikulieren, hilft man ihm damit nach Ansicht Levys lediglich, «sich realistisch mit etwas auseinanderzusetzen, dem es sowieso nicht entgehen kann, und reduziert die zum Teil wuchernden, bedrückenden Phantasien auf ein Minimum».

Es kann vorkommen, daß ein Kind sich in seinem Vieraugengespräch mit Levy über einen Elternteil in extrem negativer Weise äußert. Dazu meint Levy:

> Wenn ich ein Kind einmal mit dem Vater und einmal mit der Mutter zu einem Gespräch zu mir bestelle, werden die Wünsche, die es äußert, vielleicht in beiden Gesprächen dieselben sein, vielleicht unterscheiden sie sich aber auch sehr stark. Wenn es dann schließlich zu einem Gespräch kommt, bei dem das Kind, beide Eltern und ich zugegen sind, wird das Kind entweder die bereits geäußerten Wünsche unverändert wiederholen oder aber sich auf eine mittlere Position hinbewegen. Wenn ein Kind in allen diesen variierenden Gesprächssituationen konstante Wunschvorstellungen äußert, so zeigt sich darin meiner Ansicht nach eine verbindlichere Willenskundgebung, als

wenn es laviert oder mit einer entschiedenen Willensäußerung anfängt und diese dann zunehmend abschwächt. Die Unschlüssigkeit, die darin zum Ausdruck kommt, weist auf das Vorhandensein einer gespaltenen Loyalität und einer gleichwertigen Zuneigung zu beiden Elternteilen hin.

Vor die Entscheidung gestellt zu werden, bei welchem Elternteil es lieber bleiben möchte, sei, so fügte Levy hinzu, für ein Kind immer schmerzlich. «Aber manchmal zwingt man das Kind damit nur zu einer Klärung, die es sich selbst schon einige Zeit lang gewünscht hat.»

Man fragt sich allerdings, wie intensiv man ein Kind denn ausforschen muß, um herauszufinden, welche Lösung wirklich am ehesten in seinem Interesse liegt.

Eine Eignungsprüfung für Sorgerechts-Bewerber?

In letzter Zeit sprießen Organisationen wie Pilze aus dem Boden, deren Ziel es ist, Richtern in Sorgerechtsfällen Empfehlungen und Entscheidungshilfen zu geben. Das faszinierendste Projekt dieser Art, das ich kennengelernt habe, ist das Center for Legal Psychiatry, ein gemeinnütziger Verein, der in Santa Monica, nahe der Stadtgrenze von Los Angeles, residiert und von John M. Suarez geleitet wird (der hauptberuflich in der klinischen Abteilung des Fachbereichs Psychiatrie der University of California in Los Angeles arbeitet). Dem Zentrum werden schwierige Fälle übertragen, die die zeitlichen Kapazitäten der Gerichte überfordern. Es berät darüber hinaus auch Eltern, die aus freien Stücken kommen, weil sie ein langwieriges und kostspieliges Gerichtsverfahren vermeiden wollen. Und schließlich wird es manchmal auch von den Anwälten streitender Parteien empfohlen oder angerufen, in der Hoffnung, mit seiner Hilfe vielleicht eine außergerichtliche Lösung zu finden.

Im Wartezimmer des Zentrums gibt es eine Menge interessantes Spielzeug für Kinder. Die rund fünfzig Mitarbeiter – Psychiater, Kinderpsychologen, Eheberater – sind zumeist nebenberuflich und gegen ein nominelles Entgelt tätig. Das Zentrum erstellt Sorgerechts-Gutachten für zahlreiche Gerichte in Los Angeles und Umgebung. Es verfügt außerdem über eine Divorcing Family Clinic, die Beratungen und Behandlungen (einschließlich Gruppentherapien) für miteinander in

Scheidungskonflikten liegende Ehepartner und Ex-Ehepartner sowie Therapien anbietet für Kinder, auf deren Rücken diese Konflikte ausgetragen werden. Außerdem führt die Klinik Kurse für geschiedene Eltern durch.

Im Mittelpunkt der Bemühungen des Zentrums steht einzig und allein das Wohlergehen der Kinder, nicht irgendwelche vermögensrechtlichen Aspekte eines Sorgerechtsstreits. Angestrebt wird in jedem Fall die *am wenigsten schädliche* Lösung für das Kind. Das bedeutet, daß die Mitarbeiter des Zentrums sich ein möglichst vollständiges Bild von jeder betroffenen Familie machen müssen. In jedem Fall, den das Zentrum von einem Gericht zugewiesen bekommt, betraut es einen professionellen Sachverständigen mit der Aufgabe, Gespräche mit allen Beteiligten zu führen, die eine irgendwie wichtige Beziehung zu dem Kind und ein Interesse an der Frage haben, wo es am besten aufgehoben wäre. Das können außer den geschiedenen bzw. die Scheidung betreibenden Eheleuten und den Kindern selbst auch, sofern vorhanden, Großeltern, Ex-Ehepartner, ja unter Umständen sogar Haushälterinnen und Lehrer(innen) sein.

Wenn die Kinder, um die es geht, noch jünger sind, macht man mit ihnen projektive Tests: «Wenn du auf einer einsamen Insel wohnen müßtest, wen hättest du dort am liebsten bei dir?» Oder man fordert sie, wie bereits weiter oben erwähnt, auf, das Bild einer Familie zu malen. Einer der Mitarbeiter des Zentrums erzählte mir: «Ich hatte ein kleines Mädchen, das auf seiner Zeichnung die Mutter wegließ. Das Bild zeigte Vater, Bruder und eine erwachsene Frau, die sie als ihre Stiefmutter bezeichnete. So etwas geschieht natürlich ohne irgendeine bewußte Absicht, aber gerade dadurch ist es ja so aufschlußreich.»

Wenn eine(r) der Sachverständigen soweit ist, eine Empfehlung abgeben zu können, legt er (sie) die gesammelten Daten – und die von ihm (ihr) daraus gezogenen Schlüsse – zunächst einer Mitarbeiterkonferenz zur Diskussion und Bewertung vor. Ich wohnte dreien solcher Fallbesprechungen bei, an denen jeweils etwa zehn Mitarbeiter des Zentrums (einschließlich des Direktors) teilnahmen. Diese Sitzungen fanden, weil im Gebäude selbst zu wenig Platz war, in einem großen Wohnwagen hinter dem Haus statt.

Eine der Falldarstellungen gab eine junge Psychiaterin. Die Kinder, so berichtete sie, lebten derzeit bei den Eltern der Mutter. Der Vater beanspruche das Sorgerecht. Es sei, so sagte sie, schwierig gewesen, von einem der erwachsenen Familienmitglieder klare Auskünfte zu bekommen. Der Ehemann behauptete, seine Frau, von der er sich scheiden lassen wolle, sei unfähig, für die Kinder zu sorgen. Sie rauche regelmäßig Marihuana und sei dabei ertappt worden, wie sie in dem Supermarkt, in dem sie arbeitete, Geld aus der Kasse genommen habe. Der Ehemann hatte der Psychiaterin darüber hinaus eine Messerstichwunde am Arm gezeigt, die ihm, wie er behauptete, seine Frau zugefügt hatte. Andererseits war auch der Ehemann nicht gerade ein Tugendbold. Wie die Großmutter mütterlicherseits (bei der die beiden Töchter lebten) der Psychiaterin erzählt hatte, trafen die Töchter, wenn sie ihren Vater in dessen neuer Wohnung besuchten, dort oft eine Frau an, die über Nacht blieb. Die ältere Tochter behauptete, zweimal Zeugin geworden zu sein, wie ihr Vater mit einer anderen Frau schlief.

Die Psychiaterin erklärte, es gäbe eigentlich nur eine Person, zu der die Kinder eine gute und enge Beziehung hätten, und das sei ihre zwölfjährige Stiefschwester Maria, die gleich um die Ecke wohnte, oft auf die beiden Mädchen aufpaßte und ihnen bei den Hausaufgaben half. Die Psychiaterin schlug scherzhaft vor, dem Richter zu empfehlen, er solle der zwölfjährigen Maria als der fähigsten und liebevollsten «erwachsenen» Bezugsperson weit und breit das Sorgerecht übertragen. Im Ernst meinte sie dann, die derzeitige Situation sei unter allen realisierbaren Möglichkeiten die für die Kinder «am wenigsten schädliche»; dementsprechend solle man dem Richter empfehlen, den Anspruch des Vaters auf das Sorgerecht zu verwerfen, ihm aber vernünftige Besuchsrechte einzuräumen (unter dem Vorbehalt, daß er, solange seine Töchter bei ihm waren, keine Frau bei sich übernachten lassen dürfe).

Am Ende einer lebhaften Diskussion sämtlicher Anwesenden über das Für und Wider dieser Entscheidung schlossen sich alle ihrer Lagebeurteilung und Empfehlung an.

Ich fragte, ob bei diesen Fallbesprechungen manchmal auch die Kinder selbst gehört würden. Die Antwort lautete: Nur wenn der zuständige Mitarbeiter den Eindruck, den er von einem bestimmten Kind gewonnen hat, überprüfen lassen möchte.

«Wenn es ein Junge ist», so erfuhr ich, «fragen wir ihn nach der Schule, welche Sportarten er mag und was er sonst so am liebsten tut. Wir stellen keine gezielten Fragen hinsichtlich der Scheidung. Wir fragen die Kinder nicht, bei welchem Elternteil sie lieber bleiben wollen; wir versuchen, das, was sie uns sagen, vor dem Hintergrund unseres Fachwissens und unserer Erfahrung zu interpretieren. Ein fünfzehnjähriges Kind weiß, ob es lieber beim Vater oder bei der Mutter bliebe. Aber ein Kind unter zwölf zu fragen, bei wem es leben möchte, wäre nicht fair.»

Nicht viele mit Scheidungs- und Sorgerechtssachen befaßte Richter haben die Möglichkeit, auf solche sorgfältig abgewogenen Stellungnahmen qualifizierter Fachleute zurückzugreifen. Das Beispiel des Center of Legal Psychiatry sollte in großem Maßstab Schule machen, wenn die Gerichte weiter so mit Sorgerechts-Streitfällen eingedeckt werden.

Einige US-Bundesstaaten, Kalifornien beispielsweise, haben versucht, durch die Schaffung sogenannter Schlichtungs- oder Vermittlungsgerichte die Sorgerechts-Streitfälle aus dem normalen Instanzenweg herauszunehmen und damit die ordentlichen Gerichte zu entlasten. Per Gesetz wurde festgelegt, daß jeder Fall, in dem gegen das Urteil der ersten Instanz Berufung eingelegt wird, an den Schlichtungsrichter überwiesen werden muß. Der mit dieser Regelung angestrebte Entlastungseffekt ist eingetreten: Während der Oberste Gerichtshof von Kalifornien 1976 in 280 Sorgerechtsfällen ein Urteil sprechen mußte, waren es 1981 nur noch 5 Fälle.

Ich hielte es für gut, wenn wir unseren überlasteten Gerichten die Aufgabe, die Beziehungen zwischen Kindern und ihren geschiedenen Eltern zu «reglementieren», völlig entziehen würden, abgesehen einmal von Fällen, in denen Probleme oder Ansprüche neuer, rechtlich ungeklärter Art auftauchen. Wir sollten die Kinder geschiedener Eltern davor bewahren, in die Mühlen der Justiz zu geraten – und unsere Richter davor, die Rolle des Salomo spielen zu müssen.

13 Sorgerecht – für Vater oder Mutter?

Bis weit ins 19. Jahrhundert hinein war es üblich, daß Kinder im Falle einer Scheidung an den Vater gingen (wenn er sie haben wollte) – als Teil seiner beweglichen Habe. Im 20. Jahrhundert war es lange Zeit gerade umgekehrt. Die allgemein akzeptierte Auffassung lautete: Ein Menschenkind im «zarten Alter» ist selbstverständlich bei der Mutter am besten aufgehoben.

Manche Staaten halten bis heute an dieser Doktrin fest, aber das kann nicht darüber hinwegtäuschen, daß auf breiter Front ein erneutes Umdenken begonnen hat. Die Hauptursachen dafür sind vermutlich die Anerkennung, die das Prinzip der Gleichberechtigung der Geschlechter allgemein gefunden hat, sowie die Tatsache, daß infolge der Berufstätigkeit vieler Frauen ein großer Teil der Männer Erfahrung im Umgang mit kleineren und größeren Kindern gewonnen hat. Ein Ergebnis dieser Entwicklung ist, daß viele neue Modelle für die Regelung des Sorge- und Besuchsrechts bei Scheidungen bzw. Trennungen aufgekommen sind.

«Mutter ist die Allerbeste» – nicht unbedingt

Die Standardregel, der zufolge nach einer Scheidung nur dann der Ehemann das Sorgerecht für die Kinder erhalten sollte, wenn der Frau offensichtlich alle Voraussetzungen dafür fehlten, geriet eigentlich erst anläßlich eines konkreten Falles ins Kreuzfeuer öffentlicher Diskussion und Kritik: des Konflikts zwischen dem bekannten Kinderpsychologen Lee Salk und seiner Frau darüber, wer nach ihrer Scheidung das Sorgerecht für die beiden Kinder, die achtjährige Pia und den vierzehnjährigen Eric, bekommen sollte.

Daß der Fall ein so starkes Presse-Echo fand, lag teilweise an gewissen «farbigen» Details des ehelichen bzw. nachehelichen Konflikts. Salk weigerte sich nämlich trotz vollzogener Scheidung, von «zu Hause» wegzuziehen, weil er bei den Kindern bleiben wollte. Das eigentlich Interessante an dem Fall war jedoch, daß Salk zu keinem Zeitpunkt irgendwelche Zweifel an der Qualifikation seiner Ex-Frau als Mutter äußerte. Er bestritt auch nicht, daß die Kinder ihre Mutter liebten. Er begründete seinen Anspruch einzig und allein damit, daß die Kinder lieber mit ihm zusammen seien als mit ihrer Mutter. Tatsache war, daß er sie öfter von der Schule abholte und häufiger mit Lehrern Gespräche über ihre Fortschritte bzw. Probleme führte. Der Richter unterhielt sich mit den Kindern und bestellte zwei Psychologen als Gutachter.

In einem Bericht über das Verfahren im *New York Law Journal* vom 29. Oktober 1975 hieß es, beide Kinder seien intelligent und eloquent. Beide erklärten, sie liebten ihre Mutter. Der Sohn, Eric, äußerte offenbar dennoch recht entschieden den Wunsch, beim Vater zu bleiben. Er glaubte, dies werde aufregender und intellektuell anregender sein. Er betrachtete seinen Vater als den verständnisvolleren Elternteil und versprach sich von ihm ganz allgemein mehr. Ein bißchen komplizierter lagen die Dinge bei seiner Schwester Pia. Sie wünschte sich sehnlichst, so fand einer der Gutachter heraus, daß die Familie zusammenbliebe; da die Scheidung der Eltern jedoch beschlossene Sache war, klammerte sie sich an ihren älteren Bruder Eric als ihre «Familie». Eric hatte sich stets als ihr Beschützer gefühlt und sich entsprechend verhalten. Vielleicht mit aus diesem Grund optierte sie dafür, beim Vater zu bleiben, obwohl sie wußte, daß dies ihre Mutter unglücklich machen würde.

Der Richter kam am Ende zu der Auffassung, daß in diesem besonderen Fall der Vater «am meisten für die komplizierten Bedürfnisse der Kinder und für ihre Entwicklung» tun könne. Die Kinder wurden dem Vater zugesprochen, wenn auch unter der Bedingung großzügiger Besuchsmöglichkeiten für die Mutter.

Der Richter betonte in seiner Begründung, es sei für Geschwister stets von Vorteil, zusammen aufzuwachsen; eine Aufteilung des Sorgerechts sei daher nur vertretbar, wenn es nicht anders gehe. Heute gibt es schon in mehr als einem Dutzend US-Staaten gesetzliche Bestimmungen, die ausdrücklich festlegen, daß bei der Entscheidung über das Sorgerecht für die Kinder kein Elternteil einzig aufgrund seines Geschlechts bevorzugt werden darf.

Zehntausende geschiedener Männer üben heutzutage das uneingeschränkte Sorgerecht für ihre Kinder aus. Bei Zehntausenden anderer geschiedener Paare ist das Sorgerecht geteilt. In der Praxis kann letzteres heißen, daß die zwei, drei oder mehr Kinder zwischen den geschiedenen Eltern aufgeteilt werden oder daß diese das Sorgerecht in turnusmäßigem Wechsel ausüben oder daß alle wichtigen die Kinder betreffenden Entscheidungen nur gemeinsam von beiden Elternteilen getroffen werden dürfen. Schauen wir uns einige dieser Varianten einmal näher an.

Was ist «das Beste» für ein Kind?

Eltern, die sich trennen oder scheiden lassen, sollten stets nach dem Gesichtspunkt handeln, welche der praktisch möglichen Lösungen dem Kind das relativ größte Maß an Geborgenheit und das geringste Maß an Unsicherheit und Angst beschert sowie die günstigsten Perspektiven für sein langfristiges Wohlergehen bietet.

Die Vorliebe für den einen oder anderen Elternteil, die ein Kind eventuell äußert, sollte zwar berücksichtigt werden, doch nur als ein Faktor unter mehreren. Das gilt um so stärker, je kleiner das Kind ist.

Praktische Erwägungen spielen natürlich eine große Rolle bei allen Sorgerechts-Überlegungen. Kinder müssen ernährt, beaufsichtigt, betreut werden. Sie brauchen Zuwendung und eine ansprechende häusliche Umgebung. Sie brauchen Kontinuität, vor allem solange sie noch klein sind.

Welcher Elternteil ist am ehesten in der Lage, diese Bedingungen zu erfüllen?

Unter den Kinderpsychologen ist neuerdings ein erbitterter Streit darüber ausgebrochen, wieviel Bedeutung man gerade der *Kontinuität* beimessen sollte. Was ist wichtiger: daß nach einer Scheidung alles getan wird, um dem Kind eine solide, ungestörte Beziehung zu *einem Elternteil* zu sichern, oder daß alles getan wird, um ihm den regelmäßigen Kontakt mit *beiden Elternteilen* zu ermöglichen, auch wenn das gelegentlich ein umständliches und formalistisches Hin und Her für das Kind mit sich bringt?

Der Expertenkrieg darüber, welches Arrangement das am wenigsten schädliche sei, wurde vor einigen Jahren von drei angesehenen Fachleuten vom Zaun gebrochen, die ein Buch mit dem Titel *Diesseits des Kindeswohls* schrieben. Die Autoren – Joseph Goldstein, Jurist von der

Yale University, Anna Freud von der Hampstead Child-Therapy Clinic und Albert J. Solnit vom Child Study Center der Yale University – kamen zu dem Schluß, daß ein Kind primär der *Stabilität* bedürfe. Dies bedeute, so erläuterten sie, daß es oberstes Ziel sein muß, eine dauerhafte, enge Beziehung des Kindes zu seinem sorgeberechtigten Elternteil herzustellen, auch wenn damit der andere, nur «besuchsberechtigte» Elternteil in den Hintergrund gedrängt würde. Sie traten dafür ein, daß in den Fällen, in denen ein Ehepaar sich um das Sorgerecht streitet, der schließlich obsiegende Elternteil – und nicht das Gericht – die *alleinige Befugnis* haben sollte, die Bedingungen festzulegen, unter der er bzw. sie das Kind aufziehen will. Die Autoren hielten nichts von mehr oder weniger komplizierten, von Richtern ausgeklügelten Besuchsregelungen für den nicht sorgeberechtigten Elternteil. Ihrer Ansicht nach sollte es dem Sorgeberechtigten überlassen bleiben zu entscheiden, wie oft und unter welchen Bedingungen der geschiedene Partner die Kinder zu sehen bekommt.

Zur Begründung führten die Autoren an, daß ein von einer Streit-Scheidung betroffenes Kind ohnehin schon «stark gefährdet» sei. Diese Gefährdung dürfe nicht noch durch fortdauernde Auseinandersetzungen zwischen den Eltern um die Besuchsrechte des unterlegenen Partners verstärkt werden. Diesbezügliche gerichtliche Entscheidungen seien schließlich nie endgültig, da der unterlegene Elternteil die Möglichkeit habe, unter Berufung auf veränderte Umstände eine neue Regelung zu beantragen. Die Autoren bezweifelten ferner, daß der Kontakt mit zwei Elternteilen, die nicht gut aufeinander zu sprechen sind, für Kinder einen psychischen Gewinn bedeutet. Sie gingen von der Prämisse aus, daß jedes Kind das Bedürfnis nach einer «ungebrochenen Kontinuität liebevoller und stimulierender Beziehungen zu einem Erwachsenen» hat. Gelegentliche Besuche beim «verfeindeten» Ex-Ehepartner des sorgeberechtigten Elternteils könnten, so meinten sie, «als solche schon ein die Kontinuität störender Faktor sein».

Der Vorschlag dieser drei Kapazitäten, den sorgeberechtigten Elternteil ganz allein über die Besuchsrechte des anderen Elternteils entscheiden zu lassen, löste unter den Experten eine Kontroverse aus, die bis heute anhält. E. Mavis Hetherington, unter deren Federführung ja eine umfangreiche Studie über Scheidungskinder entstand (siehe S. 150 ff.), wies auf das bei sehr vielen dieser Kinder anzutreffende Verlangen hin, den «verlorenen» Elternteil wiederzusehen. Sie nannte die These der drei Autoren «destruktiv, erschreckend». Wallerstein und Kelly, die ebenfalls eine großangelegte Erhebung über Scheidungskinder durchgeführt haben (siehe S. 154 ff.) erklärten dazu: «Wir vertreten eine Auffassung und stellen sie zur Diskussion, die der unserer geschätzten Kollegen Goldstein, Freud und Solnit diametral entgegengesetzt ist. . .»

Mein Eindruck ist, daß der Vorschlag der drei Autoren, würde er der Gesamtheit der von einer Scheidung betroffenen und ausreichend urteilsfähigen Kinder zur Abstimmung vorgelegt, eine überwältigende «Wahlniederlage» einstecken müßte. Es sieht nämlich so aus, als ob sich die meisten Scheidungskinder auf das Zusammensein mit dem fortgezogenen Elternteil immer wieder sehr freuen. Andererseits, wenn die Gerichte sich die von den drei Autoren vertretene Auffassung allgemein zu eigen machen würden, könnte das in meinen Augen, abgesehen vom Aspekt der Kontinuität, wenigstens ein begrüßenswertes Resultat zeitigen: Die sich trennenden Paare mit Kindern würden, wenn sie mit einem Alles-oder-Nichts-Richterspruch rechnen müßten, ihren Konflikt von vornherein zurückhaltender, «zivilisierter» austragen. Sie könnten unter diesen Umständen vielleicht sogar zu der Einsicht kommen, daß es nicht unbedingt die beste Idee ist, sich scheiden zu lassen. Wenn sie aber dennoch bei ihrem Entschluß blieben, würden sie vielleicht einsehen, daß es klüger ist, untereinander und ohne Einschaltung des Gerichts eine gütliche Regelung auszuhandeln, als die Entscheidung über ihre Kinder einer juristischen Instanz zu überlassen.

Gemeinsames Sorgerecht?

Zu den besonders heftigen Kritikern der in dem Buch *Diesseits des Kindeswohls* aufgestellten These gehören die Befürworter einer *Teilung des Sorgerechts,* deren Zahl ständig wächst.

Bieten die verschiedenen Varianten eines gemeinsam ausgeübten Sorgerechts bessere Möglichkeiten, den Interessen der Kinder in einer an Scheidungen so reichen Zeit gerecht zu werden?

Nancy Weston, Leiterin der dem Center for Legal Psychiatry angeschlossenen Divorcing Family Clinic, faßte ihre diesbezüglichen Erfahrungen wie folgt zusammen:

Ex-Eheleute, die sich nicht in den Haaren liegen, können mit einem gemeinsamen Sorgerecht ganz gut fahren. Es löst viele Probleme. Es erspart beispielsweise der Mutter das belastende Gefühl, die Kinder ganz allein aufziehen zu müssen. Der Vater wird zum aktiven Teilnehmer am Leben der Kinder. Wenn die Mutter eine Elternsprechstunde in der Schule nicht wahrnehmen kann, weil sie arbeiten muß, kann der Vater sie vertreten. Oder sie können sogar zusammen hingehen. Oder sie kann mal für ein Wochenende fortfahren, in der beruhigenden Gewißheit, daß die Kinder in Papas Obhut sind, oder umgekehrt. Sie können jederzeit miteinander über die Kinder sprechen.

Geschiedene Eheleute müssen einander nicht unbedingt lieben, damit eine gemeinsame Sorgerechtsregelung funktioniert, aber sie müssen miteinander reden können. Wie eine Erhebung ergab, in deren Rahmen mehrere Dutzend geschiedene Paare mit gerichtlich verfügtem gemeinsamem Sorgerecht befragt wurden, war die große Mehrheit mit dieser Regelung zufrieden.[1]

Wie bereits bemerkt, weist das gemeinsame oder geteilte Sorgerecht in der Praxis verschiedene Varianten auf. Es kann so aussehen, daß ein Kind zwar überwiegend oder ausschließlich bei einem Elternteil lebt, aber der andere juristisch für das Kind mitverantwortlich ist. Liegt eine solche Konstellation vor, treffen sich in der Regel Vater und Mutter, wann immer es gilt, wichtige Entscheidungen zu fällen, etwa hinsichtlich einer kostspieligen medizinischen Behandlung, der Schullaufbahn oder der religiösen Erziehung ihres Kindes – oder auch nur, um zu überlegen, was ihr Sprößling in den nächsten Sommerferien machen soll.

Wenn es sich um ein im echten materiellen Sinne gemeinsames Sorgerecht handelt, können wir unterscheiden zwischen symmetrischen Lösungen, bei denen Pflichten und Rechte zu gleichen Teilen auf beide Eltern verteilt sind, und asymmetrischen Lösungen. Eine letztere liegt beispielsweise vor, wenn die Kinder wochentags bei der Mutter sind und nur die Wochenenden und die Ferien beim Vater verbringen.

Ein symmetrisches, gemeinsames Sorgerecht kann in der Praxis so aussehen, daß die Kinder jeweils eine Woche bei der Mutter und eine Woche beim Vater verbringen. Der Rotationsturnus kann auch kürzer oder länger als eine Woche sein. Im Normalfall haben die Kinder dann sowohl in der mütterlichen als auch in der väterlichen Wohnung ihr eigenes Kinderzimmer mit Möbeln, Spielsachen und Garderobe. Bei Kindern im schulpflichtigen Alter ist eine derartige Teilung des Sorgerechts nur möglich, wenn beide Eltern am gleichen Ort leben und die Kinder sowohl den Schulweg als auch die Distanz zwischen der väterlichen und der mütterlichen Wohnung selbständig zurücklegen können. Im Idealfall wäre es so, daß die Kinder nach Herzenslust zwischen ihren beiden Wohnsitzen pendeln könnten, ohne die Eltern eigens um Erlaubnis fragen zu müssen. (Was allerdings dazu führen könnte, daß die vereinbarte Symmetrie auf der Strecke bleibt.) Ebenso wünschenswert wäre es, wenn in einem solchen Fall bestimmte festliche Anlässe wie Geburtstage, Weihnachten oder wichtige Veranstaltungen in der Schule gemeinsam, das heißt in Anwesenheit der ganzen Familie begangen würden.

Ich habe von derartigen Sorgerechts-Arrangements gehört, die auch nach acht oder neun Jahren noch gut funktionierten. Kinder, die so «doppelgleisig» leben, sagen manchmal, daß sie unschlüssig seien, was sie antworten sollen, wenn sie nach ihrer Adresse gefragt werden, oder daß sie gelegentlich nicht wissen, in welcher Wohnung sich ihr Tennisschläger gerade befindet. Aber im allgemeinen scheinen die meisten sich in ihrer Situation wohlzufühlen. Ihre Freunde, so sagen sie, wüßten gewöhnlich, wo sie sie zu suchen hätten.

Kindern im Vorschulalter, die ein sehr eingeschränktes Zeitgefühl besitzen, fällt es oft schwer, Sorgerechtsregelungen zu durchschauen, die einen turnusmäßigen Wohnungswechsel der Kinder vorsehen; da sie mit Zeitangaben noch wenig anfangen können, grübeln sie womöglich intensiv darüber nach, wann der andere Elternteil wohl wieder kommen und sie abholen wird.

Mel Roman, Professor für Psychiatrie in New York, befragte 40 Familien, die eine symmetrische Sorgerechtsregelung vereinbart hatten. Zwar berichteten die meisten über gelegentliche Probleme, doch gelangte Professor Roman gleichwohl zu der Einschätzung, daß in der ganz überwiegenden Mehrheit der Fälle die Abmachungen im großen und ganzen funktionierten. Die meisten der betroffenen Kinder kamen mit der Situation nicht nur zurecht, sondern entwickelten sich sogar ausgesprochen erfreulich.

Professor Roman schildert als einen typischen Fall den eines Ex-Ehepaars aus Manhattan; der Mann ist Sozialwissenschaftler, die Frau Schriftstellerin und berufsbedingt ziemlich viel unterwegs. Bei ihrer Scheidung war ihr Töchterchen Morgan drei Jahre alt. Da die Trennung mit viel Zank und Streit verbunden gewesen war, hatten sie das

Experiment eines gemeinsamen Sorgerechts mit gedämpften Erwartungen in Angriff genommen. Morgan pendelt in etwa halbwöchigem Rhythmus zwischen der mütterlichen und der väterlichen Wohnung (in beiden hat sie ein Zimmer). Sie hält sich in der Schule sehr gut und hat viele Freundinnen und Freunde.

Morgans Eltern sind zwar nicht gerade wieder ein Herz und eine Seele, haben aber in allem, was ihre Tochter betrifft, zu einer zwanglosen und entspannten, von Vertrauen getragenen Zusammenarbeit gefunden. Als Morgan einmal in der Wohnung ihrer Mutter krank wurde, blieb sie dort, bis sie wieder gesund genug war, um zur Schule gehen zu können. Und wenn ihre Mutter eine Reise machen muß, behält ihr Vater sie ein paar Tage länger als üblich.

Eine in der Region um die Bucht von San Francisco durchgeführte Erhebung, die 32 unter der Bedingung eines geteilten Sorgerechts aufwachsende Kinder umfaßte, zeigte aber auch deutlich die der Teilung des Sorgerechts innewohnende Problematik.[2] Eine überwältigende Mehrheit der Kinder (die zwischen viereinhalb und fünfzehn Jahren alt waren) wünschte sich, ihre Eltern sollten wieder zueinanderfinden, doch sie wußten andererseits sehr wohl zu schätzen, wieviel Mühe die Eltern sich gegeben hatten, es ihren Kindern zu ermöglichen, zu beiden Elternteilen Kontakt zu halten. Rund ein Drittel der Kinder fühlte sich allerdings «überfordert von den Ansprüchen und Erfordernissen, die mit dem Versuch verbunden waren, möglichst oft für beide Eltern da zu sein». Dies galt besonders für kleinere Kinder.

Manche Kinder waren für die Chance, wenigstens auf diese eingeschränkte Weise beide Eltern behalten zu haben, so dankbar, daß sie sich fast zwanghaft bemühten, die Symmetrie zu wahren. Von einem zehnjährigen Jungen, der sechs Jahre lang wochenweise zwischen der mütterlichen und der väterlichen Wohnung gependelt war, heißt es in der Studie, er habe sich jede infolge von Krankheit oder Ferien zugunsten eines Elternteils überzogene Stunde mit geradezu «religiöser» Akribie notiert, um sie bei nächster Gelegenheit dem darum «betrogenen» Elternteil zurückzugeben. Ein neunjähriges Mädchen erklärte, es achte in jeder Beziehung sorgfältig auf «Gleichbehandlung», um nicht den Eindruck zu erwecken, einen Elternteil zu bevorzugen. «Wenn ich mit meiner Mami allein bin und ich bin nett zu ihr, dann gehe ich danach zu Papi und bin nett zu ihm.»

Von den älteren Kindern heißt es in der Studie, die organisatorische

Exaktheit, mit der sie ihre turnusmäßigen Umzüge zwischen zwei Wohnsitzen bewältigten, sei «beeindruckend».

Das Zurücklegen der Wege zwischen der mütterlichen und der väterlichen Wohnung bereitete selbst den meisten jüngeren Kindern keine Schwierigkeiten; andere freilich gaben an, sie hätten manchmal Angst, unterwegs verlorenzugehen oder das richtige Haus nicht zu finden.

Einige wenige wirklich rücksichtsvolle Eltern haben sich der unangenehmen Einsicht gestellt, daß es im Grunde ihre Sache und nicht die der Kinder ist, die Beschwerlichkeiten, die eine Trennung mit sich bringt, auf sich zu nehmen. In diesen Fällen sind es die Erwachsenen, die pendeln, während die Kinder stets in der eigentlichen Familienwohnung bleiben. Das ist natürlich eine für die Kinder optimale Lösung – freilich auch die teuerste, da jeder Elternteil ein eigenes Ausweichquartier unterhalten muß.

Manche Ex-Ehepaare mit gemeinsamem Sorgerecht leben in weiter voneinander entfernten Orten, was einen kurzfristigen Pendelrhythmus ausschließt. In diesen Fällen ist es zweckmäßig, als Zeiteinheit für den turnusmäßigen Ortswechsel der Kinder ein Jahr zu wählen und für diese Zeit eine Reihe von Besuchen bei dem jeweils anderen Elternteil zu vereinbaren.

Im folgenden möchte ich noch zwei per Gerichtsurteil verfügte, aber gleichwohl neuartige und meines Erachtens wegweisende Lösungsmöglichkeiten vorstellen, die hoffentlich Schule machen werden.

In einer Kleinstadt in Michigan verblüffte ein Richter ein älteres, frisch geschiedenes Paar, das sich um das gemeinsame Sorgerecht für seine drei Söhne – elf bis fünfzehn Jahre alt – bemühte, mit einem Urteilsspruch, in dem er verfügte, daß die Söhne in dem Haus, das die Familie bis dahin bewohnt hatte, wohnen bleiben sollten, und zwar abwechselnd jeweils einen Monat lang zusammen mit dem Vater und einen Monat lang mit der Mutter. Der Richter erklärte, ihm erscheine dies als die einzig logische Praxis, nachdem die Eltern erklärt hätten, sie stellten das Wohlergehen ihrer Söhne über ihre eigenen Bedürfnisse. Beide Eltern zeigten sich nach der ersten Überraschung erfreut über den Vorschlag. Im ersten Monat, der der Eingewöhnung dienen sollte, brachte der Vater als Dreingabe seine eigenen Eltern mit ins Haus. Den drei Jungen gefiel das Arrangement ausnehmend gut. Einer erklärte, auf diese Weise hätten sie wirklich etwas von ihren Eltern. Die Scheidung hatte die Familienbeziehungen anfänglich belastet und verschlechtert, aber die

Eltern bewältigten die neue Situation mit so viel Fingerspitzengefühl, daß den Söhnen daraus keinerlei psychischer Schaden erwuchs.

Ein Richter am Obersten Gerichtshof des Staates New York ordnete in einer Streitsache, in der es um zwei Söhne im Grundschulalter ging, das gemeinsame Sorgerecht an und ergänzte diese Entscheidung durch zwei interessante Klauseln: Alle sechs Monate sollten die Söhne, und zwar jeder für sich, entscheiden, bei welchem Elternteil sie das nächste halbe Jahr über wohnen wollten. Ferner erkannte er beiden ein uneingeschränktes Besuchsrecht beim jeweils anderen Elternteil zu.

Es gibt Fälle, in denen das gemeinsame Sorgerecht sogar die Wiederheirat eines der geschiedenen Partner überdauert hat. Ob dies allerdings in jedem Fall wünschenswert ist, wage ich zu bezweifeln. Eine Vereinbarung über ein geteiltes Sorgerecht sollte eine Bestimmung enthalten, die es jedem Partner ermöglicht, die Vereinbarung aufzukündigen, wenn einer von ihnen wieder heiratet.

Das gemeinsame Sorgerecht kann unter Umständen zum Fluch werden, wenn zwischen den beiden Partnern überwunden geglaubte Konflikte wieder aufbrechen, etwa anläßlich eines Streits darüber, in welche Klinik ein erkranktes Kind eingewiesen und ob es operiert werden soll oder nicht usw. Frisch geschiedene Paare, die mit dem gemeinsamen Sorgerecht liebäugeln, sollten, bevor sie eine rechtsgültige Vereinbarung treffen, sich in einer Art Probezeit testen, ob sie wirklich imstande sind, zivilisiert miteinander umzugehen.

Im Prinzip ist die Teilung des Sorgerechts jedoch eine Lösung, die Aufmerksamkeit verdient. Eine in Philadelphia durchgeführte Untersuchung, die 91 Scheidungskinder berücksichtigte, ergab, daß die unter den Bedingungen eines gemeinsamen Sorgerechts aufgewachsenen mit ihrer Situation genausogut zurechtkamen wie die Kinder, die in der Obhut eines Elternteils aufwuchsen. Als interessante Begleiterscheinung des gemeinsamen Sorgerechts kam zutage, daß die Wahrscheinlichkeit, daß ein Vater seine Unterhaltsverpflichtungen pünktlich und in vollem Umfang erfüllt, bei geteiltem Sorgerecht doppelt so groß ist wie bei nur der Mutter gewährtem Sorgerecht – ein Vorteil, von dem sicherlich nicht nur die Frau profitiert, sondern auch die Kinder.

Das *American Journal of Psychiatry* brachte in seiner Ausgabe vom Januar 1982 einen Bericht über 414 geschiedene Paare, deren Sorgerechtsverfahren allesamt während eines bestimmten Zeitraums bei einem bestimmten Gericht in Los Angeles anhängig gewesen waren und deren Geschicke ein Beobachterteam zwei Jahre lang verfolgt hatte. Dabei wurden die Fälle, in denen das Sorgerecht einem Elternteil zugesprochen worden war, verglichen mit jenen, in denen man es geteilt hatte. Bei ersteren war, wie sich herausstellte, die Wahrscheinlichkeit einer Anfechtung des erstinstanzlichen Urteils und eines neuen Verfahrens doppelt so hoch wie bei letzteren. Es scheint also, als würden Regelungen, die ein gemeinsames Sorgerecht vorsehen, zusätzlich auch noch zum Abbau der Überlastung unserer Gerichte beitragen.

Die große Frage, die sich immer stellt, wenn ein materiell geteiltes Sorgerecht in Erwägung gezogen wird, ist, ob der Vater dann auch in der Lage sein wird, die Kinder, wenn die Reihe an ihm ist, zu verköstigen und den Haushalt zu führen. Dieselbe Frage stellt sich natürlich ebenso im Falle der Übertragung des alleinigen Sorgerechts auf den Vater.

Der Vater als Haupt-Sorgeberechtigter

Wie gut kommen Väter wirklich mit der neuen Vater-Rolle zurecht, der sie sich mit der Übernahme des Sorgerechts stellen müssen? Der Psychologe Robert Coleman von der University of Nebraska bemerkte unlängst in einem Vortrag vor Kollegen: «Die stärkste Motivation für eine aktive Vaterschaft hat der Feminismus geliefert.» Ein Mann, der allein oder gemeinsam mit seiner Ex-Ehepartnerin das Sorgerecht für Kinder übernimmt, wird damit in den Augen seiner Bekannten oft zur heroischen Figur.

Das Alter der Kinder ist fraglos ein Faktor, den man berücksichtigen muß, wenn man die relative Kompetenz eines Vaters zur Übertragung des Sorgerechts beurteilen will. In den meisten Fällen wird vermutlich gelten, daß Männer sich mit der Übernahme der vollen Verantwortung für Kinder um so leichter tun, je älter diese sind.

Wissenschaftler, die das Verhalten von Eltern im Umgang mit Säuglingen untersuchen, bedienen sich dabei einer ganzen Palette von Methoden – von der Bild-für-Bild-Analyse von Filmszenen, die Väter und Mütter während der Interaktion mit ihren Babys zeigen, bis zu Untersuchungen des Hormonspiegels. Manche Forscher setzen, um zu möglichst unverfälschten Beobachtungsergebnissen zu kommen, Einwegspiegel oder versteckte Kameras ein.

Einige Experten sind zu der Auffassung gelangt, daß Väter und Mütter gleich gut mit Säuglingen umgehen können, wenn sie sich dieser Aufgabe konzentriert widmen. Wir haben weiter oben, als es um die Frage ging, ob es einen Ersatz für die Mutter gibt, Untersuchungsbefunde referiert, denen zufolge Väter in der Lage sind, auch mit nur wenige Tage alten Säuglingen kompetent umzugehen.

Andere Forscher sind da zu etwas abweichenden Ergebnissen gelangt. An der Harvard University wird das Betreuungsverhalten von Vätern und Müttern seit Jahren studiert. Der Projektleiter, James Herzog, erklärte auf einer Tagung, beim Ernährungsverhalten gebe es deutliche Unterschiede zwischen Männern und Frauen. Bei einem Mann, so vermutete er, beruhe das väterliche Fürsorgeverhalten möglicherweise auf der Intensität seiner Gefühlsbeziehung zu seiner Frau, und äußerte daher Bedenken hinsichtlich der Eignung von Männern, bei denen die Gattenliebe abgekühlt ist. Herzog meinte dazu: «Eine Frau kann liebevoll für ein Kind sorgen, ohne zu gleicher Zeit eine Beziehung zum Vater des Kindes zu haben. Ob es sich jedoch umgekehrt ebenso verhält, dessen sind wir nicht sicher. Mit anderen Worten: Eine alleinerziehende Frau kann eine gute Mutter sein, aber ein alleinerziehender Mann vielleicht kein guter Vater.»

Die Soziologin Alice Rossi hat die Bedeutung biosozialer Faktoren für das Elternverhalten, zumindest was den Umgang mit Neugeborenen und Säuglingen betrifft, hoch zu veranschlagen gelernt. Ihre Forschungen haben sie zu der Überzeugung gebracht, daß es bei Müttern eine angeborene Disposition für den Aufbau einer innigen Gefühlsbeziehung zum Neugeborenen gibt. Ihrer Ansicht nach spielen physiologische Faktoren wie der Hormonhaushalt, die Erfahrung der Schwangerschaft und das Erlebnis der Niederkunft in diesem Zusammenhang eine wichtige Rolle.

Gewiß, ein Säugling kann zum Vater ebenso eine emotionale Beziehung aufbauen wie zur Mutter. Aber darum geht es Mrs. Rossi gar nicht. Ihr Argument ist vielmehr, daß «die Prädisposition, sich dem Kind emotional zu öffnen, auf seiten der Mutter wahrscheinlich viel ausgeprägter vorhanden ist als auf seiten des Vaters, Ausdruck ... einer genetischen Erbschaft, in der die Funktionen der Paarung und der Elternschaft enger an die Frauen als an die Männer gebunden sind».[3] Alice Rossi glaubt, daß Männer ihr Manko nur mit Hilfe eines kompensatorischen Trainings oder durch das Sammeln von Erfahrungen im Umgang mit Kleinkindern wettmachen können.

Ein interessanter geschlechtsspezifischer Unterschied im Umgang mit Säuglingen ist von Wissenschaftlern am Kinderkrankenhaus in Boston beobachtet worden: Das Interaktionsverhalten der Mütter war «umarmender», strahlte Sicherheit und Geborgenheit aus, war reaktiv und kontrolliert – das der Väter unruhiger, eher aktiv und bewegungsintensiv. Bei Müttern stehen Liebkosungen und spielerische Lautbildungen im Vordergrund, bei Vätern körperbetonte Spiele.[4] Wie Tests ergeben haben, reden ältere Kinder durchschnittlich häufiger und länger mit der Mutter als mit dem Vater.

Ob Unterschiede dieser Art eine biologische Grundlage haben oder aber lediglich in der Art und Weise wurzeln, wie Knaben in unserer Gesellschaft sozialisiert werden, ist nicht mit Sicherheit zu sagen. Eine in der Region Boston durchgeführte Untersuchung an 49 sorgeberechtigten Vätern ergab, daß sie sich bei der Hausarbeit und beim Spielen mit den Kindern ziemlich geschickt anstellten, während sie beim Füttern mit leichten Schwierigkeiten zu kämpfen hatten.[5] Wenn die Kinder quengelten oder schrien, wurden die Väter oft unsicher und wandten sich um Rat oder Hilfe an andere. Ein Vater erklärte: «Ich bekam es mit der Angst. Ich verstand sie nicht und wußte nicht, wie ich reagieren sollte.» Wiederholte Erfahrungen mit solchen Situationen würden diese Unsicherheiten jedoch wahrscheinlich beseitigen.

Väter fühlten sich oft unbehaglich, wenn sie sich solchen Aufgaben wie dem Besuch von Elternabenden, dem Engagieren eines Babysitters, dem Kaufen von Kinderkleidern oder dem Veranstalten von Kindergeburtstagen widmen mußten. Doch jene, die die Rolle des allein- oder hauptverantwortlichen Erziehers bereitwillig übernommen hatten und dann unter Beweis stellen konnten, daß sie der Aufgabe auch gewachsen waren, fühlten sich in ihrer Situation wohl und waren stolz auf ihre Leistung.

14 Kinder-Probleme bei getrennt lebenden Eltern

Bei Scheidungen von Paaren mit Kindern ist es in rund neunzig Prozent aller Fälle nach wie vor die Mutter, der das De-facto-Sorgerecht übertragen wird. Der rasante Wandel im Rollenverständnis der Frau und in der innerfamiliären Arbeitsteilung hat also ebensowenig wie das Auftreten männlicher Sorgerechts-Pioniere etwas daran zu ändern vermocht, daß der nicht sorgeberechtigte Elternteil, der seine Kinder nur besuchen oder zu Besuch empfangen darf, in den meisten Fällen immer noch der Vater ist.

Von der Qualität der Vereinbarungen, die die Kontakte des nicht sorgeberechtigten Elternteils mit den Kindern regeln, und davon, welchen Gebrauch er von den ihm zugestandenen Kontaktmöglichkeiten macht, hängt es ganz wesentlich ab, wie gut bzw. schlecht die Kinder das Zerbrechen der Familie überstehen.

Erst unlängst wurden die 131 Kinder, deren Lebenswege die Sozialforscherinnen Judith Wallerstein und Joan Kelly verfolgt haben, fünf Jahre nach der Scheidung ihrer Eltern noch einmal einer Nachuntersuchung unterzogen. Eine dabei gewonnene Erkenntnis war, daß sie, egal wie häufig sie ihren Vater auch besuchen konnten, fanden, es sei immer noch zu wenig. Wie Mrs. Wallerstein berichtet, neigten jene Kinder, die ihren Vater nur selten oder zu unregelmäßigen, improvisierten Terminen sahen, selbst fünf Jahre nach der Scheidung noch zu periodischen Depressionen und verfügten über ein signifikant geringeres Selbstwertgefühl. Diese Gruppe umfaßte immerhin ein Viertel aller untersuchten Kinder. Jene Kinder dagegen, die nach fünf Jahren eine gute Beziehung und häufige Kontakte zu ihrem Vater hatten, zeigten größeres Selbstvertrauen und eine bessere Ich-Kontrolle.

Mrs. Wallerstein berichtet von einem Gespräch mit einem achtjährigen Buben namens Bobby, der seinen Vater, einen Polizisten, im Laufe der fünf Jahre nur gelegentlich gesehen hatte, obwohl sie nur ein paar Straßen voneinander entfernt wohnten. Als das Gespräch auf den Vater kam, wurden Bobbys Äußerungen plötzlich vage und unzusammenhängend. In diesem Augenblick ertönte zufällig von irgendwoher die Sirene eines Streifenwagens. Bobbys Blick wurde starr und stumpf. Nach einem Augenblick des Schweigens fragte Mrs. Wallerstein den Jungen sanft, ob die Sirene ihn vielleicht an seinen Vater erinnert habe. Da begann der Kleine zu weinen und schluchzte über eine halbe Stunde lang vor sich hin.

Eine in einem anderen Zusammenhang bereits erwähnte (siehe Kap. 11, Anm. 1), an der University of California in Los Angeles entstandene Studie mit 51 Scheidungskindern ergab, daß jene, die nach der Scheidung eine starke Reduzierung des persönlichen Kontakts zu ihrem Vater hatten hinnehmen müssen, durchschnittlich am schlechtesten mit ihrer Situation zurechtkamen.

Viele Scheidungskinder vermissen auch schmerzlich den Kontakt zu den Großeltern väterlicherseits (wenn die Mutter die Sorgeberechtigte ist), von denen sie vor der Scheidung oft verwöhnt worden sind. Manche Mütter schicken aus Wut auf ihren Ex-Ehemann alle Geschenke unbesehen zurück, die dessen Eltern ihren Enkeln vielleicht zukommen lassen wollen. Oft kriegen Kinder diese gleichsam mitgeschiedenen Großeltern nur zu sehen, wenn der Vater das bei einem der vereinbarten Besuchstermine eigens arrangiert. Eine solche erzwungene Einschränkung oder Erschwerung des Kontakts zu den Großeltern kann eine Weihnachts- oder Geburtstagsfeier zu einem Ereignis werden lassen, das die Kinder eher traurig als fröhlich stimmt.

Manche sorgeberechtigten Mütter erklärten, Begegnungen mit den Schwiegereltern riefen bei ihnen einfach schmerzliche Erinnerungen an ihren nichtsnutzigen Ex-Ehemann wach, den sie schließlich vergessen wollten.

Großeltern, die versucht haben, Besuchsansprüche auf dem Rechtsweg durchzusetzen, haben von seiten der Gerichte und des Gesetzgebers beträchtliche Unterstützung erfahren. Wie Familienexperten von der American Bar Association berichten, zeichnet sich seit ein paar Jahren deutlich die Tendenz zu einer stärkeren Berücksichtigung der Besuchsrechte von Großeltern ab.

Wie stehen die Chancen dafür, daß ein nennenswertes Maß an Kontakt zwischen Kindern und dem nicht sorgeberechtigten Elternteil bestehen bleibt? Nicht sehr gut:

- Hetherington und Mitarbeiter stellten fest, daß zwei Jahre nach der Scheidung nur noch rund ein Drittel der Kinder den Vater mindestens einmal pro Woche besuchte oder traf.
- Wallerstein und Kelly konstatierten, daß fünf Jahre nach der Scheidung nur noch rund ein Drittel der Väter eine «nennenswerte Elternrolle» im Leben der Kinder spielte.
- Die Foundation for Child Development fand im Zuge ihrer Erhebung unter Kindern zwischen sieben und elf Jahren heraus, daß nur rund ein Drittel der Kinder geschiedener oder getrennt lebender Eltern regelmäßigen Kontakt mit dem Vater hatte.

Manche Väter kämpfen gegen diesen Entfremdungsprozeß an. In New Jersey wandte sich ein Mann im Laufe von zwei Jahren 76mal mit Anträgen an das Gericht, um ein verbessertes Besuchsrecht für sich zu erwirken und die ihm zustehenden Kontakte zu erzwingen. Doch oft lassen Väter, obwohl sie einen Rechtsanspruch auf Besuche haben und ihre Kinder lieben, den Kontakt zu ihnen allmählich abreißen, da die Begegnung für sie selbst aus irgendeinem Grund schmerzlich ist – vielleicht, weil sie sich mit Schuldgefühlen herumschlagen oder, wie Hetherington es ausdrückte, immer wieder daran erinnert werden, daß sie «als Vater versagt haben». Solche Väter erklären dann gern: Besuche mit Voranmeldung bei ihren eigenen Kindern hätten etwas Gezwungenes und Gekünsteltes an sich – also sollte man das Ganze lieber gleich lassen. Manche Männer beklagen sich auch über die Unfreundlichkeit oder gar Gehässigkeit ihrer Ex-Ehefrau, wenn sie die Kinder abholen kommen, was ihnen diese Besuche verleiden würde.

Wie Wallerstein und Kelly feststellten, respektieren jedoch die allermeisten sorgeberechtigten Mütter, selbst wenn es ihnen innerlich widerstrebt, gewissenhaft die Besuchsrechte des geschiedenen Partners. Nur etwa jede fünfte versucht, die vereinbarten Kontakte zu sabotieren.

Die Scheu vor unangenehmen Begegnungen mit der Verflossenen veranlaßt manche Väter, im Auto sitzen zu bleiben und lediglich auf die

Hupe zu drücken, wenn sie die Kinder abholen. Kluge Ex-Ehepartner schließen – ausdrücklich oder stillschweigend – die Vereinbarung (und halten sich auch daran), daß in den heiklen Momenten, da die Kinder abgeholt bzw. zurückgebracht werden, jedes Austragen persönlicher Differenzen zwischen ihnen tabu ist.

Wenn der nicht sorgeberechtigte Elternteil in der Nähe wohnt, werden die Kinder, zumindest wenn sie etwas älter sind, in der Regel einfach bei ihm aufkreuzen. Es ist immer von Vorteil, wenn man Kindern erlaubt, den fortgezogenen Vater jederzeit anzurufen. Nicht wenige verbitterte Mütter versuchen, Telefonkontakte zwischen dem Ex-Gatten und den Kindern per Verbot zu unterbinden. Zehntausende von Kindern sind, wenn sie mit ihrem Vater telefonieren wollen, gezwungen, dies hinter dem Rücken der Mutter zu tun.

Praktische Probleme der Kontaktpflege

Ein Problem, das manche Väter davon abhält, regelmäßige Besuchszeiten zu vereinbaren, ist, wie bereits erwähnt, die Gezwungenheit, die einer vorher anzumeldenden und auf eine bestimmte Stundenzahl begrenzten Begegnung unvermeidlich anhaftet. Es ist schwierig, bei solchen Zusammenkünften eine normale familiäre oder «häusliche» Atmosphäre herzustellen. Ohne es bewußt zu wollen, gerät der Vater dabei oft in die Rolle des Spendier-Onkels. Er führt die Kinder in den Zoo, ins Museum, ins Fußballstadion, geht mit ihnen auf die Spielwiese, zum Eislaufen, ins Kino und/oder zum Essen. Das alles kostet Geld, aber Papi liegt ja daran, die Kinder wiederzusehen. Von diesem Wunsch beseelt, gibt er sich in der Regel viel großzügiger, als er es vor der Scheidung, in seiner Rolle als «richtiger» Vater, war. Wenn die Kinder mit ihm in seine Wohnung zurückkommen und vielleicht noch ein paar Stunden herumzubringen sind, langweilen sie sich womöglich, es sei denn, es läuft etwas im Fernsehen, das sie interessiert. Vor der Scheidung hat der Vater möglicherweise nie das Gefühl gehabt, die Kinder unterhalten zu müssen. Sie gingen ihren täglichen Beschäftigungen nach, spielten in ihrem Zimmer oder irgendwo draußen und haben sich auch gelegentlich – zwanglos – mit ihrem Vater unterhalten. «Wochenendväter» tun klug daran, ihren Kindern, solange sie sie bei sich haben, sinnvolle Beschäftigung zu verschaffen, die zugleich Spaß macht – zum Beispiel gemeinsam das Essen vorbereiten.

Oft sind es praktische Probleme, die die Einhaltung vereinbarter Besuchsregelungen erschweren. Eine geschiedene Mutter aus New Jersey, deren Ex-Mann in New York wohnte, ließ ihre elfjährige Tochter Molly gewöhnlich mit dem Linienbus zu den mit dem Vater vereinbarten Besuchen fahren. Der Vater, so war es abgemacht, sollte das Mädchen am New Yorker Busbahnhof abholen. So weit, so gut.

Als Mutter und Tochter an einem Freitagnachmittag in New Jersey auf den Bus warteten, teilte man ihnen mit, es habe einen Ausfall gegeben und der Bus werde erst mit zwei Stunden Verspätung abfahren. Die Mutter fuhr zum nahe gelegenen Bahnhof, wo, wie sie wußte, um diese Zeit ein Zug nach New York abging. Sie kam gerade noch zurecht, um Molly ins Abteil zu setzen (es war der letzte Zug nach New York an diesem Tag). Von der nächsten Telefonzelle aus rief sie bei ihrem Ex-Mann an, um ihn «umzudirigieren». Er meldete sich jedoch nicht, da er zu Besuch bei einem Freund war. Daraufhin rief sie am Busbahnhof an und veranlaßte, daß ihr Mann dort ausgerufen wurde; sie hinterließ ihm die Botschaft, «zu Hause» anzurufen. Dann fuhr sie heim. Nach etwa einer halben Stunde rief er an. Sie sagte ihm, er solle zum Bahnhof gehen, und gab ihm Nummer und Ankunftszeit des Zuges. Wenig später rief er erneut an. Aufgeregt und wütend teilte er ihr mit, daß Molly nicht im Zug gewesen sei.

Nach einer Weile klingelte das Telefon wieder. Es war Molly. Sie erklärte, sie sei auf dem Bahnhof, habe ewig auf dem Bahnsteig auf den Papi gewartet und sei schließlich ins Büro der Bahnpolizei gegangen – zu erreichen unter folgender Telefonnummer. Die Mutter ließ den Vater auf dem Bahnhof ausrufen, telefonierte mit ihm und schickte ihn zur Bahnpolizei – doch die wußte nichts von einem kleinen Mädchen. Auch die Telefonnummer stimmte nicht. Nach weiteren zwanzig Minuten rief Molly erneut bei ihrer Mutter an und fragte, wo der Papi denn bleibe. Die Mutter verlangte daraufhin mit einem der Polizisten zu sprechen. Im nun folgenden Frage- und Antwort-Spiel löste sich das Rätsel: Molly war zu früh aus dem Zug gestiegen, in Newark. Sie hatte, als der Zugführer «Newark» als nächsten Halt durchsagte, «New York» verstanden. Um ein Uhr nachts rief der Vater bei der Mutter an, um ihr mitzuteilen, daß Molly jetzt glücklich bei ihm in New York gelandet sei.

Das Schrecklichste für einen nicht sorgeberechtigten Vater ist jedoch, wenn die Mutter die Kinder gegen ihn einnimmt oder sie dazu benutzt, ihm ultimative Geldforderungen zu überbringen. Wie Nancy Weston von der Divorcing Family Clinic erklärt: «Ein Kind möchte zu seinen Eltern aufschauen können, und zwar zu beiden. Ich habe bei unseren Sitzungen Kinder zu ihren Eltern sagen hören: ‹Ich mag nicht einem von euch erzählen, was sich in der Wohnung des anderen abspielt. Ich will keine Geschichten hin- und hertragen.›»

Bei einer Befragung von 295 Scheidungskindern gaben fast fünfzig Prozent an, sie hätten das Gefühl, von einem oder beiden Elternteilen «benutzt» zu werden.

Wenn Mutter und Vater nicht mehr miteinander sprechen, nützen aber auch manche Kinder dies zu Manipulationsversuchen aus. Nancy Weston berichtete mir von einer geschiedenen Mutter, die psychisch sowieso nicht sehr stabil und außerdem noch von der Scheidung ziemlich mitgenommen war. Jedesmal, wenn sie mit ihren beiden Kindern schimpfte oder etwas anordnete, was ihnen nicht paßte, liefen sie zu einer Telefonzelle, riefen ihren Papi an und klagten: «Bitte, hol uns. Die Mami schlägt uns.» Daraufhin kam der Vater angestürmt und nahm die Kinder mit. Schließlich reichte er, im Interesse der Sicherheit der Kinder, eine Sorgerechtsklage ein. Als die Therapeuten der Divorcing Family Clinic dem Vater eröffneten, daß seine Kinder ihn an der Nase herumführten, war er nicht wenig betroffen. Von jetzt an sagte er jedesmal, wenn ihn wieder ein telefonischer Hilferuf der Kinder erreichte: «Macht das mit eurer Mutter aus. Sie trägt die Verantwortung.»

Eins der wichtigsten Ziele der Divorcing Family Clinic ist, auf jeden Fall mal zu erreichen, daß die geschiedenen Eheleute vernünftig miteinander über die Kinder reden. Das heißt, man lädt die beiden zum Beispiel gemeinsam ein und läßt sie in Gegenwart eines Klinikmitarbeiters, der vermittelnd eingreifen kann, ihre Meinungsverschiedenheiten austragen. Oft ist einer von ihnen nur deshalb so verärgert, weil er (oder sie) nie die Gelegenheit hatte, dem Partner gewisse Dinge zu sagen, die seiner (ihrer) Ansicht nach gesagt werden müßten. Erlittene Kränkungen können besser verarbeitet und überwunden werden, wenn man den Ex-Ehepartner einmal damit konfrontiert hat.

«Es ist verblüffend, was so ein Gespräch alles bewirken kann», meint Nancy Weston dazu. «Wenn Vater und Mutter sich dazu bereitfinden, die Elternrolle trotz ihrer Trennung gemeinsam zu übernehmen, dann ist das Kind von der schrecklichen Last des Konflikts befreit, kann zwischen beiden Elternteilen pendeln und mit beiden gut auskommen. Und wir haben festgestellt, daß Väter, wenn sie regelmäßigen Umgang mit ihren Kindern haben, mehr Besonnenheit und Vernunft entwickeln.»

Eltern als Entführer

Die Übung, dem sorgeberechtigten Ex-Ehepartner die Kinder in praktischer Selbstjustiz wegzunehmen, gehört zweifellos zu den übelsten Folgeerscheinungen der Trennungs- und Scheidungswelle. Zwischen 100 000 und 150 000 Kinder werden in den Vereinigten Staaten jedes Jahr von zornigen geschiedenen Vätern oder Müttern entführt. Die niedrigere Ziffer entspricht einer Schätzung der Organisation Children's Rights für das Jahr 1980. Die Organisation verfügt über einen Stab freier Mitarbeiter, die beim Ausfindigmachen entführter Kinder helfen. Es sind durchweg Leute, denen selbst einmal eines oder mehrere Kinder entführt worden sind.

Die mexikanische Polizei ist der Fahndung nach «innerfamiliären» Kindesentführern aus den USA mittlerweile so überdrüssig, daß sie an manchen Grenzübergängen Einzelreisende mit Kindern unter sechzehn Jahren zurückweist, wenn sie das Fehlen des Ehepartners nicht plausibel und nachprüfbar begründen können.

Kinder werden aus der Schule geholt – angeblich wegen eines dringenden Arzttermins beispielsweise –, oder sie kehren von einem Besuch beim nicht sorgeberechtigten Elternteil nicht zurück, oder dieser entführt sie unter irgendeinem Vorwand aus der Wohnung des Ex-Ehepartners. Manche Kinder, die mit ihrer Situation ohnehin nicht zufrieden sind, lassen sich willig entführen; die meisten sind jedoch einfach perplex und werden übertölpelt. Es kam auch schon vor, daß ihr Entführer ihnen einredete, der andere Elternteil sei plötzlich gestorben, und sie dadurch zum Mitgehen bewog.

Eine nicht sorgeberechtigte Mutter, die ihre beiden Töchter entführte, quartierte sich in der Folgezeit unter neun verschiedenen Namen in vierzehn verschiedenen Motels oder Hotels ein, um die von ihrem Ex-Mann angeheuerten Detektive abzuschütteln. Zwei Privatdetektive, die sich als FBI-Beamte ausgaben, schnappten ihr die Kinder schließlich wieder weg und brachten sie zum Vater zurück.

In einem anderen Fall ging es um Kinder, die von einem Gericht in Alabama dem Vater zugesprochen worden waren. Die Mutter hatte ihrerseits vor einem Gericht in Massachusetts auf Zuerkennung des Sorgerechts geklagt. Dieses Gericht entschied zu ihren Gunsten, als die Kinder gerade bei ihr zu Besuch waren, und sie teilte ihrem Ex-Gatten mit, daß sie sie nicht mehr herausgeben werde. Daraufhin fuhr der Mann in Begleitung zweier von ihm engagierter Helfer, die mit Tränengas-Sprühdosen und Handschellen ausgerüstet waren, nach Massachusetts, griff sich die Kinder und floh mit ihnen ins sichere Alabama.

Eine sorgeberechtigte Mutter beobachtete, als sie eines Tages überraschend früher nach Hause zurückkehrte, wie ihr Ex-Ehemann und ein paar andere Männer mit ihrem vierjährigen Sohn davonfuhren. Sie raste hinterher. Bei der Verfolgungsjagd überschlug sich das Auto der Entführer, und Sohn und Vater kamen ums Leben.

Wie mehrere Psychiater, die mit der Untersuchung entführter Kinder befaßt waren, erklärt haben, ist das Erlebnis einer solchen Entführung in vielen Fällen mit heftigen emotionalen Reaktionen verbunden, beispielsweise mit einer noch intensiveren Fixierung auf den bevorzugten Elternteil. Ein Bub, den sein Vater unter dem Vorwand, seine Mutter sei gestorben, in einen anderen Bundesstaat entführte, konnte auf diese Nachricht hin fast ein Jahr lang keine zusammenhängenden Sätze mehr sprechen. Nach zwei Jahren fand die Mutter den Jungen und holte ihn sich zurück.

Bis vor kurzem brauchten amerikanische Mütter und Väter, die ihre Kinder entführten, kaum strafrechtliche Folgen zu befürchten, da ihre Tat juristisch nicht als Entführung gewertet wurde. So etwas galt als familieninterne Angelegenheit. Angesichts der wachsenden Zahl von Sorgerechts-Streitfällen und, in deren Gefolge, versuchten Kindesentführungen begannen viele US-Bundesstaaten ihre Gesetze jedoch dahingehend zu ändern, daß Zuwiderhandlungen gegen gerichtlich verfügte Sorgerechts-Regelungen, allen voran die Entführung von Kindern, zu strafbaren Tatbeständen wurden. Allein, zum einen machten dies nicht alle Bundesstaaten, so daß es immer noch «sichere» Refugien für elterliche Entführer gab, und zum zweiten schienen vielerorts Polizei und Justiz die veränderte Rechtslage kaum zur Kenntnis zu nehmen.

Da die Zahl der scheidungsbedingten Kindesentführungen weiter zunahm, sah sich schließlich der Kongreß in Washington genötigt, in Aktion zu treten. 1981 verabschiedete er ein Gesetz – den Parental

Kidnapping Prevention Act –, das alle Bundesstaaten verpflichtet, die von Gerichten in anderen Staaten getroffenen Sorgerechts- und Besuchsrechtsentscheidungen zu respektieren. In dem Gesetz wurde ferner festgelegt, daß eine bereits bestehende staatliche Nachforschungsagentur, die bis dahin ausschließlich damit befaßt war, säumige Unterhaltszahler ausfindig zu machen, künftig auch bei der Suche nach entführten Kindern eingeschaltet werden konnte. Schließlich eröffnete das neue Gesetz auch die Möglichkeit, das FBI nach elterlichen Kindesentführern fahnden zu lassen (eine Aufgabe, auf die das FBI nicht gerade scharf war).

Auf internationaler Ebene ist eine Zusatzklausel zur Haager Konvention geschaffen worden, die besagt, daß die Unterzeichnerstaaten – bis heute mindestens 27 – sich verpflichten, ein von seinem Vater oder seiner Mutter entführtes Kind in sein Herkunftsland zurückzuschicken.

Reglementierte oder zwanglose Besuche?

Wie wir gesehen haben, hat der Rechtsanspruch auf Kontakt mit den eigenen Kindern nach der Scheidung einige vom Standpunkt der Kinder aus schmerzliche Auswüchse angenommen. Weder die wechselseitige Entführung von Kindern als Extremfall noch die Einhaltung reglementierter Besuchszeiten als tagtäglicher Normalfall sind geeignet, ein entkrampftes Klima und eine gedeihliche Beziehung zwischen den Kindern und dem nicht sorgeberechtigten Elternteil zu schaffen. Dieser wird bei seinen Begegnungen mit den Kindern durch die Begrenztheit der Zeit und die Künstlichkeit der Situation in die Rolle eines bloßen Gastgebers gedrängt und verliert seine eigentliche Funktion als Vater (bzw. Mutter).

Kindern machen häufigere, improvisierte Kurzkontakte zum nicht sorgeberechtigten Elternteil mehr Spaß als lange, aber seltenere Besuche. Was Kinder wirklich wollen, ist kein vorbereitetes Unterhaltungsprogramm, sondern viel eher die Gewißheit, zusammen mit dem geschiedenen Elternteil (oder zumindest in seiner Nähe) einer unterhaltsamen oder interessanten Beschäftigung eigener Wahl nachgehen zu können – basteln, schwimmen, etwas für die Schule vorbereiten und dergleichen mehr. Viele Kinder lieben es auch, mit dem geschiedenen Elternteil einkaufen zu gehen und ihm kochen zu helfen.

Kinder wünschen sich – und dies mit Recht –, daß es ihnen freisteht, den jeweils anderen Elternteil anzurufen, wann immer sie wollen und ohne sich um irgendwelche gerichtliche Auflagen kümmern zu müssen. Sie wollen keine Schuldgefühle empfinden, wenn sie auf dem Weg zur Schule kurz beim Vater (oder der Mutter) vorbeischauen und guten Tag sagen.

Die Eltern haben ihren Kindern gemeinsam das Leben geschenkt. Sie haben daher die moralische Verpflichtung, gegebenenfalls auch über die Kündigung ihres eigenen Ehevertrags hinaus das Bestmögliche für ihre Kinder zu tun. Nur grausame oder gedankenlose Eltern wetteifern um die Zeit, die Zuneigung oder die Loyalität ihrer Kinder.

Nancy Weston von der Divorcing Family Clinic ist fest von der Notwendigkeit zwangloser Formen der Kontaktpflege überzeugt:

Das Leben eines Kindes verläuft «schief», wenn es nur zu einem Elternteil Kontakt hat . . . . Die Kinder, die beide Elternteile regelmäßig und häufig sehen, gedeihen am besten, haben mehr Selbstbewußtsein, leiden weniger unter Depressionen und tun sich in der Schule leichter.

15 Wie sag ich's meinem Kinde?

So wie unsere westlichen Gesellschaften sich gegenwärtig präsentieren, kann man annehmen, daß die Scheidungsrate im kommenden Jahrzehnt eher weiter steigen als sinken wird. Wir haben uns einige der schmerzlichen Folgen vor Augen geführt, die eine Scheidung für die betroffenen Kinder häufig hat. Kinder, deren Eltern sich trennen oder scheiden lassen, schweben, um das mindeste zu sagen, in erhöhter Gefahr, einen mehr oder weniger großen Teil ihrer inneren Sicherheit, ihres Selbstwertgefühls und ihres Vertrauens zu den Erwachsenen auf Dauer einzubüßen.

Wenn man alle Belastungsfaktoren addiert, denen ein Kind normalerweise ausgesetzt ist, wenn es eine typische Scheidung der Eltern – einschließlich Trennung von einem Elternteil und Anpassung an die neue Situation – durchmacht, erhält man einen Streßwert von 217 Punkten auf der von Holmes und Rahe entwickelten Ratingskala zur Messung des Streßpotentials sozialer Umbrüche.[1] Die Wissenschaftler, die diese Rechnung aufgemacht haben, weisen darauf hin, daß Kinder bei einem Wert von 300 Punkten auf dieser Skala ein «hohes Risiko» laufen, psychogene Krankheitssymptome zu entwickeln.

Die Scheidung selbst schlägt mit einem Punktwert von 73 zu Buche, übertroffen nur vom Tod eines Ehepartners (100). Hier einige der anderen Streßfaktoren, die in die Summe von 217 Punkten eingingen.

Änderung des finanziellen Status	38
Mutter wird berufstätig	26
Veränderung der Lebensumstände	25
Umzug	20
Schulwechsel	20
Veränderung der Häufigkeit familiärer Zusammenkünfte	15

Eine der Ursachen für den hohen Punktwert von 217 ist, daß die Auflösung einer Ehe in unserer Gesellschaft in der Regel mit großem pädagogischen Ungeschick vonstatten geht. Wie Wallerstein und Kelly herausfanden, hatten achtzig Prozent der von ihnen befragten geschiedenen Paare mit Kindern im Vorschulalter ihren Kindern nicht erklärt, weshalb sie sich scheiden ließen.

Es scheint naheliegend, den Vorschlag zu machen, auf breiter gesellschaftlicher Ebene Anstrengungen zu unternehmen, um die nachteiligen Auswirkungen der Scheidungs-Epidemie auf unsere Kinder und auf unsere Gesellschaft möglichst gering zu halten.

Ein erster Schritt könnte darin bestehen, die Wahrscheinlichkeit einer Scheidung zu reduzieren, indem man Maßnahmen ergreift, die die Chance erhöhen, daß Paare, die heiraten, auch gut zueinander passen. Mit anderen Worten: Wir sollten den vielen unüberlegten, impulsiven Eheschließungen so weit wie möglich vorbeugen. Nur durch eine längere Zeit des Zusammenlebens, die die Bewältigung emotionaler und praktischer Krisen des Alltags einschließt, können zwei Menschen «testen», ob sie wirklich willens und geeignet sind, eine eheliche *Lebensgemeinschaft* durchzustehen. In der frühen Geschichte Nordeuropas hat es bereits gesellschaftliche Experimente gegeben, die unter anderem jungen Paaren, die heiraten wollten, zur Bedingung machten, eine Zeitlang Tisch und Bett zu teilen, ehe ihnen die Ehe gestattet wurde. Heute könnte auch bei uns in den USA – wie in Europa – von Staats wegen wenigstens eine obligatorische, sagen wir sechswöchige, Wartezeit zwischen der Bestellung des Aufgebots und dem Datum der Eheschließung eingeführt werden. Dies würde jungen Leuten, die sich etwa aus einer Feiertagslaune oder einer Blitzromanze heraus zum Heiraten entschlossen haben, die Möglichkeit geben, die Klugheit ihres Entschlusses noch einmal sorgfältig zu prüfen.

Das Scheidungsrecht sollte für kinderlose Ehepaare weiterhin liberal bleiben. Paaren mit Kindern im Vorschulalter sollte die Scheidung jedoch durch geeignete gesetzliche Regelungen erschwert werden, nicht nur im Interesse der Kinder, die in diesem Alter am wenigsten in der Lage sind, einen solchen Vorgang zu begreifen und zu bewältigen, sondern auch aus Rücksicht auf die Frauen, die eine Trennung in dieser Zeit am härtesten trifft.

In unserer Zeit, da jeder wirklich die Möglichkeit hat, nur noch Wunschkinder zu bekommen, sollten wir es eigentlich als unverantwortlich betrachten, wenn ein Ehepaar erst einen neuen Menschen in die Welt setzt und dann nicht die Bereitschaft aufbringt, dem hilflosen Kleinkind ein intaktes familiäres Umfeld zu bieten. Die bloße Tatsache, daß ein Mann und eine Frau feststellen, daß sie miteinander nicht mehr glücklich sind, sollte nicht als zureichender Scheidungsgrund anerkannt werden. Vielleicht waren sie einfach zu träge, es noch einmal ernsthaft zu versuchen. Wie wir gesehen haben, drückte eine Mehrheit der Geschiedenen einige Zeit nach der Trennung ihr Bedauern darüber aus, sich nicht mehr Mühe gegeben zu haben, ihre Ehe zu retten.

Wenn ein Ehepaar mit Kindern unter sechs Jahren die Scheidung einreicht, sollte eine Wartefrist von, sagen wir, zwei Monaten einsetzen, während der die Eltern verpflichtet wären, entweder einzeln oder, wenn irgend möglich, gemeinsam einen ihnen vom Scheidungsrichter empfohlenen Familienberater aufzusuchen. Der würde ihnen dann helfen, die Ursachen ihrer ehelichen Probleme zu finden, und könnte sie auf Möglichkeiten der Veränderung ihres Verhaltens oder ihrer Lebensgewohnheiten hinweisen, um so ihre Beziehung vielleicht wieder zu stabilisieren. Eine solche Unterredung mit einem Berater müßte vor allem für den Partner, der die Scheidung einreicht, obligatorisch sein.

Wenn nach Ablauf eines Monats noch immer einer oder beide die Scheidung wollen, würden sie zu einer erneuten Unterredung mit dem gleichen Eheberater aufgefordert, wieder entweder einzeln oder gemeinsam. Dieses Mal ginge es bei dem Gespräch darum, wie die Auflösung der Ehe im Interesse der Kinder am besten bewerkstelligt werden kann. Auch dieses zweite Gespräch müßte für den die Scheidung betreibenden Partner obligatorisch sein.

Für den Fall, daß die Scheidung endgültig und unwiderruflich angestrebt wird, möchte ich nachfolgend noch einige weitere Empfehlungen geben, wie die verschiedenen Stadien des Trennungsprozesses bis hin zu einer möglichen neuen Heirat eines oder beider Partner am besten bewältigt werden könnten:

Wie bringt man dem Kind die Trennungsabsicht bei?

Die Trennung ihrer Eltern kommt für die meisten Kinder wie ein Blitz aus heiterem Himmel, selbst wenn es, wie vielleicht in einem Viertel aller Fälle, zuvor häufige, offen ausgetragene Ehekräche gegeben hat. Für

Kinder ist das Zuhause *die* grundlegende Tatsache ihres Lebens. Undenkbar, es zu verlieren oder ohne es weiterzuleben.

Wie rücksichtsvoll und einfühlsam die Eltern den Kindern ihren Trennungsentschluß auch erklären mögen, sie werden kaum verhindern können, daß diese mit Angst, Wut und Trauer reagieren. Wahrscheinlich bitten sie die Eltern, es sich noch einmal zu überlegen. Ältere Kinder nehmen die Nachricht womöglich mit steinerner Miene entgegen oder versuchen, sich unbekümmert zu geben. Wie auch immer: Kinder, die älter als eineinhalb Jahre sind, haben eine aufrichtige Erklärung verdient, eine Erklärung, die ihrem Begriffsvermögen entspricht und ihnen einleuchtet – schon um die Gefahr eines lange nachwirkenden Traumas so weit wie möglich zu verringern.

Es ist eine Form der Feigheit, wenn Eltern sich sozusagen auf Zehenspitzen aus ihrer Ehe davonschleichen, wie es so oft geschieht. Daß «die Kinder es ohnehin nicht verstehen würden», ist nur eine billige Ausrede. Selbst wenn die Eheleute sich hoffnungslos zerstritten haben, sind sie es ihren Kindern schuldig, die Trennung in einer möglichst ruhigen und verständnisvollen Atmosphäre zu vollziehen.

Unter der Voraussetzung, daß die Kinder nach Alter und Begriffsvermögen nicht zu weit voneinander entfernt sind, empfiehlt der Kinderpsychologe Lee Salk, die Nachricht von der bevorstehenden Scheidung vor versammelter Familie zu verkünden. Das Zusammengehörigkeitsgefühl, das durch das Einbezogenwerden in die Bewältigung einer Krisensituation entstehen kann, hilft den Kindern vielleicht, den Schock besser zu verkraften. Wenn die Altersunterschiede zwischen den Kindern groß sind, sollte man sie in Einzelgesprächen informieren.

Wenn die Eltern zusammen ein «Statement» vorbereiten und vortragen, wird dadurch weitgehend ausgeschlossen, daß die Kinder von der einen oder anderen Seite mit böswilligen, einander widersprechenden, parteiischen «Erklärungen» traktiert werden. Eine «Krisensitzung» symbolisiert darüber hinaus, daß die Familie trotz des Wegzugs eines Elternteils und trotz der juristischen Auflösung der Ehe als ideelle Einheit weiterbestehen wird.

Wenn der Trennungsabsicht ein gemeinsamer Entschluß zugrunde liegt, ist es egal, wer von beiden das Wort ergreift, am besten wäre es, wenn die Eltern, möglichst zwanglos, abwechselnd reden, sich die Aufgabe sozusagen teilen. Wenn nur einer der Partner die Scheidung will, sollte die Diskussion von dem anderen, nicht trennungswilligen

Partner eröffnet werden, zum Beispiel mit den Worten: «Eure Mutter/Vater möchte in Zukunft nicht mehr mit mir zusammenleben.» Dann sollte der Betreffende daran erinnern, daß die Ehe seinerzeit aus Liebe geschlossen wurde und die Kinder im Zeichen einer glücklichen Beziehung geboren worden sind, und schließlich erklären, warum die Ehe nun letztendlich doch gescheitert ist. Das könnte, nach einem Vorschlag Lee Salks, in etwa so lauten:

«Mit der Zeit änderten sich einige Dinge, und manches klappte nicht so, wie wir uns das gedacht oder gewünscht hatten, und wir waren immer weniger glücklich miteinander. Wir haben versucht, die Dinge ins Lot zu bringen, aber es sieht so aus, als ob das einfach nicht mehr möglich ist. Darum haben wir uns entschlossen, diesen für uns unerfreulichen Zustand zu beenden und getrennt voneinander glücklicher zu leben.» Ich würde sogar eine noch stärkere Formulierung für angebracht halten: Die Eltern könnten den Kindern erklären, sie fühlten sich in ihrer Ehe so unglücklich, daß sie fürchteten, bald keine guten Eltern mehr sein zu können, wenn das alles so weiterginge.

Die Kinder sollten nicht mit Details über Seitensprünge eines Partners (sofern vorgekommen) belastet werden. Es genügt zu sagen, daß der betreffende Elternteil sich «mit Leuten angefreundet hat, die ich nicht mag», oder daß «ich seine Spielleidenschaft nicht billigen kann» oder daß «er meinen Wunsch, einen Beruf auszuüben, nicht respektiert» oder daß «wir uns, wie es scheint, leider die meiste Zeit, die wir zusammen sind, streiten».

Auf jeden Fall muß klargestellt werden, daß auch der Partner, der die Scheidung anstrebt, ein liebenswerter Mensch und ein guter Vater bzw. eine gute Mutter ist. Die Eheleute sollten deutlich machen, daß sie es zutiefst bedauern, künftig nicht mehr als Mann und Frau zusammenzuleben, daß sie aber beide die Kinder nach wie vor sehr lieben und versuchen werden, ihnen gute Eltern zu sein.

Der Elternteil, der aus dem Familienhaushalt ausziehen wird, sollte den Kindern versichern, daß er sie nach wie vor liebhat und daß die räumliche Trennung die Existenz der Familie als solcher nicht beendet. Schließlich sollten den Kindern die praktischen Folgen der Scheidung dargelegt werden, soweit dies möglich ist. Auf folgende Dinge sollten sie wiederholt hingewiesen werden:

- Das Kind trägt keinerlei Schuld an der Trennung, die einzig und allein von den Eltern zu verantworten ist.
- Aus den ihnen vorgetragenen Details über die getroffenen oder zu treffenden Vereinbarungen muß für die Kinder unmißverständlich zu ersehen sein, daß sie nicht plötzlich allein und ohne Fürsorge auf der Welt stehen, sondern daß beide Eltern nach wie vor für sie da sein werden und die Familie weiterbestehen wird, auch wenn Vater und Mutter künftig in getrennten Wohnungen leben.
- Die Kinder sollten ermuntert werden, Fragen zu stellen und ihre Meinung zu sagen, auch wenn sie in Tränen aufgelöst dasitzen oder wütend protestieren.

Wenn es gelingt, in diesen für die Kinder kritischen und schwierigen Momenten den richtigen Ton zu treffen, dann besteht weit eher die Chance, daß sie über diese Situation ohne schwere und bleibende Blessuren hinwegkommen.

Umzugs-Probleme

Der Auszug des Elternteils, der den gemeinsamen Familienhaushalt verläßt, sollte nach Möglichkeit in mehreren Etappen, verteilt auf eine oder zwei Wochen, vor sich gehen. Der dramatische Abschied mit unbekanntem Ziel, nachdem man das Nötigste in einen Koffer gepackt hat, mag der Stimmung zerstrittener Paare am angemessensten sein, ist aber für Kinder ein schreckliches Erlebnis. Der ausziehende Elternteil sollte, wenn irgend möglich, vor dem endgültigen Schritt die Kinder die Wohnung besichtigen lassen, die er (bzw. sie) beziehen wird.

In dieser Übergangsperiode sollten beide Elternteile – ungeachtet ihrer eigenen augenblicklichen Probleme – persönliche Gespräche mit jedem der Kinder führen, wobei das jeweilige Thema ziemlich egal ist, Hauptsache, die Kinder merken, daß Liebe und Fürsorge von Vater und Mutter ihnen erhalten bleiben. Die Eltern sollten während der Woche vor der endgültigen Trennung eine Art Waffenstillstand schließen. Weder zu diesem noch zu irgendeinem anderen Zeitpunkt sollten sie die Loyalität der Kinder auf die Probe stellen. Wie der Entwicklungspsychologe Jerome Kagan von der Harvard University erklärt: «Das Wichtigste bei jeder Auseinandersetzung ist, daß man die Kinder niemals zwingt, Partei zu ergreifen. Damit brächte man sie in eine unverantwortlich belastende Situation.»

Ein Bekannter von mir, der sich hat scheiden lassen, ließ sich einige höchst praktikable Mittel zur Bewältigung der Trennungssituation einfallen. Er hat zwei Söhne im Teen-Alter, während seine neue Frau eine elfjährige Tochter in die zweite Ehe mitbrachte. Seine erste Frau ließ sich von ihm scheiden, weil die beiden sich einfach auf keinen gemeinsamen Lebensstil einigen konnten. Sie wohnen nun nicht weit voneinander entfernt, und jeder hat in seiner Wohnung ein Kinderzimmer für die Jungen, die beide Wohnungen als ihr Zuhause betrachten und beide Elternteile fast täglich sehen. Zu Beginn eines jeden Monats legen sie selbst fest, an welchen Tagen sie «offiziell» bei welchem Elternteil wohnen werden, und hängen diesen «Stundenplan» in beiden Wohnungen an die Pinnwand.

Einige der «Spielregeln», mit deren Hilfe mein Freund und seine Ex-Gattin ihre Trennung über die Bühne brachten, sind vielleicht von allgemeinem Interesse:

«Oberste Regel: Unbedingt dafür sorgen, daß sich kein Anwalt einmischt, es sei denn, um zum Schluß die getroffenen Vereinbarungen als rechtsgültige Verträge zu formulieren.

Meine Frau und ich haben lange Diskussionen geführt, aber stets versucht, fair zu bleiben. Um die Möbelstücke, die wir beide gern gehabt hätten, haben wir gelost.

Einmal in der Woche gehe ich mit meiner früheren Frau essen, mit Einverständnis meiner jetzigen Frau, die dann manchmal im Laufe des Abends mit den Kindern zu uns stößt.

Ich mähe bei meiner Ex-Frau noch immer den Rasen; wenn ich keine Zeit dazu habe, tut es einer der Jungs.

Unsere Freunde wissen, daß es uns nicht stört, wenn wir beide zur selben Party eingeladen werden.

Wir kommen beide mit den Jungen noch großartig aus; und ich glaube, daß meine Stieftochter große Stücke auf mich hält.»

Die ersten Monate sind, wie wir gesehen haben, in der Regel eine Zeit, in der oft alles drunter und drüber geht. Der sorgeberechtigte Elternteil sollte Verständnis dafür haben, wie schwer es den meisten Kindern unter zwölf Jahren fällt, einen gewöhnlich als einschneidend empfundenen Verlust zu verarbeiten. Ihre typische erste Reaktion – ein Akt des Selbstschutzes – ist das Verdrängen und Leugnen der eigenen Betroffenheit. Manche Kinder ziehen sich ganz in sich selbst zurück – ein Besuch bei einem etwa gleichaltrigen Kind, das bereits mit der Situation, geschiedene Eltern zu haben, vertraut ist, kann da vielleicht zu einer rascheren Gewöhnung an die neuen Gegebenheiten beitragen. Auf das Nicht-wahrhaben-Wollen folgt meist die Wut, dann die Niedergeschlagenheit, wenn die Kinder merken, daß sie nicht in der Lage sind, den Lauf der Dinge zu ändern; schließlich setzt sich allmählich die Einsicht in die Unausweichlichkeit der neuen Realität durch, und der Anpassungsprozeß kann sich vollziehen.[2]

Es ist ein großer Fehler, wenn der sorgeberechtigte Elternteil die Kinder ermahnt, brav zu sein, sich mit diesem oder jenem zu beschäftigen und nicht «darüber» nachzudenken. Man sollte die Kinder im Gegenteil dazu ermutigen, das, was sie bewegt, nicht stumm in sich hineinzufressen, sondern aus sich herauszulassen – den Kummer, die Wut, die Verzweiflung. Eine Phase der Trauer ist normal und gesund, und erst wenn das Kind sie durchgemacht hat, wird es wirklich imstande sein, sich an die veränderten Umstände seines Lebens und seines Alltags zu gewöhnen.

Gehen wir einmal von dem (häufigeren) Fall aus, daß das Sorgerecht bei der Mutter verbleibt. Sie wird während des ersten Monats nach der Scheidung mit ihren eigenen Problemen eine Menge zu tun haben und vermutlich dazu neigen, in ihrem Erziehungsverhalten unsicher, sprunghaft und allzu nachsichtig zu sein. Wenn sie das selbst merkt, wird sie sich vielleicht besonders bemühen, einen bestimmten Rhythmus in den Alltag der Kinder zu bringen, ihnen Normen und Beschränkungen zu setzen und sie nicht darüber im unklaren zu lassen, was sie von ihnen erwartet. Wenn sie in einem hilfsbereiten sozialen Umfeld lebt und die Kinder alt genug sind, um Interessen und Beschäftigungen außerhalb der Familie zu haben, so wird dies ihre Aufgabe erleichtern. Ein Gefühl der Stabilität können die Kinder aus dem fortdauernden Kontakt zu Großeltern, Onkeln und Tanten, Lehrern oder gleichaltrigen Freunden gewinnen.

Das Familienleben nach der Trennung

Einmal abgesehen von dem seltenen Fall, daß Eheleute sich einfach deshalb scheiden lassen, weil sie einander langweilig geworden sind, ist eine Scheidung meist begleitet von einem beträchtlichen Maß an Ärger und Streit – egal, ob es dabei um emotionale oder finanzielle Probleme geht. Frisch Geschiedene sprechen von ihrem Ex-Partner nicht selten als einem «echten Schuft» oder «ausgemachten Luder».

So natürlich Reaktionen dieser Art sind, so unumgänglich ist es, daß Paare mit Kindern sich darauf verständigen, zwischen ihren Gefühlen als Ex-Ehepartner und ihren Gefühlen als Noch-immer-Eltern streng zu unterscheiden. Eine an der University of Wisconsin durchgeführte Studie mit 54 geschiedenen Paaren ergab, daß jene sich als Eltern am besten bewährten, die ihre Beziehungen Regeln unterworfen hatten, die sie dazu zwangen, ihre Elternrolle und ihre Partnerrolle stets auseinanderzuhalten.

Belege dafür, daß Kinder viel besser fahren, wenn ihre geschiedenen Eltern unter Hintanstellung des Grolls, den sie möglicherweise gegeneinander hegen, aktiv bei der Fürsorge für die Kinder und bei der Förderung ihrer Entwicklung zusammenwirken, erbrachte eine 1976 durchgeführte Untersuchung. Sie zeigte, daß in den Fällen, wo der Vater sich gemeinsam mit der Mutter um die Schulleistungen der Kinder kümmerte, indem er sie beispielsweise zu Elternsprechstunden begleitete, um mit den Lehrern zu reden, die Kinder signifikant bessere Schulnoten erzielten als in den Fällen, wo der Vater sich nicht dafür interessierte.[3]

Nachfolgend möchte ich einige Dinge anführen, auf die Kinder geschiedener Eltern ein Anrecht haben. Man könnte dies als den Entwurf einer «Menschenrechtscharta für Scheidungskinder» bezeichnen. Eltern, denen etwas an ihren Kindern liegt, täten gut daran, diese Grundsätze zu beherzigen:

1. Scheidungskinder haben ein Anrecht auf Eltern, die jeden Monat wenigstens zwanzig Minuten erübrigen, um, persönlich oder am

Telefon, mit ihnen über errungene Erfolge und anstehende Probleme zu sprechen – und über nichts anderes. Es sollte bei diesen Gesprächen keine Hinweise oder Ermahnungen wegen anderer, beispielsweise finanzieller Angelegenheiten geben. Die seelische und körperliche Gesundheit der Kinder, ihre Aktivitäten, ihre Erlebnisse und Leistungen in der Schule und ihre Reaktionen auf die Scheidung – soweit feststellbar – sollten im Mittelpunkt stehen.

2. Scheidungskinder haben ein Anrecht auf Eltern, die an Geburtstagen und anderen den Kindern wichtigen Feiertagen mit ihnen zusammmen essen gehen oder feiern – wenn die Kinder dies wünschen. Die Eltern sollten auch gemeinsam Veranstaltungen der Schule besuchen, die den Kindern viel bedeuten.

3. Scheidungskinder haben ein Anrecht darauf, daß ihre Eltern einander nicht beschimpfen oder schlechtmachen – vor allem nicht in Gegenwart der Kinder.

4. Scheidungskinder haben ein Anrecht darauf, daß ihre Eltern alles vermeiden, was die Kinder zwingen würde, Partei für einen von beiden zu ergreifen.

5. Scheidungskinder haben ein Anrecht darauf, von keinem Elternteil zu Spitzeldiensten angehalten zu werden, etwa dazu, Informationen über Ausgaben, Liebschaften oder irgendwelche sonstigen Aktivitäten des Ex-Ehepartners zu liefern. Wenn Kinder von sich aus Dinge erzählen, ist das natürlich etwas anderes.

6. Scheidungskinder haben ein Anrecht darauf, jeden Elternteil jederzeit anrufen zu können. Falls dies Ferngespräche erfordert, sollte man die Kinder mit der Möglichkeit des R-Gesprächs vertraut machen. Die Eltern sollten sich auch darauf verständigen, daß der nicht sorgeberechtigte Elternteil die Kinder mindestens einmal wöchentlich anruft.

7. Scheidungskinder haben ein Anrecht auf Eltern, die vereinbaren, einander bei jedweden Notfällen oder anderen wichtigen, die Kinder betreffenden Ereignissen zu benachrichtigen.

8. Scheidungskinder haben ein Anrecht auf Eltern, die sich darauf verständigen, sich zivilisiert zu benehmen und Vorwürfe und Schuldzuweisungen in Gegenwart der Kinder zu vermeiden.

Wie die Regelungen, die man vereinbart, im einzelnen auch immer aussehen mögen, der Grundsatz der elterlichen Kooperation sollte auch hier Geltung haben. Die Wahrung dieses Grundsatzes empfiehlt sich aus mehreren Gründen: Den Kindern wird dadurch das Gefühl vermittelt, daß ihre Familie noch existiert; es kommt zu sehr viel weniger Konflikten über Unterhaltszahlungen, Besuche usw.; und da die geschiedene Mutter von heute in der Regel berufstätig ist, wird sie – wenn die erste Erbitterung vorbei ist – für eine kontinuierliche Entlastung von ihren Mutterpflichten dankbar sein.

Ein gemeinsames Sorgerecht irgendwelcher Art hat eindeutige Vorteile für jene geschiedenen Paare, die psychisch in der Lage sind, ihre elterlichen Pflichten von ihrem Groll gegen den Ehepartner zu trennen. Gemeinsames oder geteiltes Sorgerecht heißt nicht unbedingt, daß die Kinder gleich viel Zeit bei beiden Elternteilen verbringen; es heißt zunächst einfach einmal, daß die Verantwortung für wichtige, das Leben der Kinder betreffende Entscheidungen gemeinsam getragen wird. Wenn die Eltern sich darüber hinaus auch materiell in das Sorgerecht teilen wollen, so ist dabei vor allem zu beachten, daß die Lebensgewohnheiten der Kinder hinsichtlich Freizeitbeschäftigung, Freunde sowie in bezug auf Kontakte zu geschätzten Verwandten nicht beeinträchtigt werden sollten. In den Fällen, wo eine materielle Teilung des Sorgerechts nicht in Frage kommt, andererseits aber der sorgeberechtigte Elternteil überfordert ist und Hilfe benötigt, sollte ein Sozialarbeiter oder ein Familienberater oder ein Freund der Familie um Rat und Beistand gebeten werden.

Sehr wichtig ist, daß die Eltern – und nicht Anwälte und Richter – die Sorgerechts-Vereinbarungen miteinander aushandeln. Nur wenn sie sich nicht einig werden können, sollten sie sich an einen Vermittler wenden. Zum Glück gibt es heute mehr und mehr Anwälte, die auf Familienrecht spezialisiert sind und sich selbst eher in der Rolle von Beratern sehen, die auf eine einvernehmliche Regelung hinarbeiten, als in der Funktion von streitenden Interessenvertretern. Wenn sich trotz allem kein Kompromiß erzielen läßt, sollten die streitenden Parteien ihren Fall einem gerichtlich anerkannten Schlichter vortragen.

Nun zu den Besuchsregelungen: Je formaler und strikter die Termine mit dem nicht sorgeberechtigten Elternteil festgelegt sind, desto unbefriedigender für die Kinder werden sie in der Regel sein. Scheidungsrichter verfügen gern solche präzise ausgearbeiteten «Besuchsfahrpläne», weil sie dann im Falle einer erneuten Auseinandersetzung der betreffenden Eltern vor Gericht einfach und schnell eine Schuldfeststellung treffen können.

Die Begriffe «Besuchsrecht» und «Besuchsregelung» sind eigentlich unglücklich gewählt, weil sie etwas suggerieren, was gerade nicht gemeint ist und weder den Wünschen der Kinder noch denen des nicht sorgeberechtigten Elternteils entspricht. Die Kinder sollen den Vater/die Mutter nicht «besuchen», sondern Kontakt zu ihm halten können, Zugang zu ihm haben. Wenn dieser Kontakt sich auf gelegentliche Besuche reduziert, entsteht eine künstliche Situation, und der betreffende Elternteil fühlt sich, wie bereits weiter oben ausgeführt, meist bemüßigt, die Kinder auszuführen und zu unterhalten.

Was den Kindern statt dessen garantiert werden sollte, ist ein regelmäßiger, häufiger, zwangloser Kontakt zum nicht sorgeberechtigten Elternteil. Eine verbriefte Regelmäßigkeit dieser Kontakte vermittelt den Kindern das Gefühl der Sicherheit, das sie benötigen. Wenn der nicht sorgeberechtigte Elternteil in der Nähe wohnt – und das wäre wünschenswert –, sollten Kinder, die alt genug sind, um sich selbständig draußen bewegen zu können, die Erlaubnis erhalten, jederzeit, wann immer es ihnen gefällt, auf einen Sprung in dessen Wohnung vorbeizuschauen.

Im Idealfall empfindet das Kind die Wohnung oder das Haus des nicht sorgeberechtigten Elternteils als sein zweites Zuhause. Es sollte dort ein Zimmer oder zumindest eine abgeteilte Ecke geben, die ihm «gehört», und einen Platz, an dem es seine Hausaufgaben machen kann. Es sollte dorthin auch Freunde mitbringen können. Wenn ein Kind beim nicht sorgeberechtigten Elternteil übernachtet, sollte von vornherein klargemacht werden, daß dies für das Kind keine «Feiertage» sind – es sollte sein Bett selber machen, beim Kochen mithelfen, seine Schularbeiten erledigen usw. Besuche im Kino, im Restaurant oder im Fußballstadion sollten nicht die Regel, sondern die für besondere Anlässe reservierte Ausnahme sein.

Wenn ein geschiedenes Paar zwei oder mehr Kinder hat, sollten diese einige ihrer «Besuche» beim nicht sorgeberechtigten Elternteil zusammen machen, damit der andere Elternteil in dieser Zeit einmal ganz von den Erziehungspflichten entbunden ist. Aber der Vater/die Mutter sollte auch darauf achten, daß er/sie gelegentlich mit jedem seiner/ihrer Kinder mal allein zusammen ist.

Das Beste aus der Situation machen

Eine der wichtigsten Einsichten scheint mir die zu sein, daß es vor allem von der «Durchhaltemoral» der Mutter abhängt, wie gut die Kinder eine Scheidung und deren Folgen überstehen. Wenn sie sich hängen läßt oder unter der Last der neuen Pflichten zusammenbricht, werden sich auch die Kinder hilflos und verloren vorkommen.

Die Rolle der geschiedenen, alleinerziehenden Mutter ist eine solche Herausforderung, daß daraus oft eine trotzige Fröhlichkeit und eine große Ichstärke erwächst. So etwas wirkt ansteckend, es weckt das Beste in den Kindern: Sie übernehmen ungewohnte Verantwortungen, entwikkeln eine unbändige Solidarität mit Mama und fühlen sich als deren Juniorpartner.

Ihre Mutterrolle gut auszufüllen, wird ihr wesentlich leichter fallen, wenn sie eine Stellung mit etwas flexibleren Arbeitszeiten findet und einen verständnisvollen Chef dazu. Wenn Kinder, insbesondere Knaben, wenig Gelegenheit zu Begegnungen mit dem Vater haben, weil dieser in einer weitentfernten Stadt oder im Ausland wohnt, wird eine kluge Mutter dafür sorgen, daß sie oft mit Männern zusammenkommen, die sie respektieren können, seien es Onkel, Nachbarn oder anderweitige Bekannte. Und sie wird ihre Söhne zu den Pfadfindern oder einer vergleichbaren Jugendgruppe, in einen Verein und ins Jugendferienlager schicken.

Was die Mutter selbst betrifft, so sollte sie, um psychisch stabil zu bleiben, nach Kontakten suchen, die ihr eine aktive, gemeinschaftsorientierte Freizeitgestaltung erlauben.

In den Vereinigten Staaten hat sich eine Organisation namens PWP – Parents Without Partners – gebildet, der beizutreten für die meisten geschiedenen Mütter sicherlich sehr hilfreich ist. Die lokalen Verbände dieser Organisation bieten wechselnde Vortragsprogramme an, die sich in erster Linie mit den Problemen alleinerziehender Eltern beschäftigen, sowie ständige Diskussionsgruppen. PWP organisiert Gruppen-Freizeitaktivitäten für alleinstehende Eltern *und* ihre Kinder, Gemeinschaftsprojekte für Erwachsene und Kinder, Ausflüge und Besichtigungsfahrten für Gruppen und einzelne Familien. Für Teenager gibt es im Rahmen von PWP sogar eigene Klubs.

In vielen Ortsverbänden von PWP sind auch Männer vertreten, Väter, die durch den Tod der Frau, durch Scheidung oder Trennung zu Alleinerziehern geworden sind. Sie begleiten abwechselnd die Kinder auf Ausflügen, bieten ihre Dienste als Babysitter an und fungieren ganz allgemein als Rollenvorbilder.

Bei PWP darf nur Mitglied werden, wer nachweislich Alleinerzieher ist und eine Empfehlung vorweisen kann. Mit dieser Vorsichtsmaßnahme soll verhindert werden, daß verheiratete Männer (oder Frauen) aufkreuzen, die nur darauf aus sind, jemanden abzuschleppen.

Wenn Eltern lernen, ihre Rolle in «lockerer Selbstverständlichkeit» zu akzeptieren, wenn sie praktische Solidarität üben und gemeinsam mit ihren Sprößlingen sinnvolle Dinge unternehmen, dann wissen die Kinder dies enorm zu schätzen und danken es ihnen, egal ob die Eltern noch unter einem Dach wohnen oder nicht.

TEIL IV

Neue Formen und Tendenzen des Familienlebens

16 Aufwachsen mit nur einem Elternteil

Zwischen 1970 und 1980 vollzog sich in der westlichen Welt eine in Anbetracht der kurzen Zeitspanne wirklich erstaunliche Zunahme des Anteils alleinerziehender Eltern. In den Vereinigten Staaten beispielsweise stieg, den Angaben des U.S. Census Bureau zufolge, die Zahl der nur noch mit einem Elternteil zusammenlebenden Kinder während dieses Zeitraums um zwei Drittel. Mehr als ein Fünftel aller amerikanischen Kinder lebt heute im Haushalt eines alleinerziehenden Elternteils. Das entspricht einer absoluten Zahl von über zwölf Millionen Kindern. Die Ursache ist in den allermeisten Fällen, daß die Eltern geschieden sind oder sich getrennt haben oder daß ein Elternteil sich abgesetzt hat. Die Alleinerzieher sind überall in der westlichen Welt auf dem Vormarsch, doch liegt ihr Anteil an der Gesamtheit der Haushalte mit Kindern in den Vereinigten Staaten doppelt so hoch wie in vergleichbaren europäischen Ländern.

Ist dies, gesellschaftlich betrachtet, ein besorgniserregender Trend? Bevor wir ausführlicher auf dieses Problem eingehen, möchte ich zunächst, sozusagen als Illustration einer Realität, meine Unterhaltung mit Katie Powell wiedergeben, einer Vertreterin der Zunft der Alleinerziehenden. Ihre drei Töchter haben auf mich, eine wie die andere, einen höchst positiven Eindruck gemacht. Mindy war acht, Maggie zehn, Loddy fünfzehn Jahre alt. Die Familie lebt in einem Vorort von Baltimore. Nach dem Frühstück blieben die Mutter und ihre drei Töchter noch über eine halbe Stunde lang in angeregtem Gespräch am Tisch sitzen – was mich ebenso beeindruckte wie der Anblick der kleinen Maggie, die über eine halbe Stunde lang still für sich Backgammon-Spielzüge ausknobelte, oder die schon beachtlichen Eislaufkünste der achtjährigen Mindy oder die Selbständigkeit Loddys, die im letzten

Sommer ganz in eigener Regie nach Idaho gefahren war, um dort zwei Monate auf einer Ranch zu arbeiten.

Wie paßte dies alles zu der Behauptung so vieler renommierter Fachleute, daß Kinder, die mit nur einem Elternteil aufwachsen, schlechtere Entwicklungschancen haben? Gab es bei den Powells vielleicht Probleme, die ich nur nicht kannte? Es folgen einige Auszüge aus meiner auf Band aufgenommenen Unterhaltung mit Katie, einer attraktiven, redegewandten Frau Mitte Dreißig. Da ihre Erzählung höchst persönliche Dinge einschließt, habe ich ihren Namen geändert, obwohl sie das nicht von sich aus verlangt hat. Der Text ist eine wörtliche Niederschrift der Tonbandaufnahme.

Katie arbeitet zur Zeit für eine Firma, die Betriebe bei der Auswahl von Standorten für neue Fabriken berät. Ihr Ex-Gatte Joe hat wieder geheiratet – eine Frau, die ebenfalls aus erster Ehe drei Kinder hat. Joe ist Sportlehrer und Trainer an einer High School, die eine halbe Fahrstunde von Katies Wohnung entfernt liegt. Die beiden Hauptgründe für die Scheidung waren, daß Katie, die ihr Studium mit dem Magistergrad abgeschlossen hatte, arbeiten wollte, was Joe ganz und gar nicht paßte, und daß er berufsbedingt sehr viel von zu Hause fort war.

Ihre erste Anstellung fand sie bei der Restauration einer Eisenhütte aus dem 19. Jahrhundert, wo sie als Hilfskraft mitarbeitete. Nach ihrer Scheidung jobbte sie dann nacheinander in mehreren Berufen – als Sekretärin, Kindergärtnerin u.a. –, bis sie ihre jetzige Stelle bekam, die auch gelegentliche Reisen erforderlich macht.

VP: Sind Joe und Sie nach wie vor böse aufeinander, oder haben Sie sich ein freundschaftliches Verhältnis zueinander bewahrt?

KATIE: Ich glaube nicht, daß es freundschaftlich ist. In ein paar grundlegenden Fragen hinsichtlich der Kinder sind wir uns einig, aber was finanzielle Angelegenheiten betrifft und über eine ganze Menge anderer Dinge haben wir doch sehr unterschiedliche Meinungen.

VP: Wie oft sehen die Kinder ihren Vater?

KATIE: Theoretisch jedes zweite Wochenende. Es klappt allerdings nicht immer, aber doch wenigstens in etwa. Im Sommer verbringen sie entweder die ganzen Ferien, mindestens jedoch sechs Wochen bei ihm. Für die Kinder ist das ideal, weil er freien Zugang hat zu solchen Sachen wie Tennisplätzen und Schwimmbecken.

VP: Kommt er auch manchmal zu Ihnen zu Besuch – oder nie?

KATIE: Nie.

VP: Dann ist er also einer von diesen Hupsignal-Vätern?

KATIE: Ach so, nein, wenn er die Kinder abholt, kommt er schon rein.

VP: War es eine schwierige Zeit, als die Scheidung lief?

KATIE: Wir haben nicht offen gestritten. Es war für die Mädchen eigentlich keine allzu schlimme Zeit.

VP: Sie mußten nicht in einer spannungsgeladenen Atmosphäre leben?

KATIE: Nein. Ich glaube auch, daß es für die drei ziemlich überraschend kam. Mittlerweile haben sie sich mit unserer Trennung abgefunden, aber im Herzen wünschen sie uns wieder zusammen unter einem Dach zu sehen. Ja, selbst nachdem er wieder geheiratet hat und wir seit nunmehr fünf Jahren auseinander sind.

VP: Bei welchem von den Mädchen hatten Sie den Eindruck, daß es am meisten unter der Trennung litt?

KATIE: Ich glaube, alle haben gelitten, jede auf ihre Art. Am wenigsten hat es vielleicht Mindy getroffen, weil sie noch so klein war. Maggie hat Hautausschläge bekommen. Und Loddy hat oft und deutlich gesagt, daß es ihr gegen den Strich geht.

VP: Wie einige Untersuchungen gezeigt haben, bricht in den Haushalten alleinstehender Eltern nach der Scheidung eine Zeitlang eine Art organisatorisches Chaos aus. Ist das bei Ihnen auch so gewesen?

KATIE: Äh, ja; es geht tatsächlich auch jetzt noch oft drunter und drüber. Manchmal ist nicht genug zum Essen da, oder das Geschirr wird nicht abgewaschen, und man weiß nicht mehr genau, welches der Kinder man wann und wo abzuholen versprochen hat ... Diese Dinge sind auch für die Mädchen ein bißchen verwirrend. *Ich weiß, daß Mindy immer noch die Angst hat, daß sie eines Tages irgendwo steht und ich vergesse, sie abzuholen.*

VP: Haben Sie manchmal das Gefühl, die Kinder und sich dafür entschädigen zu wollen, daß sie keinen Vater mehr zu Hause haben und daß die Mutter arbeiten geht?

KATIE: Ja, ich glaube wirklich, daß ich das versuche. Wenn man berufstätig ist und abends zu den Kindern nach Hause kommt, dann freut man sich richtig, sie zu sehen. Wir essen dann zusammen und unterhalten uns über den Tag, und manchmal, wenn noch Zeit bleibt, spielen wir miteinander. Ich versuche aber, sie nicht zu verwöhnen.

VP: Mir scheint, Sie reden mit ihnen wie mit Erwachsenen.

KATIE: Richtig. Ich glaube, das hat sich jetzt zunehmend ergeben, weil ich uns als ein Team betrachte, als so etwas wie vier gute Freunde. Wir sitzen alle irgendwie in einem Boot. Ich denke, selbst als sie noch klein waren, habe ich immer versucht, sie respektvoll zu behandeln – soweit das möglich war.

VP: Mindy war bei Ihrer Scheidung drei Jahre alt. Hatten Sie da Probleme bei der Jobsuche?

KATIE: Sie war im Kindergarten. Außerdem hatte ich sehr, sehr großes Glück, weil eine gute Freundin von mir, die selbst zwei Kinder hat, sich jeden Tag nach dem Kindergarten noch zwei Stunden um Mindy kümmerte – ohne auch nur einen Cent dafür zu nehmen.

VP: Was war für Sie das Schwierigste daran, als alleinstehende Frau drei Kinder erziehen zu müssen?

KATIE: Das bloße Organisieren des Alltags kann einen schon ganz schön Kraft kosten. Der Versuch, die Stundenpläne aller Beteiligten unter einen Hut zu bringen, und dazu noch die eigene berufliche Tätigkeit. Die beiden Älteren kommen zu den seltsamsten Zeiten aus der Schule und nehmen nachmittags noch Stunden, und da gibt es eine ganze Menge, was ich gern für sie tun würde, aber nicht tun kann, weil ich einfach keine Zeit habe. So müssen sie eben auf manches verzichten.

VP: Worauf zum Beispiel?

KATIE: Eislaufen zum Beispiel. Mindy ist eine gute Eiskunstläuferin, aber sie hat keine Möglichkeit, zur Eishalle zu kommen, wo sie Trainerstunden nehmen könnte. Ich arbeite an sehr vielen Tagen länger, so daß ich nicht garantieren kann, sie auch wirklich jeden Nachmittag um fünf Uhr dort abzuholen. Auch Termine beim Arzt und beim Zahnarzt und dergleichen sind organisatorisch manchmal kaum in den Griff zu kriegen. Dann tut man sich auch finanziell schwer. Ich denke, ich verstehe jetzt, wie ein Mann sich früher gefühlt haben muß, wenn er allein die Verantwortung für die Zukunft seiner Familie trug.

VP: Ist Joe ein guter Vater gewesen?

KATIE: Ja, ein ausgezeichneter sogar. Sehr besorgt und bemüht um die drei.

VP: Jetzt immer noch, obwohl er wieder verheiratet ist?

KATIE: Ja, und wir haben von Anfang an ausgemacht, was die Erziehung der Mädchen angeht, nie gegeneinander zu arbeiten – nicht daß der eine ja zu etwas sagt, was der andere kurz vorher verboten hat. Da haben wir einander stets den Rücken gestärkt.

VP: Ist das auch nach der Scheidung so geblieben?

KATIE: Ja, wir tun unser möglichstes, um widersprüchliche Entscheidungen zu vermeiden.

VP: Hat seine neue Ehe viel verändert?

KATIE: Die Mädchen kommen mit seiner Frau recht gut aus, wenn es auch gelegentlich Reibereien gibt.

VP: Die älteste und die jüngste Ihrer Töchter sind sieben Jahre auseinander. Ist das ein Problem bei gemeinsamen Gesprächen im Familienkreis?

KATIE: Es ist eigentlich mit jedem Jahr schöner geworden und hat mehr Spaß gemacht, miteinander zu reden und Ideen auszutauschen. Es ist schwer zu beschreiben.

VP: Die Kinder sehen in Ihnen vielleicht überhaupt keine «Erwachsene» oder Mutterfigur?

KATIE: Doch, ich glaube, in mancher Hinsicht schon. Wenn ich böse auf sie bin, dann wissen sie es. Dann sind sie eingeschnappt, und manchmal lassen sie es mich bewußt spüren, ziehen sich zum Schmollen zurück. Aber meistens, wenn wir zusammen sind, ist die Stimmung gut, und wir sind fröhlich miteinander. Ich nehme sie auch gern mit auf Reisen, die ich beruflich machen muß.

VP: Was für Reisen?

KATIE: Im letzten Herbst habe ich die beiden Jüngeren nach Seattle mitgenommen. Wir sind kreuz und quer über die Olympic-Halbinsel gefahren, von einem Motel zum anderen. Die Kinder waren rührend. Sie schleppten die Koffer rein, und jeden Morgen packten sie sie und trugen sie zum Auto. Manchmal mußten sie, wenn es regnete, stundenlang im Auto warten, bis ich von einem Gesprächstermin oder sonst was zurückkam. Aber es war einfach ein großes Abenteuer, das wir gemeinsam erlebt haben. Die Hälfte der Zeit war ich genauso aufgeregt und bange wie sie. Sie waren mir eine richtig große Hilfe.

VP: Sorgen sie sich um Sie, weil Sie soviel arbeiten?

KATIE: Ein klein bißchen schon, glaube ich. Sie wollen, daß ich glücklich bin. Sie wollen, daß ich Freunde habe.

VP: Lieben sie ihren Vater noch?

KATIE: Ja.

VP: Fühlen sie sich in irgendeiner Weise unbehaglich, wenn sie zu ihm zu Besuch fahren?

KATIE: Ich glaube, sie sind gern bei ihm. Sie mögen die Kinder dort und alles. Was sie weniger mögen, ist das Ein- und Auspacken ihrer Sachen jedesmal.

VP: Übernehmen die Mädchen irgendwelche verantwortlichen Aufgaben – über das hinaus, was man bei Kindern ihres Alters erwarten kann?

KATIE: Sie müssen kochen. Da wechseln wir uns ab. Ich koche an zwei Abenden. Maggie [die Zehnjährige] kocht an zwei Abenden. Mindy hilft an einem Abend beim Kochen mit. Ihre Wäsche waschen sie alle selbst.

VP: Mindy auch? Sie ist doch erst acht.

KATIE: Ja. Ich helfe ihr noch manchmal dabei, aber die anderen beiden waschen ihre Sachen ganz allein. Und Mindy hat es sogar geschafft, dreimal am Tag ihr Penicillin selbständig zu nehmen, als sie krank war. Jedes der Mädchen ist für sein Zimmer verantwortlich – das Bettzeug zu waschen und Staub zu saugen. Manchmal sieht es in dem einen oder anderen Zimmer aus wie auf einem Schlachtfeld, aber im allgemeinen meldet sich dann doch irgendwann ihr Ordnungssinn, und so etwa einmal im Monat räumen sie gründlich auf.

VP: Haben Sie jemals im Zusammenhang mit den Besuchen der Kinder bei Joe richtig schlechte Erfahrungen gemacht?

KATIE: Ein paar Dinge hat es gegeben. Zum Beispiel, wie ich schon gesagt habe, verlange ich von den Mädchen, daß sie ihre Sachen selbst packen. Joe und seine Frau finden das offenbar weniger gut, wenn die Mädchen dann zu ihnen kommen und mal nicht die passenden Kleider dabeihaben. Dann krieg ich's zu hören, weil ich sie nicht streng genug kontrolliert hätte.

VP: Vor den Kindern?

KATIE: Nein, durchs Telefon.

VP: Sie wohnen noch im gleichen Haus wie vor der Scheidung?

KATIE: Ja. Das hat viel geholfen, da bin ich sicher. Joe lag eine Menge daran. Er wollte, daß sie in diesem Haus bleiben, damit eine gewisse Kontinuität da ist. Sie lieben dieses Haus... Es ist noch unser gemeinsames Eigentum.

VP: Welche Zeit war von Ihrem Standpunkt aus die schwierigste?

KATIE: Wahrscheinlich das erste Jahr, obwohl es in mancher Hinsicht heute schlimmer ist, weil ich jetzt realistischer bin. Wenn man erst mal fünf Jahre hinter sich hat, erkennt man, daß es vielleicht immer und ewig so weitergehen wird. Im ersten Jahr steht man noch so unter Schockwirkung, daß man nie weiß, was als nächstes passiert. Man denkt, daß man vielleicht wieder heiraten könnte und die Probleme dann verschwinden. So, wie es jetzt aussieht, denke ich, daß ich vielleicht noch eine ganze Zeit allein bleiben und allein verantwortlich bleiben werde.

VP: Die Mädchen haben Sie nie gedrängt, wieder zu heiraten?

KATIE: Nein; eigentlich . . . jedesmal, wenn das Thema zur Sprache kommt . . .

VP: Sie wollen, daß Sie zu Joe zurückkehren?

KATIE: Nein, da sind sie realistisch. Sie sagen, es gefällt ihnen so, wie es ist. Ich glaube, was ihnen nicht gefiele, wäre, wenn sie mich mit einem Mann teilen müßten. Wenn ich dann sage: «Aber eines Tages werdet ihr erwachsen sein und ausziehen», fangen sie an zu weinen.

Wie das Beispiel der Powells zeigt, kann das Familienleben in einem Alleinerzieher-Haushalt auf eine für alle Beteiligten erfreuliche Weise funktionieren, ja, als eine Art Abenteuer verstanden werden. Man sollte freilich nicht vergessen, daß die Powells von einer Reihe günstiger Umstände profitierten, die bei vielen anderen sicher nicht gegeben sind (gar nicht zu reden davon, daß die Mädchen eine wunderbare Mutter haben), wie zum Beispiel:

- Die Eltern sind trotz des Scheiterns ihrer Ehe vernünftig und verantwortungsvoll geblieben. Sie besprechen die Probleme ihrer Kinder miteinander.
- Die Mädchen haben auch nach der Scheidung noch einen liebevollen Vater, und ihre Mutter kooperiert mit ihm bei der Planung und Abwicklung der Besuchswochenenden, obgleich der Vater wieder geheiratet hat.
- Die Eltern fallen einander bei Entscheidungen, die die Kinder betreffen, nicht in den Rücken.
- Es gab zwischen den Eltern in der Zeit, als die Scheidung lief und auch danach im Zusammenhang mit Sorgerechts- und Besuchsfragen vergleichsweise wenig «Häßlichkeiten».
- Die Mädchen konnten im gleichen Haus, das heißt inmitten ihrer

angestammten Freunde und ihrer vertrauten Umgebung wohnen bleiben.
- Die Mutter hat einen verständnisvollen Chef, der, solange die Arbeit nicht darunter leidet, nichts dagegen hat, wenn sie zwischendurch mal das Büro verläßt, um die Kinder irgendwohin zu fahren, eine dringende Besorgung zu machen usw.
- Echte finanzielle Nöte sind der Familie bislang erspart geblieben.
- Die Powells haben nur Töchter. Es liegen Untersuchungsergebnisse vor, die dafür sprechen, daß Mädchen sich in einem Nur-Mutter-Haushalt wohler fühlen und leichtertun als Jungen.

Die Experten sind sich nicht alle einig, aber mehrere Wissenschaftler haben Anhaltspunkte dafür gesammelt, daß Knaben mit dieser Situation schwerer zurechtkommen, daß sie zum Beispiel eher dazu neigen, in ihren Schulleistungen nachzulassen, als gleichaltrige Mädchen unter ähnlichen Umständen.[1] Hetherington in den USA und Rutter in England stellten fest, daß das mit einer Scheidung der Eltern einhergehende Erlebnis der Trennung und des Verlusts Jungen stärker mitnimmt als Mädchen. Auch Michael Lamb, Psychologe an der University of Wisconsin, meint, daß Buben jeder Altersstufe «schadensanfälliger» seien als Mädchen. Es ist jedoch, wie wir weiter unten sehen werden, denkbar, daß bei Mädchen eine Art Latenz-Effekt eintritt und bestimmte Folgewirkungen sich erst in der Pubertät zeigen.

Egal wie gut oder wie schlecht eine um einen Elternteil dezimierte Familie ihre Situation in den Griff bekommt – einige Probleme werden in den allermeisten Fällen auftauchen, vor allem in der ersten Zeit nach der Scheidung.

Rollenüberlastung. Wenn Katie Powell davon sprach, daß das bloße Organisieren des Alltags oft ihre ganze Kraft erfordere, so gilt dasselbe vermutlich für die große Mehrheit aller geschiedenen Mütter mit mehr als einem Kind.

In einem Bericht des Verbandes der National Association of Elementary School Principals heißt es: «Für den berufstätigen alleinerziehenden Elternteil können die rein praktischen Erfordernisse der Kindererziehung und -versorgung zu einem logistischen Alptraum werden.» Eine aus eigener Erfahrung mit dieser Situation vertraute Frau beschrieb diese ständige Überlastung in einem Gespräch mit einem Eheberater sehr anschaulich:

Jeder Tag entspricht einem Jongleurkunststück mit tanzenden Tellern – eine falsche Bewegung, und alle fallen runter und gehen in Scherben. Wenn die Babysitterin in letzter Minute anruft und sich krank meldet, kann ich nicht zur Arbeit gehen, und der ganze Tagesplan ist umgeworfen. Ich hätte nie gedacht, daß so viel Planung notwendig ist, nur um einen normalen 24-Stunden-Tag hinter sich zu bringen. Ich muß drei Tage vorher festlegen, wann ich mir die Haare waschen werde.[2]

Die meisten geschiedenen Mütter würden sich wahrscheinlich auch dann nach einer Arbeit umsehen, wenn sie nicht auf ein eigenes Einkommen angewiesen wären. Eine alleinerziehende Mutter mehrerer Kinder sagte mir: «Für Geschiedene ist Arbeitengehen die beste Therapie, besser jedenfalls, als zu Hause zu sitzen und Trübsal zu blasen.»

Teilrückzug von der Außenwelt – gehört nicht zu den unvermeidlichen Nachwehen einer Scheidung, kommt aber offenbar doch recht häufig vor. Ein Grund dafür mag sein, daß die Mutter nach einer Scheidung meist alle Hände voll zu tun hat, um ihr Leben unter den neuen Voraussetzungen in den Griff zu bekommen und zu ordnen. Eine Scheidung hat oft den Umzug in eine neue, unbekannte Umgebung zur Folge. Die Kontakte zu Freunden und Bekannten und die Teilnahme an geselligen Ereignissen reduzieren sich nach der Auflösung einer Ehe durchschnittlich um nahezu fünfzig Prozent.

Wenn man sich von Problemen eingekreist und überwältigt sieht, kann dies natürlich ebenfalls ein Grund für eine Reduzierung der Außenkontakte sein. Wie eine Befragung von knapp tausend alleinerziehenden Elternteilen ergab, ist bei dieser Personengruppe die Teilnahme an gesellschaftlichen Ereignissen geringer als bei zusammenlebenden Ehepaaren. Alleinerziehende scheinen weniger kontaktfreudig zu sein und eher zu Gefühlen der Einsamkeit, Entfremdung und Ohnmacht zu neigen, und zwar offenbar nicht nur während einer kurzen Übergangsperiode.[3] Der für die Studie verantwortliche Psychologe maß dem teilweisen Rückzug aus dem gesellschaftlichen Leben besondere Bedeutung bei, weil, wie er schrieb, alleinerziehende Eltern «vielleicht gerade ein *Mehr* an Teilnahme und ein ausgeprägteres Gefühl der Kontrolle über ihr eigenes Leben brauchten als nichtgetrennte Eltern».

Viele unternehmungslustige Mütter überwinden früher oder später diese verständliche Rückzugsneigung und bemühen sich wieder um ein ausgefülltes Leben außer Haus. Ein denkbarer erster Schritt hierzu wäre, wie bereits weiter oben erwähnt, der Eintritt in einen Verein oder eine Organisation wie PWP.

Schwerwiegende finanzielle Probleme. Mehrere Wissenschaftler haben erklärt, daß alle die angeblichen Benachteiligungen der mit nur einem Elternteil aufwachsenden Kinder gering sind angesichts der einen großen Benachteiligung, die sich angesichts der Analyse von Erhebungsdaten über die Einkommensunterschiede zwischen intakten und geteilten Familien abzeichnete.[4] Wenn es auch Anhaltspunkte gibt, die gegen diese Behauptung sprechen, so ist es doch eine Tatsache, daß die allermeisten durch eine Scheidung entstandenen Nur-Mutter-Haushalte finanziell nicht auf Rosen gebettet sind. In den Vereinigten Staaten gibt es ungefähr drei Millionen bei der geschiedenen, alleinerziehenden Mutter wohnende Kinder, die unterhalb der Armutsgrenze leben.

Die erste unausweichliche Erfahrung, die selbst die kooperationswilligsten geschiedenen Eheleute machen, ist die, daß zwei Haushalte zu führen teurer kommt als nur einen. Noch immer ist es die Regel, daß «Mutter die Kinder bekommt», obwohl sie im statistischen Durchschnitt vierzig Prozent weniger verdient als der Vater – wenn sie überhaupt arbeitet. Natürlich gibt es zum Ausgleich dieser Diskrepanz die dem Mann auferlegten Unterhaltszahlungen.

Die Zahlungsmoral geschiedener amerikanischer Männer wird allerdings zunehmend schlechter. Nur ein rundes Viertel der alleinerziehenden Mütter in den USA erhält sechs Monate nach der Scheidung noch Unterhaltszahlungen vom Ex-Ehemann. Mit zunehmendem zeitlichen Abstand von der Scheidung sinkt dieser Prozentsatz noch weiter. Wenn die Zahlungen erfolgen, reichen sie nur selten zum Unterhalt der Kinder aus. Eine Mutter, die 350 Mark pro Kind und Monat bekommt, kann sich schon glücklich schätzen.

Kurz und gut – oder besser schlecht: In ungefähr der Hälfte aller von einer geschiedenen, alleinerziehenden Mutter geführten Haushalte herrscht, gemessen an der amtlichen Definition, Armut, zumindest in den ersten Jahren nach der Scheidung. Natürlich krebsten einige dieser Familien auch schon vor der Scheidung an der Armutsgrenze herum. Das ändert aber nichts daran, daß Millionen von Müttern mit Kindern nach der Trennung von ihrem Mann eine drastische Senkung ihres Lebensstandards hinnehmen müssen.

Viele geschiedene Mütter ziehen in eine billigere Wohngegend um, was für die Kinder bedeutet, daß sie die Schule wechseln müssen und die Freunde verlieren.

Und auch sonst sehen sich die meisten alleinerziehenden Mütter gezwungen, Abstriche von ihrem gewohnten Lebensstandard zu machen. Wenn das Geld partout nicht reicht, entschließen sich manche – vor allem jüngere, die noch minderjährig oder erst Anfang Zwanzig sind –, zu ihren Eltern zurückzukehren. Das hilft nicht nur Miete sparen, sondern oft auch Unterhaltskosten. Die Kehrseite einer solchen Lösung ist, daß die junge Mutter einen Teil ihrer Unabhängigkeit einbüßt, und für ihre Eltern, daß sie sich nun um ein Enkelkind (oder gar mehrere) kümmern müssen, was sie vielleicht sehr gern tun, vielleicht aber auch nicht.

In den meisten europäischen Ländern hat man schneller als in den USA begriffen, daß alleinerziehende Mütter eine Problemgruppe darstellen, die der Hilfe bedarf. In Köln errichtete eine Wohnungsbaugenossenschaft speziell für Familien mit nur einem Elternteil eine Wohnanlage, der Betreuungseinrichtungen für Kinder angeschlossen sind, so daß die Mutter/der Vater in Ruhe arbeiten gehen kann. In Schweden räumt man alleinerziehenden Elternteilen bzw. ihren Kindern eine Reihe von Privilegien ein, wie beispielsweise einen vorrangigen Anspruch auf frei werdende Kindergartenplätze.[5]

Wie wirkt sich das Fehlen des Vaters aus?

Hunderte von Forschern sind dieser Frage nachgegangen. Vor über zehn Jahren stellten Elizabeth Herzog und Cecilia F. Sudia vom U.S. Office of Child Development die Ergebnisse von rund sechzig Studien zusammen, die aus der Vielzahl der vorliegenden Arbeiten als die methodisch solidesten ausgewählt worden waren. Die Analyse ergab, daß es praktisch genauso viele Untersuchungen gab, die keinen Zusammenhang zwischen dem (auf welchen Ursachen auch immer beruhenden) Fehlen des Vaters und negativen Persönlichkeitsmerkmalen der Kinder feststellen konnten, wie solche, die einen derartigen Zusammenhang konstatierten (letztere waren knapp in der Überzahl).

Herzog und Sudia konzentrierten ihr Augenmerk vor allem auf die möglichen Zusammenhänge zwischen vaterlosem Aufwachsen einerseits und jugendlicher Straffälligkeit, Schulleistung und männlicher Rollenidentität andererseits. Eine ihrer Schlußfolgerungen lautete: «Ob nur einer oder aber beide Elternteile unter einem Dach leben, ist für die Entwicklung eines Kindes vermutlich weniger entscheidend als die Fähigkeit der im Haushalt vorhandenen Personen, eine *Familie* zu bilden – und das ist viel schwerer abzuschätzen.»

Um diese Aussage zu veranschaulichen, führten sie Beispiele aus zwei bekannten Untersuchungen an. Bei der einen ging es um die Söhne norwegischer Seeleute, die mitunter zwölf oder gar vierundzwanzig Monate ununterbrochen von zu Hause fort waren. Es stellte sich heraus, daß diese Jungen im Vergleich mit einer gleichaltrigen Kontrollgruppe im allgemeinen unreifer und unselbständiger waren und sich schwerertaten, eine männliche Identität zu finden. Als italienische Wissenschaftler eine vergleichbare Untersuchung unter Söhnen genuesischer Seeleute durchführten, konnten sie keine besonderen Probleme mit der Identitätsfindung und dem Erwachsenwerden feststellen.

Herzog und Sudia schlugen als mögliche Erklärung dafür vor, daß von den Ehefrauen genuesischer Seeleute traditionell erwartet wurde, während der Abwesenheit ihrer Männer Verantwortung, Selbständigkeit und Autarkie zu demonstrieren, während die Frauen der norwegischen Seeleute weiter die konventionelle Hausfrauen- und Mutterrolle zu spielen hatten.

Mehrere Jahre nach Erscheinen der Herzog-Sudia-Analyse zogen Michael und Jamie Lamb von der University of Wisconsin unter Berufung auf die mittlerweile neu hinzugekommenen Untersuchungsergebnisse den Schluß: «Die umfangreiche Literatur zur vaterlosen Familie . . . legt nahe, daß diese Kinder benachteiligt sind.»[6] Sie räumten ein, daß es eine Reihe ungeklärter Widersprüche gab, die eine schlüssige Aussage darüber, ob die Benachteiligung auf das Fehlen des Vaters als solches oder aber auf das Ausbleiben seiner finanziellen Unterstützung für die Familie zurückzuführen war, nicht zuließen. Allerdings könne man unter Berücksichtigung der vorhandenen Unterlagen eindeutig sagen, daß die Nachteile für ein Kind um so gravierender zu sein scheinen, je jünger es zum Zeitpunkt der Trennung der Eltern bzw. des Fortgangs des Vaters war.

Harold Feldman stellte 1979 die These zur Diskussion, daß der Weggang des Vaters nur in den Fällen signifikante Auswirkungen zeigt, wo der Vater sich zuvor viel mit seinen Kindern beschäftigt hat – also nur in den wenigsten Fällen, da die meisten Väter sich nicht sehr intensiv mit ihren Kindern abgäben.[7]

Zu differenzieren wäre außerdem noch hinsichtlich des Grundes für das Fehlen des Vaters. Haben die Eltern sich scheiden lassen, fährt der Vater zur See oder ist als Soldat in einen Krieg gezogen, oder ist er tot? Wenn ein Elternteil gestorben ist, hat sein Verlust offenbar geringere negative Langzeitfolgen für die Kinder, als wenn sie ihn durch eine Trennung der Eltern verlieren. Der Tod ist kein «Versagen» und außerdem etwas Endgültiges. Wenn Schockwirkung und Trauer nachlassen, rücken die überlebenden Mitglieder der Familie gewöhnlich enger zusammen und entwickeln oft das Bewußtsein, nun erst recht einem ihnen nicht wohlgesonnenen Schicksal trotzen zu müssen. Eine Trennung der Eltern hingegen bringt die Kinder oft in Loyalitätskonflikte und hin und wieder in die Verlegenheit, erklären zu müssen, daß und warum sie zu Hause keinen Vater haben, und verleitet sie womöglich dazu, jahrelang dem Gedanken an eine mögliche Versöhnung der Eltern nachzuhängen.

Manche Forscher meinen, daß der Fortgang des Vaters am ehesten dann signifikante Folgen hat, wenn er zwischen dem zweiten und sechsten Lebensjahr des Kindes erfolgt.

Jene, die das (auf welchen Ursachen auch immer beruhende) Fehlen des Vaters als entscheidendes Handicap für die Entwicklung eines Kindes betrachten, weisen darauf hin, daß dem Vater außer seiner Ernährerfunktion schließlich noch andere Rollen obliegen, deren Fortfall mehr oder weniger gravierende Auswirkungen haben kann:

Rollenvorbild. Für Kinder, egal ob Knaben oder Mädchen, ist der Vater immer so etwas wie ein prototypischer Mann, das heißt, er prägt ihre Vorstellungen von Männlichkeit und von den Beziehungen zwischen den Geschlechtern.

Autorität. In der typischen Familie ist der Vater in den Augen der Kinder eine höhere Autoritätsinstanz als die Mutter. Im Alltag erteilen zwar die Mütter weitaus mehr Anweisungen, doch sind diese oft weniger verbindlich und werden seltener befolgt. Wie Mrs. Hetherington es ausgedrückt hat: «Die Mutter besitzt nicht den Nimbus der Macht.» Dieser Statusunterschied ist wahrscheinlich nur gesellschaftlich induziert, aber das ändert nichts daran, daß es de facto in erster Linie die Väter sind, die die Normen und Wertmaßstäbe setzen, die das «moralische Klima» in einer Familie bestimmen.

Geschlechtsrollen-Prägung. Väter achten, man mag dies für gut oder schlecht halten, gewöhnlich mehr als Mütter darauf, daß ein Junge sich wie ein Junge und ein Mädchen sich wie ein Mädchen verhält.

Unterstützung der Mutter. Wie ein Wissenschaftler vom National Institute of Child Health and Human Development feststellte, hilft der emotionale Rückhalt, den eine Frau bei ihrem Mann findet, ihr dabei, eine guter Mutter zu sein.

Es gibt auch Vorteile

Das Aufwachsen mit nur einem Elternteil scheint auch einige positive Aspekte zu haben. Robert S. Weiss, Autor des Buches *Going It Alone,* befragte über zweihundert alleinerziehende Eltern und über fünfzig Kinder solcher Eltern.[8] Sehr beeindruckt war er von einem Teenager, dessen Eltern sich hatten scheiden lassen, als er zehn Jahre alt war, und der erklärte: «Auf lange Sicht – ich habe irgendwie das Gefühl, daß ich das nicht sagen sollte, aber eine ganze Menge Kinder sind besser dran, wenn ihre Eltern sich scheiden lassen, weil man dann viel schneller erwachsen wird.»

Wenn die Mutter berufstätig ist, lernen die Kinder im allgemeinen rasch, neue Aufgaben und Verantwortungen zu übernehmen, wie wir es bei den drei Powell-Mädchen gesehen haben. Jungen können schon im Alter von dreizehn oder vierzehn Jahren in die Rolle des «Mannes im Haus» schlüpfen und vieles von dem erledigen, was ansonsten der Vater täte. Ein Mädchen im Teen-Alter erzählte Weiss, eine ihrer Schulfreundinnen habe sich neulich darüber beklagt, von ihrer Mutter ausgeschimpft worden zu sein, weil sie morgens ihr Bett nicht ordentlich gemacht hatte: «Da hätte ich am liebsten geantwortet: Du verzogenes Etwas! Ich muß jeden Tag mein Bett machen und das meiner Mutter dazu. Ich muß im ganzen Haus putzen. Ich muß Abendessen kochen. Ich muß den Abfall hinaustragen.»

Manche Kinder verweigern sich durch Regression, wenn man ihnen zu früh Verantwortung auflädt, der sie sich nicht gewachsen fühlen, aber viele scheinen es zu genießen, für voll genommen zu werden, und gewinnen dadurch. Kinder wollen das Gefühl haben, gebraucht zu werden. Oft fühlen sie sich dann im Laufe der Zeit als Partner oder besser als «Juniorpartner» der Mutter, und es kommt häufiger zu vertraulichen, kameradschaftlichen Gesprächen, in denen man sich gegenseitig Ratschläge gibt und gemeinsam Entscheidungen trifft. Eine als Physiotherapeutin arbeitende geschiedene Mutter erzählte mir, ihre Tochter, die jetzt auf die Zwanzig zugeht, habe ihr sechs Jahre nach der Scheidung gestanden: «Weißt du, Mama, wenn ich dich damals im ersten Jahr ‹danach› hätte benoten müssen, hätte ich dir eine Sechs gegeben. Heute würde ich dir eine Zwei plus geben.»

Wenn eine Mutter nicht souverän genug ist, kann die Vertraulichkeit und die Teilung der Verantwortung mit den Kindern Probleme aufwerfen. Eine solche Mutter reagiert vielleicht mit Ratlosigkeit, wenn ihr «Juniorpartner» etwas wirklich Dummes oder Hanebüchenes anstellt. Ihr Bedürfnis, sich auszusprechen, wenn sie in einer ausweglos erscheinenden finanziellen Krise steckt, verleitet sie vielleicht zu Eröffnungen, die ihrem Kind schlaflose Nächte bereiten können und seine psychische Tragfähigkeit überfordern. Eine Mutter meinte zu Dr. Weiss: «Da flattern einem diese Rechnungen auf den Tisch – und mit wem sonst als mit den Kindern kann man drüber reden?»

Wenn die Kinder dann ihren Vater besuchen, bekommen sie vielleicht noch etwas über die überzogenen finanziellen Ansprüche zu hören, die die Mutter an ihn stelle, und wissen gar nicht mehr, wie sie sich verhalten sollen.

Schneller erwachsen zu werden, Verantwortung zu übernehmen, weckt in Kindern und Jugendlichen verborgene Kräfte, schafft aber vielleicht auch manche Probleme, besonders bei Kindern, die jahrelang in bitterster Armut leben müssen. Bei ihnen kann frühe Reife mit einem Hang zum Einzelgängertum oder mit einer alles Jugendliche erstickenden tiefernsten Früh-Erwachsenheit einhergehen.

Potentielle Risiken

Bei Kindern, die mit nur einem Elternteil aufwachsen, zeigen sich in offenbar überdurchschnittlicher Ausprägung Neigungen, die nach Ansicht mancher Fachleute die Chancen für eine glückliche Entwicklung schmälern. Ich möchte betonen, daß es sich dabei nur um *Dispositionen* und Tendenzen handelt, denen aufmerksame und verständnisvolle Eltern ohne weiteres entgegenwirken können. Hier einige der offenkundigen Problembereiche:

Entwicklung der Persönlichkeit, vor allem der Geschlechtsrolle. Großangelegte Untersuchungen haben Anhaltspunkte dafür erbracht, daß Kinder, die mit nur einem Elternteil aufgewachsen sind, als Erwachsene in überdurchschnittlichem Maß zu Ängstlichkeit, Einzelgängertum und einem relativ geringen Selbstwertgefühl neigen.[9]

Junge Männer aus solchen Familien haben möglicherweise wenig Ausdauer und Frustrationstoleranz sowie weniger Ehrgeiz, Spitzenleistungen zu erbringen oder in Spitzenpositionen aufzusteigen, wenn sie nicht über längere Phasen ihrer Kindheit hinweg ausgiebigen und stimulierenden Kontakt mit einer bewunderten Vaterfigur hatten.[10]

In einer kompletten Familie beeinflußt normalerweise der Vater die sexuelle Entwicklung der Kinder, indem er als Rollenvorbild fungiert. Man kann daher davon ausgehen, daß sein Fehlen zu einem untypischen Verlauf der geschlechtsspezifischen Entwicklung führen kann, die einen nicht unwesentlichen Teil der Persönlichkeitsentwicklung überhaupt ausmacht. Die Forschungsergebnisse bestätigen diese Vermutung offensichtlich.

Mavis Hetherington erstellte eine ebenso umfangreiche wie faszinierende Studie zum Verhalten heranwachsender Mädchen aus Familien der unteren Mittelschicht. Bei einem Teil der Mädchen war die Ehe der Eltern noch intakt; bei einem anderen Teil war nur noch die Mutter vorhanden, weil der Vater tot war; die restlichen besaßen zwar noch einen Vater, der jedoch von der Mutter getrennt lebte und zu dem sie seit Jahren keinen kontinuierlichen Kontakt mehr hatten. Mädchen aus allen drei Gruppen besuchten regelmäßig ein kommunales Freizeitzentrum, wo sie von Mrs. Hetherington und ihren Mitarbeitern beobachtet und befragt wurden.

Eines der zentralen Ergebnisse der Studie war, daß die Mädchen der beiden vaterlosen Gruppen zu Personen männlichen Geschlechts – gleichaltrigen wie erwachsenen – ein etwas unsicheres, scheues bis ängstliches Verhältnis hatten. Dr. Hetherington führt dies darauf zurück, daß diese Mädchen zuwenig Gelegenheit zu konstruktiver Interaktion mit einem liebevollen, aufmerksamen Vater hatten.[11] Die Mädchen beider Gruppen erzielten hohe Werte bei einem Test, der das Kriterium «manifeste Ängstlichkeit» maß, und viele zeigten sich während der Befragung durch männliche Erwachsene außergewöhnlich verlegen – sie wickelten sich Haarsträhnen um den Finger, bissen sich auf die Lippen, kneteten ihre Finger usw.

Höchst interessant war die unterschiedliche Art und Weise, wie die Mädchen der beiden vaterlosen Gruppen mit ihrer Unsicherheit zurechtzukommen versuchten. Die Töchter verwitweter Frauen erwiesen sich im Gespräch mit gleichaltrigen Jungen gewöhnlich als ruhig, scheu, ja, verschüchtert. Bei der Befragung durch einen männlichen Erwachsenen saßen sie in steifer Haltung da, so weit weg vom Befrager wie nur irgend möglich und mit zusammengepreßten Knien. Sie richteten ihre Blicke überall hin, nur nicht auf den Mann gegenüber.

Die Töchter geschiedener Frauen dagegen traten gegenüber gleichaltrigen Jungen mit erstaunlicher, wenn auch eher linkischer Kühnheit auf. Sie kokettierten und flirteten gern. Sie suchten bewußt die Nähe und den physischen Kontakt. Trotz dieser Bemühungen waren sie bei den Jungen nicht beliebter als die anderen Mädchen. Wenn sie von einem männlichen Erwachsenen befragt wurden, setzten sie sich so nahe wie möglich zu ihm, lächelten häufig und legten eine Vorliebe dafür an den Tag, sich lässig und mit weitgespreizten Beinen im Sessel zu lümmeln.

Wie eine unter Beteiligung von 1000 Jugendlichen in New York durchgeführte Studie ergab, hatten Mädchen aus Familien mit nur einem Elternteil in puncto sexueller Aktivität einen erstaunlichen Vorsprung (von 33 Prozent) vor Mädchen aus intakten Familien.[12] Bei den Jungen aus den entsprechenden Gruppen zeigte sich dieser Unterschied in der sexuellen Erfahrung ebenfalls, allerdings weniger ausgeprägt. Auch als Faktoren wie «niedriger sozioökonomischer Status» oder «Zugehörigkeit zu einer ethnischen Minderheit» als Kontrollvariablen eingeführt wurden, blieben diese Unterschiede erhalten. Ein Erklärungsvorschlag besagte, daß Jugendliche, die mit nur einem Elternteil zusammenleben, ein starkes emotionales Bedürfnis haben, «beliebt» zu sein. Eine andere zur Erklärung der höheren sexuellen Aktivität angebotene Vermutung hob darauf ab, daß alleinerziehende Eltern normalerweise berufstätig sind, was den Kindern regelmäßig längere Perioden des Alleinseins in der Wohnung beschert und ihnen den Zugang zu Schlafzimmern und Sofas erleichtert.

Erwähnen sollte ich noch die Ergebnisse einer am Brooklyn College durchgeführten Untersuchung über Studentinnen, die vaterlos aufgewachsen waren (wegen Scheidung der Eltern oder Tod des Vaters). Zwar zeigten sich einige Abweichungen vom Durchschnitt hinsichtlich ihrer Einstellung zur Sexualität, aber keine überdurchschnittliche sexuelle

Aktivität. Allerdings war die Zahl der in die Studie einbezogenen Probandinnen mit 24 sehr klein.

Der Gilmartin-Report über sexuelle Verhaltensweisen stellte fest, daß «Swinger» mit dreimal größerer Wahrscheinlichkeit als «Nicht-Swinger» aus einer durch Scheidung dezimierten Familie kommen. Und es gibt auch Berichte, die besagen, daß Frauen, die in ihrer Kindheit und Jugend keinen nennenswerten emotionalen und zärtlichen Kontakt zu ihrem Vater hatten, als Erwachsene überdurchschnittlich oft Schwierigkeiten haben, beim Geschlechtsverkehr zum Orgasmus zu kommen.

Was Knaben aus vaterlosen Familien betrifft, so scheinen die Befunde in ihrer überwiegenden Mehrzahl dafür zu sprechen, daß ein Junge, der vor seinem fünften Lebensjahr den Vater «verliert», mit überdurchschnittlicher Wahrscheinlichkeit Probleme bei der Entwicklung einer stabilen männlichen Identität haben wird. Der Psychologe Henry B. Biller von der Rhode Island University, der sich intensiv mit der Erforschung der Rolle des Vaters befaßt hat, stellt dazu fest: «Es gibt eine Unmenge von Belegen, die auf die große Bedeutung der Vater-Sohn-Beziehung für die männliche Persönlichkeitsentwicklung hindeuten.»[13]

Wenn der Vater emotional abweisend oder eine schwache Persönlichkeit ist, heißt das für die Entwicklung der geschlechtlichen Rollenidentität eines Jungen in etwa dasselbe, wie wenn der Vater physisch aus seinem Leben verschwindet. Einfluß auf die geschlechtsspezifische Entwicklung eines Knaben haben oft auch ältere Brüder. Und die Mütter können in dieser Hinsicht einiges für ihren Sohn tun, indem sie dafür sorgen, daß er gerade in den Jahren der frühen Kindheit viel mit männlichen Erwachsenen zusammenkommt, die als Rollenvorbilder dienen können. Wie Biller es ausdrückt: «Das Kind kann sein Genügen auch an einem Ersatzvater in Gestalt eines Verwandten, eines Freundes der Familie oder eines Lehrers finden, und eine solche Person kann in seiner Entwicklung eine wichtige Rolle spielen.» Auf der anderen Seite kann es sein, daß ein Knabe, der einen, auch physisch präsenten, Vater hat, zu diesem keine nennenswerte Beziehung findet.

Michael Lamb, der sich ebenfalls intensiv mit der Rolle des Vaters beschäftigt hat, schreibt: «Eine der am gründlichsten bestätigten Erkenntnisse ist die, daß die Männlichkeit von Söhnen und die Weiblichkeit von Töchtern dann am stärksten ausgeprägt sind, wenn der Vater sich fürsorglich verhält und sich aktiv an der Erziehung der Kinder beteiligt.»[14] Kurz: Der Einfluß des Vaters auf die Entwicklung der Kinder ist dann am größten, wenn er sich in jene häuslichen Aktivitäten einschaltet, die «oft als weiblich apostrophiert werden». Väterliche Wärme ist von entscheidender Bedeutung.

Buben unter fünf Jahren, die ohne Vater aufwachsen, können Verhaltensmuster entwickeln, die denen von Mädchen ähnlicher sind, als es normalerweise der Fall ist. Was das Spielverhalten angeht, kommt es dazu vielleicht nur deshalb, weil die gleichaltrigen Knaben sie von ihren Spielen ausschließen. Wie Hetherington in ihrer Studie über Scheidungskinder feststellte, bevorzugen Buben unter fünf Jahren oft Spiele, die sonst eher für Mädchen in diesem Alter typisch sind. So legen sie beispielsweise im Spiel ein geringeres Maß an physischer, aber dafür ein größeres Maß an verbaler Aggression an den Tag als Jungen aus intakten Familien.

Das bedeutet jedoch nicht zwangsläufig, daß sie im Laufe ihrer weiteren Entwicklung feminine Züge entwickeln werden. Es ist im Gegenteil möglich, daß sie unter dem Einfluß gleichaltriger Vorbilder ausgeprägt männliche Verhaltensweisen übernehmen. «Dieselben Einflüsse, die einen Knaben in ein feminines Fahrwasser drängen..., können einen anderen zu einer harten, hypermaskulinen Persönlichkeit werden lassen», schreibt ein bekannter Sexualforscher.

Wenn Kinder, Buben oder Mädchen, in einem vaterlosen Haushalt aufwachsen, dann ist es die Art und Weise, wie die Mutter *und* der (entfernt lebende) Vater diese Situation bewältigen, die mit darüber entscheidet, in welchem Mischungsverhältnis geschlechtstypische Merkmale in die Persönlichkeitsentwicklung der Kinder eingehen. In bezug auf Buben schreibt Dr. Hetherington dazu:

Väter, die mit ihren Kindern in regelmäßigem persönlichen Kontakt stehen, haben männlichere Söhne. Wir fanden männliche Söhne auch unter den Kindern alleinerziehender Mütter, und zwar dort, wo die Mutter männliches Verhalten ihres Sohnes fördert und belohnt, wo sie eine positive Einstellung zu Männern im allgemeinen und zum Vater ihrer Kinder im besonderen hat, oder wo sie ihrem Sohn erlaubt und ihn dazu ermuntert, seine Umgebung zu erkunden und mit anderen Kindern herumzutollen.

Emotionale Stabilität. Judith Wallerstein und Joan Kelly stießen bei ihrer Nacherhebung unter 131 Scheidungskindern aus allen Altersgruppen auf einige Kinder, Jungen und Mädchen, die, während sie die konfliktreiche Ehe, die ihre Eltern bis zur Scheidung geführt hatten, relativ gut überstanden hatten, zum Zeitpunkt der Nacherhebung, also fünf Jahre nach der Scheidung, eine merklich schlechtere psychische Verfassung aufwiesen. 34 Prozent der Kinder wurden nach diesen fünf Jahren als «glücklich und blühend» beurteilt, 29 Prozent als «einigermaßen in Ordnung»; 37 Prozent machten einen «deprimierten» Eindruck. Das war in den Augen der Wissenschaftler ein «bestürzend hoher» Anteil. Mehr als ein Viertel der Kinder wurde als bedenklich isoliert und einsam eingestuft.

Die Mehrheit der 131 Kinder äußerte fünf Jahre nach der Scheidung ihrer Eltern die Meinung, dieser Schritt habe die Situation ihrer Familie nicht verbessert. Ungefähr ein Drittel der Kinder war der Ansicht, daß zwischen ihren Eltern noch immer eine heftige Erbitterung herrschte. Wallerstein und Kelly meinten in ihrem Resümee, eine Hauptursache für die für etliche dieser Kinder so traurige Bilanz sei die Tatsache, daß «die Scheidung nicht zu einem vernünftigen Modus vivendi zwischen den Eltern geführt hat». Offenbar waren einige Eltern unfähig gewesen, ein Netz von positiven zwischenmenschlichen Beziehungen aufzubauen.

Es war nicht möglich festzustellen, in welchem Grad die Niedergeschlagenheit eines guten Drittels der Kinder eine fortdauernde Nachwirkung der ehelichen Zerwürfnisse der Eltern war bzw. in welchem Ausmaß sie aus der Trennung vom Vater in den darauffolgenden fünf Jahren oder anderen Faktoren herrührte. Die Autoren vertraten gleichwohl die Auffassung, daß das Leben mit nur einem Elternteil auf jeden Fall ein Faktor unter möglichen anderen war. «Unzweifelhaft ist, daß die in Scheidung lebende Familie, in der die Aufgaben der Kindererziehung ganz oder fast ganz von einem Elternteil übernommen werden müssen, belastungsanfälliger ist und über begrenztere wirtschaftliche und psychische Reserven verfügt.»[15]

Ein weiteres Problem, auf das sie aufmerksam wurden, war, daß eine solche Familie unter dem Fehlen der «unterstützenden und abpuffernden Präsenz eines zweiten Erwachsenen in den erwarteten und unerwarteten Krisen des Lebens» leiden. Sie traten ein für die Schaffung eines sozialen Netzes «zweiter Art», eines Netzes aus Einrichtungen und Maßnahmen zur Beratung alleinerziehender Mütter in beruflichen, finanziellen und

Erziehungsfragen sowie zur Betreuung und Beaufsichtigung von Kindern berufstätiger Mütter. Damit soll eine wachsende Streßquelle in unserer Gesellschaft eingedämmt werden.

Die Depressivität, die bei einem Drittel der Kinder nach fünf «vaterlosen» Jahren beobachtet wurde, scheint teilweise bis ins Erwachsenenalter hinein fortzudauern. Die Frustrationen und Spannungen in vielen Nur-Mutter-Haushalten sind, so sagt ein New Yorker Kinderpsychiater, «offenbar bedeutsame ursächliche Faktoren für das Auftreten von Depressionen im Erwachsenenalter».

Bettnässen, ein Indikator für psychischen Streß, scheint in Familien mit nur einem Elternteil ein überdurchschnittlich hartnäckiges Problem zu sein. In England wurden im Rahmen eines großangelegten staatlichen Forschungsprojekts 4701 in einer bestimmten Woche des Jahres 1946 geborene Kinder über 23 Lebensjahre hinweg beobachtet. Eine der Variablen, die dabei registriert wurden, war die Häufigkeit des Bettnässens bis zum fünfzehnten Lebensjahr. In dem Bericht darüber heißt es: «Bei Kindern aus dezimierten Familien war die Wahrscheinlichkeit des Bettnässens auf jeder Altersstufe doppelt so hoch wie bei Kindern aus intakten Familien.»

Im Alter von zwölf Jahren kam bei einem Zehntel der Kinder aus «dezimierten Familien» noch gelegentliches Bettnässen vor. Bemerkenswert ist, daß diese überdurchschnittliche Häufigkeit nur bei Kindern aus geschiedenen Ehen auftrat, nicht aber bei Kindern, die ihren Vater durch Tod verloren hatten.

Diese Indikatoren fortdauernder Streßbelastung gehen vermutlich vorwiegend auf das Konto jener Eltern, die es nicht verstanden haben, die Auflösung ihrer Ehe so zivilisiert über die Bühne zu bringen, daß den Kindern bittere Nachwirkungen erspart blieben.

Selbstkontrolle und soziale Reife. Wie wir gesehen haben, übernehmen viele mit nur einem Elternteil aufwachsende Kinder bereitwillig und freudig verantwortliche Aufgaben und bewältigen sie für ihr Alter oft erstaunlich gut. Es gibt aber auch Kinder aus geschiedenen Ehen, denen die Voraussetzungen für verantwortliches oder reifes Handeln weitgehend fehlen. Wiederum scheinen es das zu Hause vorherrschende emotionale Klima und die Qualität der Beziehungen zu den Eltern zu sein, die hierbei eine entscheidende Rolle spielen.

Dr. Hetherington stellt fest: «Viele Belege sprechen dafür, daß

Kinder, die mit nur einem Elternteil aufwachsen, in puncto Sozialverhalten zu wünschen übriglassen.» Sie verweist in diesem Zusammenhang auf Studien zur Fähigkeit, Bedürfnisbefriedigungen hinauszuschieben, auf Untersuchungen über die Bereitschaft, zu betrügen, und auf Tests, die Impulsivität zu messen.

Eine Form, in der sich mangelnde Selbstkontrolle äußern kann, ist Aggressivität. Kay Tooley von der University of Michigan äußerte in einem Beitrag im *American Journal of Orthopsychiatry* die Vermutung, ein erklecklicher Teil des in unserer Gesellschaft zu beobachtenden antisozialen Verhaltens sei womöglich das Verdienst der wachsenden matriarchalischen Subkultur. Sie bringt ihre These auf die folgende Formel: «Wenn Frauen nach einer Scheidung ihre Kinder allein aufziehen müssen, erscheint ihnen ihre neue soziopsychologische Welt oft als bedrohlich und ‹unregierbar›. Ein kleiner Sohn, der dies spürt, kann im Zuge der Angstabwehr die Vorstellung entwickeln, sich und die Mutter schützen zu müssen, und diese Reaktion wiederum kann sich in Form antisozialen Verhaltens äußern.»

Mrs. Tooley meinte damit Verhaltensweisen wie «physische Aggressivität», «Kraftmeierei», «Hyperaktivität» oder «Unerziehbarkeit». Ihre Eindrücke beruhten auf dem Umgang mit «forsch auftretenden kleinen Jungen» zwischen vier und sieben Jahren, die von «unsicher dreinblickenden jungen Müttern» in die Universitätsklinik gebracht wurden. Sie fügte hinzu, es erfordere nicht viel Zeit und Aufwand, bei den Buben die Fassade des «starken Mannes» zum Einsturz zu bringen und darunter «sehr verängstigte, verzweifelte kleine Kinder» zu entdecken.

Diese Jungen stellen natürlich die Extremfälle dar, bei denen eine klinische Betreuung oder die besondere Fürsorge der Eltern und Lehrer angezeigt erschien, da sie beispielsweise einem Klassenkameraden einen Wasserfarbenkasten an den Kopf geworfen hatten.

Bemerkenswert ist freilich, daß Untersuchungen, die bei Scheidungskindern ein überdurchschnittliches Maß an unkontrolliertem antisozialen Verhalten registrieren, diese Auffälligkeit bei Kindern verwitweter Mütter (oder Väter) nicht feststellen.

Über die Ursachen jugendlicher Straffälligkeit wissen wir mit Sicherheit nur, daß sie zahlreich sind – alles andere ist umstritten. Drei der Faktoren, die am stärksten mit kriminellen Neigungen korrelieren, sind Armut, Diskriminierung und Analphabetentum. Jugendliche Bandenkriminalität hat in der Regel eher gesellschaftliche als individuellemotionale Ursachen. Unter den Anführern von Straßenbanden findet man überraschend stabile, psychisch intakte Persönlichkeiten.

Es liegt eine große Menge von Forschungsbefunden vor, die besagen, daß ein weit überproportionaler Anteil jugendlicher Straffälliger aus scheidungsbedingt dezimierten Familien kommt.[16] Bei Mädchen ist dieser Anteil noch höher als bei Jungen. Das liegt vielleicht daran, daß bestimmte sexuelle Fehlentwicklungen bei Mädchen schneller als asozial abgestempelt werden und zur Kriminalisierung führen als bei Jungen. Das überdurchschnittliche In-Erscheinung-Treten von Kindern aus geschiedenen Ehen in der Kriminalitätsstatistik könnte freilich sehr wohl damit zusammenhängen, daß alleinerziehende Mütter überdurchschnittlich häufig auf den untersten Sprossen der Einkommens- und Statusleiter stehen oder einer ethnischen Minderheit angehören.

Wie bei der vorhin erwähnten großen englischen Langzeituntersuchung von 4701 Personen festgestellt wurde, war die Korrelation zwischen Straffälligkeit im Jugendalter und dem scheidungsbedingten Fehlen des Vaters in den Fällen besonders hoch, wo der Vater die Familie verlassen hatte, bevor das Kind sechs Jahre alt war. Des weiteren ergab sich, daß der signifikante Zusammenhang bei Mittelschichts-Jungen aus «Rumpf-Familien» stärker ausgeprägt war als bei Unterschichts-Jungen aus solchen Familien.[17]

Es gibt indes eine ganze Reihe von Wissenschaftlern, die der Auffassung widersprechen, im Fehlen des Vaters sei ein unmittelbarer ursächlicher Faktor für jugendliche Straffälligkeit zu sehen. Sie glauben, daß es nicht in erster Linie auf den formalen Status der Familie (vollzählig oder nicht) ankommt, sondern auf das «Familienklima», die Intensität der Interaktionen zwischen den Familienmitgliedern, den emotionalen Zusammenhalt innerhalb der Familie. Gehäufte jugendliche Straffälligkeit findet man, so das Fazit dieser Forscher, überall dort, wo zu Hause eine «kaputte Familiensituation» herrscht. «Kaputt» kann eine Familiensituation auch bei einer nicht geschiedenen Ehe sein, wenn die Partner sich ständig streiten oder der Vater den Kindern gegenüber aggressiv oder gleichgültig ist. Aber eine «kaputte Familiensituation» finden wir eben auch häufig dort, wo der Vater fehlt. Zwei amerikanische Forscher haben vor einigen Jahren eine Übersicht über die gesamte einschlägige Forschungsliteratur zusammengestellt.[18] Dabei kamen sie zu dem Schluß, daß die Forschungsergebnisse «eindeutig für die Annahme sprechen, daß das Fehlen des Vaters als solches weniger ins Gewicht fällt als das emotionale Klima in der Familie und die Zuwendung und Aufmerksamkeit, die das Kind erfährt».

Und wenn die Mutter fehlt?

Bis jetzt war fast ausschließlich von dem – in der Praxis immer noch typischen – Fall die Rede, daß der alleinerziehende Elternteil die Mutter ist. Liegen die Dinge wesentlich anders, wenn nach der Scheidung der Vater bei den Kindern bleibt und die Mutter die Familie verläßt? Die Zahl der Väter, die sich um ein anteiliges, ja, sogar um das alleinige Sorgerecht für ihre Kinder bemühen, steigt. Die Statistik weist aus, daß in den Vereinigten Staaten jährlich rund 60 000 Väter das Sorgerecht für ihre Kinder zugesprochen bekommen. Man sollte sich natürlich vergegenwärtigen, daß dies in vielen Fällen die zwangsläufige Folge der gegebenen Umstände ist, wenn beispielsweise eine Ehefrau und Mutter von zu Hause fortläuft, wenn sie als nicht geeignet für die Erziehung der Kinder betrachtet wird oder wenn sie gestorben ist. Was auch immer die Ursache ist – die Zahl der allein sorgeberechtigten Väter hat sich in den USA im Laufe eines Jahrzehnts auf über 600 000 verdreifacht.

Die Familie, in der der Vater der alleinerziehende Elternteil ist, beginnt gerade erst, die Aufmerksamkeit der soziologischen und psychologischen Forschung auf sich zu ziehen. Einige allgemeine Aussagen sind gleichwohl bereits möglich, etwa die, daß der alleinerziehende Vater desto besser zurechtkommt, je älter die Kinder zum Zeitpunkt der Scheidung sind. Je mehr sich ferner der Vater bereits vor der Scheidung um die Kinder und um Haushaltsdinge gekümmert hat, desto leichter wird er sich als Alleinerzieher tun. Viele alleinerziehende Väter berichten schon wenige Monate nach Übernahme ihrer neuen Rolle von einer Verbundenheit und Freundschaft mit ihren Kindern, wie sie sie zuvor nicht gekannt haben.

In der Regel hat der allein sorgeberechtigte Vater jedoch mit Schwierigkeiten zu kämpfen, zumindest im ersten Jahr. Wie es in dem Buch *Fathers and Custody* von Victor und Win Ann Winkler heißt: «Auf jeden sorgeberechtigten Vater, der uns berichtete, er komme gut zurecht, kamen mindestens drei, die einräumten, daß sie vorher nicht gewußt hätten, worauf sie sich einließen.»[19]

Wie eine Untersuchung ergab, finden sich Väter, die sich aktiv um das

Sorgerecht bemüht haben, in ihrer Erzieherrolle offenbar leichter zurecht als jene, denen das Sorgerecht sozusagen zugefallen ist, beispielsweise durch den Tod der Ehefrau.[20] Diese Väter gaben häufig zu, daß sie große Schwierigkeiten hätten. Die in die gleiche Richtung gehende Erkenntnis, daß sorgeberechtigte geschiedene Väter sich in ihrer Erzieherrolle wohler fühlen als Witwer mit Kindern, erbrachte eine andere Untersuchung.

Ein weiterer, allerdings wohl nicht sehr überraschender Befund besagt, daß Väter sich besser darauf verstehen, Buben aufzuziehen als Mädchen. «Töchter alleinerziehender Väter erschienen uns ‹kälter›, weniger selbstbewußt, fordernder, unreifer, weniger soziabel und weniger anpassungsfähig... als Mädchen aus intakten Familien in der Beziehung zu ihrem Vater.»[21]

Schwerwiegende finanzielle Probleme. Auf den ersten Blick könnte es scheinen, als ob alleinerziehende Männer sich in einer günstigeren finanziellen Situation befänden als Frauen in gleicher Lage. Männer haben gewöhnlich von Hause aus ein höheres Einkommen. Sie sind nicht darauf angewiesen, sich einen Unterhaltszuschuß zu erbetteln oder zu erstreiten. Und die Gretchenfrage der alleinerziehenden Mutter – arbeiten gehen oder nicht? – stellt sich für sie nicht, da sie es normalerweise als selbstverständlich erachten, ihren Beruf weiter auszuüben. Sie werden sich nach einer Haushälterin oder einer anderen Lösung umsehen – und dabei rasch feststellen müssen, daß Haushälterinnen schwer zu finden und teuer sind. Und die «andere Lösung» wird darin bestehen, daß sie in ihrer Ratlosigkeit Frauen aus der Verwandtschaft bitten, ihnen im Haushalt und bei der Betreuung der Kinder zu helfen. Oder sie wenden sich an institutionelle Kinderbetreuungsdienste, die ebenfalls ganz schön ins Geld gehen können. Wenn sie finanziell nicht zurechtkommen, haben sie, ebenso wie eine Frau in gleicher Lage, die Möglichkeit, Sozialhilfe zu beantragen.

In der einschlägigen Literatur findet sich das Beispiel eines Bauarbeiters, der über mehrere hektische Monate hinweg versuchte, eine Betreuungsmöglichkeit für seine beiden kleinen Kinder aufzutun. Seine Eltern erklärten sich bereit, die Kinder zu nehmen, allerdings nur über Nacht. Also kündigte er und suchte sich eine nächtliche Tätigkeit – als Rausschmeißer in einem Klub; auf diese Weise konnte er tagsüber mit seinen Kindern zusammen sein.

Rollenüberlastung. Alleinerziehende Väter unterliegen in dieser Beziehung einem noch stärkeren Streß als alleinerziehende Mütter. Sie verfügen normalerweise beim Antritt ihrer neuen Aufgabe über weniger einschlägige Erfahrung. Sie sind völlig aus dem Häuschen, wenn ein Kind sich wundgescheuert hat, eine Kolik bekommt oder hohes Fieber hat, und übertragen ihre Aufregung auf die Kinder. Wie sollen sie es anstellen, ein Kind, das Alpträume hat, zu trösten und zu beruhigen? Wie einer in die Pubertät kommenden Tochter erklären, was es mit den Menstruationsschmerzen auf sich hat und wie sie mit den Blutungen fertig wird? Ganz abgesehen von der alltäglichen Haushaltsführung, angefangen vom Einkaufen übers Kochen, Putzen, Waschen, Bügeln und Nähen, muß ein Mann meist alles erst lernen. Erst dann kann er daran gehen, das Ganze auch möglichst ökonomisch zu organisieren, beispielsweise immer gleich größere Mengen zu kochen und einen Teil davon einzufrieren.

Teilrückzug aus der Außenwelt. Auch das trifft auf alleinerziehende Väter vermutlich in stärkerem Maß zu als auf Mütter in der gleichen Situation. Robert Weiss zitiert einen Vater dreier schulpflichtiger Kinder: « Das Schwerste für mich in der ersten Zeit nach der Scheidung war, über das ungute Gefühl wegzukommen, daß ich jetzt mit den Kindern dasitze, daß ich eine Menge Dinge nicht mehr machen kann, weil ich für die Kinder da sein muß, daß ich nicht übers Wochenende wegfahren kann, selbst wenn genug Geld dafür da wäre . . .»

Weiss weist darauf hin, daß es für alleinerziehende Väter unter Umständen schwerer ist als für Frauen in gleicher Lage, einen Kreis hilfreicher Freunde um sich zu scharen. Die geselligen Kontakte von Männern erstrecken sich normalerweise auf Geschlechtsgenossen, mit denen sie durch gemeinsame Interessen an beruflichen Dingen, an Sport und/oder an Stammtisch- oder Kneipenbesuchen verbunden sind. Ein solcher Freundeskreis kann einem alleinerziehenden Vater gerade im Hinblick auf die mit seiner neuen Rolle zusammenhängenden Probleme wenig Unterstützung bieten, ganz abgesehen davon, daß es ihm vielleicht ohnehin peinlich wäre, sich mit diesen Problemen an sie zu wenden.

Ein kalifornischer Rundfunkmoderator entdeckte eines Tages in der Zeitung eine Einladung zu einer Versammlung «abgeschobener Hausfrauen». Es handelte sich um eine Gruppe alleinerziehender Mütter, die regelmäßig Zusammenkünfte abhalten, auf denen sie versuchen, Möglichkeiten für eine Rückkehr bzw. einen Einstieg ins Berufsleben zu erörtern. Der Moderator las seinen Hörern die Anzeige vor und rief anschließend spontan aus: «Ich bin auch eine abgeschobene Hausfrau, und ich finde, es sollte so was auch für alleinstehende Väter geben.»[22] Viele männliche Zuhörer waren derselben Ansicht, und nach einiger Zeit versammelten sich einmal pro Woche zwanzig bis dreißig alleinerziehende Väter bei ihm, um ihre Probleme zu besprechen. Und wenn sie mit dieser oder jener Frage nicht klarkamen, luden sie eine junge Frau mit einschlägigen Erfahrungen als Fachreferentin ein.

Eine andere Alternative, die sich für Männer in solcher Lage anböte, wäre die Mitarbeit in einer Organisation wie PWP, deren Mitglieder derzeit noch überwiegend alleinerziehende Mütter sind. Dort könnten sorgeberechtigte Väter sicherlich mehr über Säuglingspflege und Kindererziehung lernen als bei Zusammenkünften mit männlichen Schicksalsgenossen.

Sowohl Weiss als auch Victor und Win Ann Winkler erwähnen, daß alleinerziehende Väter, die sich eine Haushälterin nicht leisten können, im allgemeinen sehr bald an eine Wiederheirat denken oder sich eine Quasi-Ehefrau zulegen, an die sie einen Teil ihrer Erzieherpflichten delegieren können.

Schulpflichtige Kinder mit nur einem Elternteil

Die Leiter und Lehrer amerikanischer Schulen sind mittlerweile auf die Tatsache aufmerksam geworden, daß ein wachsender Teil der Kinder in ihren Klassenzimmern aus «Rumpf-Familien» kommt. In einer durchschnittlichen Schule liegt dieser Anteil bei rund zwanzig, in manchen besonders scheidungsintensiven Gegenden, beispielsweise in einigen Gebieten Kaliforniens, allerdings knapp unter fünfzig Prozent.

Lehrer und Schulpsychologen haben ein sensibles Bewußtsein dafür entwickelt, daß ein Schüler, dessen Eltern sich scheiden lassen, in dem auf dieses Ereignis folgenden Jahr in den meisten Fällen ein Sorgenkind sein wird. Sie wissen auch, daß das meist zu erwartende Tauziehen um Sorge- und Besuchsrecht Unklarheiten, Peinlichkeiten und Schwierigkeiten für sie selbst mit sich bringen kann: An welchen Elternteil soll die Schule sich künftig halten? Wer wird die Zeugnisse der Kinder unterschreiben, wer sie zur Schule bringen und abholen?

Die Schule kann in der Tat einen wichtigen Beitrag dazu leisten, einem Kind das Überstehen der kritischen Phase nach der Scheidung der Eltern zu erleichtern – falls die Pädagogen ein Gespür für die Probleme der betroffenen Kinder haben. Wenn die häusliche Welt eines Kindes in Scherben geht, kann die Schule eine Insel der Stabilität und ein Hort seelischen Rückhalts sein.

In einer Vorstadt von San Francisco besuchte ich eine Grundschule, in der der Anteil der Schüler aus vater- bzw. mutterlosen Familien bei etwa vierzig Prozent lag. Die Schulleiterin schilderte mir, was die Schule getan hat, um sich auf diese Situation einzustellen:

> Wir haben unsere Elternsprechstunden auf den Spätnachmittag gelegt, damit [berufstätige] Eltern sie wahrnehmen können; und die Sitzungen des Elternbeirats lassen wir meistens abends stattfinden. Oft herrschen starke Spannungen zwischen dem alleinerziehenden Elternteil und dem Kind ... Das Kind wünscht sich gewöhnlich mehr Zuwendung von seiner Mutter oder seinem Vater, und viele stellen alles mögliche an, um diese Zuwendung zu erzwingen. Die Mutter bzw. der Vater ist oft verstimmt darüber, daß sie/er keine Zeit mehr hat, eigenen Interessen nachzugehen, und empfindet zugleich Schuldgefühle wegen dieser Reaktion.

Die Besuche der Kinder beim geschiedenen Elternteil schlagen als Problem auch auf die Schule durch. Die Schulleiterin erklärte dazu:

> Wir stellen fest, daß sich zuweilen der Montag als «Problemtag» erweist statt, wie herkömmlich, der Freitag. Meiner Ansicht nach kann das passieren, wenn ein Kind übers Wochenende den geschiedenen Elternteil besucht hat oder wenn ein solcher Besuch vorgesehen war und dann nichts daraus geworden ist. Beides kann für das Kind frustrierend oder aufwühlend sein. Mit diesen Gefühlen kommt es dann in die Schule und hängt entweder lustlos herum oder fährt beim geringsten Anlaß aus der Haut.

Die Schulleitung hat vor einiger Zeit den Anstoß zur Gründung einer Gruppe alleinerziehender Eltern gegeben, in der, im Beisein von Lehrern, über die spezifischen Probleme von Kindern aus geschiedenen Ehen diskutiert wird.

Von einem Schulberater erfuhr ich, daß sehr viele Eltern der Schule keine Mitteilung machen, wenn sie sich getrennt haben und einer der Partner ausgezogen ist. So kommt es, daß Lehrer oft mit Verwunderung und Ratlosigkeit beobachten, daß ein Kind in seinen Schulleistungen ziemlich abrupt nachläßt oder plötzlich sehr deprimiert, reizbar oder zerstreut wirkt.

Vielfach werden Lehrer heute im Rahmen ihrer Ausbildung schon darin geschult, auf gewisse Anzeichen zu achten, die verraten können, daß ein Kind unter ehelichen Problemen der Eltern leidet: plötzliche Gewichtszu- oder -abnahme, Trübsinnigkeit, Konzentrationsschwäche, Abgespanntheit, Buhlen um Aufmerksamkeit durch aggressives oder lärmendes Benehmen.

Die National Association of Elementary School Principals sprach unlängst, an die Adresse der Lehrer gerichtet, die Empfehlung aus, sich solchen Kindern verstärkt zuzuwenden. «Ein freundlicher Klaps auf den Arm oder eine kurze Umarmung können sehr viel dazu beitragen, einem kleinen Kind das tröstliche Gefühl zu geben, daß noch andere Erwachsene da sind, denen etwas an ihm liegt.» Für den Fall, daß auch nach einiger Zeit keine Besserung eintritt, empfiehlt der Verband, das betreffende Kind, ohne es in irgendeiner Weise in den Augen seiner Klassenkameraden zu stigmatisieren, mit einem speziell geschulten Berater zusammenzubringen. Auch Gespräche mit den Eltern bzw. mit dem sorgeberechtigten Elternteil werden befürwortet.

Der Verband empfiehlt ferner den Schulen, den Eltern die Aufgabe der Kinderbetreuung zu erleichtern, indem sie verstärkt Aktivitäten und Projekte für die unterrichtsfreien Nachmittage anbieten. Besonders wichtig scheint es, darauf zu achten, daß an Schulen mit einem hohen Prozentsatz «vaterlos» aufwachsender Kinder genügend männliche Lehrer unterrichten. Vielerorts dominieren in amerikanischen Grundschulen nämlich traditionell die Lehrerinnen.

Die Pflege des Kontakts zu geschiedenen Schülereltern ist für Lehrer und Schulverwaltungen in den Vereinigten Staaten zu einem ernsten, viel Verwirrung stiftenden Problem geworden. Man ist noch dabei, Strategien und Techniken zu entwickeln, mit deren Hilfe die Schule sich über Veränderungen der familiären Situation der Kinder auf dem laufenden halten und der «unbekannten Beziehungspolitik der geschiedenen Eltern Paroli bieten» kann, wie ein Lehrer es ausdrückte. Kooperieren die geschiedenen Eltern oder bekriegen sie sich?

Da sehr viele Eltern der Meinung sind, ihr Familienstand sei ihre Privatsache, sind einige Schulen dazu übergegangen, zu Beginn eines jeden Schulhalbjahrs allen Schülern ein Standardformular mitzugeben, in das Namen und Adressen des Schülers selbst sowie der Mutter und des Vaters einzutragen sind. Sieht die Schule nun, daß die beiden Elternteile unterschiedliche Adressen haben, versucht sie, von beiden Elternteilen sowohl die private als auch die geschäftliche Telefonnummer zu erfragen, um sie in dringenden Fällen jederzeit erreichen zu können.

Es scheint, daß Schulverwaltungen nach wie vor sehr hilflos und unsicher reagieren, wenn ein geschiedener, nicht sorgeberechtigter Elternteil sich über die aktuelle schulische Situation seines Kindes informieren oder eine Kopie seiner Zeugnisse haben möchte. Manche konservativ denkenden Richter legen in Sorgerechts-Urteilen ausdrücklich fest, daß der nicht sorgeberechtigte Elternteil die Schulunterlagen und Schulzeugnisse des Kindes bzw. der Kinder nur mit Erlaubnis des Sorgeberechtigten einsehen darf. Dabei ist schon seit 1974 per Bundesgesetz garantiert, daß auch der nicht sorgeberechtigte Elternteil Anspruch auf Einsicht in die Zeugnisunterlagen seiner Kinder hat.

Eine junge geschiedene Mutter aus Connecticut erzählte mir, sie habe der Schule ihr Scheidungsurteil vorlegen müssen, um zu beweisen, daß sie das Sorgerecht für ihre Kinder hatte. Dann mußte sie verbindlich erklären, ob der Vater die Kinder in der Schule besuchen oder sie von der Schule abholen darf.

Die Schulen sehen sich einer zunehmenden Kritik von seiten organisierter Gruppen alleinerziehender Eltern ausgesetzt, die sich gegen die einseitige Darstellung und Propagierung der «heilen Familie» in der Schule richtet. Einige Organisationen fordern bereits, daß jene Schulbücher, die ausschließlich das hergebrachte Bild von «Papi und Mami, Peter und Gabi» vermitteln, aus dem Verkehr gezogen werden. In den Büchern sollten, so wird verlangt, auch andere familiäre Konstellationen wertfrei dargestellt werden. Kinder, die in ihren Schulbüchern immer nur die heile, intakte Familie zu sehen bekämen, könnten, so erklärte eine Organisation, Minderwertigkeitsgefühle entwickeln, wenn sie zu Hause keinen Vater oder keine Mutter mehr vorweisen könnten. Ausgehend von New York, haben in letzter Zeit modernere Schulbücher, die dieser Kritik Rechnung tragen, Einzug in die Schulen gehalten. PWP und andere Organisationen fördern diese Entwicklung natürlich.

Speziell für Schulkinder, deren Eltern geschieden sind, bieten Dutzende amerikanischer Schulen jetzt kurze Sonderkurse an, die den Kindern helfen sollen, sich auf die neue Situation einzustellen und eventuell vorhandene Komplexe bzw. Kummer und Schmerz abzubauen. In einem New Yorker Schulbezirk wird zur «Therapie» scheidungsgeschädigter Kinder ein kleiner Spielfilm eingesetzt, der zum größten Teil von betroffenen, das heißt scheidungserfahrenen Kindern selbst konzipiert und produziert worden ist. Er zeigt in teilweise emotionsgeladenen Szenen die Geschichte einer Scheidung und ihre Folgen für die beiden betroffenen Kinder. Motive wie Trauer, Wut und Schuldgefühle werden auf diese Weise bewußtgemacht und «verarbeitet».

In Minneapolis ist auf Vorschlag zweier Schulberater an Schulen, wo der Prozentsatz der Ein-Elternteil-Kinder höher liegt als ein Drittel, eine Unterrichtseinheit über die *Unvermeidlichkeit* familiärer Veränderungen eingeführt worden. Darin werden nicht nur Probleme wie Trennung und Scheidung behandelt, sondern auch Veränderungen der Familie infolge eines Todesfalls, der Geburt eines neuen Geschwisterchens, des Wegzugs von Freunden. Als didaktische Mittel werden unter anderem Puppenspiel, Rollenspiel und Lektüre eingesetzt.

In Massachusetts hat sich eine von Schülern kreierte, von Lehrern und Schulverwaltung geförderte Initiative namens Divorced Kids Group mittlerweile von den High Schools bis in die Grundschulen hinein ausgebreitet. Diese Arbeitskreise werden in der Regel von älteren Schülern, zumeist Mädchen, geleitet und oft von einem Schulpsychologen betreut. Sie besuchen Scheidungsprozesse, laden Fachleute wie den Familiensoziologen Robert Weiss zu Vorträgen ein oder treffen sich einfach, um zwanglos zu diskutieren und ihre Erfahrungen mit der Bewältigung spezifischer Schwierigkeiten des Lebens mit nur einem Elternteil auszutauschen. In den Arbeitskreisen der älteren Schüler wird auch über rechtliche Fragen gesprochen oder über solche Probleme wie den Umgang mit Mamis neuem Freund.

Ein Mädchen, das in einem solchen Kreis mitarbeitet, erklärte mir: «Es gibt einem das Gefühl, nicht die einzige zu sein, die sich mit so was rumschlagen muß.»

Leidet die Schulleistung?

Viele Schulen haben mittlerweile erkannt, daß Kinder aus geschiedenen Ehen mehr als andere Gefahr laufen, durch die häuslichen Umstände in ihren Schulleistungen beeinträchtigt zu werden. Die Verantwortlichen versuchen, Maßnahmen in die Wege zu leiten, die gewährleisten sollen, daß scheidungsgeschädigten Kindern, die unter Lernschwierigkeiten leiden, ein kompensatorischer Unterricht oder ein erhöhtes Maß an Zuwendung zuteil wird. (Auch viele alleinerziehende Eltern haben dieses Problem erkannt und begonnen, etwas dagegen zu tun. Für ein Kind kann bereits die Gewißheit, daß man sich für seine Sorgen interessiert und sie ernst nimmt, eine wertvolle Hilfe sein.)

Manche Beobachter bestreiten allerdings nachdrücklich, daß Kinder aus geschiedenen Ehen überdurchschnittlich oft und gravierend in ihren Schulleistungen nachlassen. Gewiß ist unbestreitbar, daß viele Kinder geschiedener Eltern sich in der Schule ausgezeichnet schlagen und bei Intelligenztests hervorragend abschneiden. Führen wir uns aber trotzdem einmal die Daten vor Augen, die dafür sprechen, daß es hier ein prinzipielles Problem gibt, das unsere Aufmerksamkeit verdient.

Im Rahmen Dutzender von Forschungsprojekten ist der Versuch gemacht worden, allen nur denkbaren, irgendwie mit dem Fehlen eines Elternteils zusammenhängenden Faktoren auf die Spur zu kommen, die die Schulleistung eines Kindes beeinflussen können.

Die Ergebnisse differieren, weil so viele Variablen berücksichtigt werden mußten. Ich habe rund fünfzehn Studien durchgesehen. Bei vielen waren die Gründe für das Fehlen des Vaters nicht spezifiziert (Tod, Scheidung, uneheliches Kind oder einfach berufsbedingte Abwesenheit des Vaters). Faktoren wie der sozioökonomische Status wurden oft nicht kontrolliert. Wenn Scheidung als Grund für das Fehlen des Vaters genannt wurde, blieb zumeist offen, wie lange die Scheidung zum Untersuchungszeitpunkt zurücklag, und unklar blieb auch, ob der Einfluß des Scheidungsvorgangs als solchem gemessen wurde oder aber die Folgen des Fehlens der Vaterfigur.

Judith Wallerstein und Joan Kelly stellten fest, daß die von ihnen beobachteten 131 Scheidungskinder anfänglich in ihren schulischen Leistungen nachließen, nach Ablauf von fünf Jahren (während derer die meisten mit nur einer elterlichen Bezugsperson zusammenlebten) jedoch in etwa wieder das Leistungsniveau aus der Zeit vor der Scheidung erreicht hatten.

Offensichtlich bedarf es weiterer, methodisch angelegter Untersuchungen. Vor wenigen Jahren erschien in einer psychologischen Fachzeitschrift ein Beitrag, der eine Übersicht über die gesamte bis dahin vorliegende Forschungsliteratur zu diesem Thema gab.[23] Die Verfasserin, Marybeth Shinn, Psychologin an der New York University, bezog von den ihr ursprünglich vorliegenden 58 Forschungsberichten nur 30, die ihr methodisch in Ordnung zu sein schienen, in ihre Darstellung ein. Welche Erkenntnisse kristallierten sich aufgrund der Ergebnisse dieser 30 Studien heraus? Hier die wichtigsten:

– Kinder, die in einem vaterlosen Haushalt aufwachsen *oder* deren Vater sich wenig mit ihnen beschäftigt, schneiden bei Intelligenztests und anderen Leistungstests häufig schlecht ab.
– Ein unfriedliches Familienleben als Vorspiel zu einer Scheidung kann sich auf die kognitive Leistungsfähigkeit eines Kindes schädlicher auswirken als die bloße Abwesenheit eines Vaters.
– Bei vier Untersuchungen wurden die Ergebnisse von Leistungstests daraufhin überprüft, ob sich die unterschiedlichen Ursachen für das Fehlen des Vaters (Tod, Scheidung, berufsbedingte Abwesenheit, z. B. bei Seeleuten) unterschiedlich auf die bei Leistungstests erzielten Werte auswirkten. Alle vier ergaben, daß die Wahrscheinlichkeit negativer Auswirkungen auf die geistigen Fähigkeiten eines Kindes bei einer Scheidung am größten ist.
– Es gibt triftige Anhaltspunkte dafür, daß die Trennung vom Vater, wenn sie vor dem sechsten Lebensjahr des Kindes eintritt, stärkere negative Auswirkungen zeitigt, als wenn sie später erfolgt.

Dr. Shinn fand die folgenden drei Erklärungen für die in den Untersuchungen zutage getretenen Zusammenhänge am einleuchtendsten:

1. Wenn ein Elternteil aus dem täglichen Leben eines Kindes verschwindet, verringert sich die Gesamtmenge der intellektuell stimulierenden Interaktionen, an denen das Kind teilnimmt. In diesem Zusammenhang verweist Dr. Shinn auf die von Robert Zajonc von der University of Michigan vorgetragene These, daß das quantitative Verhältnis von Erwachsenen und Kindern in einer Familie die

geistige Entwicklung der Kinder beeinflußt. Ein Einzelkind erfährt in einer intakten Familie normalerweise wesentlich mehr Interaktion mit den Eltern als zwei Kinder im Haushalt eines alleinerziehenden Elternteils. Ausgehend von dieser These, postuliert Zajonc die folgende Faustregel: «Eine häusliche Konstellation mit nur einem Elternteil konstituiert eine anregungsärmere Umwelt und müßte zu Defiziten führen, und . . . eine frühe Trennung von einem Elternteil müßte ein ausgeprägteres Defizit bewirken als eine Trennung zu einem späteren Zeitpunkt.»[24]

Zur Stützung seiner These verweist Zajonc darauf, daß er Kinder aus vaterlosen Familien getroffen habe, die bei dem Standardtest für Bewerber um einen College-Studienplatz um zehn Prozent schlechter abschnitten als der Durchschnitt ihrer Altersgenossen.

Es muß nicht zwangsläufig so sein, daß ein Kind weniger Interaktionserfahrungen hat, wenn es nur mit einem Elternteil zusammenlebt. Tatsächlich kann eine alleinerziehende Mutter, sofern sie organisatorisch geschickt und psychisch stabil ist und nicht unter allzu großem Problemdruck steht, sich ihren Kindern oft ausgiebiger und intensiver widmen als die durchschnittliche Hausfrau und Mutter in einer intakten Familie – man denke nur an Katie Powell. Die Zuwendung und Aufmerksamkeit, die vorher der Ehemann beansprucht hat, kann sie nach der Trennung den Kindern zukommen lassen. Im allgemeinen haben berufstätige, alleinerziehende Mütter freilich den Kopf voller Sorgen und Probleme. Ein wichtiger Faktor ist auch der Grad der Anteilnahme einer Mutter bzw. eines Vaters an der schulischen Arbeit eines Kindes.

2. Bei vielen Scheidungskindern leidet die geistige Leistungsfähigkeit auf Jahre hinaus unter «Angststörungen», wie Dr. Shinn es nennt. Bei Kindern, die ihren Vater durch Tod verloren haben, treten solche angstbedingten Störungen kaum auf. Bei Tests, die verbale Fertigkeiten messen, erzielen Scheidungskinder normalerweise unvermindert gute Ergebnisse. Verbale Fertigkeiten halten gewissen psychischen Belastungen in der Regel stand. Bei Tests, die eher die abstrakte Intelligenz messen (z. B. mathematische Tests), schneiden Scheidungskinder hingegen tendenziell schlechter ab; offenbar wirkt psychischer Streß auf diesen Teil der Intelligenz eher lähmend.

3. Finanzielle Schwierigkeiten, wie sie bei vaterlosen Familien oft

anzutreffen sind, wurden von Dr. Shinn ebenfalls als ein potentiell schädigender Faktor erkannt. Die unerfreuliche Notwendigkeit, sich mit einem Weniger an finanzieller Sicherheit abfinden zu müssen, und das zwangsläufige Nachgrübeln darüber können die Fähigkeit eines Kindes zu anhaltender und konzentrierter geistiger Tätigkeit beeinträchtigen.

Dr. Hetherington meint dazu aus der Sicht ihrer eigenen Forschungen: «In Familien, wo die Mutter eine starke Autorität besitzt, in Familien, wo die alltäglichen Abläufe einigermaßen gut organisiert sind und mit einer bestimmten Systematik abgewickelt werden, findet man diese kognitiven Rückschläge der Kinder nicht.»

Es gibt Berichte, denen zufolge Kinder, die mit nur einem Elternteil aufwachsen, in der Schule öfter durch Verhaltensprobleme auffallen als Kinder aus nominell intakten Familien. Davon könnten auch die Schulleistungen in Mitleidenschaft gezogen werden. Die National Association of Elementary School Principals berichtete beispielsweise über eine unter 18000 Schülern aus 14 US-Bundesstaaten durchgeführte Erhebung, die ergeben habe, daß Kinder aus geschiedenen Ehen öfter disziplinarische Probleme haben, öfter durch Fehlverhalten auffallen, häufiger schwänzen und schlechtere Noten erzielen als ihre Klassenkameraden aus intakten Familien.[25]

Der Bericht löste eine Kontroverse aus. Kritiker wandten ein, die beobachteten Unterschiede könnten auch auf Faktoren wie der Höhe des Familieneinkommens oder der Geschlechtszugehörigkeit der Kinder beruhen. Die Auftraggeber der Studie reagierten darauf, indem sie einen Experten für Bildungspolitik mit der Aufgabe betrauten, die finanzielle Situation und das Geschlecht der in die Untersuchung einbezogenen Schüler festzustellen und die Ergebnisse unter Berücksichtigung dieser zusätzlichen Daten neu zu interpretieren.

Es kamen interessante, zum Teil von den vorherigen abweichende Ergebnisse zum Vorschein, die keinen Zusammenhang mit der Zahl der im Haushalt vorhandenen Elternteile erkennen ließen. Mädchen erbrachten, so zeigte sich, eindeutig bessere Schulleistungen als Knaben (die Differenz betrug 9 Prozent). Mädchen mit nur einem, aber einem gutverdienenden Elternteil bewegten sich ungefähr auf dem gleichen Leistungsniveau wie Jungen aus nominell intakten, ebenfalls gutverdienenden Familien.

Was den Faktor des Familieneinkommens anging, so waren die Schulleistungen sowohl von Jungen als auch von Mädchen aus Familien mit höherem Einkommen besser als die von Jungen und Mädchen aus Familien mit geringerem Einkommen. Und die Analyse zeigte, daß ein sehr großer Teil der alleinerziehenden Eltern in die Kategorie der einkommensschwachen Familien fiel.

Dennoch konnte das allgemeine Fazit aus der zugrunde liegenden Studie aufrechterhalten werden: Jungen wie Mädchen aus intakten Familien erzielten höhere Leistungswerte als Jungen und Mädchen mit nur einem Elternteil. Und sowohl bei den Kindern aus einkommensstarken wie bei denen aus einkommensschwachen Familien galt, daß innerhalb jeder Kategorie jene, die noch mit beiden Eltern zusammenlebten, bessere Leistungen brachten als die, deren Eltern sich getrennt hatten.

Ebenfalls im Rahmen einer nochmaligen Aus- und Bewertung der Ergebnisse der Untersuchung führten Mitglieder der National Association of Elementary School Principals Gespräche mit 241 Eltern. Eine der Erkenntnisse aus diesen Gesprächen war, daß die Intaktheit der elterlichen Ehe in den frühen Grundschuljahren größere Relevanz für die Schulleistung besitzt als in späteren Jahren bzw. höheren Klassen.

Eine Studie, bei der versucht wurde, die innerhalb der Schülerschaft vorhandenen Unterschiede hinsichtlich des Familieneinkommens und der ethnischen Zugehörigkeit zu berücksichtigen, wurde an mehreren Schulen einer Vorstadt von Houston durchgeführt.[26] Einbezogen waren 3644 Kinder, durchweg Weiße. Ungefähr 650 von ihnen hatten nur noch einen Elternteil oder infolge der Wiederheirat eines geschiedenen oder verwitweten Elternteils einen Stiefvater bzw. eine Stiefmutter. Jeder Haushalt wurde einer von vier sozialen Schichten zugeordnet.

Ein Ziel der Untersuchung war festzustellen, ob unter den sogenannten Problemkindern überdurchschnittlich viele Kinder mit nur einem Elternteil waren. Als Problemkinder wurden all jene Schüler eingestuft, die nach Aussage der Lehrer mindestens eine von fünf Verhaltensauffälligkeiten zeigten: undiszipliniertes Benehmen, persönlichkeitsgebundene Probleme (wie Ängstlichkeit), relative Zurückgebliebenheit oder Unreife, gruppenbedingtes Fehlverhalten (wie Teilnahme an organisierten Diebstählen), psychotische Symptome.

Wie sich herausstellte, traten Kinder, die zu Hause keinen Vater hatten, in allen fünf Problemkategorien überdurchschnittlich stark in Erscheinung. Als jedoch die soziale Schichtzugehörigkeit als Kriterium herangezogen wurde, zeigte sich, daß auf zweien der fünf Problemgebiete (persönlichkeitsgebundene Schwierigkeiten und gruppenbedingtes Fehlverhalten) die Kinder aus den unteren Sozialschichten stärker vertreten waren als die aus den oberen. Die Wissenschaftler äußerten die Vermutung, daß die Verhaltensprobleme von Kindern aus vaterlosen Haushalten zu einem großen Teil in den finanziellen Nöten der Familie und den daraus erwachsenden Frustrationen wurzeln könnten.

Interessanterweise enthielt der Forschungsbericht den Hinweis, daß Kinder, deren Mutter wieder geheiratet hatte, offenbar weniger unter Verhaltensstörungen litten. Die neue Ehe der Mutter schien, so hieß es, «den Kindern bei der Bewältigung der Situation zu helfen».

Wenden wir uns nun der Frage zu, wie Kinder die Wiederheirat ihrer geschiedenen Eltern – und den dahin führenden Prozeß – erleben.

17 Der Trend zur «gemischten» Familie

Geschiedene beiderlei Geschlechts empfinden oft ein verstärktes Bedürfnis nach menschlicher Wärme – Reaktion auf die Einsamkeit und Leere, die durch die Trennung vom Partner in ihr Leben getreten sind. Bei Männern herrscht dabei in der Regel die Suche nach Abenteuern, bei Frauen dagegen der Wunsch nach einer neuen, stabilen Gefühlsbeziehung vor. Männer entwickeln manchmal in der ersten Zeit nach der Trennung eine außerordentliche Aktivität, weil das eheliche Sexualleben im Zeichen der wachsenden Spannungen zunehmend unbefriedigender geworden war.

Nach einigen Monaten beginnen sie jedoch zumeist, die Lust an diesem Sturm-und-Drang-Gebaren zu verlieren oder sich dabei sogar ein wenig lächerlich vorzukommen. Selbst Männer, die sich wegen einer festen Geliebten scheiden lassen, machen häufig eine solche Phase durch, ehe sie innerlich bereit sind, eine neue, verbindliche Zweierbeziehung einzugehen. Das ergab eine Befragung von 127 Männern, die mindestens seit einem Jahr von ihrer Frau geschieden waren oder von ihr getrennt lebten.[1]

Geschiedene Mütter müssen in dieser Hinsicht zwangsläufig vorsichtiger und taktvoller vorgehen, weil sie im Normalfall die Kinder behalten, was bei der Aufnahme neuer sexueller Beziehungen häufig Probleme schafft.

Ich habe schon mehrmals jenes Gespräch erwähnt, das ich mit einer Gruppe von Teenagern aus geschiedenen Ehen führte. Als wir auch auf die eben angerissene Problematik zu sprechen kamen, sagte eines der Mädchen: «Es ist einfach irre, wenn man zusieht, wie ein Typ den Arm um Mami legt und wie Mami ‹Liebling› zu ihm sagt und: ‹Möchtest du gern dies oder möchtest du gern das?› Papi und Mami haben sich in unserer Gegenwart nie so aufgeführt.»

Bei kleineren Kindern können Situationen dieser Art Unsicherheit und Angst auslösen. Sie empfinden sie womöglich als Zerstörung ihrer Hoffnungen auf eine Rückkehr des Vaters. Eine Frau beschrieb die diesbezüglichen Ängste, die sie als Kind ausgestanden hatte, in der Erinnerung so: «Jedesmal, wenn meine Mutter mit einem Mann ausging, dachte ich: Jetzt nehmen sie mir auch noch die Mami weg.»

Kinder, die durch das Scheidungsgeschehen verunsichert sind, fühlen sich manchmal beim geringsten Anlaß zurückgesetzt und verletzt und machen dann vielleicht eine Szene. In der Forschungsliteratur werden Beispiele wie diese zitiert:

- Ein vierzehnjähriger Junge weigerte sich, mit seiner Mutter, deren Freund und dessen beiden Kindern im Alter von sieben und neun Jahren ins Kino zu gehen. Seine zornige Begründung: «Das sind ja noch kleine Kinder.»
- Ein dreizehnjähriges Mädchen geriet völlig aus dem Häuschen, als sein Vater es bat, die noch nicht schulpflichtigen Kinder seiner Freundin zu hüten, damit er mit ihr ausgehen konnte.

Man tut als Geschiedener mit Kindern klug daran, wenn man unbedingt ausgehen möchte, es zunächst einmal mit jemandem zu tun, den die Kinder schon länger kennen. Väter sollten sich an Wochenenden, wo sie ihre Kinder zu Besuch haben, zurückhalten. Von den 127 im Rahmen der oben erwähnten Studie befragten geschiedenen Vätern berichteten einige, jede Frau, mit der sie ausgingen oder die sie nach Hause brächten, werde von den Kindern als Störenfried betrachtet. Ein Vater erklärte: «Es ist eine schwierige Sache, verliebt zu sein, wenn ein vierjähriges Kind dabei ist. Jedesmal, wenn Kathy und ich uns anfaßten oder uns nur nebeneinandersetzten, tat die Kleine sich weh oder versuchte auf andere Weise, die Aufmerksamkeit auf sich zu lenken.»

Ein anderer Vater berichtete, daß jedesmal, wenn er mit einer Freundin und seiner Tochter wegfuhr, die Tochter auf ihrem gewohnten Platz auf dem Beifahrersitz bestand, zum Beweis dafür, daß sie ihm noch immer «die Liebste» war.

Daß die sexuellen Bedürfnisse und Gewohnheiten je nach Person stark variieren, gilt für Frauen ebenso wie für Männer. Frauen, die von ihrer Ehe her an häufigen sexuellen Verkehr gewöhnt sind, können nach der Scheidung ebensosehr unter sexuellen Frustrationen leiden wie Männer in der gleichen Situation. Robert Weiss zitiert in seinem Buch *Going It Alone* eine geschiedene Mutter mit den Worten: «Ich spüre, wie die Unzufriedenheit sich in mir ausbreitet. Ich spüre, wie mein Magen sich verkrampft ... und fange an, die Kinder anzuschnauzen. Dann sage ich mir: ‹Du brauchst nur mal wieder eine gute Nummer.›»

Manche geschiedenen Frauen verlegen sich aufs Masturbieren. Das sei zwar ganz gut und schön, erklärte eine, löse aber nicht das Problem der Einsamkeit. Manche Ex-Eheleute vermissen den sexuellen Verkehr so sehr, daß sie, obgleich sie kein Interesse an einer Wiederverheiratung haben, einander gelegentlich besuchen, einzig zu dem Zweck, miteinander zu schlafen – noch Monate oder Jahre nach Auflösung ihrer Ehe. Ein klinischer Psychologe, der Arbeitskreise für Geschiedene leitet, schätzt, daß rund dreißig Prozent aller geschiedenen Paare sich gelegentlich noch zum Beischlaf zusammenfinden!

Robert Weiss gewann aus seinen Gesprächen mit über hundert geschiedenen Eltern den Eindruck, daß die meisten von ihnen sich, wenn sie sich nach neuen Sexualpartnern umsehen, an eine der beiden folgenden Strategien halten:

1. Gegen Sex ist nichts einzuwenden, wenn auch eine gewisse Zuneigung mitspielt. Frauen legen gewöhnlich Wert darauf, daß sich aus dieser Zuneigung eine verbindliche Partnerschaft entwickelt; Männer wünschen sich häufiger einfach nur, daß ihre neue Sexpartnerin ihnen «emotional wichtig» ist.
2. Sex ist in Ordnung, wenn man weiß, was man tut, wenn man rücksichtsvoll ist und den Partner nicht ausnützt. (Das ist natürlich ein viel großzügigerer Standpunkt.)

Wie Rosenthal und Keshet im Rahmen ihrer Studie über geschiedene Väter feststellten, besaßen drei von vier geschiedenen Vätern ein Jahr nach der Scheidung eine Freundin, mit der sie schliefen. Im allgemeinen hatten sie nach der Trennung von Frau und Kindern vier bis sechs Monate gewartet, ehe sie ihre Freundin an einem Wochenende, an dem die Kinder zu Besuch waren, bei sich hatten übernachten lassen. Und die meisten fühlten sich noch immer nicht sehr wohl dabei, ihre Kinder auf diese Weise mit ihrer Sexualität zu konfrontieren. Was für ein Beispiel gaben sie ihnen damit? Ein Vater erzählte den Wissenschaftlern, er habe die Zahl seiner Amouren auf eine reduziert, nachdem seine kleine Tochter mal an einem Samstagmorgen ins Schlafzimmer gekommen war, einen Blick auf die an seiner Seite schlafende Frau geworfen und gefragt hatte: «Welche ist das?»

Judith Wallerstein meinte in einem Vortrag über die Scheidungskinder-Studie, die sie zusammen mit Joan Kelly erstellt hatte, ein Grund dafür, daß Väter sich im Beisein ihrer Kinder in der Rolle des Liebhabers eher unbehaglich fühlen, seien die ziemlich beengten «Junggesellenbuden», in denen viele von ihnen gezwungenermaßen wohnten.[2]

Bei alleinerziehenden Müttern ist die Praxis verbreitet, den Freund zwischen Mitternacht und zwei Uhr morgens nach Hause zu schicken oder die Schlafzimmertür abzuschließen und den Wecker auf fünf Uhr zu stellen, damit der Mann die Wohnung bereits verlassen hat, wenn die Kinder aufstehen. Diese Lösung ist jedoch auch kein Allheilmittel, da man immer damit rechnen muß, daß ein Kind nachts aufwacht und sich in den Kopf setzt, zur Mutter ins Bett kriechen zu müssen.

Wenn ein Kind sich der Liebe seiner Mutter sicher weiß und sieht und spürt, daß sie den Mann, der schließlich über Nacht zu bleiben beginnt, wirklich liebt und bewundert, wird es weit weniger dazu neigen, in der neuen Konstellation ein Ärgernis zu sehen. Wenn eine Mutter oder ein Vater jedoch relativ wahllos mit wechselnden Partnern ins Bett geht, stellt dies, so glaubt jedenfalls der Kinderpsychiater Richard A. Gardner, für Kinder eine schwere Belastung dar. Er ist der Ansicht, alleinstehende Eltern sollten ihren Kindern nicht jeden Ausgeh- und Bettpartner präsentieren, sondern sie nur mit Personen konfrontieren, zu denen sie eine dauerhafte, emotional stabile Beziehung aufgebaut haben.

Dr. Lee Salk hat, an die Adresse Alleinerziehender gerichtet, die Empfehlung ausgesprochen, sich mal Gedanken über die Intensität der Gefühlsbindung ihrer Kinder an den fortgegangenen Vater zu machen, bevor sie sich auf eine neue Liebe einlassen. Wird das Kind, das sich seinem abwesenden Vater tief verbunden fühlt, es nicht als Schlag ins Gesicht empfinden, wenn die Mutter mit anderen Männern schläft? Teenager allerdings können, nachdem der Schreck und die Aufregung über die Scheidung der Eltern sich gelegt haben, eine relativ abgeklärte Einstellung zu den sexuellen Aktivitäten der Mutter oder des Vaters gewinnen, vielleicht weil sie sich in dieser Beziehung solidarisch fühlen. Bei meinem Gespräch mit der Teenagergruppe sagte eines der Mädchen:

«Mami ist noch jung. Sie ist sehr hübsch. Sie hat großen beruflichen Erfolg. Unsere Beziehung ist dabei, sich zu verändern. Sie hat Freunde, die über Nacht bleiben, und dagegen habe ich nichts. Auf diese Weise muß sie zu mir kommen und fast, ja, um Erlaubnis fragen. Manche Eltern kriegen das nicht in den Griff.»

Nach Ansicht von Robert Weiss liegt es in der Hand der Erwachsenen selbst, möglichst wenige Schuldgefühle wegen ihrer sexuellen Aktivitäten aufkommen zu lassen, indem sie grundsätzlich darauf verzichten, Bettgefährten, zu denen sie erst eine lockere Gefühlsbeziehung entwickelt haben, ihren Kindern vorzustellen; dies führe, so meint Weiss, nicht nur zu meist peinlichen Szenen, sondern belaste die Kinder auch. Den Kindern sollte vielmehr deutlich gemacht werden, daß sie in diesem Stadium in die Beziehung der Mutter bzw. des Vaters zu dem neuen Partner allenfalls am Rande einbezogen sind. Weiss berichtet von einer Frau, die nach ihrer Scheidung eine Beziehung zu einem Mann einging, die scheiterte. Sie zog daraus die Konsequenz, Männer, mit denen sie sich anfreundete, nicht mehr in die Wohnung zu bringen und sich meistens nicht einmal von ihnen abholen zu lassen. «Ich beziehe die Männer überhaupt nicht in das Familienleben ein.» Eine andere Frau mit ähnlichen Erfahrungen erzählte, ihre halbwüchsige Tochter habe ihr klipp und klar gesagt, sie wolle keinen Mann näher kennenlernen, ehe die Mutter sich ihrer Sache nicht ziemlich sicher sei. Einfühlsame Eltern, meint Weiss, vermitteln ihren Kindern das Gefühl, daß sie, die Kinder, ihnen am wichtigsten sind.

Wenn sich aus einer Affäre eine dauerhafte Beziehung zu entwickeln verspricht, sollte die Mutter bzw. der Vater froh und glücklich sein, wenn der neue Partner sich für die Kinder interessiert und sich ihnen zuwendet.

Robert Weiss hat aus Gesprächen mit Dutzenden von Kindern alleinerziehender Mütter und Väter den Eindruck gewonnen, daß die Besorgnis
vieler Alleinstehender, ihre Kinder könnten an ihrem Sexualleben
Anstoß nehmen oder davon negativ beeinflußt werden, wahrscheinlich
unbegründet ist. (Als selbstverständlich wird dabei vorausgesetzt, daß
der Verkehr nicht in Anwesenheit der Kinder stattfindet.) Kinder
beschäftigen sich normalerweise nicht sonderlich intensiv mit der Frage,
was die Mutter (bzw. der Vater) wohl tut, wenn sie mit ihrem Freund
(bzw. er mit seiner Freundin) zusammen ist. «Wie aus Gesprächen mit
Kindern Alleinerziehender hervorgeht, sind die längst nicht so moralpusselig, wie ihre Mütter glauben», sagt Weiss. (Sie sind vielleicht auch
nicht so moralpusselig wie die Nachbarn.)

Wenn sich die Kinder über etwas ernsthaft Gedanken machen, dann
eher darüber, was das Auftauchen dieser neuen Person für *sie selbst* zu
bedeuten hat. Wird ihnen jetzt auch der zweite Elternteil weggenom-
men? Werden die Beziehungen zum abwesenden Elternteil bedroht
sein? Wird der sorgeberechtigte Elternteil jetzt weniger Zeit für sie
haben oder sie vielleicht sogar als Klotz am Bein empfinden? Und wenn
diese neue Person sich zu einem ständigen Mitbewohner entwickelt, wird
das platzmäßig und in puncto Bewegungsfreiheit auf ihre Kosten gehen?

An solchen Fragen «können Kinder ganz schön zu kauen haben», wie
Robert Weiss meint. Eine geschiedene Mutter mit drei Kindern kündigte
diesen eines Tages an, daß sie vorhabe, mit jemandem «auszugehen»,
und vergaß auch nicht zu betonen, wie wichtig ihr dieses erste Rendez-
vous sei. Als ihr Freund in die Wohnung kam, um sie abzuholen, saßen
die drei Kinder brav auf dem Sofa. Später vertraute der Mann ihr an, er
habe «nie im Leben drei so verängstigte Kinder gesehen».

Es sind die Kinder zwischen sechs und zwölf, fähig, ihre Meinung zu
sagen, aber noch nicht mit den menschlichen Beziehungen der sexuellen
Art vertraut, die auf das Auftauchen eines männlichen Begleiters am
ehesten verstört oder aufgebracht reagieren.

Wenn Geschiedene sich wieder verlieben und über die Möglichkeit
einer erneuten Ehe nachzudenken beginnen, kommen sie manchmal in
Konflikt mit sich selbst, weil sie ihre Unabhängigkeit schätzen gelernt
haben. Die meisten, die eine neue Heirat in Erwägung ziehen, tun es
entweder «im Interesse der Kinder» oder weil sie ein starkes Bedürfnis

nach Zweisamkeit haben. Bei vielen Frauen kommt als zusätzliches Motiv noch ihre miserable wirtschaftliche Lage hinzu. Rund die Hälfte der Geschiedenen, die wieder heiraten, tun es innerhalb von drei Jahren. Bei geschiedenen Vätern ist der Anteil jener, die binnen drei Jahren wieder heiraten, allerdings wesentlich größer als bei geschiedenen Müttern. Die Tatsache, daß die Mütter gewöhnlich die Kinder behalten – ein Handicap bei der Partnersuche –, mag diese Diskrepanz zumindest teilweise erklären.

Geschiedene mit Kindern, die wieder heiraten, tun dies gewöhnlich nach einer unterdurchschnittlich kurzen Zeit des Einander-Kennens oder des probeweisen Zusammenlebens. Voreheliches Zusammenleben ist heute bei jungen Leuten, die noch nie verheiratet waren, gang und gäbe. Junge Mütter (und auch viele Väter) hegen jedoch die (oft berechtigte) Befürchtung, durch ein Zusammenleben mit dem möglichen künftigen Ehepartner die Kinder in unangenehme Situationen zu bringen.

Eine jüngst ergangene Entscheidung des Obersten Gerichtshofs von Illinois könnte für Geschiedene mit Kindern erst recht ein Grund sein, sich das Zusammenleben mit einem Noch-nicht-Ehepartner zu verkneifen: Eine geschiedene Mutter verlor das Sorgerecht für ihre drei kleinen Kinder an deren Vater aus keinem anderen Grund, als weil sie ihren Freund bei sich hatte einziehen lassen und offen mit ihm zusammenlebte. Der Mann war für die Kinder schnell zu einem liebevollen und gewissenhaften Vater geworden, und das Gericht räumte auch ein, daß keine Anzeichen für eine «aktuelle negative Wirkung» auf die Kinder vorlägen. Jedoch stelle, so die Begründung für die Aberkennung des Sorgerechts, das trauscheinlose Zusammenleben *per se* einen der künftigen moralischen Entwicklung der Kinder abträglichen Zustand dar.

Kinder im Teen-Alter können auf Anzeichen dafür, daß die Mutter an eine Wiederheirat denkt, dann zustimmend reagieren, wenn sie keine Chance mehr für die Rückkehr ihres Vaters sehen. Eines der Mädchen aus der Gruppe, mit der ich mich unterhielt, meinte: «Ich habe viele Scheidungskinder sagen hören, sie seien gegen eine Wiederheirat; ich selbst aber bin immer der Ansicht gewesen, daß es für meine Mutter sehr schön wäre, wenn sie irgendwann wieder heiraten würde. Es müßte natürlich der richtige Mann sein.»

Kleinere Kinder, namentlich Buben, sind in der Regel weniger gewillt, eine neue, dritte elterliche Autorität zu akzeptieren. Sie treten dieser

Person zunächst mit Vorbehalten oder gar ablehnend gegenüber. Die 127 von Rosenthal und Keshet befragten alleinstehenden Väter berichteten fast alle von Erfahrungen mit abweisendem Verhalten ihrer Kinder gegenüber einem neuen potentiellen Lebenspartner. Bei Söhnen waren diese negativen Reaktionen häufiger als bei Töchtern.

Wenn sich aus einem Verhältnis eine dauerhafte Beziehung entwickelt und die Partner sich schließlich zur Heirat entschließen, geben viele Kinder ihren anfänglichen Widerstand gegen den neuen Lebensgefährten der Mutter (bzw. des Vaters) auf und machen ihren emotionalen Frieden mit ihm. Manchmal kommt es allerdings vor, daß der andere, fortgezogene Elternteil die Wiederheirat seines Ex-Ehepartners nicht billigt und die Kinder dagegen aufhetzt.

Wie Rosenthal und Keshet ferner herausfanden, sind geschiedene Väter mit Kindern oft darauf bedacht, daß ihre potentielle künftige Ehefrau sich nicht allzu intensiv mit «seinen» Kindern beschäftigt, sondern sich mit der Rolle einer Helferin begnügt. Manche Väter haben Angst, den Zorn der Mutter der Kinder heraufzubeschwören, die in den meisten Fällen die Sorgeberechtigte ist und sich in ihrem Ärger versucht sehen könnte, ihm den Kontakt mit seinen Kindern zu erschweren oder gesteigerte finanzielle Ansprüche anzumelden. Im allgemeinen ist die positive Einstellung gegenüber einer Wiederheirat des Ex-Ehepartners bei Frauen seltener als bei Männern (die sich vielleicht eine finanzielle Entlastung erhoffen, wenn ihre Ex-Frau wieder heiratet). Ein anderes Motiv für die Vorbehalte von Vätern dürfte die Tatsache sein, daß sie sich einfach nicht sicher sind, wie eine dritte elterliche Bezugsperson sich in das bestehende Beziehungsgefüge einordnen lassen wird.

Wenn der neue Lebensgefährte ebenfalls Kinder mitbringt, wird es normalerweise vor der in Aussicht genommenen Heirat Versuche geben, die Kinder beider Partner miteinander vertraut zu machen. Wie vertragen sie sich? Manchmal sind die Kinder aufeinander neugierig, und die erste Begegnung verläuft vielversprechend.

In letzter Zeit gehen geschiedene Mütter und Väter, die wieder heiraten, auch immer mehr dazu über, ihre Kinder in die Hochzeitszeremonie mit einzubeziehen. Eine zehnjährige Tochter kann beispielsweise als Brautführerin amtieren.

Ich wohnte erst kürzlich einer solchen Hochzeit bei; sie fand zu Hause statt, und die sechs Kinder standen an der Seite des Brautpaars. Der Pfarrer appellierte an alle anwesenden Freunde des Paares, nach besten

Kräften dazu beizutragen, daß die in diesem feierlichen Augenblick gestiftete Familie blühe und gedeihe. Manchmal halten bei solchen Trauungszeremonien Bräutigam und Braut, während sie sich das Jawort geben, die Hand eines Sohnes oder einer Tochter, um den Kindern symbolisch zu verstehen zu geben, daß der hier geschlossene Bund sie einschließt. Solche Gesten tragen oft dazu bei, daß Kinder die neue Konstellation bereitwilliger akzeptieren. Natürlich funktioniert das nicht immer. Ein halbwüchsiges Mädchen war mit der Wiederheirat seines Vaters so wenig einverstanden, daß es das eigens für die Hochzeit gekaufte Kleid in die Ecke schmiß und in Bluejeans und mit Punk-Frisur in der Kirche auftauchte.[3]

Wie eine Untersuchung über psychiatrisch behandelte Stiefkinder ergab, traten in der Hälfte der Fälle die psychopathologischen Symptome unmittelbar nach der Wiederheirat der Mutter bzw. des Vaters auf. Eine wesentliche Ursache für diese Reaktionen war, so schien es, die Angst vor Liebesentzug.[4] Diese Kinder waren von ihren Eltern nicht ausreichend auf die neue elterliche Bezugsperson vorbereitet worden.

Mit Stiefeltern leben

Jahr für Jahr bekommen rund 500 000 amerikanische Kinder einen Stiefvater oder eine Stiefmutter und reihen sich in die Schar der Stiefkinder unter achtzehn Jahren ein, die mittlerweile die Sieben-Millionen-Grenze überschritten hat.

In Büchern und Zeitschriften oder im Fernsehen wird die infolge von Scheidung und Wiederheirat «gemischte», «erweiterte» oder «umstrukturierte» Familie gewöhnlich als eine durch ein bestimmtes Zusammengehörigkeitsgefühl definierte und verbundene Gruppe von Individuen dargestellt. Ein solches Zusammengehörigkeitsgefühl entsteht tatsächlich in vielen Fällen, aber in der Regel frühestens ein Jahr nach der «Stunde Null», der zweiten Hochzeit. Die Entwicklung familiärer Nestwärme erfordert Besonnenheit, Verständnisbereitschaft und vor allem Geduld. Wie es in einer amerikanischen Fachzeitschrift für «Stief-Familien» dazu treffend hieß: «Vergleichen wir es mit einem Schachspiel – anspruchsvoll und komplex. Mit einem Spinnennetz – fein und empfindlich. Oder mit einem Kindergeburtstag – chaotisch und unberechenbar.»

Eine Zeitlang kann es auch schmerzhaft sein, besonders für die jüngsten Betroffenen.

Auf lange Sicht fahren Kinder geschiedener Eltern besser, wenn der sorgeberechtigte Elternteil wieder heiratet. Denn vom Augenblick der Wiederheirat an stehen den Kindern erneut zwei erwachsene Bezugspersonen zur Verfügung, die ihnen als Vorbilder und Mentoren dienen können. Ihre Chancen für eine relativ problemlose Integration in die Gesellschaft verbessern sich damit – jedenfalls statistisch gesehen. Dazu kommt, daß eine Wiederheirat in vielen Fällen zu einer Reduzierung der Ängste beiträgt, die mit der angespannten finanziellen Lage, die im typischen Alleinerzieher-Haushalt herrscht, fast zwangsläufig einhergehen.

Gleichwohl kann das erste Jahr nach der Wiederheirat für alle Beteiligten mit beträchtlichen Krisen und Schwierigkeiten verbunden sein. Die Erwachsenen gehen oft davon aus, daß die Freude und Liebe, die sie selbst in der Zeit nach der Hochzeit empfinden, sich irgendwie auf die Kinder übertragen werden. Dem ist aber oft nicht so. Viele Kinder sind unruhig und kommen sich zunächst einmal vor wie das fünfte Rad am Wagen.

Wenn beide geschiedenen Elternteile eines Kindes wieder heiraten, muß das Kind sich möglicherweise auseinandersetzen mit:

- zwei richtigen Eltern
- zwei Stiefeltern
- einigen Stiefgeschwistern
- zwei neuen Großelternpaaren
- und etwas später vielleicht mit neugeborenen Halbgeschwistern.

In einer Stieffamilie kann das Zusammenleben einfach nicht so klappen wie in der Primärfamilie – zumindest nicht in der ersten Zeit. Um eine Zweitehe, genauer gesagt, eine Zweitfamilie, zum «Funktionieren» zu bringen, braucht man mehr Einfallsreichtum, mehr Flexibilität und mehr Hingabe. Eine indirekte Bestätigung für diese Aussage ist vielleicht die Tatsache, daß die Scheidungsrate bei Zweitehen mit rund fünfzig Prozent um einiges höher liegt als bei Erstehen. (Das könnte allerdings auch daran liegen, daß Leute, die ein zweites Mal heiraten, schon von Natur aus unstetiger sind.)

Auf den ersten Blick mag es so aussehen, als sei eine Wiederheirat die

Zusammenfügung einer neuen Kleinfamilie aus den Spaltprodukten zweier zerbrochener Kleinfamilien. In Wirklichkeit verhält die Sache sich etwas komplizierter. Eine Frau wird zum Beispiel nur selten für die Kinder ihres Mannes zu einer richtigen Mutter, auch wenn die neu entstandene Familie unter einem Dach lebt oder zumindest die Wochenenden und die Sommermonate zusammen verbringt. Wenn die Kinder noch eine gute Beziehung zu ihrer Mutter haben, dann ist für die Stiefmutter womöglich die Rolle einer «mütterlichen Freundin» oder einer «Ersatzmutter» für eine mehr oder weniger lange Zeit das höchste der Gefühle.

Zwischen Stiefeltern und Stiefkindern besteht im amerikanischen Rechtssystem praktisch keine juristisch fixierbare Beziehung; Stiefmutter und Stiefvater sind rechtlich nur in ihrer Rolle als Ehepartner definiert, nicht in ihrer Rolle als Stiefeltern. Wenn ein Junge von einem Baum fällt und seine Stiefmutter ihn ins Krankenhaus fährt, kann es ihr passieren, daß ihre Unterschrift auf der Behandlungsvollmacht nicht als rechtsgültig anerkannt wird. Es empfiehlt sich, zur Vorsorge für solche Fälle stets eine vom Vater der Kinder oder, wenn er nicht das Sorgerecht besitzt, von der sorgeberechtigten Mutter unterschriebene Vollmacht parat zu haben. Wenn die sorgeberechtigte Mutter es ihrem Ex-Ehemann verübelt, daß er wieder geheiratet hat, bedarf es vielleicht einer mühsamen Überzeugungsarbeit, um sie zur Ausstellung einer solchen Vollmacht zu bewegen.

Stiefmütter kommen mit Stiefkindern im allgemeinen schlechter zurecht als Stiefväter. Da Kinder nach der Scheidung in den allermeisten Fällen bei der Mutter bleiben, hat die neue Ehepartnerin des Vaters meist weit weniger Kontakt zu ihnen als im umgekehrten Fall, wenn die Mutter wieder heiratet, deren neuer Ehepartner. Außerdem hat es eine Frau, die in eine Familie «einheiratet», schwerer als ein Mann in der umgekehrten Situation, von den Kindern als Autorität akzeptiert zu werden. Verunsicherte oder widerspenstige Kinder werden, wenn es ein Mann ist, der ihnen sagt, daß sie den Abfall hinaustragen, ihre Betten machen oder sich an ihre Hausaufgaben setzen sollen, weniger zum Widerspruch neigen, als wenn die gleichen Anweisungen (die sie sich von ihrer richtigen Mutter ohne weiteres gefallen ließen) aus dem Munde der Stiefmutter kommen.

Aufmerksame Väter schaffen in der Autoritätsfrage von Anfang an Klarheit, am besten durch ein ernstes Gespräch mit den Kindern in

Gegenwart der Stiefmutter. Es spielt dabei keine Rolle, ob das Sorgerecht beim Vater oder bei der Mutter der Kinder liegt. Bei einem solchen Gespräch könnte der Vater den Kindern in etwa folgendes sagen:

Dadurch, daß Barbara [so wollen wir sie mal nennen] und ich geheiratet haben, ändert sich an eurer Beziehung zu eurer Mutter nicht das geringste. Wir wissen, daß ihr sie sehr gern habt, und das soll auch weiterhin so bleiben. Aber ich verlange von euch, daß ihr respektiert, daß Barbara jetzt meine Frau ist. Und als meine Frau wird sie von nun an das weibliche Oberhaupt dieser Familie sein. Es ist ihre Aufgabe, mit dafür zu sorgen, daß wir alle zusammenwirken, damit der Haushalt klappt und unser Zusammenleben Freude macht. Ich verspreche, das Meine dazu beizutragen, und erwarte von euch, daß ihr das auch tut, sooft ihr hier seid.

Leider versäumen die meisten Väter nach ihrer Wiederheirat solche klärenden Worte. Damit verpassen sie die Chance, von vornherein für bestimmte wünschenswerte Gepflogenheiten zu sorgen. Ungeklärte Autoritätssituationen begünstigen die Entstehung von Spannungen sowie das überflüssige Ausloten von Toleranzgrenzen durch die Kinder.

Auch Mütter, die wieder heiraten, sollten ihren Kindern möglichst bald sagen, was Sache ist; sie sollten ihnen erklären, daß ihr neuer Ehepartner jetzt der legitime «Mann im Haus» ist, daß sie und er gemeinsam die künftig gültige «Hausordnung» bestimmen werden und daß der Stiefvater gleichberechtigt neben ihr Anweisungen erteilen und Sanktionen verhängen kann. Eindeutige und vernünftige Regeln und Vorschriften werden von den allermeisten Kindern akzeptiert.

Die Mitteilung, daß es demnächst einen neuen «Mann im Haus» geben wird, ist für ältere Jungen sicher oft eine schlechte, ihr Selbstgefühl kränkende Nachricht. Vielleicht sind sie in der Zeit, während der ihre Mutter allein stand, in die Rolle des «Ersatzpartners» hineingewachsen und von der Mutter darin sogar bestätigt worden. Stiefväter, die erwarten, von den Kindern ihrer neuen Frau als Autoritätsperson anerkannt zu werden, erleben manchmal eine böse Überraschung. Ich weiß von einem wohlhabenden Anwalt, der eine geschiedene Frau heiratete, die als Sekretärin arbeitete und sich und ihre beiden Kinder auf diese Weise eher schlecht als recht ernähren konnte. Nach der Heirat zogen alle in ein schönes großes Haus. Etwa einen Monat später forderte der Anwalt seinen zehnjährigen Stiefsohn Thomas auf, sein Zimmer aufzuräumen. Der erwiderte darauf: «So etwas lasse ich mir nur von meinem richtigen Papa sagen», und ignorierte die Anweisung.

Ohne Zweifel ist es wünschenswert, daß ein Mann möglichst bald über die Rolle des bloßen neuen Mitbewohners hinauswächst und zum Freund, Vertrauten und Vorbild der Kinder wird. Schwerwiegende disziplinarische Sanktionen gegen ein Kind sollten allerdings so lange der Mutter überlassen bleiben, bis die Kinder den Stiefvater lieben gelernt haben und Wert darauf legen, es ihm recht zu machen.

Der Weg, der zu diesem Ziel führt, kann lang und für beide Seiten, die Kinder wie den Stiefvater, beschwerlich sein.

John Leonard hat in der *New York Times* einen amüsanten und einfühlsamen Artikel geschrieben über die Schwierigkeiten und Autoritätsprobleme (sowie die gelegentlichen freudigen Überraschungen), die das Stiefelterndasein mit sich bringt. In seiner Ehe sind beide Partner Stiefeltern. Die Tochter seiner Frau wohnt bei ihnen, während seine Kinder bei seiner geschiedenen Frau leben, jedoch fast täglich mal bei ihm hereinschauen. Zum Stichwort Autorität stellt er die Frage: «Kann ich meiner Stieftochter klarmachen, daß ich ihren Plattenspieler aus dem Fenster werfen werde, wenn sie nicht bereit ist, ihre Queen- und Styx-Platten in erträglicher Lautstärke anzuhören?» Und weiß zu berichten, daß sie von dem Augenblick an mehr Bereitschaft zeigte, ihm ihr Ohr zu leihen, als sie feststellte, daß er ihr ganz gute Dienste leisten konnte, wenn es darum ging, ein schwieriges Gedicht zu interpretieren, ihre Grammatikfehler zu korrigieren, sich den Entwurf ihres Redebeitrags für eine bevorstehende Schuldebatte anzuschauen oder ihre bizarren Frisuren zu bewundern. Unter anderem bestehe, so sein Fazit, das Stiefelterndasein aus einer «Kette von Leistungen und Gegenleistungen».

Wissenschaftler des Instituts für Psychiatrie an der University of Toronto fragten siebzig in zweiter Ehe verheiratete Paare unter anderem danach, ob sie in bezug auf eheliche und familiäre Probleme Unterschiede zwischen ihrer ersten und ihrer jetzigen Ehe festgestellt hätten. Die meisten bejahten das. Als die wichtigsten Probleme in ihrer ersten Ehe nannten die Befragten Unreife des Partners, mangelnde sexuelle Harmonie und Einmischung der Schwiegereltern. Probleme mit den Kindern nahmen einen untergeordneten Rang ein. Auf der Liste der in der zweiten Ehe auftretenden Probleme indessen standen Schwierigkeiten mit Kindern an erster Stelle, weit vor allen anderen.

Die Forscher meinten dazu: «[Die Befragten] äußerten oft ihr Erstaunen darüber, wie sehr sie die emotionalen Probleme der Kinder unterschätzt hätten.» Wie Wallerstein und Kelly feststellten, verbringen die allermeisten Kinder aus geschiedenen Ehen auch nach einer Wiederheirat ihrer Mutter noch viel Zeit bei ihrem Vater. Einen ähnlichen Befund brachte auch die gerade erwähnte Studie der University of Toronto. Es ist durchaus wünschenswert, daß die Kontakte zum weggezogenen Elternteil auch nach der Wiederheirat des sorgeberechtigten Elternteils bestehen bleiben; wenn allerdings der wiederverheiratete Elternteil oder sein neuer Ehepartner oder beide etwas gegen diese Kontakte haben, stürzen sie das Kind damit in einen inneren Konflikt. Stiefeltern sind in der, Regel nicht sehr erfreut, wenn sie spüren, daß zwischen ihrem «Vorgänger» in der Elternrolle und den Kindern nach wie vor eine starke emotionale Beziehung besteht.

Emily und John Visher, die ein grundlegendes Buch über «Stieffamilien» geschrieben haben, berichten darin von einem Stiefvater, der den Versuch, seinen Stiefsohn zu disziplinieren, aufgab, nachdem er mehrmals hatte erleben müssen, daß der richtige Vater des Jungen sich in seine Erziehungsversuche einmischte. Jedesmal, wenn er dem Buben eine Strafe oder dergleichen androhte, lief dieser zum Telefon und beklagte sich bitter bei seinem Vater, nicht ohne bei seiner Schilderung der Sachlage kräftig zu übertreiben. Einmal ging er dabei so weit, daß der Vater dem Stiefvater die Polizei ins Haus schickte, weil er seinen Sohn mißhandelt glaubte.

Auch wenn eine Stiefmutter noch so hervorragende persönliche Eigenschaften aufweist und sich Mühe gibt, freundlich zu sein, ist sie nicht dagegen gefeit, in den ersten Monaten nach der Einheirat in eine Restfamilie von den Kindern mit totaler Ablehnung gestraft zu werden. Es kommt vor, daß Kinder zu ihrer neuen Stiefmutter zunächst nett sind, dann aber von einer Minute zur anderen in ein abweisendes Verhalten verfallen. Auch Stiefväter erleben manchmal solche kalten Duschen, wenn auch seltener. Eines der im Rahmen der Toronto-Studie befragten Paare erzählte, wie die kleine Tochter ihren noch ziemlich frischgebackenen Stiefvater bat, ihr die Schuhe zuzubinden. Er tat wie geheißen, und sie lohnte es ihm mit den Worten: «Mein Papi hätte das viel schneller gekonnt.»[5] Das Alter, in dem ein Kind einen Stiefvater oder eine Stiefmutter bekommt, ist von großer Bedeutung dafür, wie schwer oder leicht es die neue Situation bewältigt. Im allgemeinen gilt: Je kleiner das Kind ist, desto einfacher vollzieht sich die Anpassung, und je größer es ist, desto eher werden die Fetzen fliegen. Das kritische Alter, von dem an es schwierig werden kann, scheint bei etwa acht Jahren zu liegen. Säuglinge und Kleinkinder nehmen die Präsenz eines neuen Elternteils offenbar entweder nicht richtig wahr oder aber ziemlich ungerührt hin. Wenn ein Kind bereits in der Pubertät ist und sich mit Sexualitäts- und Identitätsproblemen herumschlägt, ist das Auftauchen eines Stiefvaters oder einer Stiefmutter oft ein gleichsam natürlicher Anlaß zur Rebellion.

Vor einiger Zeit sendete das amerikanische Fernsehen einen Dokumentarfilm über eine «Mischfamilie»; er zeichnete im großen und ganzen das Bild einer harmonischen Gemeinschaft aus Neu- und Alteltern, Neu- und Altgeschwistern, die alle gut miteinander auskamen. Als einige der Beteiligten dann einzeln interviewt wurden, zeigten sich allerdings ein paar von dieser «heilen Welt» abweichende Aspekte. Ein etwa zehnjähriger Junge gestand: «Die Mami kann einem schon sehr fehlen ... also, meine Mami fehlt mir sehr.» Dabei hatte man den Eindruck, als würde ihm gleich die Stimme versagen.

Im gleichen Film meinte ein anderes Kind, das Schlimmste sei, daß sie sich unterschiedlich behandelt fühlten. Der Ehemann/Vater sagte: «Ich habe das Gefühl, sie bevorzugt ihre Kinder, und ich glaube, ich bevorzuge die meinen.»

Eine solche asymmetrische Gunstverteilung wurzelt vermutlich in der Neigung verunsicherter Kinder, sich immer wieder die fortbestehende Liebe ihrer «richtigen» Mutter (bzw. ihres «richtigen» Vaters) bestätigen zu lassen. Diese beteuern ihren fragenden Kindern dann gern, daß sich durch das Hinzukommen des Stiefvaters bzw. der Stiefmutter absolut nichts geändert habe – was wiederum mit dazu beiträgt, daß die Kinder für den Stiefelternteil zunächst einmal in ihrem Gefühlsleben wenig Platz haben. So besteht, wenn beide wieder heiratenden Partner Kinder in die Zweitehe mitbringen, die Gefahr einer Parteienbildung. Die Eltern können dieser Gefahr entgegenwirken, indem sie von Anfang an als geschlossene Einheit auftreten.

Wenn beide Partner Kinder in eine Zweitehe mitbringen, wird das, was sie an Rivalität zwischen den Kindern erleben, in der Regel alles übersteigen, was sie in dieser Beziehung aus ihrer ersten Ehe kennen. Das gilt zumindest für das erste Jahr nach der Gründung der Zweitfamilie.

In einem Aufsatz in einer psychiatrischen Zeitschrift wurde über eine Zweitehe berichtet, die dadurch zustande gekommen war, daß ein geschiedener Vater und eine geschiedene Mutter sich durch die Freundschaft zwischen ihren Kindern kennen und lieben gelernt hatten. Alles in Butter, könnte man meinen. Allein, kaum waren alle Beteiligten zu einer Familie geworden, da entwickelte sich die Tochter des Mannes zur unausstehlichen Kratzbürste. Sie zerstritt sich immer wieder heillos mit jedem ihrer drei alten Freunde, die jetzt ihre Geschwister waren.[6]

Wie erfahrene Familienberater berichten, schlagen sich in zweiter Ehe verheiratete Paare immer wieder mit folgendem Problem rum: «Wir lieben uns, aber die Kinder und die Art, wie jeder von uns auf die Kinder des anderen reagiert, daran geht unsere Liebe noch kaputt.»

Die Schwierigkeiten beginnen meist mit der Revierverteidigung. Wenn, um ein Beispiel zu nennen, die Frau mit ihren beiden Kindern in die Wohnung einzieht, in der der Mann mit seinen beiden Kindern bereits seit längerer Zeit wohnt, wird es Neid und Streit um die Verteilung der Schlafplätze geben, da die Kinder des Vaters eine Verschlechterung ihrer Wohnsituation und eine Einengung ihres Bewegungsspielraums nicht widerstandslos hinnehmen werden.

Die Vishers berichten von einer Mutter mit zwei Töchtern im Teen-Alter, die seit einem Jahr mit einem Mann verheiratet war, der zwei kleinere Kinder hatte, die jedes Wochenende zu Besuch kamen. Da es in der Wohnung kein Gästezimmer gab, schlief die siebenjährige Tochter des Vaters immer auf einer Liege im Zimmer der beiden älteren Mädchen und sein achtjähriger Sohn auf der Wohnzimmercouch. Dazu heißt es in dem Bericht: «Die Spannungen und Reibereien, die an diesen Wochenenden in der Familie herrschen, sind enorm.» Außer der Schlafplatzfrage gab es auch noch das Problem, daß die beiden Teenager abends abwechselnd zu Hause bleiben und die beiden Kinder des Vaters hüten mußten, damit die Eltern ausgehen konnten. Dabei hatten die

Mädchen selbst gleichaltrige Freunde, mit denen sie gern weggegangen wären.

Die Vishers haben den Eindruck gewonnen, daß ein Arrangement, das regelmäßige Besuche der Kinder des einen Elternteils vorsieht, der Harmonie abträglicher ist als das Zusammenwohnen aller unter einem Dach. Wenn die Kinder beider Partner ständig zusammen sind, finden sie sich mit vernünftigen Kompromissen bald ab.

Auch darüber, wie gleichmäßig allfällige (Haus-)Arbeit verteilt wird, wachen Kinder, die zu Neu-Geschwistern geworden sind, aufmerksam. Dann gibt es da noch das Problem Fernsehen. In der Regel hat jeder «Geschwister-Clan» seine eigenen Fernsehgewohnheiten. Vielleicht sind sie auch gegensätzlicher Auffassung darüber, welche Speisen und Getränke am besten schmecken. Wenn es dann zum Krach kommt und die Eltern sich in den Streit hineinziehen lassen, sind die Kinder schnell mit Vorwürfen und Anklagen bei der Hand, für die sie, säuberlich unterschieden, «deine Mutter» und «meinen Vater» als Zeugen anrufen.

Eine Familienpsychologin machte 45 Zweitfamilien mit von beiden Partnern eingebrachten Kindern ausfindig und befragte die Eltern über das Verhältnis zwischen den Geschwistern.[7] 38 Prozent der Befragten stuften die Beziehungen zwischen ihren Kindern und ihren Stiefkindern als «schlecht» ein; der Anteil derer, die sich für die Note «ausgezeichnet» entschieden, lag bei 24 Prozent. Mehr als ein Drittel der Eltern benotete die Beziehungen zwischen den Kindern mit «gut», wobei sich allerdings bei manchen der Eindruck aufdrängte, sie meinten dies im Sinn von «nicht schlecht» oder «so gut, wie man es unter diesen Umständen eben erwarten kann». Eine Frau, die die Beziehungen zwischen den beiden Geschwister-Gruppen als «gut» bezeichnet hatte, gab dazu folgende Erläuterung:

«Am Anfang war es so, daß die vier Kinder meines Mannes in einer Ecke spielten und meine beiden in einer anderen. Jetzt sind die Fronten nicht mehr so starr. Es kommt auch zu keinen offenen Feindseligkeiten mehr, und wir geben uns alle sehr große Mühe, fair zu sein und die Situation auf diese Weise zu meistern. Die Zeit und die zunehmende Anpassung haben zu einem friedlicheren Zusammenleben geführt.»

Auch die Autorin der Studie ist der Meinung, daß es besser läuft, wenn die Kinder beider Partner unter einem Dach leben, als wenn sie getrennt wohnen. Sie hat darüber hinaus festgestellt, daß die Beziehungen zwischen den beiden Geschwister-Parteien sich offenbar verbessern, wenn in der Zweitehe noch ein oder mehrere neue Geschwister geboren werden. Vielleicht ist es die für die Produktion eines neuen Geschwisterchens erforderliche Zeit, die die Wunden heilt. Vielleicht werden aber auch die hinzugeborenen Geschwister als sichtbares Zeugnis dafür betrachtet, daß aus der zusammengewürfelten nunmehr eine «richtige» Familie geworden ist. (Skeptiker könnten allerdings auch vermuten, die beiden Geschwister-Gruppen sähen in dem neuen Halbgeschwisterchen eine für sie beide gleichermaßen gefährliche Konkurrenz, gegen die es gilt, die Reihen zu schließen.)

Wenn die Eltern einigermaßen fair und souverän sind, läuft es oft so, daß die Kinder sich mit der Zeit im wahrsten Sinne des Wortes zusammenraufen und schließlich wirklich gute Kameraden werden. Unter den in der Studie von Wallerstein und Kelly erfaßten Kindern geschiedener Eltern waren einige, deren sorgeberechtigter Elternteil während des Untersuchungszeitraums eine zweite Ehe einging, und gewöhnlich kam es nach einiger Zeit zu einer freundschaftlichen Beziehung zwischen den auf diese Weise zusammengekommenen Stiefgeschwistern. Wallerstein und Kelly bestätigen, daß die Gewöhnungsphase bei den meisten Familien etwa ein Jahr dauert und daß danach eine stabile geschwisterliche Partnerschaft zu beobachten ist. «Die meisten Kinder finden es gut, eine größere Zahl potentieller Spielkameraden um sich zu haben ...»

Von der Stepfamily Foundation in New York erhielt ich folgende Liste mit zehn «Tips für Stiefeltern». Es sind Ratschläge, deren Beherzigung mithelfen könnte, das oft schwierige erste Jahr nach der Gründung einer «gemischten» Familie besser zu bewältigen:

1. Seien Sie sich darüber klar, daß die Stieffamilie nicht wie eine natürliche Familie funktionieren kann und wird. Sie hat ihre eigene, spezielle Statik und Dynamik.
2. Sehen Sie, so schwer es auch fällt, ein, daß die Kinder des Partners nicht Ihre Kinder sind und es auch nie sein werden. Eine Stiefmutter ist etwas anderes als eine Mutter, ein Stiefvater etwas anderes als ein Vater; und doch können Stiefeltern eine wichtige Rolle in der Entwicklung eines Kindes spielen.
3. Ein Super-Stiefvater oder eine Super-Stiefmutter sein zu wollen, funktioniert nicht. Lassen Sie es behutsam angehen. Tragen Sie Ihren guten Willen nicht zu dick auf.

4. Disziplinarische Grundsätze und Gepflogenheiten müssen einander angeglichen werden. Mutter und Vater müssen gemeinsam festlegen, welche Pflichten und Verantwortlichkeiten die Kinder haben. Welche Verhaltensweisen sind tolerierbar, und wie sehen die Sanktionen für Verstöße gegen die Anordnungen aus? Die Stiefeltern legen gemeinsam die innerfamiliäre Arbeitsteilung und einen Verhaltenskodex fest.

5. Treffen Sie klare Aufgabenzuordnungen zwischen den einzelnen Mitgliedern des Haushalts.

6. Es ist überlebenswichtig für jeden Elternteil, die Ansprüche und Erwartungen aller Familienmitglieder zu kennen, namentlich soweit es besonders konfliktträchtige Aspekte des Familienlebens betrifft wie etwa Geld, Disziplin, den jeweiligen Ex-Ehepartner, dessen Besuchsrechte, emotionale Solidarität, Autorität, territoriale Abgrenzung und Sorgerecht.

7. Es gibt keine Ex-Eltern... nur Ex-Ehepartner. Lernen Sie möglichst rasch, verbindlich mit den Ex-Ehepartnern umzugehen.

8. Seien Sie auf der Hut vor den oft antagonistischen sexuellen und biologischen Anziehungs- und Abstoßungskräften, die innerhalb der Stieffamilie wirken. In der intakten Mischfamilie tun die beiden Ehepartner sich zusammen, um einem neuen Kind das Leben zu schenken. Dieses Kind ist dann ihr gemeinsames Produkt, und die Sorge um sein Wohlergehen vereint und verbindet im allgemeinen die Energien beider Elternteile. Blutsbindungen und sexuelle Bindungen können eine Stieffamilie polarisieren.

9. Loyalitätskonflikte müssen von Anfang an als normale Begleiterscheinungen erkannt und bewußt bewältigt werden. Oft kommt es vor, daß ein Kind sich gerade dann, wenn es positive Gefühle für seinen neuen Stiefelternteil zu entwickeln beginnt, von ihm zurückzieht und nach außen hin offen abweisend reagiert. Der emotionale Zustand, in dem es sich befindet, läßt sich in etwa so ausdrücken: Wenn ich jetzt anfange, dich liebzuhaben, kann das nur bedeuten, daß ich meinen richtigen Vater (bzw. meine richtige Mutter) nicht mehr liebe.

10. Bewahren Sie Ihren Humor, und machen Sie Gebrauch von ihm. Die Stieffamilien-Konstellation birgt alle möglichen Überraschungen – manchmal werden Sie nicht wissen, ob Sie lachen

oder weinen sollen. Probieren Sie es immer erst einmal mit Lachen.

Probleme mit Anreden und Namen

Wenn die Frage, wie man einander anreden soll, in der Stieffamilie nicht ausdiskutiert wird, entstehen daraus häufig Irritationen. Wenn Kinder den neuen Lebenspartner ihrer Mutter oder ihres Vaters mit «Stiefpapi» bzw. «Stiefmami» anreden würden, klänge das so, als ob sie absichtlich die Distanz betonen wollten. «Stief-» hat einen negativen Beiklang. Eine elegante Lösung, wie die Franzosen sie für dieses Problem gefunden haben – sie nennen die Stiefmutter *belle-mère* –, gibt es in den meisten anderen Sprachen nicht.

Einer in Mischfamilien aller Art weitverbreiteten Gepflogenheit zufolge nennen ältere Kinder den Stiefvater oder die Stiefmutter beim Vornamen – «Mike», «Ellen» usw. Wie andererseits die Wissenschaftler von der University of Toronto bei ihrer Untersuchung herausfanden, benutzen dieselben Kinder und Jugendlichen, wenn sie ihre Stiefeltern ihren Freunden vorstellen, gewöhnlich die Worte «mein Vater» bzw. «meine Mutter». Ist das nur Höflichkeit, oder kommt es daher, daß es ihnen unangenehm ist, deutlich zu machen, daß sie nicht mehr mit beiden «richtigen» Eltern zusammenleben?

Wenn man Kinder ermuntert, als Anrede die Vornamen zu verwenden, so hat das den Nachteil, daß es dadurch womöglich noch schwieriger wird, den neuen Elternteil als Autoritätsperson zu etablieren. Umgekehrt: Wenn eine Stiefmutter ihre Stieftochter dazu anhält, sie «Mami» zu nennen, setzt es vielleicht umgehend einen Anruf von der «richtigen Mami», die verlangt, daß das gefälligst wieder abzuschaffen sei. Wer so etwas vermeiden will, entscheidet sich vielleicht für einen Kompromiß wie «Mama Rita» oder «Mami Zwei», oder für einen Phantasienamen wie «Mutsch» oder «Paps». Mancher Junge ist vielleicht bereit, «Vater» zu seinem neuen Stiefvater zu sagen, nicht aber, ihn «Papi» zu nennen.

Dann stellt sich möglicherweise auch das Problem zu entscheiden, welchen Nachnamen die Kinder tragen sollen. Ältere Kinder hängen oft an dem Vatersnamen, mit dem sie aufgewachsen sind, auch wenn die Mutter geschieden und wieder verheiratet ist. Sie haben keine Lust, von einem Tag auf den anderen mit einem neuen Namen in der Schule aufzutauchen. Vielleicht haben sie auch das Gefühl, ein Namenswechsel wäre eine Art Untreue gegenüber ihrem Vater. Manche Mütter behalten trotz der Wiederheirat den Namen des Ex-Ehemannes bei, damit sie den gleichen Nachnamen tragen wie ihre Kinder. Wenn ein Kind Gefallen an seinem Stiefvater findet, äußert es vielleicht von sich aus den Wunsch, dessen Nachnamen zu tragen oder ihn per Bindestrich anzuhängen und auf diese Weise beiden Vätern Tribut zu zollen.

Noch komplizierter wird die Sache, wenn die (sorgeberechtigte) Mutter nach der Scheidung wieder ihren Mädchennamen führt und dann nach einiger Zeit erneut heiratet. Für ein Kind kann es recht irritierend sein, wenn es sich im Laufe von, sagen wir, drei Jahren an drei verschiedene Nachnamen gewöhnen muß.

Das Wichtigste ist, daß das Kind sich mit seinem Nachnamen wohlfühlt. Ein Kleinkind wird von einem Wechsel des Nachnamens in der Regel keine Notiz nehmen. Wenn die Wiederheirat des sorgeberechtigten Elternteils mit einem Umzug in ein anderes Stadtviertel oder eine andere Stadt einhergeht, wird ein Kind eine Nachnamensänderung vielleicht bereitwillig akzeptieren, denn am neuen Wohnort kennt es ja niemand unter seinem alten Namen, und es braucht keine umständlichen Erklärungen abzugeben. Die im Laufe des letzten Jahrzehnts zu verzeichnende wachsende Zahl an Familien, in denen zwei oder mehr verschiedene Nachnamen vorkommen, hat jedoch zweifellos dazu geführt, daß abweichende Nachnamen innerhalb der Familie den betroffenen Kindern heute längst nicht mehr so peinlich sind wie früher.

Sexuelle Probleme

Die problematischste Beziehung innerhalb einer Zweitfamilie scheint die zwischen älteren Mädchen und einer Stiefmutter oder einem Stiefvater zu sein. Die Wiederheirat des Vaters oder der Mutter versetzt diese Mädchen offenbar in einen inneren Aufruhr, der sie oft zu destruktiven – auch selbstzerstörerischen – Verhaltensweisen veranlaßt.[8] Gegenüber einer Stiefmutter sind viele ältere Mädchen voreingenommen und entschlossen, ihr das Leben so schwer wie möglich zu machen; einen Stiefvater behandeln sie manchmal wie Luft. Wenn sie einen oder mehrere Stiefbrüder bekommen, die etwa in ihrem Alter sind, versuchen sie es vielleicht ebenfalls zunächst einmal mit Hochnäsigkeit, vor allem wenn sie Anzeichen dafür bemerken, daß ein Stiefbruder sie mit anderen als nur brüderlichen Augen betrachtet.

Ich habe in der Fachliteratur über ein Dutzend Artikel gefunden, in denen davon die Rede ist, daß inzestuöse Beziehungen in Stieffamilien häufiger vorkommen als in Primärfamilien. Die Inzesttabus, die sich in der Primärfamilie als ziemlich wirksam erweisen, büßen möglicherweise einen Teil ihrer normativen Kraft ein, wenn Personen, die nicht durch Blutsbande verbunden sind, in einer familienartigen Situation unter einem Dach zusammenleben. Mischfamilien in relevanter Zahl gibt es erst seit so kurzer Zeit, daß sich allgemein akzeptierte Normen für die Regelung der Beziehungen der Geschlechter für diesen Familientypus noch nicht entwickelt haben. Von Bedeutung ist in diesem Zusammenhang auf jeden Fall, daß die wachsende Zahl der Stieffamilien zeitlich zusammenfällt mit der allgemeinen Verfügbarkeit zuverlässiger Empfängnisverhütungsmittel und einer Lockerung des Inzesttabus.

In vielen US-Bundesstaaten gibt es kein Gesetz, das eine Heirat zwischen Stiefvater und Stieftochter verbieten würde. Der Inzest innerhalb der Mischfamilie wurde auf einem internationalen Symposium über Familiensexualität im Jahre 1980 als «ein jüngst akut gewordenes Problem» bezeichnet. In einer Studie über Stieffamilien heißt es:

In manchen Fällen sah die Mutter in jeder Vertraulichkeit zwischen dem Stiefvater und der Tochter einen ersten Schritt auf dem Weg zum Inzest. In anderen Fällen wechselten stark erotisierte Zärtlichkeiten, Umarmungen und Küsse zwischen Stiefvater und Tochter ab mit einem verlegenen bis entsetzten Zurückschrecken vor jeder Intimität. Und in einigen wenigen Fällen kam es zu regelrechten sexuellen Beziehungen.[9]

Das gute und entspannte Verhältnis, das ein Stiefvater zu einer neunjährigen Tochter hat, kann unter Umständen ziemlich gespannt oder turbulent werden, wenn sie in die Pubertät kommt. Beide können eine Art Pseudo-Feindseligkeit gegeneinander aufbauen, um heimliche sexuelle Wünsche zu verdrängen. Was das Verhältnis zwischen pubertierenden Söhnen und ihren Stiefmüttern angeht, so findet sich in dem Buch *Step-Families* von Emily und John Visher das folgende Bekenntnis eines halbwüchsigen Jungen:

Ich dachte immer nur an Mädchen, und ich dachte immer nur an Sex. Und eins meiner Phantasieobjekte war meine Stiefschwester . . . Da lief sie herum – mal mehr, mal weniger angezogen . . . Ich fühlte mich von ihr angezogen . . . Eins meiner anderen Objekte war meine Stiefmutter. Und das war noch schlimmer! Das war für mich noch gefährlicher, weil ich mich von ihr sexuell angezogen fühlte, aber auch emotional auf sie stand . . . Es war tatsächlich so, daß meine Angst vor meinen sexuellen Gefühlen für meine Stiefmutter mich teilweise daran hinderte, ihr zu zeigen, daß ich sie überhaupt gern hatte.[10]

Eine Möglichkeit, der Inzest-Versuchung zu begegnen, ist die offizielle Adoption. Dadurch wird ein gewisses moralisches Tabu zwischen Stiefvater und -tochter aufgerichtet. Diese Möglichkeit sollte man jedoch nur unter der Voraussetzung erwägen, daß der natürliche Vater im Leben des Mädchens keine große Rolle mehr spielt.

Eine andere Möglichkeit, mit dem Inzestproblem fertig zu werden, könnte darin bestehen, daß die Mutter des Mädchens – falls sie in dieser Beziehung Befürchtungen hegt – sich ein Herz faßt und das brisante Thema zur Sprache bringt. Sie kann beispielsweise ihren neuen Lebensgefährten bitten, nach Möglichkeit Situationen zu vermeiden, die bei ihm oder bei der Tochter unangebrachte Wünsche und Gefühle aufkommen lassen könnten.

Und schließlich auch das Positive

Der kalifornische Anthropologe Paul Bohannan hat sich mit zahlreichen Stieffamilien beschäftigt. Er berichtet über eine zufällige Begegnung zwischen der ersten und der zweiten Ehefrau eines Mannes, mit dem sie beide Kinder hatten. Sie kamen im Haus einer gemeinsamen Bekannten miteinander ins Gespräch und stellten erst dann fest, wer sie waren und was sie verband. Im ersten Augenblick waren sie von dieser Entdeckung unangenehm berührt. Dann jedoch stellten sie im Gespräch über alltägliche Dinge fest, daß sie ganz ähnliche Interessen hatten und daß für keine von ihnen Anlaß bestand, von der anderen etwas zu befürchten. Es dauerte nicht lange, und sie unternahmen zusammen dies und jenes, und eines Tages begannen sie, Ausflüge mit dem gesamten gemeinsamen Anhang zu organisieren. Dem Mann war die Freundschaft zwischen den beiden Müttern seiner Kinder anfänglich nicht recht geheuer, doch kam er schließlich zu der Erkenntnis, daß gerade die Kinder von dieser Konstellation profitierten.

Wenn es richtig angegangen wird, kann das Stieffamilienleben für alle Beteiligten ein Gewinn sein. John Leonard formulierte es in seinem Artikel so:

Zum Stiefvater geworden, habe ich gelernt, auch meinen eigenen Kindern ein besserer Vater zu sein als zuvor; damals war ich ein Anfänger, der keine Zeit hatte, ihnen zuzuhören, und der glaubte, sie schuldeten ihm etwas. Wir schulden ihnen etwas: sie zu respektieren. Dann vielleicht werden sie uns lieben.[11]

18 Alternative Familienformen

In unserer nach-gegenkulturellen Ära suchen Millionen von Erwachsenen nach Wegen, Alternativen zur traditionellen Familie zu finden bzw. deren Grenzen auszuloten – unter Bedingungen, die sich von der Situation der üblichen Familie mit nur einem Elternteil oder mit geschiedenen und wiederverheirateten Eltern mehr oder weniger stark unterscheiden. Einige dieser Experimente waren bzw. sind ausgesprochen pittoresker Natur. Fast immer handelt es sich um Familien mit Kindern. Das Hauptinteresse richtet sich dabei stets darauf, Familienverbände zu erproben, die als Wohngemeinschaften oder Großfamilien mit oder ohne Promiskuität gedacht sind.

Eltern beteiligen sich an solchen Experimenten aus den verschiedensten Gründen: Oft suchen sie ein stärkeres Gemeinschaftsgefühl, um ihrer Einsamkeit zu entkommen, oder sie erhoffen sich größere persönliche Freiheit oder eine Erweiterung ihrer sexuellen Kontakte oder einfach mehr Abwechslung; anderen wiederum geht es lediglich um eine Senkung der Lebenshaltungskosten oder darum, nicht ständig nach einem Babysitter suchen zu müssen.

Die einfachste und vernünftigste Einstellung zum Zusammenleben in Kommunen oder ähnlichen Gruppierungen haben wahrscheinlich jene geschiedenen Mütter im Marin County in der Nähe von San Francicso, die sich aus praktischen und finanziellen Erwägungen zu Haushaltsgemeinschaften zusammenschließen. Die Scheidungsrate ist dort eine der höchsten in den USA. Gruppen von Müttern, die sich untereinander gut verstehen und ähnliche Ansichten über Kindererziehung und Haushaltsführung haben, mieten oder kaufen gemeinsam ein großes Haus. Rechte und Pflichten jedes einzelnen werden mit Hilfe schriftlich fixierter Vereinbarungen festgelegt. So muß beispielsweise jede Mutter sich bereit erklären, sagen wir, dreimal wöchentlich einen halben Tag lang für den Haushalt und die Betreuung der schulpflichtigen Kinder zu sorgen. Die Vorteile für die beteiligten Mütter bestehen, neben der Kostenersparnis, in der geringeren Gefahr der Vereinsamung und in der leichteren Vereinbarkeit von Beruf und Mutterrolle.

Eine für diesen Typus repräsentative «Familie» wurde von einer geschiedenen Mutter gegründet, nachdem sie wiederholt große Probleme gehabt hatte, eine Betreuungsmöglichkeit für ihren vierjährigen Sohn zu finden. Sie arbeitete abends in einem Restaurant – eine Kindertagesstätte kam also nicht in Frage. Babysitter waren teuer und sagten oft in letzter Minute ab, so daß sie ihr Kind einige Male unbeaufsichtigt allein zu Hause lassen mußte. Sie gab eine Annonce auf, in der sie alleinstehende Mütter in ähnlicher Lage suchte, die bereit waren, mit ihr in ein großes Haus zu ziehen, das sie gemietet hatte. Aus der Vielzahl der Interessentinnen, die sich meldeten, wählte sie ein halbes Dutzend Frauen aus, die ihre Vorstellungen hinsichtlich Disziplin, Privatleben und Wohnumwelt teilten. Jede Mutter war für ihr eigenes Zimmer zuständig und mußte darüber hinaus einen weiteren Raum des Hauses sauberhalten; für den Einkauf und das Bezahlen der Rechnungen wurde die Funktion der «Managerin» geschaffen und von den Frauen turnusmäßig ausgeübt. Die Mütter schätzen, daß sie ihre Lebenshaltungskosten um die Hälfte reduziert haben, und die Kinder sollen in der Schule gute Fortschritte machen.

Ein in der *New York Times* abgedrucktes Foto, das diese Gruppe hübscher, lächelnder Mütter und fröhlicher Kinder auf der Treppe ihres Hauses zeigt, stützt die Vermutung, daß ihr Projekt als voller Erfolg verbucht werden kann. Vielleicht ist es jedoch nicht unwichtig, darauf hinzuweisen, daß zu dieser Gruppe keine Mütter mit Kleinkindern oder Säuglingen zählten.

In vielen Städten der USA leben ähnliche Gruppen, zu denen sich *intakte* Familien zusammengeschlossen haben, in großen Häusern oder anderen Wohngemeinschaften zusammen – als Familienverbände mit gemeinsamen Interessen, gemeinsamen Anschaffungen und entsprechend geringeren Lebenshaltungskosten.

Die Variationsbreite der alternativen Lebens- und Wohnformen ist groß. Zwei Kinderärzte haben bei einer wissenschaftlichen Bestandsaufnahme in zehn Kommunen im Nordwesten der USA beträchtliche Unterschiede hinsichtlich der physischen und psychischen Entwicklung der Kinder festgestellt. Manche Kinder waren offensichtlich in einem ziemlich schlechten Zustand.

Bei der Hälfte der untersuchten Gruppen herrschte die Ansicht vor, das Denken und Fühlen der Kinder sei «für das Funktionieren der Gemeinschaft genauso wichtig wie das der Erwachsenen». Den Kindern wurde so früh wie möglich eine gewisse Verantwortung übertragen, und sie schienen damit gut zurechtzukommen. Die Erhebung ergab, daß unter den Bedingungen einer erweiterten Familie, die durch den Zusammenschluß intakter Primärfamilien entstanden ist, unselbständige, wehleidige und mutterfixierte Kinder selten anzutreffen sind.

In vielen Wohngemeinschaften wird den Kindern jedoch zuwenig Aufmerksamkeit geschenkt, weil die Eltern sich hauptsächlich um ihre eigenen Belange und Bedürfnisse kümmern. Die meisten wissenschaftlichen Untersuchungen über alternative Ehe- und Familienmodelle konzentrieren sich auf die Beschreibung der Situation der Erwachsenen und widmen dem Befinden der Kinder nur flüchtige Beachtung. Alice Rossi stellte bei einer Auswertung von fünfzehn derartigen Untersuchungen fest, daß nur in fünf Prozent des Textes von Kindern die Rede war.

Das Buch *The Children of the Counterculture* von John Rothchild und Susan Berns Wolf gehört mit zum Besten, was bislang über die Auswirkungen verschiedener Formen des gemeinschaftlichen Zusammenlebens auf die Entwicklung von Kindern geschrieben worden ist.[1] Die Autoren, die selbst der Alternativszene angehören, packten ihre beiden Kinder ins Auto und fuhren mit ihnen kreuz und quer durch die Vereinigten Staaten. Sie besuchten verschiedene städtische und ländliche Wohngemeinschaften, darunter auch solche von religiösen Sekten, und beteiligten sich jeweils eine Woche lang am Gemeinschaftsleben. In den meisten Fällen wurden sie freundlich aufgenommen – einer der Gründe dafür war, wie sie selbst meinen, «daß wir einschlägig aussahen».

Bei einer von zwei Psychologen gegründeten Stadtkommune mit dem Namen «Cosmic Circle» hielten sie sich längere Zeit auf. In dieser Wohngemeinschaft wurde auf die «Freiheit» der Kinder großer Wert gelegt. Sie durften selbst entscheiden, wann sie zu Bett gehen wollten, was sie anzogen, bei wem sie schlafen wollten und ob sie zur Schule gehen wollten oder nicht. Eine der ehernen Regeln dieser Kommune lautete: «Wenn ein Kind ein Problem hat, sind Mutter oder Vater die geeignetste erwachsene Ansprechperson» – und daran hielt man sich auch. Insgesamt gewannen die Autoren allerdings den Eindruck, daß die Kinder nicht allzuviel mit sich anzufangen wußten. Und die Erwachsenen? «Sie redeten die ganze Zeit. Der Haupt-Daseinszweck des Cosmic Circle schien darin zu bestehen, jede Beziehung bis ins kleinste zu analysieren.»

Der «Kosmische Kreis» bestand aus etwa zwanzig Personen. Türen und Trennwände waren, um die spontane Kommunikation zu erleichtern, so weit wie möglich entfernt worden. Die Besucher gewannen den Eindruck, daß die Kinder «in einem Busbahnhof aufwuchsen». Entgegen den Hoffnungen der Kommunegründer und obwohl die Kinder bestimmte Pflichten im Haushalt zu erfüllen hatten, war ihr Alltag «von Teilnahmslosigkeit geprägt – ein Zustand, der für viele Stadtkommunen typisch ist».

Von einigen Landkommunen waren Rothchild und Wolf dagegen zutiefst beeindruckt. Dort trafen sie fröhliche, ausgeglichene Kinder an. In einer Lebens- und Arbeitsgemeinschaft, genannt «The Ranch», erwiesen sich die Kinder als «bezaubernd, verspielt und herzlich; die Aggressivität der Stadtkinder fehlte ihnen völlig». Die Kleinen wurden in einem Zustand «natürlicher, unschuldiger Wildheit» belassen; interessanterweise neigten sie dazu, kleine Rudel zu bilden – was sich daraus entwickelt, bleibt abzuwarten.

Zu den von den Autoren negativ bewerteten ländlichen Kommunen gehörte eine (nicht auf landwirtschaftliche Selbstversorgung zugeschnittene) religiös-sektiererische Lebensgemeinschaft von Hare-Krishna-Jüngern, in der die Kinder streng beaufsichtigt und indoktriniert wurden. (Der Leser wird sich sicher erinnern, daß die Hare-Krishna-Jünger jene Leute sind, die mit kahlgeschorenem Kopf und in weißer oder orangefarbener Kutte singend, betend und schellenschlagend durch die Straßen ziehen.) In der Hare-Krishna-Kommune schlafen die kleinen Kinder auf einer Matratze am Boden neben den Eltern. Wie eine Mutter den Autoren erklärte, bereite dies keinerlei Probleme, da der Geschlechtsverkehr eine Verschwendung wertvoller Energien darstelle und ohnehin nur gezielt zum Zwecke der Zeugung ausgeführt werde.

Im Alter von fünf Jahren werden die Kinder von ihren Eltern getrennt und für die Dauer von mindestens sieben Jahren in eine zentrale Ausbildungsanstalt in Texas geschickt. Während dieser Lehrjahre sehen sie ihre Eltern nur ab und zu. Sie lernen Sanskrit und werden in religiösen Übungen unterwiesen. Rothchild und Wolf erhielten die Genehmigung, die Einrichtung zu besichtigen, ohne jedoch mit den zukünftigen Hare-Krishna-Mönchen sprechen zu dürfen. Sie fanden ein gefängnisartiges

Kloster vor, in dem Spielen verpönt war. Die Kinder aßen mit den Fingern; jede Nacht um halb drei wurden sie zu einer Tanz- und Singandacht zusammengerufen.

In einer anderen Studie, in deren Rahmen mehr als dreißig Wohngemeinschaften in Groß- und Vorstädten Neu-Englands untersucht wurden, kamen die Forscher – drei Familienpsychologen – zu dem Schluß, daß es zu einer Situation der «Unbeständigkeit, Zwiespältigkeit und Widersprüchlichkeit» führt, wenn mehrere Erwachsene sich in die Rolle der Erziehungs-, Bezugs- und Autoritätsperson für eine Gruppe von Kindern teilen.[2] Entscheidungen der Erwachsenen, die das Verhalten der Kinder betrafen, wurden nicht, wie das wohl bei den meisten orthodoxen Elternpaaren der Fall ist, nach einem eingespielten Konsens getroffen, sondern warfen jedesmal neue und vielfältige «Schwierigkeiten und Unsicherheiten» auf.

Verheiratete Paare scheinen, wenn sie in eine Wohngemeinschaft integriert sind, die eigene Individualität stärker zu betonen. Da sie einen Teil ihrer elterlichen Vorbildfunktion einbüßen, sehen sie sich in stärkerem Maß gezwungen, ihren Autoritätsanspruch zu legitimieren und sich als Eltern selbstkritischer zu sehen.

In Kommunen, in denen die Kindererziehung kollektiv gehandhabt wird, geraten die pädagogischen Vorstellungen mancher Eltern häufig mit denen der übrigen Gruppenmitglieder in Konflikt. In einer aus drei Familien bestehenden Wohngemeinschaft legte ein Elternpaar eine Laissez-faire-Mentalität an den Tag, während das zweite Paar für rigorose Disziplin eintrat und das dritte der Ansicht war, Probleme ließen sich am besten dadurch lösen, daß man mit den Kindern darüber redete.[3] Unter solchen Voraussetzungen ist es für Kinder nicht schwer herauszufinden, wie weit sie bei jedem der Paare gehen können.

Virginia Rankin, eine junge Mutter, hat über ihre Erfahrungen berichtet, die sie im Laufe eines Jahres in einer aus acht Erwachsenen und sechs Kindern bestehenden Wohngemeinschaft gemacht hat.[4]

Ein halbes Jahr verging mit der Diskussion und Ausarbeitung von Vorschlägen dafür, wie es am besten zu bewerkstelligen sei, die Familienverbände aufzulösen und «die Mauern von Abhängigkeit und Konkurrenzdenken niederzureißen, um eine Atmosphäre der Freiheit, des Vertrauens und des Zusammengehörigkeitsgefühls herzustellen». Alle Erwachsenen sollten von allen Kindern gleichermaßen als Eltern betrachtet werden.

Wie Mrs. Rankin berichtete, «drehten die Kinder gleich von Anfang an richtiggehend durch. Die meisten wurden völlig unselbständig. Jedes Kind wollte, daß *seine Mama* immer für es da war. Es gab ständig Machtkämpfe, die laut und brutal ausgetragen wurden ... Es war nicht nur eine Enttäuschung im Hinblick auf unsere utopischen Ziele, sondern auch in ganz praktischer Beziehung war der Umgang mit den Kindern schwieriger und nicht einfacher geworden.» Ihr eigener dreijähriger Sohn weigerte sich, von jemand anderem als seiner Mutter ins Bett gebracht zu werden.

Die Erwachsenen konstatierten, daß «bei einer Verteilung der Verantwortung auf viele Einzelpersonen sich niemand mehr für irgend etwas verantwortlich fühlt und das entsprechende Chaos eintritt». Sie einigten sich schließlich darauf, für jeden Nachmittag einen festen Kinderbetreuer einzuteilen und deren zwei fürs Wochenende. Mit diesem neuen System zeigten die Kinder sich deutlich zufriedener.

In einer Landkommune ist die Geburt eines Kindes jedesmal ein festliches Ereignis – ein wunderbarer Beweis für das Einssein des Menschen mit der Natur. Schwangere, die in einer Kommune leben, entscheiden sich häufiger als andere werdende Mütter für eine Hausgeburt, und sie stillen ihr Baby überdurchschnittlich lange. Alice Rossi stellte fest, daß die Schwierigkeiten in dem Moment beginnen, wo aus den Säuglingen Kleinkinder werden. Ein Kind aufzuziehen bedeutet, so sagt sie, Verpflichtungen zu übernehmen, für die Zukunft zu planen und vorzusorgen, Aufgaben, auf die die Betroffenen oft nicht vorbereitet sind.

In Kommunen sind nackte Körper für die Kinder ein viel alltäglicherer Anblick als in der traditionellen Familie; die Nacktheit gilt meist als etwas Selbstverständliches, wovon kein Aufhebens gemacht wird. In manchen Kommunen kommt es zu sexueller Promiskuität unter den Erwachsenen, aber im allgemeinen gelten die Mitbewohner als sexuell tabu.

In wieweit die unterschiedlichen experimentiellen und alternativen Familienformen den Kindern zum Vorteil gereichen können, hängt vor allem davon ab:

- wieviel Interesse und Respekt den Kindern entgegengebracht wird,
- wieviel Stabilität die Kinder in ihrer Lebenswelt vorfinden und
- mit wieviel Engagement die leiblichen Eltern sich an der Erziehung ihrer Kinder beteiligen.

Das sexuelle Herumexperimentieren ist ein Teilaspekt dessen, was Etzioni als den gegenwärtigen gesellschaftlichen Trend zur *De-Intensivierung* der Ehegattenbeziehung bezeichnet hat.

Sexuelle Beziehungen außerhalb der Ehe aufzunehmen, galt stets als schwerwiegende Verletzung der gesellschaftlichen Spielregeln – insbesondere bei Frauen. Zuverlässige Techniken der Empfängnisverhütung, neue Freiheiten für die Frau, die zunehmende Destabilisierung der Ehe, das nahezu völlige Verschwinden der Voraussetzungen für die Kontrolle des einzelnen durch die Gemeinschaft, namentlich in den Städten, und die weite Verbreitung einer Tu-was-dir-gefällt-Philosophie, dies alles hat dazu beigetragen, daß aus dem schwerwiegenden Regelverstoß ein Kavaliersdelikt geworden ist. Meist ist die einzige Sanktion, die noch zu befürchten ist, die mögliche wütende Reaktion des Partners. Anstatt sich aufzuregen, sagen allerdings viele betrogene Ehepartner: «Was du kannst, kann ich schon lange.»

Es gibt heute verheiratete Frauen, für die die außereheliche Sexualität eine neuartige Form des Gesellschaftsspiels darstellt, und häufig werden sie darin von ihren Ehemännern, die selbst dieses Spiel betreiben und sich von ihren Schuldgefühlen loskaufen wollen, bestärkt. So erklärt sich die mittlerweile fast epidemische Ausbreitung des «Swingens» oder des «gebilligten Ehebruchs» in unserer Gesellschaft. Manche «Swinger» bevorzugen den Gruppensex, andere treffen lieber Abmachungen zum Partnertausch mit gleichgesinnten Paaren. Ein amerikanischer Psychologe, der sich mit dem Phänomen beschäftigte, kam zu dem Schluß, daß in den USA ungefähr eine Million Ehepaare als Swinger bezeichnet werden können. Was sind das für Leute?

Vor allem sind sie keineswegs so aufregend, wie ihre Anzeigen in Zeitschriften oder Zeitungen es glauben machen wollen. In ihren Partnerbeziehungen verhalten sie sich überwiegend mechanisch. Ihre Ehen sind nicht unbedingt als gescheitert zu betrachten, werden von ihnen aber meist als unbefriedigend empfunden, vor allem in sexueller Hinsicht. Die Ehefrauen sind in der Mehrzahl nicht berufstätig. Viele Swinger-Paare haben außer Fernsehen keine Interessen. Die meisten gehen nur selten in die Kirche, schicken jedoch ihre Kinder in die Sonntagsschule oder zu entsprechenden kirchlichen Veranstaltungen. Es gibt zahlreiche wissenschaftliche Untersuchungen zum Phänomen des Swingens. Die meiner Ansicht nach beste stammt von dem Soziologen Brian G. Gilmartin.[5] Er verglich die Lebensweise von hundert Swinger-Paaren mit der von hundert konventionellen Ehepaaren und stellte fest, daß folgende Faktoren bei Swingern signifikant häufiger anzutreffen waren als bei Nicht-Swingern:

- eine distanzierte, oft angespannte Beziehung zu den eigenen Eltern in der Kindheit und wenig emotionale Zuwendung seitens der Eltern;
- psychotherapeutische Behandlung im Laufe der Kindheit oder Jugend;
- wenig Kontakte zu Verwandten, auch wenn diese in der Nähe leben;
- ausgeprägte geographische Mobilität;
- wenig Kontakte zu den Nachbarn.

Verkürzt kann man also sagen, daß Swinger zu jenen Leuten gehören, die unsere heutige Gesellschaft in großen Mengen hervorgebracht hat. In seinem Roman *Lancelot* läßt der Schriftsteller Walker Percy die Gesellschaft unserer Zeit von einer seiner Figuren in einem ironisch übertreibenden, bitteren Vergleich so charakterisieren: «Eine blasierte Generation ... ohne Werte. Schwänze auf der Jagd nach Mösen, Schwänze auf der Jagd nach Schwänzen, Mösen auf der Jagd nach Mösen, aber vor allem Mösen auf der Jagd nach Schwänzen. Mein Gott, was für ein Land.»

Einige Gruppensex-Aktivitäten verheirateter Paare haben Massenveranstaltungscharakter, aber meistens geht es am Anfang recht gesittet zu. Man hat eher den Eindruck, sich auf einer Cocktailparty oder im Kreis von Leuten zu befinden, die sich zu einem Bridgeabend versammelt haben. Zu einer bestimmten Zeit – sagen wir, gegen zehn Uhr – verschwinden dann ein Mann und eine Frau in einem Schlafzimmer, und auch die anderen beginnen nach und nach, sich auszuziehen, meist zu leiser Musik.

Natürlich sind die Männer den Frauen «leistungsmäßig» nicht gewachsen, da letztere weit mehr Orgasmen nacheinander erleben können. Beobachter haben berichtet, daß die Frauen sich deshalb oft gleichgeschlechtlichen Partnerinnen zuwenden, während die Männer sich ausruhen, um wieder zu Kräften zu kommen.

Bei der überwiegenden Mehrheit der Swinger handelt es sich um Paare mit Kindern, und jede Swinger-Gruppe scheint ihre eigenen Normen für das Verhalten gegenüber den Kindern entwickelt zu haben. Die älteren Mittelschichts-Swinger der ländlichen US-Bundesstaaten scheinen besonders ängstlich darauf bedacht zu sein, ihre außerehelichen sexuellen Aktivitäten vor den Kindern zu verbergen. Sie verstecken ihre Swinger-Zeitschriften und -Korrespondenzen und schicken die Kinder aus dem Haus oder sperren sie in ihren Zimmern ein, wenn sie ihre Partys veranstalten. Es gibt Berichte über Fälle, in denen «das Familienleben ernste Störungen erlitt», als die Kinder das Doppelleben ihrer Eltern entdeckten.[6]

Von den Swinger-Paaren mit Kindern in der von Gilmartin beobachteten Gruppe gaben etwa zwei Drittel an, daß ihre Kinder über die spezielle Freizeitgestaltung der Eltern informiert seien. In manchen Swinger-Gruppen nimmt niemand Anstoß daran, daß in den Zimmern, in denen geswingt wird, Kleinkinder schlafen oder herumlaufen, erst wenn sie älter als fünf Jahre sind, sind sie nicht mehr «zugelassen». Junge Swinger, die sich keinen Babysitter leisten können, bringen ihre kleinen Kinder manchmal zu den Partys mit.

Ein Anthropologe, der als «wissenschaftlicher Augenzeuge» das Swingen verheirateter Paare studiert hat, berichtet von einem Fall, wie ein Mann, der gerade die Gastgeberin besteigen wollte, deren vierjährige Tochter im Türrahmen stehen sah. Die Mutter sagte ohne jede Verlegenheit zu dem Kind: «So spät sollst du doch nicht mehr auf sein. Geh schön zurück ins Bett.» Das Kind gehorchte, aber der Mann war nach diesem Zwischenfall für den restlichen Abend zu nichts mehr fähig.

Gilmartin erfuhr von den von ihm befragten erwachsenen Swingern – in der Mehrzahl Kalifornier –, daß sechs der Familien ihre halbwüchsigen Kinder dazu ermutigten, eigene «Liebesgruppen» zu bilden. Er stellte allen seinen hundert Swinger-Paaren die Frage, was sie davon hielten, wenn im Nachbarhaus unter der Aufsicht einer der Swinger-Ehefrauen, die vielleicht gerade menstruationsbedingt außer Gefecht wäre, Jugendliche eine eigene Swinger-Party veranstalteten. Immerhin ein Drittel konnte sich mit dieser Vorstellung anfreunden. Jugendliche Swinger schätzen offenbar ausnahmslos den Austausch von Zärtlichkeiten – und werden von ihren Eltern häufig auch zur Erprobung gleichgeschlechtlicher erotischer Spiele ermuntert –, sind aber ansonsten eher konservativ eingestellt und betrachten den Beischlaf als etwas, das der «großen Liebe» vorbehalten bleiben sollte. Einige der Eltern rechtfertigen jugendliche «Liebesgruppen» als eine Einrichtung, die den Heranwachsenden hilft, Selbstvertrauen zu erwerben.

In Swinger-Familien scheinen erheblich weniger feste Regeln für das Verhalten der Kinder in alltäglichen Situationen zu bestehen als in anderen Familien. Wenn eine Situation die Aufstellung einer Regel erfordert, wird diese von Eltern und Kindern in einer meist lautstark geführten Diskussion ad hoc festgelegt. Gilmartin stellte fest, daß das Familienleben der Swinger relativ harmonisch verläuft – vielleicht deshalb, weil sie sich mit ihren Kindern nur wenig abgeben; sie sind vorrangig damit beschäftigt, ihr eigenes Leben zu leben. Ein von Kindern oft gegen ihre Swinger-Eltern erhobener Vorwurf lautet, sie kümmerten sich nicht genug um sie.

Die meisten halbwüchsigen Kinder der befragten Swinger-Ehepaare waren selbst sexuell aktiv. Sie hatten regelmäßig, und zwar mehrmals in der Woche, Geschlechtsverkehr, meist in ihrem eigenen Zimmer. Gilmartin gewann den Eindruck, daß die vorpubertären Töchter aus Swinger-Familien aggressiver und jungenhafter wirkten als gleichaltrige Töchter von Nicht-Swingern. Swinger-Söhne im vorpubertären Alter zeigten überdurchschnittlich großes Interesse daran, mit Mädchen zu spielen.

Offene Ehen

Vielen Paaren werden die Schwierigkeiten beim Arrangieren einer Swinger-Party lästig, oder sie wollen die Tabuisierung emotionaler Beziehungen nicht mehr akzeptieren, und so wandeln sie ihre Zweierbeziehung in eine «offene Ehe» um. Die Gattenbindung bleibt vorrangig, aber beide Eheleute können sexuelle Beziehungen mit anderen Partnern eingehen. Diese Freiheit soll den persönlichen und emotionalen Bedürfnissen der Partner eher gerecht werden, und sie bringt das aufregende Moment des gelegentlichen Sich-Verliebens mit sich.

Eine Zeitschrift für Sexualforschung veröffentlichte einen Untersuchungsbericht über siebzehn «offene Ehen».[7] Die Frauen hatten im Durchschnitt zwischen vier und fünf außereheliche Affären gehabt. Die meisten dieser Ehepaare hatten Kinder, doch war in dem ganzen Bericht nur in einem einzigen Absatz von ihnen die Rede, und zwar davon, daß die «Seitensprünge» vor den Kindern verheimlicht wurden, weil sie nach Ansicht der Eltern noch zu klein waren, um die Komplexität der Situation zu verstehen.

Zu Beginn der siebziger Jahre, als das Ehepaar Nena und George O'Neill sein vielgelesenes Buch *Die offene Ehe* schrieb, wurde diese Form des Zusammenlebens zu einem vieldiskutierten Thema und zu einer recht populären Alternative. Die Autoren vertraten den Standpunkt, die gesellschaftlichen Vorstellungen von sexueller Treue seien überholt. Über Kinder sagten sie fast nichts.

Mrs. O'Neill zumindest hat ihre Meinung inzwischen geändert, wie ein späteres Buch – *The Marriage Premise* – beweist. Darin gelangt sie, nachdem sie auf den hohen Anteil geschiedener Ehen bei Paaren mit regelmäßigen, gebilligten außerehelichen Beziehungen hingewiesen hat, zu dem Schluß: «Sexuelle Treue kann man nicht als eine bloße Leerformel bei der Eheschließung abtun oder als einen moralischen oder religiösen Glaubensgrundsatz; sie entspricht vielmehr einem Bedürfnis, das in unseren tiefsten Empfindungen und in unserer Suche nach emotionaler Sicherheit gründet; die Untreue schafft Situationen, die unsere emotionale Stabilität sehr gefährden.»

Sie hätte hinzusetzen können, daß eine Situation, die die emotionale Stabilität von Erwachsenen, die Kinder haben, gefährdet, vermutlich nicht ohne Auswirkungen auf diese Kinder bleibt. Und: In ihrer emotionalen Stabilität gefährdete Personen sind gewiß nicht in der Lage, ihre Elternrolle optimal auszufüllen.

Der Trend zur «Ehe auf Zeit»

Mrs. O'Neill prophezeit, daß die Ehe der Zukunft «intensiver, aber kürzer» sein wird. Diese These untermauert Gail Sheehy in ihrem vielgelesenen Buch *In der Mitte des Lebens. Die Bewältigung vorhersehbarer Krisen.* Sheehy geht davon aus, daß jeder Erwachsene einen persönlichen Reifeprozeß erlebt (vergleichbar den Stadien, die Erikson für die Entwicklung von der Kindheit bis zum Erwachsenenalter postuliert), so daß «die Chancen dafür, daß ein Paar eine synchrone Entwicklung durchmachen kann, gering sind». In ihren Augen ist die Aussage «bis daß der Tod euch scheidet» ein statisches Diktum, das der individuellen Entwicklung und dem Wandel der Persönlichkeit keine Rechnung trägt. Wie schon die O'Neills vor ihr geht sie auf das Problem der Kinder nicht weiter ein. Allein, was bedeutet eine als bloße Durchgangsstation verstandene Ehe für die Kinder, die ihr entspringen?

Eine Familienberaterin, die sich besonders intensiv um die Belange besuchsberechtigter geschiedener Eltern gekümmert hat, ist dabei mit vielen Kindern in Kontakt gekommen, die zwei oder mehr Scheidungen und die entsprechenden Veränderungen im Familiengefüge erlebt hatten. Ihr Eindruck ist, daß wiederholte Scheidungserlebnisse auf die Psyche der Kinder ausgesprochen destabilisierend wirken; sie weist aber darauf hin, daß bisher kaum verläßliche Untersuchungen über die Folgeerscheinungen häufig wechselnder Familienstrukturen auf Kinder vorliegen.

Polygame Familienformen

Gruppenehen verschiedenster Art waren schon immer Gegenstand der sehnsüchtigen Wünsche vieler Befürworter sexueller Freiheit in Europa und den Vereinigten Staaten. Infolge von Verboten, Gesetzen und aus vielen anderen Gründen ist ihre praktische Erprobung jedoch mit so großen Schwierigkeiten verbunden, daß die Zahl der derzeit in den USA bestehenden polygamen Lebensgemeinschaften sich auf nur wenige Tausend beläuft.

Die Anhänger der sexuellen Freizügigkeit bezeichnen die normale Ehe zwischen zwei Partnern als Dyade. Eine Gruppenehe (die natürlich immer informeller Natur ist) kann eine Triade sein (wenn drei Partner beteiligt sind), eine Tetrade (vier Partner), eine Pentade (fünf Partner) usw. Unabhängig von der Größe der Gesamtgruppe steht es jedem Gruppenmitglied frei, sich mit so vielen Partnern zu «verheiraten», wie es will (bzw. wie es findet).

Die gängigste Form ist die der Tetrade, bei der zwei Ehepaare sich zusammenschließen.

Gruppenehen bedeuten für den einzelnen zwangsläufig, daß er zu mehr als nur einem Partner sexuelle Beziehungen unterhält. Umgekehrt muß jeder sich seine Partner mit mindestens einem anderen Mitglied der Gruppe teilen. Viele der in Gruppenehen zusammenlebenden Personen haben Kinder, die somit automatisch Nebenväter und/oder Nebenmütter erhalten.

Der Geschlechtsverkehr wird in Gruppenehen meist mittels eines festgesetzten Rotationssystems organisiert, damit es nicht zu offenen Bevorzugungen und in der Folge davon zu Eifersuchtsreaktionen kommt. Trotzdem kann es geschehen, daß jemand an einem bestimmten Partner mehr Gefallen findet als an den anderen, und dann wird die Eifersucht zu einem unlösbaren Problem. Neben der Eifersucht ist die Überforderung durch ständige kollektive Entscheidungsprozesse einer der Gründe für das Auseinanderbrechen von Gruppenehen, wie eine Erhebung unter rund hundert diese Form des Zusammenlebens praktizierenden Gruppen in den USA ergab.

Kinder betrachten den polygamen Gruppenverband als eine größere Familie um die eigene, kleinere herum. Da weniger als die Hälfte der in die genannte Erhebung einbezogenen Gruppenehen länger als ein Jahr Bestand hatte, waren kaum verläßliche Schlüsse hinsichtlich der Auswirkungen dieser Eheform auf Kinder möglich.

Kinder identifizieren sich in erster Linie mit den leiblichen Eltern. In einem Buch über Gruppenehen ist ein Gespräch mit einem Kind wiedergegeben, das von den Autoren aufgefordert worden war, Personen aus seiner Umgebung zu zeichnen. Auf die Frage, wen eine männliche Gestalt, die es gemalt hatte, denn darstelle, antwortete es: «Papi.» Und auf die Frage nach einer anderen Figur sagte es: «Hmm, Jim.»

«Wer ist Jim?»

«So was Ähnliches wie ein Papa . . . ein Papa, aber bloß halb.»

Befürworter der Gruppenehe führen ins Feld, daß sie für die Kinder vorteilhaft sei, weil sie ihnen einen größeren Kreis erwachsener Bezugspersonen biete. Und außerdem erlaube sie, wie ein überzeugter Jünger und Prediger dieser Lebensform es ausdrückte, den Kindern «mehr Spielraum, ihr eigenes Leben zu leben» (was man auch so interpretieren kann, daß sie im allgemeinen weniger Zuwendung seitens ihrer natürlichen Eltern erfahren). Doch Kinder können unter diesen Bedingungen auch Schaden nehmen, zum Beispiel wenn sie von ihren Freunden darauf angesprochen werden, daß bei ihnen zu Hause aber seltsame Familienverhältnisse herrschen.

Kleinere Kinder nehmen die Besonderheiten der Familienstruktur vielleicht nicht zur Kenntnis, oder sie sind ihnen gleichgültig. Worauf es indes ankommt, ist die Art und Qualität ihrer Interaktionen mit ihren leiblichen Eltern. Der rasche Zerfall der meisten Gruppenehen ist vermutlich für viele der betroffenen Kinder ein Quell der Irritation und Frustration.

Unverheiratete Mütter und Väter

Seit Filmstars wie Vanessa Redgrave mit leuchtendem Beispiel vorangingen, ist es für viele «in», ein uneheliches Kind in die Welt zu setzen. Manche jungen Mütter leben mit dem Vater ihres Kindes zusammen, manche wollen das Kind für sich allein, ohne sich mit einem Lebensgefährten rumschlagen zu müssen.

Die Alternativkultur hat beiden Spielarten des Kinderhabens ohne Trauring Auftrieb gegeben, besonders der erstgenannten. Das U. S. Census Bureau zählte vor nicht langer Zeit 272 000 unverheiratete Paare mit Kindern. Die unehelich Zusammenlebenden sind meist der Ansicht, daß ihre Partnerschaft ohne das «idiotische Stück Papier» gesünder sei. Der Kinder wegen scheint es kaum Bedenken zu geben, was daran liegen mag, daß die Tatsache der unehelichen Geburt zumindest in den Großstädten kein soziales Stigma mehr ist.

Henry Foster, ehemaliger Vorsitzender der Family Law Section of the American Bar Association, wies darauf hin, daß Eltern dadurch, daß sie unverheiratet bleiben, die gesetzlichen Rechte ihrer Kinder allerdings beträchtlich schmälern.[8]

Trennen sich die unverheiratet gebliebenen Eltern, so steht dem Kind kein Unterhalt vom Vater zu, es sei denn, dieser hat eine notarielle Urkunde unterzeichnet, in der er seine Vaterschaft anerkennt. Seine Unterschrift auf der Geburtsurkunde allein reicht da nicht aus. Darüber hinaus können diese Kinder keine Erbansprüche gegenüber dem Vater geltend machen, falls dieser nicht durch ein notariell beglaubigtes Testament entsprechende Vorkehrungen getroffen hat. Wie Foster weiter schrieb: «Unvorhersehbare zukünftige Hemmnisse und Bestrafungen können sich für das an seinem Schicksal völlig unschuldige illegitime Kind ergeben.» Er bezeichnete es als einen Akt der Selbstsucht seitens der Eltern, wenn sie ihr Kind oder ihre Kinder nur deshalb in der Illegitimität aufwachsen lassen, weil sie sich nicht den bürokratischen Begleitumständen einer Eheschließung aussetzen wollen.

Was die Frau betrifft, die alles im Alleingang machen will, so sollte sie das, was sie an Selbstbestätigung zu gewinnen hofft, gegen die wahrscheinlichen Nachteile für ihr Kind abwägen. Es besteht für es zum Beispiel eher die Gefahr, in der Schule als unehelich diskriminiert zu werden, als bei einem Kind aus wilder Ehe. Es muß in seiner Kindheit auf einen Elternteil und als Erwachsener auf die Hälfte seiner familiären Wurzeln verzichten. Aber am schwersten wiegt, wie wir gesehen haben, das Fehlen eines Vaters als Vorbild und Mentor.

Das neuerwachte Interesse am Inzest

Das Inzesttabu ist in allen westlichen Gesellschaften von alters her das wohl am strengsten gehütete unter allen Tabus gewesen. Heute vertritt eine Vielzahl von Sexualforschern, radikalen Sexualtheoretikern und anderen maßgeblichen Einzelpersonen und Gruppen die Auffassung, daß Inzest – je nach den Umständen – *auch* etwas Positives sein kann.[9] Ihrer Ansicht nach beraubt die völlige Tabuisierung der innerfamiliären Erotik in einer Zeit der zunehmenden Entpersönlichung aller Lebensbereiche die Kinder der Möglichkeit, echte und schöne körperliche Intimität kennenzulernen. Sie behaupten, die Leute, die den Inzest verurteilen und bekämpfen, seien verklemmte Charaktere.

Der seinerzeit Furore machende Report des amerikanischen Sex Information and Education Council zur Sexualerziehung enthielt einen Beitrag, in dem die heute noch vorherrschenden Ansichten über den Inzest in ihrer Antiquiertheit mit den Vorurteilen gegenüber der Onanie im 19. Jahrhundert verglichen wurden.

Während der Inzest noch vor zehn Jahren nicht nur praktisch, sondern auch als Thema tabu war, wird er heute in allen Medien offen behandelt. Es überwiegt dabei der Inzest zwischen Vater und Tochter, wobei die Tochter zu Beginn der inzestuösen Aktivitäten durchschnittlich zwischen acht und elf Jahren alt ist. Nach Schätzungen eines Bostoner Psychologen kommt es zur Zeit in den Vereinigten Staaten in mindestens einer Viertelmillion Fällen zu inzestuösen Handlungen.

Ein von den Befürwortern sexueller Freizügigkeit vorgebrachtes Argument zugunsten einer Lockerung des Inzesttabus beruft sich darauf, daß dieses Tabu das Recht der Kinder auf sexuelle Erfahrungen beeinträchtige, die denen Erwachsener vergleichbar sind. Aber in welchem Alter kann ein Kind sein bewußtes Einverständnis mit sexuellen Annäherungsversuchen erklären, die eine Autoritätsperson aus der eigenen Familie ihm gegenüber unternimmt?

Wir haben eine Reihe von Experimenten und Alternativen auf dem Gebiet der elterlichen Beziehungen und des familiären Zusammenlebens Revue passieren lassen, die Auswirkungen auf die Erziehung und Entwicklung der dabei mitbetroffenen Kinder zeitigen. Im Laufe der Menschheitsgeschichte haben Eltern, die ihre Aufgabe ernst nahmen, die menschliche Rasse nicht bloß zu erhalten, sondern sie auch zu «verbessern» versucht. Wenn zwei erwachsene Menschen unterschiedlichen Geschlechts sich bemühen, Kinder mit Liebe und Hingabe und im Sinne möglichst hoher Ideale aufzuziehen, so ist das ein unbezweifelbarer Gewinn für die Menschheit.

Jede auf breiter Front wirksame Entwicklung hin zu einer sorgloseren, unpersönlicheren und weniger auf das Wohl der Kinder bedachten Erziehung scheint mir gefährlich, weil sie die Entwicklungschancen unserer Kinder beeinträchtigt.

Besonders beeindruckt hat mich in diesem Zusammenhang die Ansicht Carlfred Brodericks, des früheren Herausgebers des *Journal of Marriage and the Family:*

Die Vorteile der Ehe liegen gerade in ihrer Ausschließlichkeit und Dauerhaftigkeit. Jede Studie der Persönlichkeitsentwicklung hat erwiesen, daß Ich-Stärke und Soziabilität sich bei Kindern am besten entwickeln können, wenn sie in einer Atmosphäre der emotionalen Stabilität und Geborgenheit aufwachsen.

TEIL V

Zukunftsperspektiven der kinderkranken Gesellschaft

19 Neun Elternqualitäten für mehr Lebensqualität der Kinder

Vor ungefähr zwanzig Jahren hatte ich das interessante, wenn auch ein wenig verrückte Erlebnis, Jurymitglied eines Wettbewerbsgremiums zu sein, das die «ideale amerikanische Familie» ermitteln sollte. In jedem Bundesstaat war eine Familie ausgewählt und für die Endausscheidung nominiert worden.

Die Bewertungskriterien waren in erster Linie von Emily Mudd von der University of Pennsylvania festgelegt worden, die seinerzeit als größte wissenschaftliche Koryphäe auf dem Gebiet der Familienkunde galt. Die fünf Jurymitglieder, darunter ich, hielten eine Menge Beratungen ab und beobachteten, wie Eltern und Kinder miteinander umgingen. (Ich war übrigens der einzige, der diese Veranstaltung nicht gut fand – ich nehme an, man hatte mich eingeladen, weil ich mich eingehend mit Fragen des Familienlebens beschäftigt hatte.) Wenn ich mich recht erinnere, war ich mit zwölf Familien jeweils eine Stunde lang zusammen. Eines der Experimente, die ich dabei veranstaltete, bestand darin, die Familie mit einer Krisensituation zu konfrontieren und zu sehen, mit wieviel Kommunikations- und Kooperationsbereitschaft sie diese bewältigten.

In den zwei Jahrzehnten seit diesem merkwürdigen Wettbewerb haben die Entwicklungspsychologen und andere Fachleute unser Wissen darüber, wie die Entwicklung von Kindern gezielt unterstützt und gefördert werden kann, beträchtlich erweitert. Die gewonnenen Erkenntnisse kommen naturgemäß vor allem Eltern zugute, doch können sie auch allen anderen, die viel mit Kindern zu tun haben, von Nutzen sein. Während der Arbeit an diesem Buch befaßte ich mich notwendigerweise mit zahlreichen einschlägigen Forschungsergebnissen, und dabei haben sich für mich bestimmte elterliche Qualitäten herauskristallisiert, die mir von besonderer Bedeutung zu sein scheinen.

Ich muß betonen, daß ich kein Anhänger von Patentrezepten für Kindererziehung bin. Die Gefühle, mit denen Eltern an ihre Aufgabe herangehen – ihre Freude am Elternsein, ihre Geduld und ihre Achtung vor der Persönlichkeit des Kindes –, erscheinen mir wichtiger als die Befolgung bestimmter Verhaltensregeln (oder auch als die Frage, welchen Wert auf der Permissivitätsskala ein Elternpaar erreicht). Jerome Kagan von der Harvard University hat gesagt, es komme nicht darauf an, wie oft man sein Kind küßt oder wann man es füttert, sondern auf die «Melodie, die in diesen Handlungen erklingt» – und zur «Melodie» gehören für ihn Eigenschaften wie Beständigkeit, Abwechslungsreichtum und Regelmäßigkeit.

Zweifellos gibt es nicht das Idealkind, das von der Familie wie mit einem Schnitzmesser modelliert werden kann. Die Prozesse der Persönlichkeitsbildung sind höchst komplexer Natur. Viele große Persönlichkeiten kamen aus einem Elternhaus, das an sich keine besonders günstigen Bedingungen für ihre Entwicklung bot. Bedeutende Schauspieler stammen oft aus chaotischen Familien, und eine Menge berühmter Leute sind unter schlimmen und bedrückenden Verhältnissen aufgewachsen. Die These des Historikers Arnold Toynbee, daß Zivilisationen ihr Entstehen vor allem dem Druck, der Herausforderung ungünstiger Bedingungen verdanken, läßt sich durchaus auf Individuen, die Großes leisten, übertragen. Wahrscheinlich gibt es auch geborene Genies. Jeder weiß, daß Albert Einstein seinen Eltern ein Rätsel und manchmal vielleicht auch ein Ärgernis war. Er schien in seiner Entwicklung hinter den Altersgenossen herzuhinken, war ein schlechter Schüler, neurotisch und hatte in seiner Kindheit und Jugend so gut wie keine Freunde. Offensichtlich richtete er sich ganz nach seinem eigenen inneren Rhythmus.

Victor und Mildred Goertzel fanden bei der Analyse der Bedingungen für die Entwicklung großer Persönlichkeiten einige gemeinsame Nenner: «In fast allen Familien zeichneten sich ein Elternteil oder beide Eltern durch große Gelehrsamkeit aus, die sich oft mit physischer Stärke und Ausstrahlung sowie mit Hartnäckigkeit im Verfolgen von Zielen verband.»[1] Ich selbst hatte im Rahmen einer – schon vor Erscheinen des Goertzel-Buches entstandenen – Studie über die charakteristischen Eigenschaften von Leuten, die hohe Führungspositionen in der Wirtschaft einnahmen, herausgefunden, daß die «Fähigkeit zur unablässigen und energischen Verfolgung von Zielen» ihr hervorstechendster Zug war.[2] Diese Eigenschaft wurzelt keineswegs immer in einem außergewöhnlichen Energiepotential; man findet sie oft auch bei körperlich eher schwachen Menschen.

Die Persönlichkeitsentwicklung vollzieht sich häufig in Schüben und nicht als linearer Prozeß. Die Dynamik lebendiger Wachstumsprozesse ist stets für Überraschungen gut, und auch äußere Einflüsse und Ereignisse können den individuellen Lebensverlauf beeinflussen. Aus erfolgreichen Jugendlichen werden nicht unbedingt erfolgreiche Erwachsene. Daß es in dieser Beziehung sehr viele und ausgeprägte Verschiebungen geben kann, zeigten die Ergebnisse einer an der University of California in Berkeley durchgeführten Langzeitstudie, in deren Rahmen die Entwicklung von Kindern bis ins Erwachsenenalter verfolgt wurde.[3]

Einige Jungen, die als rebellisch gegolten hatten, wurden später zu sozial integrierten, leistungsfähigen und/oder kreativen Persönlichkeiten, die feste Wertvorstellungen besaßen und mit sich selbst im reinen waren. Hübsche Kinder, die in einer offensichtlich spannungsfreien Atmosphäre aufgewachsen und in der Schule als Schönheitsköniginnen oder Sportskanonen umschwärmt und bewundert worden waren, boten als Dreißigjährige nicht selten das Bild «wenig belastbarer, unzufriedener und unsicherer» Persönlichkeiten.

Die meisten von uns versuchen nicht, zukünftige Wirtschaftsbosse oder Filmstars heranzuziehen. Als Eltern erhoffen wir uns Sprößlinge, die eine erfreuliche Mischung aus den positiven Zügen beider Eltern, möglichst ergänzt durch einige zusätzliche Qualitäten, darstellen. Wir wünschen uns Kinder, auf die wir stolz sein können, wir wünschen, daß sie ihr Leben meistern werden, wir wünschen, daß sie von liebenswertem Naturell sind und lachen und weinen können.

Was den Wunsch nach bestimmten Eigenschaften bei den eigenen Kindern betrifft, so berichtete die Zeitschrift *Parents* 1980, daß im Zuge einer von ihr veranstalteten Umfrage die Leser übereinstimmend «Intelligenz» als die erstrebenswerteste Eigenschaft, bei Jungen wie bei Mädchen, bezeichneten. An zweiter Stelle stand die Hoffnung auf «Persönlichkeit», vor allem bei Mädchen. An dritter Stelle wurde «Kreativität und Phantasie» genannt. «Schönheit» nahm bei Mädchen den vierten Rang ein, bei Jungen den sechsten (bei ihnen wurden technisches Geschick und sportliche Fähigkeiten höher bewertet). Die Eltern wünschten sich ehrgeizige Kinder, aber keine sturen Streber, und legten großen Wert auf Kooperationsfähigkeit.

Dies alles sind vernünftige und sinnvolle Wünsche, und Eltern, die sich darauf verstehen, die Entwicklung ihrer Kinder zu fördern, können viel zu ihrer Verwirklichung beitragen.

Einige grundlegende Dinge vorweg. Vier Grundbedürfnisse *aller* Kinder sind vom amerikanischen Children's Defense Fund proklamiert worden:

- das Bedürfnis, erwünscht zu sein und geliebt zu werden;
- das Bedürfnis nach Kontinuität in den Beziehungen zu den leiblichen Eltern oder den als Eltern anerkannten Bezugspersonen;
- das Bedürfnis nach einer Umwelt, die durch ein gewisses Maß an Regelmäßigkeit und Verläßlichkeit gekennzeichnet ist;
- das Bedürfnis nach Aufmerksamkeit, Rat und Hilfe bei den Problemen und Anforderungen des Heranwachsens.

Wie wir sehen konnten, werden in unserer modernen Welt einige dieser elementarsten kindlichen Bedürfnisse oft nicht erfüllt.

Es gibt noch ein paar weitere, sehr wichtige Ziele, an denen sich alle Eltern bei der Erziehung ihrer Kinder orientieren sollten. Ein guterzogenes Kind sollte:

- fähig sein, Zuneigung zu empfinden;
- fähig sein, anderen zu vertrauen;
- fähig sein, sich selbst Wert beizumessen;
- fähig sein, Aufgaben zu erfüllen;
- fähig sein, mit anderen Menschen umzugehen;
- fähig sein, Verantwortung zu übernehmen.

In der vorhin erwähnten Langzeitstudie wurde der jeweilige Entwicklungsstand auf dem Weg von der Kindheit zum Erwachsenenalter vor allem mit Hilfe von vier verschiedenen Tests festgestellt und bewertet, bei denen es um folgende Aspekte ging:

1. Soziale Integration,
2. Leistungsfähigkeit und Kreativität,
3. Wertmaßstäbe,
4. Selbsteinschätzung und Einschätzung anderer.

Eltern erschweren sich ihre Erziehungsaufgabe, wenn sie für die Geburt der einzelnen Kinder kürzere Zeitabstände als zweieinhalb Jahre wählen. Ein Kind von unter zweieinhalb Jahren ist in seinen Kontakt- und Erlebnismöglichkeiten so sehr auf die Mutter und die eigenen vier Wände beschränkt, daß das Auftauchen eines Rivalen, der ebenfalls um die Aufmerksamkeit der Mutter buhlt, oft ein großer Schock für es ist, den zu bewältigen ihm alle Voraussetzungen fehlen.

Doch nun zu den angekündigten neun elterlichen Qualitäten, die meiner Meinung nach dazu beitragen, ein harmonisches Umfeld zu schaffen, in dem Kinder sich positiv entwickeln können.

Neun Elternqualitäten für mehr Lebensqualität der Kinder – und eine bessere Zukunft für uns alle

1. *Bereit und fähig sein, dem Kind stets das Bewußtsein zu vermitteln, daß es um seiner selbst willen geliebt wird.* Urie Bronfenbrenner drückte das so aus: «Ein Kind braucht wenigstens einen Menschen, der es uneingeschränkt liebt und für den *dieses* Kind wichtiger ist als andere Kinder.»

In New York fragte ein Kinderpsychologe fünfzig Ehepaare, deren Kinder ganz offenbar eine erfreuliche Entwicklung nahmen, welchen «erzieherischen» Rat sie jungen Eltern geben würden; die am häufigsten ausgesprochene Empfehlung lautete: «Viel, viel Liebe.» Diese Elternliebe muß immer und unter allen Umständen gewährleistet sein; auch dann, «wenn das Kind sich ganz und gar nicht liebenswert verhält».

Der ehemalige Präsident der American Psychoanalytical Association, Heinz Kohut, nannte als Grundbedürfnis des Kindes das Verlangen nach «Spiegelung – nach dem Leuchten im Auge der Mutter, das bedeutet: ‹Du bist da, und du bist wunderbar.›»

Wenn das Kind sprechen lernt, kann der Erwachsene ihm versichern, daß er es uneingeschränkt liebt, dabei aber gleichwohl deutlich machen, daß er ein bestimmtes unschönes Verhalten des Kindes nicht mag.

2. *Sich mit dem Kind so häufig wie möglich beschäftigen – so oft wie möglich mit ihm sprechen.* Es soll tatsächlich Eltern geben, die glauben, einen Säugling anzusprechen sei sinnlos, weil er ja erstens kein Wort verstehe und zweitens keine Antwort geben könne. Wie schon weiter

vorn erwähnt, verbringt der Durchschnittsvater weniger als eine Minute täglich in verbaler Interaktion mit dem Säugling oder Kleinkind. Väter, die sich mit der berufstätigen Frau in die Hausarbeit und die Kinderbetreuung teilen, haben entsprechend mehr Kontakt zu ihrem Sprößling, während sie ihn füttern, mit ihm schmusen oder seine Windeln wechseln. Ein Baby, mit dem wenig gesprochen oder dem nur selten vorgesungen wird, leidet unter Deprivation. Verbale Interaktion ist eine wichtige Voraussetzung für das Erlernen der Sprache.

Kinder baden gewissermaßen in der zu ihnen sprechenden Stimme des liebevollen Erziehers. Experten empfehlen, nicht nur so oft wie möglich mit dem kleinen Kind zu sprechen, sondern dabei auch Worte zu verwenden, die einen Sinnbezug zur jeweiligen Situation haben. Zum Beispiel: Wenn Ihr Kind Ihnen einen Ball zeigt, dann fordern Sie es auf, Ihnen den Ball zuzuwerfen. Sprechen Sie über das, was das Kind gerade tut.

Ein Säugling wird die Worte, die Sie ihm sagen, nicht verstehen, aber er spürt, daß Sie sich mit ihm beschäftigen, und die verbale Kommunikation ist aus vielerlei Gründen wichtig. Sie ruft beim Kind ein Gefühl der Geborgenheit und Zufriedenheit hervor; sie kann die Intensität der Mutter-Kind-Beziehung verstärken, und sie fördert deutlich die Sprachentwicklung des Kindes.

Alison Clarke-Stewart, Entwicklungspsychologin an der University of Chicago, gelangte aufgrund einer umfangreichen Studie zur frühkindlichen Entwicklung zu dem Schluß: «Das Ausmaß der sprachlichen Interaktion des Erwachsenen mit dem Kind sowie der Reichtum (Vielfalt) und die Komplexität der dabei benutzten Sprache entscheiden weitgehend darüber, wie früh und wie gut das Kind selbst spricht und andere versteht.» (Nach Ansicht mancher Wissenschaftler gilt dies nur unter der Voraussetzung, daß beide Partner Spaß an der Interaktion haben.)

Das Ausmaß an verbaler Zuwendung seitens der Eltern, das ein Kind im Säuglingsalter erfährt, kann auch seine Intelligenzentwicklung beeinflussen. Clarke-Stewart meint dazu: «Im allgemeinen kann man sagen, daß ein Kind, das von seinen Eltern schon früh durch Blickkontakte, durch Ansprechen, Spielen oder andere Interaktionsformen stimuliert worden ist, bei Intelligenztests besser abschneidet als andere Kinder ..., daß es kreativer ist, in der Schule weniger Schwierigkeiten hat und im sozialen Vehalten keine Störungen zeigt.»[4] Der Kinderpsychologe Lee Salk hat ebenfalls festgestellt, daß frühe Anregung die Wißbegier eines Kindes steigert.

Das kindliche Gehirn weist offenbar eine neurale Prädisposition auf, die das Erlernen von Sprache erleichtert. In den meisten Fällen scheint die Denk- und Abstraktionsfähigkeit sich parallel zu den Fortschritten in der Sprachbeherrschung zu entwickeln. Die vereinzelt aufgetauchten «wilden Kinder», die ohne menschlichen Kontakt aufgewachsen waren, erwiesen sich immer als Kinder mit stark eingeschränkter Abstraktions- und Kombinationsfähigkeit, wobei man natürlich nicht weiß, ob nicht manche von ihnen von Geburt an geistig behindert waren.

Ein Grund dafür, daß Kinder aus der Mittelschicht oft gleichsam von der Wiege an einen Entwicklungsvorsprung vor Unterschichtskindern haben, ist wahrscheinlich, daß Mittelschichtsmütter mit anspruchsvolleren und komplexeren Sprachmustern operieren – sie benutzen wesentlich mehr erklärende Wendungen.

Väter, die sich überdurchschnittlich viel mit ihrem Nachwuchs beschäftigen, sich an der Erziehung aktiv beteiligen, auf das einzelne Kind eingehen und ihm Wissen vermitteln, haben häufiger Kinder, die in der Schule erfolgreich sind. In den Fällen, in denen Väter ein entsprechendes Maß an Interaktion und Zuwendung einer Tochter zuteil werden lassen, findet man noch einen etwas anders gelagerten Langzeiteffekt: Die Fähigkeit, als erwachsene Frau befriedigende sexuelle Beziehungen zu einem Partner zu unterhalten, korreliert offensichtlich mit der Qualität der Beziehung zum Vater in der Kindheit.

Eine besonders sinnvolle Form der verbalen Interaktion mit einem Kleinkind besteht darin, ihm jeden Tag aus einem Bilderbuch «vorzulesen». Das Kind, das zuhört und dabei die Bilder betrachtet, wird schon bald seine Empfindungen und Assoziationen sprachlich artikulieren. Die Verbindung von Anschauen und Zuhören ist besonders wichtig, weil sie für das Kind eine neue Umweltdimension erschließt. Bei Versuchen mit Kleintieren, die in eine in diesem Sinn angereicherte Umwelt versetzt wurden, die sie zum Spielen, zur Interaktion und zur Lösung schwieriger Aufgaben inspirierte, zeigte sich, daß nach einiger Zeit im Gehirn dieser Versuchstiere physiologische Veränderungen eintraten, die seine Funktionsfähigkeit verbesserten. Das beste, billigste und einfachste Mittel, Kindern ein anregungsreicheres Umfeld zu schaffen, besteht darin, viel mit ihnen zu sprechen.

3. *Dem Kind helfen, ein hohes Selbstwertgefühl zu entwickeln, indem man ihm stets mit Respekt und Verständnis begegnet.* Ein Kind, das mit dem Leben zurechtkommen soll, muß davon überzeugt sein, daß andere, vor allem die Eltern, an seinen Wert als Mensch und Person glauben. Es sind die Kinder mit mangelndem Selbstbewußtsein, die in Schwierigkeiten kommen, weil sie erlittene Frustrationen austoben müssen oder sich ängstlich und überangepaßt verhalten.

Wenn die Lebensumstände einer Familie, verglichen mit denen der Nachbarn, relativ beengt sind oder die Kinder außerhalb der Familie sozial benachteiligt werden, ist es nicht gerade einfach, einem Kind zu gesundem Selbstbewußtsein – manche Psychologen ziehen den Begriff Ich-Stärke vor – zu verhelfen. Die Chancen dafür sind größer, wenn die Eltern etwas auf sich halten, wenn sie in der Nachbarschaft geachtet sind und wenn sie ihre Elternrolle gut erfüllen.

Im Rahmen einer interessanten Untersuchung, in die 98 Kinder aus stabilen, intakten Mittelschichtsfamilien einbezogen waren, wurden die Kinder zunächst (mit Hilfe von Tests und durch Befragen der Lehrer) in zwei Gruppen eingeteilt: Kinder mit hohem und Kinder mit geringem Selbstbewußtsein; dann erst wurden Daten zur familiären Situation der Kinder erhoben.

Fazit der Untersuchung: «Das familiäre Klima, das bei Kindern ein hohes Selbstbewußtsein fördert, zeichnet sich durch großes Verständnis der Eltern füreinander und für die Kinder aus.» Und: «Dezidiert autoritäres Verhalten der Eltern entsprach im allgemeinen einem geringen Selbstbewußtsein der Kinder.»[5]

Eltern sollten ihre Kinder in der Einübung von Fähigkeiten unterstützen, die ihr Selbstbewußtsein stärken, insbesondere von Fähigkeiten auf dem Gebiet der Interaktion mit anderen Kindern und mit Erwachsenen. Hier einige konkrete Ratschläge für eine das Selbstbewußtsein der Kinder fördernde Erziehung:

– Schaffen Sie von Anfang an ein Vertrauensverhältnis zu Ihrem Kind, indem Sie ihm liebevolle Zuwendung und verständige Betreuung zuteil werden lassen. Ein solches Vertrauensverhältnis erleichtert nicht nur die Identitätsfindung des Säuglings, sondern hilft auch dem Kleinkind, von sich aus Kontakte zu anderen aufzunehmen und die Welt als positiven Ort zu erleben.
– Seien Sie ein guter und aufmerksamer Zuhörer, wenn das Kind mit

- Problemen zu Ihnen kommt; zeigen Sie ihm, daß Sie ernsthaft besorgt sind um sein Wohlergehen.
- Begegnen Sie Ihrem Kind immer mit Respekt, egal wie es sich in dieser oder jener Situation auch verhalten mag, und erwarten Sie denselben Respekt von ihm. Lassen Sie Ihr Kind spüren, daß Sie viel von ihm halten. Sprechen Sie nicht in Babysprache zu einem Kind, das alt genug ist, Sie zu verstehen.
- Ermutigen Sie, wenn Ihr Kind laufen und sprechen gelernt hat, seine Versuche, etwas auf eigene Faust zu unternehmen, sich aus dem Kreis der Familie hinauszubewegen, die eigenen Handlungen zu bestimmen und sich erreichbare Ziele zu setzen.

4. *Dem Kind Leistungsfreude vermitteln, damit es Arbeit nicht nur als Streß empfindet.* Wenn ein Kind sich bewährt und für gute Leistungen belohnt wird, stärkt das nicht nur sein Selbstvertrauen, sondern festigt bei ihm auch Verhaltensmuster wie Beständigkeit, vorausschauendes Handeln und Selbstreflexion, Fähigkeiten, die es ihm später erleichtern werden, ein erfolgreiches und produktives Leben zu führen. Für die seelische Gesundheit der Kinder ist es wichtig, daß sie Bestätigung erfahren und sich des eigenen Leistungspotentials bewußt werden. Das bedeutet nicht, daß Eltern ihrem Kind überzogene Ziele vorgeben sollen oder es ihre Enttäuschung spüren lassen dürfen, wenn es einmal ihren Erwartungen nicht gerecht wird.

Das Kind sollte zur Sparsamkeit angehalten werden. (Dies geschieht leider nurmehr in wenigen Familien, wie eine Studie ergab.) Es sollte ermuntert werden, sich an Aktivitäten zu wagen, die der Planung bedürfen, und an Aufgaben, die erst auf lange Sicht Früchte tragen. Eines der Charakteristika besonders gut entwickelter Kinder ist, daß sie zu Recht auf eigene Kenntnisse und Leistungen stolz sind.

Vor mir liegt ein faszinierender Bericht über einen außergewöhnlichen jungen Mann aus einer puertoricanischen Familie.[6] Luis Velez wuchs in einer zerrütteten Familie auf, die in einem armseligen Slum im New Yorker Stadtteil Bronx von der Sozialhilfe lebte. Der Vater, Analphabet und notorischer Glücksspieler, ließ die Familie im Stich, als Luis zwei Jahre alt war, und tauchte von da an nur noch gelegentlich zu Hause auf. Luis war ein temperamentvolles, fröhliches Kind, und ihm gelang als Stipendiat an einer New Yorker Eliteschule eine brillante schulische und außerschulische Laufbahn. Er studierte an der Princeton University, und

1982 erfuhr ich von der Universitätsverwaltung, daß er kurz vor seiner Promotion im Fach Politische Wissenschaften stand.

Luis hatte, noch bevor er in die Schule kam, von seiner älteren Schwester Nelida das Schreiben gelernt, wobei der Küchenherd als Tafel herhalten mußte. Die Mutter ermunterte ihn ständig zum Lernen, und selbst der Vater ließ sich, wenn er mal wieder vorbeischaute, von ihm ausführlich über seine Fortschritte berichten und ermahnte ihn weiterzulernen.

Luis sagte: «In meiner Familie wurde uns Kindern stets das Gefühl vermittelt, alles gut zu machen. Manche Kinder werden dazu erzogen, sich stets als Versager zu sehen, und schließlich wird das Gefühl, ein Versager zu sein, lebensbestimmend.»

5. *Das Kind ermutigen, seine Umwelt zu erkunden, und es dabei mit Rat und Tat unterstützen.* Eine besonders interessante Schlußfolgerung aus Burton Whites Beobachtungen an Kleinkindern ist sein Rat, daß Eltern den Einsatz bewegungshemmender Gerätschaften wie etwa eines Laufstalls soweit wie möglich vermeiden sollten. Er räumt ein, daß solche Geräte das Aufpassen erleichtern, «doch wir mußten feststellen», schreibt er, «daß in Familien, in denen die Kinder sich überdurchschnittlich gut entwickelten, bewegungshemmende Vorrichtungen kaum Verwendung fanden, während sie in Familien, in denen die Kinder langsamere Fortschritte machten, gang und gäbe waren.»[7]

Je mehr Zeit ein Kind untätig zubringt, desto größer ist die Wahrscheinlichkeit einer verlangsamten Entwicklung. Wenn bewegungshemmende Vorrichtungen unumgänglich sind, sollte man sie möglichst kreativ einsetzen und die Interaktion mit dem Kind nicht vernachlässigen.

Die Wahrnehmungsfunktionen eines vier Monate alten Babys werden durch die Entdeckung und Erkundung neuer Gegenstände, die mit Hand, Mund oder Augen geprüft werden können, stärker angeregt als durch die ständige Beschäftigung mit immer denselben Spielsachen. Ab dem achten Monat ist das Kind ausgesprochen neugierig und sollte nicht davon abgehalten werden, sich auf allen vieren an die Erforschung seines kleinen Universums zu machen. Das Kind zeigt größtes Interesse an allem, was sich öffnen und schließen läßt, von Türen bis zu Büchern oder Kisten mit aufklappbarem Deckel. Sorgen Sie für einen sauberen

Boden und dafür, daß potentiell gefährliche Gegenstände, wie etwa ein Bügelbrett, das umfallen könnte, außer Reichweite sind. Steckdosen können gesichert werden.

Wenn das Kind zu laufen beginnt, erweitert sich seine Welt erneut – und auch diesmal sollten seinem Erkundungsdrang möglichst wenige Schranken gesetzt werden. Gute Eltern gestalten die Räume, in denen sie selbst sich vorwiegend aufhalten, zum interessanten Betätigungsfeld für die Neugier des Ein- bis Dreijährigen. Der Gesichtspunkt der Ordnung und Aufgeräumtheit sollte hinter dem des Entdeckungswertes für die Kinder zurückstehen. Nach Möglichkeit sollte die Wohnung viele kleine, bewegliche und gut unterscheidbare Gegenstände sowie leicht zu überkletternde Hindernisse aufweisen.

Wenn Kinder größer werden, sollte man mit ihnen Ausflüge auf Bauernhöfe, in Sägemühlen, Museen, in den Zoo und in den Wald unternehmen. Noch heute erinnere ich mich mit Freude daran, wie wir jeden in der Familie anfallenden Geburtstag – auf Vorschlag und Wunsch unserer Söhne – mit einer Wanderung auf einen uns noch unbekannten Berg feierten. Je mehr man ein Kind dazu ermutigt, seinem Erkundungsdrang zu folgen, desto eher wird es sich zu einer phantasievollen, kreativen Persönlichkeit entwickeln.

6. *Das Gefühl der Familienzusammengehörigkeit stärken.* (Das gilt natürlich auch für alleinerziehende Elternteile.) Vor einigen Monaten besuchte ich das Ehepaar Alto, das in einer kalifornischen Kleinstadt lebt. Mr. Alto ist am örtlichen College angestellt, seine Frau übt eine Reihe von Teilzeitbeschäftigungen aus, die ihr großen Spaß machen; unter anderem schreibt sie und ist für Werbeagenturen tätig. Die Altos haben drei reizende, aufgeweckte Söhne, die zum Zeitpunkt meines Besuchs drei, fünf und sieben Jahre alt waren und mir offen und neugierig begegneten, ohne im geringsten aufdringlich zu sein. Hayward, der in die zweite Klasse ging, hielt zufällig ein Blatt mit einer Hausaufgabe in der Hand, an der er gerade geschrieben hatte. Ich bat ihn, es mir zu geben. Es war die Schilderung eines Ausflugs, an dem er teilgenommen hatte. Im Hinblick auf die Klarheit der Darstellung, auf Rechtschreibung, Satzbau und Schriftbild lag die Arbeit des Siebenjährigen weit über dem für sein Alter Üblichen.

Am nächsten Morgen fuhr Mrs. Alto mich zum nächsten Flughafen, der eine Fahrstunde entfernt lag. Ich erwähnte, wie sehr ihre Söhne mich beeindruckt hätten, und wir unterhielten uns daraufhin ein bißchen über Kindererziehung.

Mrs. Alto erzählte mir, daß sie jeden Montag einen «Familienabend» veranstalteten, der etwa eine Stunde dauere. Die Kinder liebten diese Abende; sie sängen gemeinsam, und die Buben entschieden abwechselnd, was gesungen würde. Manchmal komponierten sie sogar selbst etwas. Garrett habe ein Lied mit dem Titel «Das Motorrad fährt dröhnend vorbei» gemacht. Meistens sängen sie aber Volkslieder. Mrs. Alto erklärte mir: «An diesen Montagabenden sprechen wir auch über unsere Probleme. Jeder kann sagen, was ihn quält oder bedrückt. Wir Eltern geben ihnen ihr Taschengeld und ermahnen sie, einen Teil davon zu sparen. Manchmal besuchen wir an diesen Abenden auch einen kranken Freund. Durch Wort *und* Tat versuchen Bob und ich, etwas von unseren ethischen und moralischen Vorstellungen zu vermitteln.»

Wer mag, darf eine Geschichte erzählen oder eine Diskussion über dieses oder jenes Thema anfangen. Die beiden älteren Söhne verstehen sich schon ausgezeichnet auszudrücken. Zum Abschluß des Abends gibt es einen Imbiß, der abwechselnd von einem der Buben ausgesucht wird. Mrs. Alto schien erstaunt, als ich sagte, daß solche wöchentlichen Familiensitzungen heutzutage etwas Ungewöhnliches seien. Sie meinte:

«Wir sind Mormonen. In unserem Ort gibt es viele Mormonen, und fast alle haben montags ihren Familienabend. Die Lehrer in der Schule geben montags wenig Hausaufgaben auf, und viele kommunale Einrichtungen und Vereine setzen für Montagabend bewußt keine Termine an.»

Unter den Mormonenfamilien der Stadt – es sind einige hundert – gibt es nach Auskunft von Mrs. Alto nur wenige gescheiterte Ehen, und nur wenige Kinder geraten in irgendwelche Schwierigkeiten, und die, «bei denen es der Fall ist, sind fast immer stark genug, um allein aus diesen Schwierigkeiten wieder herauszufinden».

Die Altos besitzen natürlich auch einen Fernsehapparat. Sie schauen sich durchschnittlich allerdings nur vier Sendungen pro Woche – gemeinsam – an. Ansonsten bleibt das Gerät ausgeschaltet. Die Eltern entscheiden unter Berücksichtigung von Vorschlägen der Kinder über die Auswahl dieser vier Sendungen.

Kinder entwickeln sich positiver, wenn Eltern gern mit ihnen spielen, Ausflüge mit ihnen machen, mit ihnen zu sportlichen, geselligen oder religiösen Veranstaltungen gehen oder sie hin und wieder ins Restaurant mitnehmen.

In Nebraska stieß ich auf eine erstaunliche Familie, in der jeder ein Instrument spielte und die groß genug war, um ein richtiges kleines Orchester auf die Beine stellen zu können. Sie wurden oft in Dörfer und Städte der Umgebung eingeladen, um dort aufzutreten. Eine andere Familie aus meinem Bekanntenkreis verbringt jeden Sommer zwei Wochen auf einer Entdeckungsreise. Wochenlang beraten sie über die Reiseziele. Sie haben schon die Großen Seen, die Flußläufe und Küsten von Ontario und Neu-England sowie eine Reihe anderer Landschaften durchstreift.

Das Gefühl der Familienzusammengehörigkeit ist für Kinder von unschätzbarem Wert. In der bereits erwähnten Studie über Kinder mit hohem bzw. geringem Selbstbewußtsein heißt es dazu: «Das Selbstbewußtsein der Kinder korreliert mit einem herzlichen und engagierten Interaktionsverhalten in der Familie.»

Die Familienforscher Boyd C. Rollins und Darwin L. Thomas schließen aus den Ergebnissen der zu diesem Thema vorliegenden Forschungsliteratur, daß das Sozialverhalten der Kinder sich eindeutig in Abhängigkeit von der Zustimmung und Unterstützung entwickelt, die sie von ihren Eltern erhalten.

Die sich über drei Jahrzehnte erstreckende Studie der University of California zeigte unter anderem, daß zwischen der emotionalen Intensität der innerfamiliären Beziehungen während des zweiten Lebensjahres eines Kindes und dessen Intelligenzquotienten selbst noch im dreißigsten Lebensjahr eine enge Korrelation besteht.

Das richtige «Gefühlsklima» in der Familie fördert Selbstbewußtsein und Zufriedenheit der Kinder und läßt jenes Urvertrauen entstehen, das es ihnen ermöglicht, selbständig zu handeln und notwendige Risiken einzugehen. Und es verhindert, daß ein Kind sich dem Anpassungsdruck der Gleichaltrigengruppe ohne weiteres unterwirft. Ein intensives Familienleben mit vielen Interaktionsmöglichkeiten erleichtert dem Kind außerdem das Erlernen sozialer Rollen. Es hat weniger Probleme beim – vertrauensvollen – Umgang mit Erwachsenen und Gleichaltrigen, vor allem dann, wenn es von klein auf freundlichen und liebevollen Tanten, Onkeln und anderen Verwandten begegnet ist. Je spielerischer und fröhlicher es in der Familie zugeht, desto eher wird auch das Kind sich zu einem frohen Menschen entwickeln – eine «Gefühlsqualität», die ihm im Leben noch oft von Nutzen sein wird. Burton White zählt zu den hervorstechenden Zügen eines «ausgesprochen gut entwickelten» Dreijährigen die Fähigkeit, die Aufmerksamkeit Erwachsener zu erlangen und zu fesseln, und die Fähigkeit, gegenüber Erwachsenen und Gleichaltrigen gegebenenfalls auch Ärger und Unmut zum Ausdruck zu bringen.[8] Intakte innerfamiliäre Beziehungen fördern diese Fähigkeiten.

Nick Stinnett von der University of Nebraska, der an zwei großangelegten Untersuchungen über «starke» Familien und deren Merkmale mitgearbeitet hat, nannte mir sechs Kennzeichen, die sich als wesenstypisch für Familien mit ausgeprägtem Familiensinn erwiesen haben:

1. Die Familienmitglieder zeigen, daß sie einander sehr schätzen, und geben sich gegenseitig psychischen Halt.
2. Sie verbringen viel Zeit miteinander und genießen das Zusammensein.
3. Sie sprchen über alles offen miteinander, so daß Gerüchte und Mißverständnisse gar nicht erst entstehen können.
4. Glück und Wohlergehen der anderen sind jedem einzelnen ein wichtiges Anliegen.
5. Ihr Leben ist oft stark von religiösen oder vergleichbaren weltanschaulichen Idealen geprägt. Das scheint ihnen zu einem sinnerfüllten Leben und zu größerer Toleranz und Nachsicht untereinander zu verhelfen.
6. Auf der Grundlage des gegenseitigen Vertrauens werden Krisensituationen in gemeinsamer Anstrengung bewältigt, anstatt den Zusammenhalt der Familie zu gefährden.

7. *Das Kind von aufgezwungener Disziplin zu akzeptierter Selbstdisziplin führen.* Ich stamme aus einer ländlichen Gegend, und bei uns zu Hause war es nichts Ungewöhnliches, daß man für besonders unbotmäßiges Betragen eine Tracht Prügel bekam. Als Empfänger der Strafe nahm man die Sache nicht persönlich – man wußte, daß es so üblich war, und wäre nie auf die Idee gekommen, den Vater deswegen zu hassen. Mein Vater war ein liebenswürdiger Mensch, dem mein Wohlergehen durchaus am Herzen lag.

Der Soziologe Arnold Green machte vor über zwanzig Jahren auf einen interessanten Sachverhalt aufmerksam: Er hatte die Lebensbedingungen in einer Industriestadt Neu-Englands untersucht, wo besonders viele polnischstämmige Amerikaner lebten. In dieser Bevölkerungsgruppe pflegten die Väter ihre Söhne zu verdreschen, wenn sie ihnen zuviel Lärm machten; aber diese Schläge wurden von den Kindern gleichmütig hingenommen, sie drangen nicht durch den «Schutzschild ihres Ichs».

Green verwies in diesem Zusammenhang auf den Gegensatz zwischen der stabilen Psyche dieser Kinder und den häufigen Neurosen bei Kindern aus «protestantischen, großstädtischen Mittelschichts-Akademikerfamilien», die für gewöhnlich nicht mit Schlägen bestraft wurden. Bei solchen kleinen Neurotikern war häufig eine völlige psychische Abhängigkeit von den Eltern zu beobachten. Eltern aus den gehobenen Gesellschaftsschichten setzen als Erziehungsmittel häufig die Drohung mit Liebesentzug ein. Wenn ein Kind seine Eltern geärgert hat, wenn es «ungezogen» war, zeigen sie ihm oft tage- oder sogar wochenlang die kalte Schulter. So manches Kind leidet unter dieser Strafe wie ein Hund. «Ein tadelnder Blick», meinte Green, «kann bei so einem Kind mehr Angst und Schrecken auslösen als eine gehörige Tracht Prügel beim kleinen Stanislaus Wojcik.»

Mit diesen Beispielen bezwecke ich durchaus nicht, Werbung für die Prügelstrafe zu machen (ich lehne sie entschieden ab). Was ich sagen will, ist, daß es bei jeder Art von Strafe darum geht, wie das Kind die elterliche Mißbilligung empfindet. Bestrafung, gleich in welcher Form, ist etwas, das von verständigen Eltern sowieso nur so selten wie möglich angewendet wird.

Wenn ein Kind sich selbst in Gefahr bringt – zum Beispiel indem es, ein Verbot mißachtend, auf die Straße läuft –, wird ein scharfer Verweis künftigen Ausflügen dieser Art wirksamer vorbeugen als ein langer Vortrag über die Gefahren solchen Tuns. Bei nicht so schwerwiegenden Disziplinverstößen ist es weniger wichtig, welche konkrete Sanktionsmaßnahme man ergreift – ob man das Kind ausschimpft, ihm bestimmte Dinge verbietet, ihm eine Strafarbeit aufbrummt oder dergleichen –, worauf es ankommt, ist, daß man es sein Mißfallen möglichst *unmittelbar* spüren läßt.

Kluge Eltern achten darauf, keine widersprüchlichen, unsinnigen oder nur kurzfristig geltenden Regeln aufzustellen. Sie wählen ihre Ge- und Verbote mit Bedacht und vergewissern sich, ob das Kind sie auch begriffen hat. Nach einer erfolgten Disziplinierungsmaßnahme sollte man dem Kind, sobald es sich wieder gefaßt hat, genau erklären, warum es getadelt oder bestraft worden ist. Außerdem sollte man stets darauf achten, daß man nicht in Gegenwart des betroffenen Kindes über die

Notwendigkeit oder die Angemessenheit einer Bestrafungsmaßnahme streitet.

Wenn das Kind sich dem Kindergartenalter nähert, werden die Eltern es darin unterstützen, sich allmählich Selbstdisziplin anzueignen. Das Kind wird ermutigt, sich in selbstverantwortlichem Verhalten zu üben und stolz darauf zu sein. Es wird gelobt, wenn es Verhaltensweisen zeigt, die von einem inneren Sieg über selbstsüchtige oder destruktive Impulse künden. Es ist eine der gesichertsten pädagogischen Erkenntnisse, daß positive Verstärkung durch Lob erzieherisch weit wirksamer ist als Abschreckung durch Strafe. Ebenso wichtig für die Entwicklung von Selbstdisziplin ist das Beispiel, das die Eltern in dieser Beziehung bieten. Die Vorbildwirkung geliebter und verehrter Eltern ist ein machtvolles Mittel der Erziehung.

Nach dem fünften Lebensjahr entwickelt sich beim Kind allmählich ein Gewissen, und dies verstärkt die Fähigkeit, Selbstdisziplin zu üben. Einige Untersuchungen legen den Schluß nahe, daß die Entwicklung von Gewissenhaftigkeit und ähnlichen Eigenschaften beim Kind davon abhängt, wieviel emotionale Wärme die Mutter ihm gibt, wie weit es sich mit dem Vater identifiziert und wie die Eltern sich ihm gegenüber verhalten, wenn es gegen eine Regel verstoßen hat. Selbstdisziplin und Selbstbeherrschung verstärken sich beim Kind in dem Maße, in dem man ihm die Möglichkeit zu selbstverantwortlichem Handeln gibt. Ein Kind, das sich zu Eigenverantwortung angehalten sieht, wird im allgemeinen überlegter handeln als ein Kind, dessen Haupttriebfeder die Angst vor Strafe ist.

8. *Dem Kind ein festes Wertesystem vermitteln.* Die Eltern, die für das Kind die erste Sozialisationsinstanz sind, haben in dieser Funktion Pflichten, die über Pflege und Ernährung allein hinausgehen. Sie legen das Fundament für die Zukunft. Gute Eltern setzen ihre ganze Kraft dafür ein, ihre Sprößlinge zu wertvollen Mitgliedern der Gesellschaft zu machen.

In Verfolgung dieses Zieles bringen sie ihren Kindern ethische und moralische Anschauungen nahe, die diese in die Lage versetzen, an der Weiterentwicklung der Gesellschaft hin zu mehr Gerechtigkeit und innerem Frieden mitzuwirken. Demokratien können nur Bestand haben, wenn die Mehrzahl der Menschen sich ihrer Verantwortung als Staatsbürger bewußt ist.

Leider wachsen heute zunehmend mehr Kinder heran, die nur sehr nebulöse Wertvorstellungen haben – und bei einer ganzen Reihe von Erwachsenen ist es nicht anders. Für viele Kinder sind Lustgewinn und Selbstbestätigung die einzigen verhaltenswirksamen Gesichtspunkte; darüber hinausgehende Werte gibt es für sie nicht.

Das Verschwinden allgemein anerkannter Wertmaßstäbe ist eine Folge der zunehmenden Unpersönlichkeit des Lebens in den Großstädten, der Zersplitterung der Familien und Gemeinden, der Anonymisierung der wirtschaftlichen Beziehungen infolge der Tendenz zum Großunternehmen, die bestimmte asoziale Handlungen akzeptabel, weil nicht persönlichkeitsbezogen, erscheinen läßt (etwa einen Versicherungsbetrug oder einen Kaufhausdiebstahl). Hinzu kommen die ständige Konfrontation mit unredlichen Handlungen durch die Medien und die Verringerung der Kontakte zwischen Erwachsenen und Kindern.

In einer wertdefizitären Gesellschaft ist die Aufgabe, Kindern ein verbindliches System sozialer Werte mitzugeben, naturgemäß schwerer als in einer von traditionellen Wertmaßstäben durchdrungenen Gemeinschaft. Doch muß jeder von uns in der eigenen Familie mit der Bewältigung dieser Aufgabe beginnen, wenn wir eine Wende zum Besseren erreichen wollen.

Der Kinderpsychologe Nathan B. Talbot hat darauf hingewiesen, daß ein Kind, das Wertvorstellungen entwickeln soll, «sich selbst als Glied einer festgefügten Gruppe betrachten können muß. Sonst ist es ihm unmöglich, moralisches Denken und Urteilen nachzuvollziehen.» Es gibt unterschiedliche Gruppen, denen ein Kind sich zugehörig fühlen kann, aber «unseres Wissens gibt es keinen wirklich befriedigenden Ersatz für eine funktionierende Familie als Fundament».

Viele Untersuchungen verweisen auf diese elementare Bedeutung der Familie für die Persönlichkeitsentwicklung des Kindes. Das Kind bildet seinen Charakter weitgehend durch Beobachtung und Nachahmung. Es sieht, wie seine Eltern sich verhalten und wonach sie streben. Altruistische Einstellungen bei Kindern hängen eng mit entsprechenden Ansichten der Eltern, namentlich des gleichgeschlechtlichen Elternteils, zusammen.[9] In Familien, in denen ein ausgeprägtes Zusammengehörigkeitsgefühl herrscht, werden Wertvorstellungen von den Kindern leichter angenommen und eher verinnerlicht.

9. *Das Kind lehren, was es heißt, Verantwortung zu tragen.* Kinder lernen schon früh, sich Herausforderungen zu stellen, wenn man ihnen Pflichten und Verantwortlichkeiten überträgt, denen sie gerecht werden können. Das Meistern von Herausforderungen bestärkt Kinder in ihrem Selbstwertgefühl und in ihrem Zutrauen in die eigenen Fähigkeiten. Es läßt sie spüren, daß sie größer, erwachsener werden.

Die Bedingungen, unter denen sich das Familienleben unserer Zeit abspielt, begünstigen eine solche positive Entwicklung unserer Kinder im allgemeinen nicht. Die Gründe hierfür sind in den Veränderungen zu suchen, die sich in unserer Gesellschaft und deren Einrichtungen vollzogen haben und noch vollziehen und auf die ich in diesem Buch ausführlich eingegangen bin. Manche Familien begegnen den negativen Folgen dieser Veränderungen durch umsichtig geplante Gegenmaßnahmen.

Ich denke da an die Lamas, eine Familie mit fünf schulpflichtigen Kindern, die in einer wohlhabenden Vorstadt von Detroit lebte. Mr. Lama hatte als Präsident einer berufsständischen Vereinigung ein sehr gutes Einkommen, das Leben lief in ruhigen Bahnen, und doch waren er und seine Frau nicht recht glücklich. Die Kinder wußten nicht recht, was sie mit ihrer Zeit anfangen sollten. Der Vater begann, sich Gedanken darüber zu machen, daß sie sich in der Stadt herumtrieben oder zu Hause herumlungerten, aus dem Fenster starrten, vor dem Fernseher saßen oder Rockmusik hörten. Die Eltern wurden wiederholt von Lehrern zu Unterredungen in die Schule gebeten, weil eine ihrer Töchter mal wieder schlechte Noten hatte, obwohl sie ein recht intelligentes Kind war. Die einzigen Aufgaben, die die Kinder kannten, waren unproduktiv und langweilig – den Mülleimer leeren oder Bettenmachen –, und dementsprechend drückten sie sich gern davor.

Ich lernte John Lama – wie zuvor auch Mrs. Alto – zufällig kennen, als wir am Rande einer Konferenz, während einer Pause, eine belanglose Unterhaltung miteinander anfingen. Wir kamen auf seine Familie zu sprechen, und er sagte: «Ich wollte, daß meine fünf Kinder etwas tun, das wirklich Hand und Fuß hat.»

Die Lamas hatten sich nämlich zu einem drastischen Schritt entschlossen: Sie verkauften ihr schönes Vorstadthäuschen und zogen auf einen Bauernhof in der Nähe einer Kleinstadt, achtzig Kilometer südlich ihres bisherigen Wohnorts. John Lama suchte sich eine Arbeit auf einem völlig neuen Gebiet – im öffentlichen Dienst – und nahm auch in Kauf, daß er nun einen täglichen (einfachen) Fahrtweg von vierzig Kilometern zum Arbeitsplatz hat.

Zum Zeitpunkt unseres Gesprächs hielt die Familie auf dem Hof zehn Stück Vieh, zwölf Schweine und einundzwanzig Hühner. Jedes Kind hat fest abgegrenzte Pflichten und Zuständigkeiten. Mr. Lama erklärte mir:

> Jedem Kind gehört ein Schwein, und sie verfolgen die Schwankungen der Fleischpreise in der Zeitung mit Interesse. Auch das Geld aus dem Verkauf der Eier steht ihnen zu. Viele Kinder wissen heute gar nicht mehr, wo die Eier herkommen. Unsere Kinder vermahlen den Mais, den wir anbauen, selbst zu Schweinefutter . . .
> Die Kinder wollten Pferde haben. Gut, sagte ich, dann sorgt ihr aber auch für das Heu. Kinder haben heute so gut wie keine Möglichkeit, aus eigener Erfahrung zu sehen, daß die Arbeit, die man in etwas investiert, in direktem Verhältnis zu dem Nutzen steht, den man daraus gewinnt. Meine Kinder wissen, daß es keine Eier gibt, wenn sie die Hühner nicht füttern.

Heute essen die Lamas jeden Abend gemeinsam. Die Kinder sprechen über ihre Probleme, ohne daß man sie dazu auffordern müßte. Die Tochter, die zuvor in der Schule Schwierigkeiten hatte, gehört in ihrer Klasse jetzt zu den Besten, außerdem arbeitet sie engagiert in einer Jugendorganisation mit. Mr. Lama meinte: «Ich glaube, unser Umzug hat aus ihnen bessere Kinder gemacht. Mein achtjähriger Sohn fährt unseren Traktor und kommt sich vor wie ein richtiger Mann.»

Aber auch ohne den dramatischen Akt eines Umzugs aufs Land lernen manche Stadtkinder, «wichtige» Dinge zu tun. Ihre Eltern halten und leiten sie dazu an, Zimmer zu renovieren, Meerschweinchen aufzuziehen, als Schülerlotsen kleine Kinder vor und nach dem Unterricht über die Straßen zu führen und anderes mehr.

Die Goertzels stellten in ihrer Untersuchung über die Kindheit berühmter Persönlichkeiten fest, daß zwei Drittel der darin berücksichtigten namhaften Ärzte, Anwälte und Wissenschaftler als Kinder ihrem Forscherdrang freien Lauf lassen durften und früh mit Verantwortung konfrontiert waren. Aus einer in Israel durchgeführten Untersuchung geht hervor, daß die Leute mit der stabilsten Erwachsenenpersönlichkeit jene sind, die schon in frühen Jahren gelernt haben, gesellschaftlichen Anforderungen zu genügen und Verantwortung zu übernehmen. In einer von großstädtischen Lebensformen beherrschten Gesellschaft ist es nicht immer einfach, eine sinnvolle Beschäftigung für Kinder zu finden, die ihnen ein adäquates Maß an Verantwortung auferlegt. Natürlich können sie gewisse Hausarbeiten erledigen, aber Geschirr spülen oder Staubsaugen sind keine besonders produktiven Tätigkeiten.

Es gibt jedoch auch im Haushalt Arbeiten, die wichtig, interessant und für die Familie von Nutzen sind. Mit ein wenig Anleitung oder Unterricht kann man seine Söhne und Töchter in die Lage versetzen, Dinge zu tun, die Geld sparen helfen, wie etwa Stühle wiederherrichten, tropfende Wasserhähne reparieren, Wände weißeln, Fenster abdichten oder beim Ausbau des Dachbodens zu wohnlichen Zimmern mithelfen.

Sie können sogar viel Geld sparen helfen, wenn sie lernen, kleine Reparaturen und Wartungsarbeiten am Auto, zum Beispiel das Auswechseln von Filtern oder das Einstellen der Zündung und des Vergasers, selbst auszuführen.

Kinder können auch Kleinunternehmer werden, indem sie sich dem Weben oder Töpfern widmen, den Nachbarn die Autos waschen, Zeitungen austragen, sich zum Rasenmähen verdingen oder Modellboote bauen und verkaufen.

Daneben gibt es soziale Dienstleistungen, die nicht nur Verdienstmöglichkeiten eröffnen, sondern auch die Entwicklung wichtiger Fähigkeiten fördern (wie etwa der Fähigkeit, Mitgefühl zu empfinden). Kinder können oft sehr gut mit älteren oder behinderten Menschen umgehen. Sie können auch zu gefragten Babysittern avancieren.

Davon abgesehen, könnten unsere Institutionen weit mehr, als sie es bisher getan haben, dazu beitragen, daß Kinder gern Verantwortung übernehmen, die ihre Entwicklung fördern und der Gesellschaft zugute kommen. Ich werde darauf im folgenden Kapitel näher eingehen.

20 Plädoyer für eine kindgemäßere Umwelt

William Kessen von der Yale University erklärte nach der Rückkehr von einer Chinareise, besonders beeindruckt habe ihn das Ausmaß und die Vielfalt der gesellschaftlichen und staatlichen Hilfen, die der Familie dort gewährt werden. Er erwähnte als Beispiel die Bedeutung der alten Menschen für die Kinderbetreuung. Auch wird von jedem chinesischen Kind erwartet, daß es schon während der Schulzeit etwas zum Wohl der Gesellschaft beiträgt und sich produktiver Arbeit widmet, und sei es nur dem Verpacken von Farbstiften, die für den Export bestimmt sind.

Von den Vereinigten Staaten ist gesagt worden, sie seien der einzige moderne Industriestaat, in dem es keine kohärente Familienpolitik gibt. In Schweden und Frankreich beispielsweise hat man sehr viel für die Ausarbeitung eines umfassenden familienpolitischen Programms getan. Was in den USA an gesellschaftlichen und politischen, die Familie berührenden Prozessen abläuft, summiert sich, wie wir gesehen haben, zu einem weitgehend kinderfeindlichen Bild.

Die Chancen dafür, daß in den Vereinigten Staaten in absehbarer Zeit eine durchdachte, zentrale politische Strategie zur Verbesserung der Situation unserer Kinder oder zur Unterstützung der in Bedrängnis geratenen Familie verfolgt wird, scheinen gering. Ich bin jedoch der Meinung, daß trotzdem sehr viel getan werden könnte, um eine für die Entwicklung unserer Kinder günstigere Lebensumwelt zu schaffen. Auf notwendige Veränderungen in der Praxis der Wohnungs- und Städtebauer, der Krankenhäuser, der Familiengerichte, der Spielplatzgestalter und der öffentlichen und privaten Arbeitgeber (was ihre Beförderungs- und Versetzungspraktiken angeht) habe ich bereits hingewiesen.

Zum guten Schluß möchte ich noch ein paar Vorschläge unterbreiten, was unsere gesellschaftlichen Institutionen tun können, um

- Kinder und Jugendliche besser auf das Erwachsenendasein vorzubereiten;
- Familiengründungen zu erleichtern;
- berufstätigen Eltern beim Auftun guter Betreuungsmöglichkeiten für ihre Kinder zu helfen;
- die betriebliche Arbeit entsprechend den Realitäten des modernen Familienlebens zu organisieren; und
- das Gemeinschaftsleben so zu gestalten, daß es eine positive Entwicklung der Kinder fördert.

Wie Kinder und Jugendliche besser auf das Erwachsenendasein vorbereitet werden können

Alle Menschen, auch Kinder und Jugendliche, fühlen sich in ihrer Haut wohler, wenn sie etwas Sinnvolles und Nützliches tun. Allzuviele unserer Schulen zeichnen sich jedoch dadurch aus, daß sie die Kinder zu lange in einem von der Welt der Erwachsenen hermetisch abgeschotteten Bereich und in einem Zustand der Unselbständigkeit und Abhängigkeit festhalten. Nachfolgend einige Anregungen, wie die Schulen dieser bedauerlichen Tendenz entgegenwirken könnten.

Lebenswirklichkeit in die Schule tragen. In der Nähe von Kopenhagen gibt es eine Schule mit einer angeschlossenen Werkstatt, in der jeder Schüler, der Lust dazu hat, das Schweißen erlernen und anwenden kann.[1] Die Werkstätte erfreut sich großer Beliebtheit. So mancher Zehnjährige hat sich bereits ein einschlägiges Können erworben, das einer Facharbeiterqualifikation entspricht.

In vielen Schulen Islands wird jedem Schüler ein Beet zugeteilt, auf dem er, mit den anderen wetteifernd, Gemüse ziehen kann. Dieses Modell könnten im Prinzip auch großstädtische Schulen bei uns übernehmen, beispielsweise durch das Anlegen von Gärten auf den Flachdächern ihrer Gebäude; oder man könnte die Schüler per Bus zu einem auf irgendeinem ungenutzten Gelände angelegten Schulgarten bringen.

Einige wenige amerikanische Schulen haben damit begonnen, en miniature Projekte aufzuziehen, die ein Stück Lebenswirklichkeit in die Schulwelt hineintragen: von Schülern verwaltete und gemanagte Sparkassen, chemische Reinigungen oder Graphik-Ateliers, die Glückwunschkarten herstellen.

Den Schülern praktische Erfahrungen im gemeinnützigen Dienstleistungsbereich ermöglichen. Es sollte jedem Schüler zur Pflicht gemacht werden, ehrenamtlich ein bestimmtes Pensum an für die Gemeinschaft wertvollen Arbeiten zu leisten. Der einzelne sollte sich diese Tätigkeit aus dem breiten Spektrum denkbarer gemeinnütziger Dienstleistungen weitestgehend selbst auswählen können, und es sollten möglichst nur solche Aufgaben zur Wahl gestellt werden, die einem echten gesellschaftlichen Bedürfnis entsprechen und deren Bewältigung eine wirkliche Herausforderung darstellt und beim Schüler das Bewußtsein seiner Verantwortlichkeit und Bedeutung für die Gemeinschaft fördert.

An einer Schule in Kirkwood im Bundesstaat Missouri können die Schüler in Kindertagesstätten, beim örtlichen Blutspendedienst, im Tierheim oder im Botanischen Garten mitarbeiten, können bei der Produktion von Tonbandaufnahmen für Blinde mitwirken oder sich in einer Müll-Wiederaufbereitungsfabrik nützlich machen. Alle diese Arbeiten sind freiwillig und unbezahlt, werden allerdings mit einem gewissen Notenbonus in Kernschulfächern wie Mathematik, Gemeinschaftskunde, Physik oder Englisch belohnt.

In Darien in Connecticut haben sich etwa fünfzig Schüler an einem weiterführenden Erste-Hilfe-Kurs beteiligt und stehen jetzt nach der Schule als Rettungssanitäter für den Notarztdienst zur Verfügung. Sie dürfen sogar bei Hausgeburten assistieren. In Sacramento arbeiten Schüler in Reparaturkommandos mit, die baufällig gewordene Wohnungen von Sozialhilfeempfängern wieder in Schuß bringen.

Es sollte viel mehr Projekte dieser Art geben. Alle Schüler sollten dazu verpflichtet werden, eigene Erfahrungen im Bereich der freiwilligen Leistungen für Hilfsbedürftige zu sammeln. Die Erfahrung, von jemandem gebraucht zu werden oder für jemanden wichtig zu sein, ist in unserer Zeit den meisten Kindern fremd.

Ältere Kinder sollten dazu angehalten werden, sich Ansehen (und eventuell auch etwas Geld) zu erwerben, indem sie bei der nachmittäglichen Beaufsichtigung und Betreuung schulpflichtiger Kinder berufstätiger Mütter mitwirken. Urie Bronfenbrenner, eine unserer wissenschaftlichen Autoritäten auf dem Gebiet der Entwicklungspsychologie, fordert die Einführung eines Schulfachs «Dienst am Mitmenschen» schon von den untersten Grundschulklassen an. In einer ländlichen Kleinstadt in Minnesota ist diese Forderung im Ansatz bereits verwirklicht; hier gibt es, in den Fächerkanon integriert, ein Unterrichtsprogramm «Behindertenhilfe». In den höheren Klassen erhalten die Schüler eine physiotherapeutische Ausbildung an der Mayo-Klinik und arbeiten von da an eine Stunde mit körperlich Behinderten. Sie geben dabei nicht nur etwas, sondern profitieren auch – menschlich und indem sie dazulernen.[2]

Das Gefühl, zu etwas nütze zu sein, können Kinder auch dadurch kriegen, daß sie jüngeren Schülern, die im Unterricht nicht richtig mitkommen, Nachhilfe erteilen. Die Notwendigkeit, anderen etwas erklären und beibringen zu müssen, läßt sie in der Regel auch selbst zu einem gründlicheren Verständnis des betreffenden Stoffs gelangen, und intelligente Schüler, die aus irgendeinem Grund unter Minderwertigkeitsgefühlen leiden, gewinnen in der Rolle des Hilfslehrers womöglich mehr Selbstbewußtsein.

Einige wenige amerikanische Grundschulen haben Beziehungen zu Altersheimen oder Altenwohnsiedlungen angeknüpft. Die Schüler besuchen die alten Leute mindestens einmal pro Woche und schließen persönliche Bekanntschaften, aus denen sich oft richtige Freundschaften entwickeln.

Reformanregungen hinsichtlich der Länge des Schulbesuchs. Die durchschnittliche Dauer des Schulbesuchs hat sich in den letzten Jahrzehnten stetig verlängert. Etliche namhafte amerikanische Pädagogen stehen der in unserer Gesellschaft noch immer weithin akzeptierten Norm, daß jeder einigermaßen intelligente Mensch eine weiterführende Schule besuchen und sie möglichst ohne Sitzenbleiben durchlaufen sollte, zunehmend skeptisch gegenüber. Heute werden Schüler, die dieser Norm nicht gerecht werden, noch immer als «Schulversager», «Abbrecher» oder «Dropouts» gebrandmarkt. Dabei steigen viele von ihnen hauptsächlich deshalb aus, weil sie sich einfach langweilen und etwas vom wirklichen Leben kennenlernen wollen. Dazu kommen jene, die angesichts anders gelagerter Begabungen wenig Sinn darin sehen, sich noch weitere Jahre jener Art des Unterrichts auszusetzen, wie er an unseren weiterführenden Schulen geboten wird. Ihnen allen ist gemein, daß sie sich in der Situation, in der sie mit dem Gedanken an einen Ausstieg spielen, von einem weiteren Schulbesuch nur noch wenig praktischen Nutzen versprechen, abgesehen vielleicht von einem Blatt

Papier, das ihnen die mittlere Reife oder die Hochschulreife bescheinigt. Junge Menschen mit dieser Einstellung sind zu einer schweren Hypothek für das öffentliche Schulwesen der Vereinigten Staaten geworden.

Ein Bericht zur Lage der Jugend, der einem den US-Präsidenten in Fragen der Wissenschaft beratenden Ausschuß vorgelegt wurde, enthielt den Vorschlag, jeder Schüler solle im Alter von sechzehn Jahren die Schule verlassen dürfen, um Erfahrungen in der Arbeitswelt zu sammeln. Wer von dieser Möglichkeit Gebrauch macht, sollte eine Bescheinigung bekommen, die ihm garantieren würde, zu einem von ihm selbst gewählten Zeitpunkt seine Schullaufbahn fortzusetzen.

Der namhafte Pädagoge Harold Shane von der Indiana University ging noch einen Schritt weiter: Er schlug vor, die die Schulpflicht regelnden Gesetze so zu ändern, daß die Schüler im Alter von vierzehn oder fünfzehn Jahren in ein «Paracurriculum» einsteigen könnten, in dessen Rahmen sie einem richtigen Beruf nachgehen würden, allerdings unter stark ausbildungsorientierten Vorzeichen. Voraussetzung für solche Alternativlösungen wären Einzelfall-Vereinbarungen mit verständnisvollen Arbeitgebern, die der Schule die Möglichkeit einräumten, die betreffenden Schüler zu beobachten und zu betreuen, und den Schülern die Möglichkeit offenließen, jederzeit wieder in die Schule und in den normalen Unterrichtsgang zurückzukehren.

Sowohl die bisher rigorose Anwesenheitspflicht in der Schule als auch die Gesetze, die die Arbeit von Kindern und Jugendlichen verbieten bzw. reglementieren, geraten zunehmend unter kritischen Beschuß. Passen sie noch in unsere Zeit und zu den Bedürfnissen unserer Gesellschaft? Diese Frage müssen wir uns insbesondere auch angesichts der Tatsache stellen, daß Hunderttausende von Absolventen weiterführender Schulen mit ihren Abschlußzeugnissen offensichtlich nicht so sehr einen bestimmten Wissensstandard bescheinigt bekommen, sondern viel eher die bloße Tatsache, daß sie eine bestimmte Anzahl von Schuljahren abgesessen haben. Wie es dazu in einem Bericht der National Association of Secondary School Principals heißt: «Die Praxis, junge Leute bis zu einem willkürlich festgelegten Alter zum Schulbesuch zu zwingen, ist eindeutig ein Hemmschuh für Reformen [an den Schulen].»

In einigen wenigen US-Bundesstaaten, beispielsweise in Kalifornien und Connecticut, können Schüler seit einiger Zeit nach Erreichen des sechzehnten Lebensjahres die Schule verlassen, sich anderweitig beruflich qualifizieren und später durch Ablegen einer Prüfung ein dem Abgangszeugnis ihrer Schule gleichwertiges Diplom erwerben.

Der namhafte Soziologe Amitai Etzioni macht in seinem neuen Buch über den «Umbau Amerikas» unter anderem den Vorschlag, auch die Schulen umzubauen. Er würde, unter Berücksichtigung der heutigen Gegebenheiten, die Kinder bereits mit vier Jahren einschulen. Und er würde die Sechzehn- bis Achtzehnjährigen zwischen Schule und Arbeitsplatz hin- und herpendeln lassen.

Zwei unserer angesehensten Familienrechts-Experten, Henry H. Foster und Doris Jonas Freed, haben die Frage gestellt, ob die schulische Anwesenheitspflicht und die Verbote und Beschränkungen der Kinderarbeit und der Arbeit von Jugendlichen heute noch den Interessen unserer Heranwachsenden entsprechen. Sie schrieben dazu im *New York Law Journal*:

Wir bieten vielen unserer Jungen nur unzulängliche Brücken zwischen Schule und Beruf. Wo immer die Schuld und die Ursachen liegen mögen, Tatsache ist, daß es inzwischen zur Hauptaufgabe mancher Schulen geworden ist, als Verwahranstalt für die Kinder zu dienen und sie von der Straße fernzuhalten. Viele dieser Schüler wären vielleicht mit einer Berufsausbildung oder einer Lehre besser dran, aber dank der Schulpflicht und des Verbots der Kinderarbeit bleiben sie in ein sinnloses Unterrichtsritual eingezwängt.

Die Verbote und Einschränkungen, von denen hier die Rede ist, besagen im allgemeinen, daß Kinder unter vierzehn keiner wie auch immer gearteten Lohnarbeit nachgehen dürfen und Jugendliche bis zu sechzehn Jahren nur sehr begrenzt und soweit Schulbesuch und Schulleistungen nicht darunter leiden. Eine berufsbezogene Ausbildung am Arbeitsplatz, in Verbindung mit einer regelrechten, bezahlten beruflichen Tätigkeit, ist somit für Personen unter sechzehn Jahren ausgeschlossen.

Erleichterung von Familiengründungen

Wie bereits gesagt, müssen in den Vereinigten Staaten und auch in einigen anderen westlichen Ländern Eheleute, die sich dafür entscheiden, Kinder zu bekommen und großzuziehen, zu beträchtlichen finanziellen Opfern bereit sein. Dem «Investitionsvolumen» nach entspricht das Aufziehen eines Kindes etwa dem Bau eines Hauses. Besonders viel Geld, Zeit und Nervenkraft kosten die ersten beiden Jahre nach der Geburt, eine Zeit, die daher auch oft zur Belastungsprobe für die betreffende Ehe wird.

Aus allen Ecken und Enden der Gesellschaft ertönt die Forderung, die Familie zu stärken. Tatsache ist jedoch, daß der Staat heute alle möglichen Produkte menschlichen «Zuchtfleißes» großzügiger subventioniert als Kinder. Sheila Kamerman, Professorin für gesellschaftliche Planung an der Columbia University, nennt es erstaunlich, daß die USA als einzige fortgeschrittene Industrienation keine gesetzlichen Bestimmungen kennen, die einer schwangeren Frau Kündigungsschutz und bezahlten Mutterschaftsurlaub garantieren.

Von allen Ländern der Erde gewähren die osteuropäischen wohl den großzügigsten Mutterschaftsurlaub. In den meisten beträgt er ein ganzes Jahr; wenn auch der größte Teil davon unbezahlter Urlaub ist, so haben die betreffenden Frauen doch die Garantie, daß sie danach wieder an ihren Arbeitsplatz zurückkehren können und daß diese Ausfallzeit bei der Berechnung der Altersrente als vollwertiges Arbeitsjahr verbucht wird. In Ungarn kann eine frischgebackene Mutter, wenn sie will, drei Jahre lang zu Hause bleiben; während dieser Zeit bekommt sie einen monatlichen Zuschuß, der die Kosten für den Grundbedarf des Kindes deckt. In der Tschechoslowakei erhalten junge Mütter ein halbes Jahr bezahlten Mutterschaftsurlaub (und zwar neunzig Prozent ihres bisherigen Verdienstes) und können danach noch unbezahlten Urlaub nehmen, längstens bis zum zweiten Geburtstag ihres Kindes.

Hilfe für berufstätige Eltern beim Auftun von Betreuungsmöglichkeiten

Ich habe vor mir eine Reihe von Verlautbarungen liegen, in denen die Forderung nach einem «umfassenden Netz von Kindertagesstätten», nach «kostenlosen 24-Stunden-Betreuungsdiensten», nach «kostenlosen qualifizierten Tagesstätten» usw. erhoben wird. Die Bundesbehörden haben für dieses Jahrzehnt eine erhebliche Steigerung der Nachfrage nach Einrichtungen für die Betreuung von Kindern vorhergesagt. Gleichwohl zeigt die Regierung sich äußerst zugeknöpft, wenn es gilt, der Notwendigkeit von weiteren Betreuungseinrichtungen mehr als nur verbalen Tribut zu zollen; Ausnahmen werden nur dort gemacht, wo es um die Ärmsten der Armen geht. Ansonsten sind die Hilfen, die berufstätigen Elternpaaren für die Finanzierung von Betreuungsmöglichkeiten gewährt werden, bescheiden und auch nur indirekter Art.

Eltern, die beide verdienen, können dadurch, daß sie die für Kinderbetreuung anfallenden Kosten von der Steuer absetzen dürfen, eine jährliche Steuerersparnis in Höhe von rund 1300 Mark erzielen. Das entspricht vielleicht einem Siebentel der tatsächlich entstehenden Betreuungskosten. In den niedrigen Einkommensklassen ist dieses Verhältnis ein wenig günstiger. Für Alleinerziehende sollte die Steuerersparnis jedoch aus Fairneßgründen von Hause aus doppelt so hoch angesetzt sein.

Die Scheu des Staates vor einem stärkeren Engagement in Sachen Kinderbetreuung beruht gewiß teilweise auf den damit verbundenen Kosten. Außerdem mögen auch Bedenken eine Rolle spielen, ob es gesellschaftspolitisch klug wäre, die Betreuung der Klein- und Kleinstkinder aus dem Familienkreis in öffentliche Einrichtungen zu verlagern. Ich selbst bin, wie bereits angedeutet, zu der Einsicht gelangt, daß dies, abgesehen von den Fällen, wo es keine realistische Alternative gibt, nicht wünschenswert wäre. Allein, für Hunderttausende von Müttern ist zur Zeit eben keine andere Lösungsmöglichkeit in Sicht. Für die wohl beste aller Entscheidungen ist es in diesen Fällen schon zu spät: sich gar kein Kind anzuschaffen, ehe nicht günstigere Voraussetzungen für dessen Aufwachsen gegeben sind.

Obwohl die Aussicht auf nennenswerte staatliche Anstrengungen zur Bereitstellung von Betreuungsplätzen für Kinder gegenwärtig gering ist, kann man doch einiges tun, um den Betroffenen zu helfen und ihnen einen Teil ihrer Sorgen und Aufregungen abzunehmen.

Einige für die berufstätige Mutter typische belastende Situationen: endlich einen Job zu ergattern und dann nicht zu wissen, wohin mit dem Kind; oder von heute auf morgen keine Babysitterin mehr zu haben, weil die Frau, die das bisher gemacht hat, wegen Krankheit oder aus beruflichen Gründen ausfällt; oder plötzlich feststellen zu müssen, daß die Betreuungseinrichtung, von der man bisher Gebrauch gemacht hat, dem Kind nicht guttut. Solchen Streßsituationen können die betroffenen Mütter begegnen, indem sie in eigener Regie Informations- und Vermittlungszentralen aufziehen. Diese Einrichtungen, deren Zahl in den

Vereinigten Staaten wächst, können zuverlässige Babysitter oder Tagesmütter empfehlen und vermitteln oder Freiplätze in Kindertagesstätten ausfindig machen. Mütter, die sich dort beraten lassen, haben eine gewisse Gewähr dafür, daß ihnen nur Personen und Institutionen genannt werden, die ihre Qualifikation und Zuverlässigkeit bereits unter Beweis gestellt haben.

In verschiedenen westdeutschen Städten sind sogenannte «Oma-Notdienste» eingerichtet worden, die immer einspringen können, wenn berufstätige Eltern in Schwierigkeiten geraten. Ein Anruf genügt, und eine Rentnerin mit Muttererfahrung kommt vorbei und übernimmt die Betreuung des Kindes. Das Entgelt, das verlangt wird, dient lediglich zur Deckung der Selbstkosten. In Hamburg verfügt eine derartige Agentur bereits über an die hundert ehrenamtlich mitarbeitende Omas.

Die Baugenehmigungsbehörden könnten einen wichtigen Beitrag leisten, indem sie durch entsprechende Vorschriften dafür sorgten, daß bei Wohnanlagen mit über zweihundert Wohneinheiten im Erdgeschoß Räumlichkeiten von einer bestimmten Mindestgröße freigehalten werden, in denen eine Kindertagesstätte eingerichtet werden kann. Jede Mietpartei mit kleinen Kindern müßte die Dienste dieser Tagesstätte zu einem deutlich unter den üblichen Kostensätzen liegenden Preis in Anspruch nehmen dürfen.

In Grundschulen, die infolge der sinkenden Zahl der Schulanfänger über ungenutzte Räume verfügen, könnten Betreuungszentren für Kinder im Vorschulalter eingerichtet werden.

Eine Erziehungswissenschaftlerin von der Indiana University hat den sehr interessanten Vorschlag gemacht, in den Lehrplan der weiterführenden Schulen zusätzliche Unterrichtseinheiten zu den Themen Kindererziehung und Entwicklungspsychologie aufzunehmen. In einem direkt im Schulgebäude oder auf dem Schulgelände angesiedelten Kindergarten könnten die Schüler dazu einschlägige praktische Erfahrungen sammeln.

Ein ähnliches Modell wird an einer Schule in Wisconsin bereits erprobt: Der schuleigene Kindergarten wurde dort allerdings aus einem anderen Grund eingerichtet: für Kinder minderjähriger Mütter, die ihre Schulausbildung beenden wollen. Alle Schüler und Schülerinnen können sich einen Notenbonus in den hauswirtschaftlichen Fächern verdienen, indem sie zwei Stunden in der Woche diese Kinder betreuen.

Mit ein wenig Einfallsreichtum und Hartnäckigkeit ließen sich gewiß auch andere preiswerte Räumlichkeiten für die Einrichtung von Kinder-tagesstätten finden, beispielsweise in Gebäuden, die an Werktagen nur selten oder teilweise benutzt werden – wie Gemeindesäle, Vereinsheime oder Versammlungsräume.

Man könnte ferner sozial denkende Arbeitgeber dazu bewegen, an die Mütter kleiner Kinder unter ihren Angestellten Gutscheine auszugeben, die einen Teil der von den örtlichen Kinderbetreuungseinrichtungen ver-langten Gebühren decken. Jede Firma, die daran interessiert ist, eine nen-nenswerte Zahl verheirateter Frauen einzustellen, müßte an sich mühelos davon zu überzeugen sein, daß sie klug daran täte, sich an der Finan-zierung einer Kindertagesstätte in dem Stadtteil, in dem sie den größten Teil ihrer weiblichen Arbeitskräfte zu gewinnen hofft, zu beteiligen. Bei einer Umfrage zeigte sich, daß die Hälfte der darauf angesprochenen Firmen so etwas zumindest in Erwägung zu ziehen bereit war.

Die betriebliche Arbeit entsprechend den Realitäten des modernen Familienlebens organisieren

Dies ist meines Erachtens der Bereich, in dem sich für die Reduzierung der Kinderbetreuungsprobleme berufstätiger Mütter am meisten errei-chen läßt. Durch Veränderungen in den betrieblichen Abläufen und in den Arbeitszeitregelungen ließe sich der Bedarf an Ersatz-Betreuungs-möglichkeiten beträchtlich senken, und zwar ohne Produktivitätsein-bußen.

Firmen, die Arbeitskräfte brauchen oder ihre Belegschaft zufrieden-stellen wollen, zeigen neuerdings zunehmend mehr Bereitschaft, in dieser Beziehung neue Wege zu gehen. Über hundert aus der Phalanx der größten amerikanischen Unternehmen haben bereits Untersuchun-gen darüber angestellt, durch welche innerbetrieblichen Veränderungen die Lage jener Arbeitnehmer, die kleine Kinder haben, verbessert werden könnte.

Die Interessenvertretungen der Arbeitnehmer sollten mal überlegen, ob ihre traditionellen Ziele heute wirklich noch alle zeitgemäß sind. Das zentrale Anliegen der Gewerkschaften ist es nach wie vor, die Arbeits-woche auf vier oder, bei einem vielstündigen Arbeitstag, gar auf drei Tage zu reduzieren. Verheiratete Arbeitnehmer mit kleinen Kindern müßten eher an einer kürzeren Tagesarbeitszeit im Rahmen der Fünftagewoche interessiert sein. Dies würde es berufstätigen Eltern gestatten, die täglichen Arbeitsstunden mit dem Ehepartner so abzustimmen, daß die meiste Zeit einer von ihnen bei den Kindern zu Hause sein kann.

Die für Eltern kleiner Kinder verheißungsvollste Entwicklung auf diesem Sektor war die Einführung der Gleitzeit. 1965 gab in der Bundesrepublik Deutschland eine Betriebswirtschaftlerin namens Christel Kammerer den Anstoß zu einer Neuerung, die mittlerweile dabei ist, die ganze Welt zu erobern. Ihre bahnbrechende Idee: Die Leute sollten zu den Zeiten arbeiten, zu denen es ihnen am besten paßte. Die Anregung wurde 1967, vorsichtig zunächst, von der Firma Messerschmitt-Bölkow aufgenommen, anfänglich vor allem aus dem Wunsch heraus, die täglichen Staus an den Betriebstoren abzubauen. Sieben Jahre später waren bereits 16 000 Firmen und Behörden in der BRD zur Gleitzeit übergegangen.

Das Grundprinzip dabei ist, daß alle Beschäftigten während einer bestimmten «Kernzeit», beispielsweise zwischen 9 und 15 Uhr, am Arbeitsplatz sind, die einzelnen Arbeitnehmer sich aber ansonsten selbst aussuchen können, wann sie anfangen und aufhören, immer unter der Voraussetzung, daß sie ihr Gesamt-Arbeitsstundensoll erfüllen.

Die Idee trat ihren Siegeszug durch Westeuropa an zu einer Zeit, als sich in den Vereinigten Staaten gerade eine Verkürzung der Wochenarbeit bei gleichbleibend unflexibler Arbeitszeit anbahnte. (Neuerdings experimentieren einige deutsche Firmen auch mit völlig variablen Arbeitszeiten: Die Angestellten können kommen und gehen, wann immer sie wollen, und haben für den Fall, daß einmal niemand außer ihnen im Hause ist, einen Firmenschlüssel.)

Den größten Nutzen von der Gleitzeit haben zweifellos berufstätige Eltern, die dadurch ein gut Stück unabhängiger von Fremdbetreuern für ihre Kinder werden. Und für die es nicht mehr ein so großes Problem ist, ein krankes Kind zum Arzt zu bringen. Alleinerziehende Mütter, die ihre Kinder in einer Tagesstätte untergebracht haben, sind bei gleitender Arbeitszeit viel eher in der Lage, die Kinder dort zu geeigneten Zeiten abzusetzen bzw. abzuholen. Väter, die mit Gleitzeit arbeiten, können viel mehr mit ihren Kindern zusammen sein.

Eine Firma, bei der sich die Gleitzeit bewährt hat, ist normalerweise auch in der Lage, Teilzeitarbeitsplätze für Eltern kleiner Kinder zu schaffen. Wie das *Wall Street Journal* berichtete, machen mehr und mehr Firmen die Entdeckung, daß Teilzeit-Arbeitskräfte gewisse Vorteile bieten – zum Beispiel die Möglichkeit ihres flexiblen Einsatzes bei ungleichmäßigem Arbeitsanfall.

Wie eine im Auftrag des U.S. Department of Labor angefertigte Studie ergab, arbeiten Teilzeitbeschäftigte produktiver, sind betriebstreuer und kommen seltener zu spät als Vollzeitbeschäftigte. Aufgrund einer Bestandsaufnahme bei 68 großen Unternehmen, die in jüngster Zeit weitgehend auf Teilzeit-Aushilfskräfte setzen, zog die Untersuchung das Fazit: «Die Arbeitgeber werden sich in Zukunft verstärkt auf Teilzeit-Arbeitskräfte stützen.» Besonders geeignet scheint Teilzeitarbeit für Frauen zu sein, die in Kaufhäusern, Hotels und Krankenhäusern und bei Versicherungsunternehmen angestellt sind. Teilzeit-Arbeitskräften in den USA werden neuerdings auch Leistungen wie bezahlter Urlaub, Lohnfortzahlung im Krankheitsfall und Zuschüsse zur Renten- und Krankenversicherung gewährt.

Eine spezielle Variante der Teilzeitarbeit ist das Jobsharing: Zwei Leute einigen sich darauf, einen Vollzeit-Arbeitsplatz miteinander zu teilen. Das ist, wie es scheint, in einer ganzen Reihe von Berufen problemlos durchführbar.

Das Gemeinschaftsleben so gestalten, daß es eine positive Entwicklung der Kinder fördert

Ich habe mich zu Beginn dieses Buches ausführlich mit dem kinderfeindlichen Klima auseinandergesetzt, das sich in den Vereinigten Staaten ausgebreitet hat. Wir haben beispielsweise gesehen, daß die Amerikaner

- sich zunehmend, und ohne Rücksicht auf die Folgen, in «kinderlosen» Appartementkomplexen einmauern;
- infolge der Auflösung der lokalen Lebensgemeinschaften und der generationsübergreifenden Familienverbände sowie infolge der Entwurzelung der Familien überhaupt zunehmend zu einer Masse von Singles werden;
- mit der Aufblähung aller Strukturen ins Gigantische (man denke beispielsweise an die ausufernden Großstädte und an die neuen, riesigen Schulzentren) immer unwirtlichere Umweltbedingungen, gerade auch für Kinder, herbeiführen;
- gesellschaftliche Lebensbedingungen geschaffen haben, unter

denen der Kontakt der Nachwachsenden mit der Welt der Erwachsenen zunehmend verlorengeht, was bei Teilen der jungen Generation zu gefährlichen Tendenzen der Entfremdung und Orientierungslosigkeit führt;

– dabei sind, Familien mit Kindern mehr und mehr ins gesellschaftliche Abseits zu drängen.

Wenn wir wieder kindgerechtere Lebensbedingungen herstellen wollen, müssen wir damit «vor Ort» anfangen, im einzelnen Wohnblock und im einzelnen Stadtviertel. Eine Menge läßt sich erreichen, wenn Eltern auf dieser Ebene mit Nachdruck darangehen, so etwas wie Gemeinschaftsgeist wiederaufleben zu lassen.

Zum besseren Verständnis sei zunächst einmal eine Definition dessen vorausgeschickt, was ich unter einer Gemeinschaft verstehe:

Eine Gemeinschaft ist eine Gruppe von Menschen, die so klein und überschaubar ist, daß sich bei und zwischen denen, die ihr angehören, fast automatisch ein Zusammengehörigkeitsgefühl entwickelt. Eine Gemeinschaft bietet den Menschen, die ihr angehören (ebenso wie denen, die mit ihr in Berührung kommen), mannigfaltige zwanglose Gelegenheiten, miteinander auf jedem Intensitätsniveau zu kommunizieren, wenn sie dies wollen, und vermittelt ihnen das Gefühl, über wichtige, ihr Leben beeinflussende Vorgänge mitbestimmen zu können. Dieses Gefühl der Mitentscheidung und Mitverantwortung kann sie mit Stolz und Selbstbewußtsein erfüllen.

Eine Gemeinschaft ist auch ein natürlicher Nährboden für positive, das individuelle psychische Wohlbefinden fördernde Gefühle wie Geborgenheit. Das liegt daran, daß der einzelne in der Gemeinschaft Vertrauen und Zärtlichkeit erleben kann, daß er die Chance hat, für Gutes, das er leistet, Lob und Anerkennung zu erhalten, daß er unschwer Menschen jeden Alters mit gleichgerichteten Interessen kennenlernen und Freundschaft mit Personen schließen kann, auf die in der Not Verlaß ist. Eine intakte Gemeinschaft freut sich an Kindern, in denen sie ein Zeugnis für den Fortbestand des Lebens sieht.

Wenn es sich schon nicht vermeiden läßt, daß viele von uns in Hochhauskomplexen und Wohntürmen leben müssen, dann sollten wir zumindest durch phantasievolle und sorgfältige Planung dafür sorgen, daß diese Gebäude so gestaltet werden, daß sie die Entstehung nachbarlicher Gemeinschaften ermöglichen und daß genügend Spielplätze für Kinder zur Verfügung stehen. Ein erstes Erfordernis wäre beispielsweise, daß im Bereich des Wohnungsneubaus strenge Richtlinien für die Schalldämmung zwischen den einzelnen Wohneinheiten erlassen werden. Wie Untersuchungen gezeigt haben, gibt es in Gebäuden, in denen die Schallisolierung ausreichend ist, kaum Konflikte zwischen Familien mit Kindern und lärmgeplagten Nachbarn. Beim Bau von Wohnkomplexen sollten ferner jene langen, schmalen, an beiden Enden mit schweren Eisentüren verschlossenen Korridore vermieden werden. Diese meist nur schwach erleuchteten Gänge produzieren fast automatisch ein Gefühl des Mißtrauens zwischen den Leuten, die sich in ihnen begegnen. Sie schrecken die Menschen davon ab, miteinander ins Gespräch zu kommen und einander kennenzulernen.

Familien mit Kindern sollten es vermeiden, in Gebäude mit solchen Korridoren oder anderen menschenfeindlichen Strukturmerkmalen einzuziehen. Sie sollten sich statt dessen für Häuser entscheiden, deren Anlage eine gewisse Kommunikation und Interaktion zwischen benachbarten Parteien begünstigt und die Entstehung eines Gemeinschaftsgefühls zuläßt. Der Druck der Nachfrage und der öffentlichen Meinung könnte in dieser Beziehung recht schnell Früchte tragen. In der Architektur verhält es sich wie in anderen Bereichen des Marktes: Eine Neuerung, die irgendwo einschlägt und ankommt, weil sie mehr Lebensqualität mit sich bringt, kann unter Umständen sehr schnell Verbreitung finden. Man denke nur an den «letzten Schrei» der Hochhausarchitektur, die riesigen, mehrere Stockwerke hohen, überdachten Innenhöfe, in denen Palmen wachsen oder Brunnen sprudeln. Großzügig angelegte «Begegnungsräume» dieser Art würde ich mir für alle Wohnhochhäuser wünschen. Wenn man die Korridore breit genug anlegte, könnte man zusätzlich vor jeder Wohnung eine abgegrenzte Fläche markieren (und mit niedrigen Mäuerchen oder Holzzäunen einfrieden), die als privater «Vorhof» dienen würde. Der Rest der Korridorbreite wäre dann als allgemeiner Zugangsweg zu Aufzügen und Treppenhäusern zu nutzen.

Auf diese Weise könnten Eltern in ihrem «Vorhof» sitzen und sich mit den Nachbarn unterhalten, während die Kinder spielen, entweder im eigenen Vorhof oder in dem einer Nachbarpartei, die ebenfalls Kinder hat. Wenn ein Elternpaar zum Einkaufen ginge, könnten die Nachbarn auf die gemeinsam spielende Kindergruppe aufpassen. Eine solche Lösung würde sowohl mehr Kommunikation als auch mehr Sicherheit gewährleisten als die heute noch typischen schmalen Korridore.

Auch die bereits stehenden, konventionell gebauten Hochhäuser mit einer Geschoßzahl zwischen, sagen wir, zehn und fünfundzwanzig könnten kinderfreundlicher gestaltet werden, wenn beispielsweise jedes fünfte Stockwerk, sei es ganz oder auch nur teilweise, «geöffnet» würde, das heißt, wenn die dort liegenden Wohnungen aufgelassen, die nicht tragenden Wände entfernt und «Begegnungsflächen» eingerichtet würden, etwa ein kleiner Park mit einem Spielplatz und Sitzbänken, wo Eltern sich gemütlich niederlassen und ihre Kinder beim Spielen beaufsichtigen könnten. Wenn genügend Platz wäre, könnten in einem solchen «Innenpark» Tischtennisplatten, Tische für Schach- oder Kartenspieler und ein Imbißstand aufgestellt werden.

Wenn wir schon himmelhoch wohnen wollen, tun wir es doch wenigstens auf kultivierte Art und so, daß unsere Kinder sich dabei wohlfühlen!

Ein Gemeinschaftsgefühl läßt sich in einem großstädtischen Wohnkomplex zwanglos und ungehindert herstellen, wenn die Architektur aus sich heraus ein «Nachbarschaftsgefühl» vermittelt; wenn eine Wohnanlage in überschaubare, zwei- bis dreistöckige Einzelgebäude gegliedert ist, die um eine Begegnungsfläche herum angeordnet sind, einen Platz, auf dem die Menschen flanieren, sich unterhalten und erholen und auf dem Kinder spielen können.

In einigen der großen Retortensiedlungen, die in Europa und den Vereinigten Staaten am Rande der Großstädte entstanden sind, haben die Planer und Bauherren es verstanden, eine weit über dem Durchschnitt liegende Wohnqualität herzustellen, die günstige Voraussetzungen für die Entstehung eines Gemeinschaftsgefühls bietet. Ein herausragendes Beispiel bietet die Retortenstadt Columbia in Maryland. Konzipiert wurde sie von einem Bauunternehmer, der sich schon vorher einen guten Ruf erworben hatte, indem er heruntergekommene Großstadtviertel in aufregende und attraktive Wohnumwelten verwandelte, die den Einwohnern der ganzen Stadt ein neues Lebens- und Gemeinschaftsgefühl bescherten. Er steckte Hunderte von Millionen Dollar in das Vorhaben, eine nagelneue, auf dem Prinzip kleiner, überschaubarer Einheiten beruhende Stadt aus dem Boden zu stampfen. Das Projekt Columbia war der Versuch, die Vorzüge des Kleinstadtlebens mit den Annehmlichkeiten und Attraktionen des Großstadtlebens zu verbinden.

Die Grundidee war, das Zentrum der neuen Stadt – mit riesigen, überdachten Einkaufspassagen, einem Theater, einem Konzertsaal usw.

– am Ufer eines kleinen Sees zu erbauen. Die Wohnviertel – es sollten mindestens fünf sein, und sie wurden bezeichnenderweise «Dörfer» genannt – sollten durch offene Grün- und Wasserflächen deutlich von der «City» abgesetzt werden. Jedes der fünf «Dörfer» sollte aus drei oder vier, wiederum durch Grünflächen klar voneinander abgegrenzten Untereinheiten, «Blocks» genannt, bestehen.

Die Pläne wurden verwirklicht, und heute ist Columbia eine blühende Stadt von 60 000 Einwohnern, die weithin für ihr vorbildliches Schulsystem und ihre hohe Lebensqualität berühmt ist. Es gibt in Columbia fünf Spezial-Colleges, ein Krankenhaus – und Arbeit für 30 000 Personen. Inmitten einer von rassischen Spannungen geprägten Region bietet Columbia ein leuchtendes Beispiel für die gelungene Integration von 12 000 Farbigen, die über alle Stadtviertel und Blocks verstreut wohnen.

In den «Blocks», den städtebaulichen Grundeinheiten, aus denen Columbia sich zusammensetzt, leben jeweils 800 bis 1200 Familien zusammen. Sie wohnen teils in einzeln stehenden Einfamilienhäusern, teils in Reihenhäusern und teils in Wohnblocks; alle diese Gebäude sind strahlenförmig um ein «Blockzentrum» herum angeordnet.

In jedem Block befindet sich eine Grundschule, die von allen Häusern des Blocks bequem zu Fuß erreichbar ist. (Eine weiterführende Schule gibt es in jedem «Dorf».) In jedem Blockzentrum liegen ein Supermarkt, ein Park, ein Spielplatz, ein Schwimmbad und ein Versammlungssaal. In vielen Blocks gibt es darüber hinaus eine Kindertagesstätte.

Ein Netz von Gehwegen und gewundenen Fahrstraßen führt zu den «Dorfzentren». Die Gehwege über- oder unterqueren die Straßen an den allermeisten Kreuzungspunkten, so daß es kaum gefährliche Übergänge gibt. Ein neunjähriges Mädchen erzählte mir, sie könne nicht nur zur Schule, sondern auch zu ihrem Ballettkurs, zu ihrem Bibelkreis und zu ihren Flötenstunden zu Fuß gehen. «Mami braucht mich nirgends mehr hinzufahren», sagte sie.

Die meisten «Dörfer» verfügen über Zentren, in denen es eine Diskothek und andere Freizeiteinrichtungen für Kinder und Jugendliche gibt. Mütter können, wenn sie einkaufen, ihre Kinder auf einem beaufsichtigten Spielplatz zurücklassen.

In allen Blocks sind zu jeder Zeit eine Vielzahl von Aktivitäten im Gang. Zuzügler werden schon bald von mindestens zwei oder drei Leuten aus ihrem Block sowie von einem städtischen Angestellten angerufen oder angesprochen. In jedem Block stehen jederzeit einige

Personen auf Abruf bereit, für den Fall, daß ein Mitbewohner dringend Hilfe benötigt.

Ich unterhielt mich mit einer Mutter, die erst seit einem Jahr in Columbia wohnte. Sie und ihre Familie hatten zuvor sieben Jahre lang in einem konventionellen Neubauviertel in einer Stadt bei Baltimore gelebt. Dort hatten sie in der ganzen Zeit nur zwei Familien, die in der unmittelbaren Nachbarschaft wohnten, näher kennengelernt. Ihre Kinder waren meist für sich. Hier in Columbia hatten die Kinder nach einem Jahr einen «wahnsinnigen» Freundeskreis gewonnen, wie sie sich ausdrückte. Man werde, so fügte sie hinzu, zu nichts gedrängt, «aber wenn man will, kann man hier wirklich Teil einer Gemeinschaft werden».

Der Umzug habe, so sagte sie mir, zu kolossalen Veränderungen in ihrem Alltagsleben geführt. Dabei seien sie doch, so fügte sie halb erstaunt hinzu, «die gleichen Leute geblieben».

Ich habe in diesem Buch eine Reihe von Aspekten unseres heutigen Lebens beleuchtet, die eine positive Entwicklung unserer Kinder potentiell oder realiter gefährden, und Wege aufgezeigt, wie den verschiedenen Problemen abzuhelfen ist.

Wenn Eltern und Öffentlichkeit sich mit vereinten Kräften bemühen, diese Anregungen in die Tat umzusetzen, werden die Heranwachsenden in der Regel von vielen jener Leiden und Probleme verschont bleiben, an denen heute Millionen Kinder und Jugendliche in der westlichen Welt kranken.

Eine nennenswerte Verbesserung der Situation auf breiter Basis kann aber nur eintreten, wenn es uns gelingt, wieder ein funktionierendes Gemeinschaftsleben in Gang zu bringen und uns zu einer rücksichtsvolleren, menschlicheren, kameradschaftlicheren und zuversichtlich nach vorn blickenden Gesellschaft zu entwickeln.

Anmerkungen

Einleitung

1 Robert H. Bremmer (Hrsg.), *Childhood and Youth in America*, Bd. 1, 1600–1865, Cambridge, 1970, S. 601.
2 William Kessen, *The Child*, New York 1965, S. 45–56.
3 Jerome Kagan, «The Parental Love Trap», in: *Psychology Today*, August 1978, S. 54.

Kapitel 2

1 Blair Justice/David F. Duncan, «Running Away: An Epidemic Problem of Adolescence», in: *Adolescence*, Bd. 11, Nr. 43, Herbst 1976.
2 Edward Zigler, «Who Will Speak for Children and Families? A Case for Strengthening OCD», in: *The American Journal of Orthopsychiatry*, Bd. 47, Nr. 4, Oktober 1977.
3 Jerry E. Bishop, «Age of Anxiety», in: *The Wall Street Journal*, 2. April 1979.
4 Robert J. Trotter, «East Side, West Side: Growing Up in Manhattan», in: *Science News*, Bd. 109, Nr. 20, 15. Mai 1976.
5 Urie Bronfenbrenner, «The Changing American Family», in: *AFL-CIO American Federationalist*, Februar 1977.
6 «The Games Teen-Agers Play», in: *Newsweek*, 1. September 1980.
7 Dick Soderlund, «Swedish Ban on Child Beating Sets Precedence», in: *Irish Times*, 28. Mai 1979.
8 Richard J. Gelles, «Violence Toward Children in the United States», in: *The American Journal of Orthopsychiatry*, Bd. 48, Nr. 4, Oktober 1978.
9 Graham B. Blaine jr., *Are Parents Bad For Children?*, New York 1973, S. 84–88.

Kapitel 3

1 Zitiert aus: Caroline Bird, *The Two Paycheck Family*, New York 1979.
2 J. E. Veevers, «Voluntary Childlessness: A Review of Issues and Evidence», in: *Marriage & Family Review*, Bd. 2, Nr. 2, 1979.

3 A.a.O.; siehe auch «Childlessness Among Professional Women: A Trend?», in: *Marriage & Family Review,* 15. September 1980.

4 Siehe J.E. Veevers, «Voluntary Childless Wives: An Exploratory Study», in: *Family in Transition,* hrsg. von Arlene und Jerome Skolnick, zusammengefaßt in: *Marriage & Family Review,* Sommer 1979.

5 Michael Novak, «The Family Out of Favor», in: *Harper's,* April 1976, S. 37.

6 Judith Lorber, «Beyond Equality of the Sexes: The Question of Children», in: *The Family Coordinator,* Oktober 1975.

7 Sandra Toll Goodbody, «The Psychosocial Implications of Voluntary Childlessness», in: *Social Casework,* Juli 1977.

8 Siehe «Raising Children in a Changing Society», in: *The General Mills American Family Report, 1976–77,* erstellt von Yankelovich, Skelly und White, Inc., 575 Madison Ave., New York.

9 «Middle Class Kids Are the New Delinquents», in: *Today's Child,* Mai 1979.

10 Betty Friedan, «Feminism Takes a New Turn», in: *The New York Times Magazine,* 18. November 1979.

11 «Employment and Training Report of the President», Bericht des U.S. Department of Labor und des U.S. Department of Health, Education and Welfare, dem Kongreß 1978 vorgelegt, S. 75.

12 Angus Campbell/Philip E. Converse/Willard L. Redgers, *The Quality of American Life,* New York 1976, siehe insbesondere S. 325, 343, 398, 438.

13 Mary Jo Bane, *Here to Stay: American Families in the Twentieth Century,* New York 1976.

14 Jean Walker Macfarlane, «Perspectives on Personality Consistency and Change From the Guidance Study», in: *Vita Humana,* Bd. 7, 1964; siehe vor allem S. 123.

15 Terry Martin Hekker, «The Satisfactions of Housewifery and Motherhood in ‹An Age of Do-Your-Own-Thing›», in: *The New York Times,* 20. Dezember 1977.

Kapitel 4

1 Zwei Studien sind wegen ihrer breiten Basis von besonderem Interesse: die British Perinatal Mortality Study, die praktisch alle im Laufe einer bestimmten Woche des Jahres 1958 in Großbritannien geborenen Personen einer Nacherhebung unterzog, und das vom National Institute of Child Health and Human Development finanzierte Collaborative Perinatal Project, in dessen Rahmen der Verlauf von 50 000 Schwangerschaften und Geburten an 12 großen amerikanischen Kliniken beobachtet wurde.

2 Harold W. Demone/Henry Weschler, «Changing Drinking Patterns of Adolescents since the 1960s», in: *Alcoholism Problems in Women and Children,* hrsg. von Milton Greenblatt und Marc A. Schuckit, New York 1976.

3 Ann P. Streissguth, «Maternal Drinking and the Outcome of Pregnancy», in: *American Journal of Orthopsychiatry,* Bd. 47, Nr. 3, Juli 1977.

4 Persönliche Mitteilung von Mrs. Terry Bellicha, Direktorin des National Clearinghouse for Alcohol Information, National Institute on Alcoholism, Rockville, Maryland.

5 Mark Gerzon, *A Childhood for Every Child,* New York 1973, S. 86.
6 «Childbirth Painkillers Affect Child for Years», in: *Children Today*, Februar 1979.
7 Sarah H. Broman vom National Institute of Neurological and Communicative Disorders and Stroke und Yvonne Brackbill von der University of Florida. Aus dem Referat «Obstetric Medication and Early Development», gehalten auf der Jahrestagung der American Association for the Advancement of Science in San Francisco, 4. Januar 1980.
8 Muriel Sugarman, «Parental Influences on Maternal-Infant Attachment», in: *American Journal of Orthopsychiatry,* Bd. 47, Nr. 3, Juli 1977.
9 «Childbirth Sitting Up», in: *Newsweek,* 2. März 1981.

Kapitel 6

1 Tim Gerstman, «Transfer Policies, Career and Family: Are They Compatible?» Vortrag auf der Jahrestagung des National Council on Family Relations in Philadelphia, 19. bis 22. Oktober 1978. Siehe auch: *Die ruhelose Gesellschaft. Ursachen und Folgen der heutigen Mobilität* von Vance Packard, Düsseldorf 1973, insbesondere Kapitel 18.
2 «Violent Schools – Safe Schools», Bericht des National Institute of Education an den Kongreß, *HEW Document EA 010 281,* S. 19.
3 D. M. Fanning, «Families in Flats», in: *British Medical Journal,* Bd. 4, 1967.
4 Pearl Jephcott, *Homes in High Flats,* Edinburgh 1971, S. 83 f.
5 Franklin D. Becker, «Design for Living: The Residents' View of Multi-Family Housing», Ithaca, N. Y., Cornell University Press, 1974, vervielfältigtes Manuskript.
6 P. Crawford/A. Virgin, «The Effects of High Rise Living on School Behavior», Toronto. Broschüre des Schulamts der Stadt North York, 1971.
7 Oscar Newman, *Defensible Space,* New York 1972, S. 29–33.
8 D. Geoffrey Hayward u.a., «Children's Play and Urban Playground Environments», in: *Environment and Behavior,* Bd. 6, Nr. 2, Juni 1974.
9 Freda Rebelsky/Cheryl Hanks, «Fathers' Verbal Interaction With Infants in the First Months of Life», in: F. Rebelsky/L. Dorman, *Child Development and Behavior,* New York 1974, S. 145.
10 Dean V. Babst u.a., «A Study of Family Affinity and Substance Use», in: *Journal of Drug Education,* Bd. 8, Nr. 1, 1978.

Kapitel 7

1 «Help! Teacher Can't Teach», in: *Time,* 16. Juni 1980.
2 Gene Lyons, «Why Teachers Can't Teach», in: *Texas Monthly,* September 1979.
3 National Institute of Education, a.a.O. (siehe oben, Kapitel 6, Anm. 2), S. 18.
4 Robert J. Rubel, «Trends in School Violence and Crime in Secondary Schools from 1950–1975: A Historical View», *HEW Document EA 010 760.*

5 James S. Coleman u.a., *Youth: Transition to Adulthood.* Bericht der Jugendkommission des Science Advisory Committee des Präsidenten, Chicago 1974, S. 146.

6 Saied Jacob, «We Are Wonder-Full», in: «Guided Wonderment: How People Learn», in: *The Forum,* Herbst/Winter 1980.

7 «Hope for the Schools», in: *Newsweek,* 4. Mai 1981.

Kapitel 8

1 Marie Winn, *The Plug-In Drug,* New York 1977.

2 David Fleiss/Lillian Ambrosino, «An International Comparison of Children's Television», vorgelegt vom National Citizens Committee for Broadcasting, Washington, D. C., Juli 1971.

3 T. G. Bever u. a., «Young Viewers' Troubling Response to TV Ads», in: *Harvard Business Review,* November–Dezember 1975.

4 Nach Maßgabe eines von der School of Communications bei der University of Pennsylvania fortgeschriebenen «Gewalttätigkeits-Index», mit dem die Häufigkeit von Gewalttätigkeiten im Fernsehprogramm kontinuierlich gemessen wird.

5 Aus einer FBI-Studie, zitiert nach Winn, a.a.O. (s. Anm. 1).

6 H. Muson, «Teenage Violence and the Telly», in: *Psychol. Today,* März 1978.

7 Shirley L. O'Bryant/Charles R. Corder-Bolz, «Tackling ‹The Tube› With Family Teamwork», in: *Children Today,* Juni 1978.

8 Über Teenager als Zielgruppe der Werbung, in: *Media Decisions,* Oktober 1976.

9 «They're Not Dancing, They're Falling Apart», in: *Today's Child,* Februar 1978.

10 Hugh Powers, M. D./James Presley, *Food Power: Nutrition and Your Child's Behavior,* New York, S. 60 f.

Kapitel 9

1 «Families At Work: The General Mills American Family Report 1980–81», durchgeführt und erstellt von Louis Harris und Mitarbeitern, Minneapolis 1981.

2 Joann S. Lublin, «Women at Work: Life in Morton Grove Hasn't Been the Same Since Wives Took Jobs», in: *The Wall Street Journal,* 22. September 1978.

3 Harriet Engel Gross, «Dual-Career Couples Who Live Apart: Two Types», in: *Journal of Marriage and the Family,* August 1980.

4 Betty Frankle Kirschner/Laurel R. Walum, «Two Location Families», in: *Alternative Lifestyles,* Bd. 1, Nr. 4, November 1978.

5 Nadine Brozan, «Children, A Job, and No Time», in: *The New York Times,* 13. August 1981.

Kapitel 10

1 Douglas B. Sawin/Ross D. Parke, «Father's Affectionate Stimulation and Caregiving Behavior with Newborn Infants», in: *The Family Coordinator,* Oktober 1979.

2 Selma Fraiberg, *Every Child's Birthright,* New York 1977, S. 27.

3 Berry Campbell/W. E. Petersen, «Milk ‹Let Down› and the Orgasm in the Human Female», in: *Human Biology,* Bd. 25, Nr. 3, September 1953.

4 Henry N. Massie, «Patterns of Mother-Infant Behavior and Subsequent Childhood Psychosis», in: *Child Psychiatry and Human Development,* Bd. 7, Nr. 4, Sommer 1977.

5 Princeton Center for Infancy, *The Parenting Advisor,* hrsg. von Frank Caplan, Garden City, N. Y., 1978, S. 264.

6 T. G. R. Bower, *A Primer of Infant Development,* San Francisco 1977, S. 50–58.

7 Fraiberg, a.a.O. (s. Anm. 2), S. 45–62.

8 Burton S. White, *The First Three Years of Life,* Englewood Cliffs, N. J., 1975, siehe insbesondere S. 4, 110, 113, 130.

Kapitel 11

1 Doris S. Jacobson, «The Impact of Marital Separation/Divorce on Children: Interparent Hostility and Child Adjustment», in: *Journal of Divorce,* Bd. 2, Nr. 1, Herbst 1978.

2 Deborah A. Luepnitz, «Which Aspect of Divorce Affects Children?», in: *The Family Coordinator,* Januar 1979.

3 Rubin Todres, «Runaway Wives: An Increasing North American Phenomenon», in: *The Family Coordinator,* Januar 1978.

4 Morton Hunt/Bernice Hunt, *The Divorce Experience,* New York 1977, S. 159.

5 Neil Kalter, «Children of Divorce in an Outpatient Psychiatric Population», in: *The American Journal of Orthopsychiatry,* Bd. 47, Nr. 1, Januar 1977.

6 E. Mavis Hetherington/Martha Cox/Roger Cox, «The Aftermath of Divorce», Manuskript eines Vortrags, gehalten auf einem Kongreß der American Psychological Association in Washington, September 1976.

7 –, «Family Interaction and the Social Emotional and Cognitive Development of Children Following Divorce». Vorgetragen auf dem Symposium «The Family: Setting Priorities», veranstaltet vom Institute for Pediatric Service of Johnson and Johnson in Washington, D. C., 17. bis 20. Mai 1978. Nachdruck im *Journal of Social Issues,* Bd. 35, Nr. 4, 1979.

8 –, «Play and Social Interaction in Children Following Divorce», vorgetragen auf einer Konferenz zum Thema Scheidung, veranstaltet vom National Institute of Mental Health in Washington, D. C., Februar 1978.

9 John F. McDermott, »Parental Divorce in Early Childhood», in: *American Journal of Psychiatry,* Bd. 124, Nr. 10, April 1968.

10 Judith S. Wallerstein/Joan B. Kelly, «The Effects of Parental Divorce: Experiences of the Pre-School Child», in: *Journal of the American Academy of Child Psychology,* Herbst 1975.

11 –, «The Effects of Parental Divorce: Experience of the Child in Early Latency», in: *The American Journal of Orthopsychiatry,* Bd. 45, Nr. 1, Januar 1976.

12 –, «The Effects of Parental Divorce: Experiences of the Child in Later Latency», in: *The American Journal of Orthopsychiatry,* Bd. 46, Nr. 2, April 1976.

13 –, «The Effects of Parental Divorce: The Adolescent Experience», in: *The Child in His Family: Children at Psychiatric Risk,* Bd. 3, hrsg. von J. Anthony und C. Koupernik, 1974, S. 479–505.
14 Lora Heims Tessman, *Children of Parting Parents,* New York 1978, S. 515.
15 Richard A. Gardner, *The Parents Book about Divorce,* Garden City, N. Y., 1977, S. 356.

Kapitel 12

1 Berthold Berg/Robert Kelly, «The Measured Self Esteem of Children From Broken, Rejected and Accepted Families», in: *Journal of Divorce,* Bd. 2, Nr. 1, 1979.
2 Andrew S. Watson, «The Children of Armageddon: Problems of Custody Following Divorce», in: *Syracuse Law Review,* Bd. 21, Nr. 1, Herbst 1969.
3 Deborah Rankin, «Taxes and Accounting: Which Divorced Parent Gets Exemptions?», in: *The New York Times,* 14. März 1977.
4 Donald N. Bersoff, «Representation for Children in Custody Decision: All That Glitters Is Not Guilt», in: *Journal of Family Law,* Bd. 15, 1976/77.
5 David M. Siegel/Suzanne Hurley, «The Role of the Child's Preference in Custody Proceedings», in: *Family Law Quarterly,* Bd. 9, Nr. 1, Frühjahr 1977, S. 1–58.

Kapitel 13

1 Constance R. Ahrons, «Joints Custody Arrangements in Post-Divorce Family», in: *Journal of Divorce,* Frühjahr 1980.
2 Susan Steinman, «The Experience of Children in a Joint Custody Arrangement: A Report of Study», in: *American Journal of Orthopsychiatry,* Bd. 51, Nr. 3, Juli 1981.
3 Alice S. Rossi, «A Biosocial Perspective on Parenting», in: *Daedalus,* Bd. 106, Nr. 2, Frühjahr 1977.
4 Glenn Collins, «A New Look at Life with Father», in: *The New York Times Magazine,* 17. Juni 1979.
5 Harry Finkelstein Keshet/Kristine M. Rosenthal, «Single Parent Fathers: A New Study», in: *Children Today,* Mai-Juni 1978.

Kapitel 15

1 Louise Guerney/Lucy Jordon, «Children of Divorce – A Community Support Group», vorgetragen auf der Jahrestagung des National Council on Family Relations in San Diego, Oktober 1977.
2 Thomas L. Hozman/Donald J. Froiland, «Families in Divorce: A Proposed Model for Counseling the Children», in: *The Family Coordinator,* Juli 1976.

3 Marybeth Shinn, «Father Absence and Children's Cognitive Development», in: *Psychological Bulletin,* Bd. 85, Nr. 2, 1978.

Kapitel 16

1 J. W. Santrock, «The Relation of Type and Onset of Father Absence to Cognitive Development», in: *Child Development,* Bd. 43, 1972, S. 455–469.

2 Mel Krantzler, *Kreative Scheidung. Wege aus dem Scheidungsschock,* Reinbek 1977.

3 Michael J. Smith, «The Social Consequences of Single Parenthood: A Longitudinal Perspective», in: *Family Relations,* Januar 1980.

4 Siehe Mary Jo Bane, «Marital Disruption and the Lives of Children», in: *Journal of Social Issues,* Bd. 32, Nr. 1, 1976, S. 103–117.

5 Alvin Toffler, *Die Zukunftschance. Perspektiven für die Gesellschaft des 21. Jahrhunderts,* München 1983.

6 Michael E. Lamb/Jamie E. Lamb, «The Nature and Importance of the Father-Infant Relationship», in: *The Family Coordinator,* Oktober 1976.

7 Harold Feldman, «Why We Need a Family Policy», in: *Journal of Marriage and the Family,* August 1979.

8 Eine Kurzdarstellung der Ergebnisse von Weiss findet sich in: «Growing Up a Little Faster: Children in Single-Parent Households», in: *Children Today,* Juni 1981. Eine ausführliche Darstellung seiner Studien über das Leben Alleinerziehender enthält sein Buch *Going It Alone,* New York 1979.

9 Carin Rubenstein, «The Children of Divorce as Adults», in: *Psychology Today,* Januar 1980.

10 Julius Segal/Herbert Yahraes, *A Child's Journey,* New York 1979, S. 128 f.

11 E. Mavis Hetherington, «Effects of Father Absence on Personality Development in Adolescent Daughters», in: *Developmental Psychology,* Bd. 7, Nr. 3, 1972, S. 313–321.

12 «Teens with Single Parents More Likely to be Sexually Active», in: *Marriage and Divorce Today,* 23. Oktober 1978.

13 Henry B. Biller, «Father Absence and the Personality Development of the Male Child», in: *Developmental Psychology,* Bd. 2, Nr. 2, 1970; siehe auch Jack D. Westman, «Effect of Divorce on a Child's Personality Development», in: *Medical Aspects of Human Sexuality,* Januar 1972.

14 Michael E. Lamb, in: *The Role of the Father in Child Development,* hrsg. von Lamb, New York 1976, S. 23.

15 Judith S. Wallerstein/Joan B. Kelly, «California's Children of Divorce – After Five Years», in: *Psychology Today,* Januar 1980. Eine umfassende Darstellung der Ergebnisse ihrer großangelegten Untersuchung zur Lage von Kindern unterschiedlicher Altersstufen zu unterschiedlichen Zeitpunkten nach der Scheidung findet sich in ihrem Buch *Surviving the Breakup: How Children and Parents Cope with Divorce,* New York 1980.

16 John F. McDermott, «Divorce and Its Psychiatric Sequelae in Children», in: *Archives of General Psychiatry,* November 1970. Siehe auch Michael Rutter,

«Parent-Child Separation: Psychological Effects on the Children», in: *Journal of Child Psychology and Psychiatry*, Bd. 12, 1971, S. 241.

17 J. W. B. Douglas, «Broken Families and Child Behavior», in: *Journal of The Royal College of Physicians*, London, Bd. 4, 1970.

18 Elizabeth Herzog/Cecilia E. Sudia, «Children in Fatherless Families», in: *Review of Child Development Research*, hrsg. von Betty Caldwell/Henry N. Riccuti, Bd. 3, Chicago 1973, S. 149.

19 Ira Victor und Win Ann Winkler, *Fathers and Custody*, New York 1976.

20 Helen Mendes, «Single Fathers», in: *The Family Coordinator*, Oktober 1976.

21 John W. Santrock/Richard A. Warshak, «Father Custody and Social Development in Boys and Girls», in: *Journal of Social Issues*, Bd. 35, Nr. 4, 1979.

22 «In California: Unswinging Singles», in: *Time*, 15. Juni 1981.

23 Marybeth Shinn, a.a.O. (siehe oben, Kapitel 15, Anm. 3).

24 R. B. Zajonc, «Family Configuration and Intelligence», in: *Science*, April 1976.

25 «One Parent Families and Their Children: The Schools' Most Significant Minority», in: *The Principal*, September 1980, hrsg. von der National Association of Elementary School Principals.

26 John Touliatos/Byron W. Lindholm, «Relationships of Traditional and Non-Traditional Family Types to Child Mental Health», vorgetragen auf der Jahrestagung des National Council on Family Relations in Boston, August 1979.

Kapitel 17

1 Kristine M. Rosenthal/Harry F. Keshet, «The Impact of Childcare Responsibilities on Part-Time or Single Fathers», in: *Alternative Lifestyles*, November 1978.

2 Judith S. Wallerstein, «The Effect of Divorce on the Parent Child Relationship», Protokoll eines Vortrags, gehalten auf dem Symposium über Kinder und Scheidung des Wheelock College, 3. und 4. November 1978. Kopien im College erhältlich.

3 Lora Heims Tessman, «Working with Children of Parting Parents». Protokoll eines Vortrags, gehalten auf dem Symposium über Kinder und Scheidung des Wheelock College, 3. und 4. November 1978. Kopien im College erhältlich.

4 Emily B. Visher/John S. Visher, *Step-Families*, New York 1979, S. 163.

5 Kenneth M. Walker/Lillian Messinger, «Remarriage After Divorce Dissolution and Reconstruction of Family Boundaries», in: *Family Process*, Juni 1979.

6 Jane W. Ranson u.a., «A Stepfamily in Formation», in: *American Journal of Orthopsychiatry*, Januar 1979.

7 Lucile Duberman, «Step-Kin Relationships», in: *Journal of Marriage and the Family*, Mai 1973.

8 Neil Kalter, a.a.O. (siehe oben, Kapitel 11, Anm. 5).

9 Irene Fast/Albert Cain, «The Step-Parent Role: Potential for Disturbance in Family Functioning», in: *The American Journal of Orthopsychiatry*, April 1966.

10 Emily und John Visher, a.a.O. (siehe Anm. 4), S. 177.

11 John Leonard, «Private Lives», in: *The New York Times*, 28. Mai 1980.

Kapitel 18

1 New York 1976.
2 Rosabeth Moss Kanter/Dennis Jaffe/D. Kelly Weisberg, «Coupling, Parenting, and the Presence of Others: Intimate Relationships in Communal Households», in: *The Family Coordinator,* Oktober 1975, S. 433–452.
3 Sterlin E. Alam, «Middle-Class Communes: The New Surrogate Extended Family», in: *Exploring Intimate Life Styles,* hrsg. von Bernard I. Murstein, New York 1978.
4 Virginia Rankin, «Children in Communes», in: *The Child Care Book,* hrsg. von Vicki Breithart, New York 1974.
5 Brian G. Gilmartin, *The Gilmartin Report,* Seacaucus, N.J., 1978.
6 Duane Dedfeld/Michael Gordon, «The Sociology of Mate Swapping: Or the Family that Sings Together», in: *Beyond Monogamy,* hrsg. von James R. Smith und Lynn G. Smith, Baltimore 1974.
7 Jaquelyn J. Knapp, «An Exploratory Study of Seventeen Sexually Open Marriages», in: *The Journal of Sex Research,* August 1976, S. 206–219.
8 Leslie Bennetts, «Unwed Parents: The Arrangement Seems Legitimate to Them», in: *The New York Times,* 24. März 1978.
9 Siehe Benjamin DeMott, «The Pro-Incest Lobby», in: *Psychology Today,* März 1980, sowie ders., «Attacking the Last Taboo», in: *Time,* 14. April 1980.

Kapitel 19

1 Victor und Mildred Goertzel, *Cradles of Eminence,* Boston 1978, S. 272.
2 Vance Packard, *Die Pyramiden-Kletterer,* Düsseldorf 1965.
3 Macfarlane, a.a.O. (siehe oben, Kapitel 3, Anm. 14).
4 Alison Clarke-Stewart, *Child Care in the Family* (ein Überblick über die Forschungsliteratur nebst Vorschlägen für die Praxis), New York 1977, S. 20–79.
5 Aus einem Aufsatz mit dem Titel «Family Interaction Patterns Associated with Self-Esteem in Preadolescent Girls and Boys». Verfaßt von Roger C. Leb, Leslie Horst und Patricia J. Horton.
6 Richard Flaste, «One Who Broke Down the Barriers Formed by Poverty and Isolation», in: *The New York Times,* 22. Juli 1977.
7 White, a.a.O. (siehe oben, Kapitel 10, Anm. 8), S. 116.
8 A.a.O., S. 168.
9 Paul Mussen/Nancy Eisenberg-Berg, *Roots of Caring, Sharing and Helping,* San Francisco 1977, S. 86f.

Kapitel 20

1 John Holt, *Escape from Childhood: The Needs and Rights of Children,* New York 1974, S. 183.
2 «Community Service One Path to Learning», Curriculum-Bericht der National Association of Secondary School Principals, Bd. 4, 5. Mai 1975.

Dank

Ich bin zahlreichen Wissenschaftlern, die sich mit verschiedenen Aspekten des Kindseins und des Familienlebens in der heutigen Zeit beschäftigt haben, zu Dank verpflichtet dafür, daß sie sich die Zeit nahmen, mir ihre Einsichten zu den mich interessierenden Fragen mitzuteilen. Viele sind an den entsprechenden Stellen im Text genannt, aber einigen von ihnen möchte ich an dieser Stelle nochmals meinen ausdrücklichen Dank aussprechen:

Leonard Bachelis, Caroline Bird, Paul Bohannan, Sarah Broman, Urie Bronfenbrenner, Richard Chasin, John Clausen, Amitai Etzioni, Harold Feldman, Paul Glick, Carole Goldman, George Grebner, Louise Guerney, Joan Gussow, Muriel Hirt, Seymour Gold, Mavis Hetherington, Sidney Johnson III, William Kessen, Alan Levy, Jeanette Lofas, Helen Maley, Gwen Morgan, Alice Rossi, Meredith Ringler-White, Michael Rutter, Richard Schnell, Harold Shane, Lora Tessman, Nancy Weston, Judith Wallerstein, Thomas Weisner, Robert Weiss, Daniel Yankelovich, Nicholas Zill.

Ich besonderem Maße zu Dank verpflichtet bin ich Marian Edelman und dem von ihr geleiteten Children's Defense Fund.

Wichtige Hinweise erhielt ich von verschiedenen Anwälten, die mit interessanten Rechtsstreitigkeiten von grundsätzlicher Bedeutung für Kinder zu tun haben, vor allem von Eugene Gratz, Marcia Robinson Lowry, Harriet Pilpel, Arlan Preblud, Marion Robinson, Jesse Rothman, Stephen Wolfson und von der Gerichtssachverständigen Jeanne Ames aus San Francisco.

Auch folgende Personen und Institutionen gewährten mir Rat und wertvolle Hilfe:

- Die Beamten des Massachusetts Office for Children.
- Viele sachkundige, mit der Bereitstellung von Betreuungsmöglich-keiten für die Kinder berufstätiger Eltern befaßte Personen, darun-ter Robert Benson und Perry Mendel, Michelle Seltzer, Bess Emanuel, die Leute vom Day Care and Child Development Council of America sowie das Personal etlicher Kindertagesstätten.
- Mitglieder der Organisation Parents Without Partners (PWP).
- Funktionärinnen der Organisation Catalyst, die die Interessen von Frauen im Berufs- und Geschäftsleben vertritt.
- Beamte der Schulverwaltungen von Lexington, Massachusetts, und Lomita Park, Kalifornien.
- Peggy Charren von der Organisation Action for Children's Televi-sion.
- Scott Thomson von der National Association of Secondary School Principals, John Ourth von der National Association of Elementary School Principals und Dorothy Rich, Präsidentin des Home and School Institute.
- Dutzende von Bundes- und Länderbeamten, insbesondere Joseph Coates und S. P. Hersh.
- Viele bemerkenswerte Eltern, darunter Holly Righter, John Lama, Mrs. Robert Alto, Judy Nathanson und Helen Miller.
- Dora Ashford, die sich einen Tag lang Zeit nahm, um mir bei einer Rundfahrt im Großraum Los Angeles Wohnanlagen zu zeigen, in denen keine Kinder geduldet werden.

Die Fertigstellung dieses Buches hätte mindestens ein Jahr länger gedauert, wenn mir nicht in verschiedenen Phasen der Materialsamm-lung und -bearbeitung Peter X. Tierney und Lynn Hickey Schultz (beide fortgeschrittene Studenten der Entwicklungspsychologie), meine Toch-ter Cynthia Packard Richmond, mein Sohn Randall und seine Frau Carolyn sowie meine Schwiegertochter Bonnie Smith (eine Sorgerechts-Juristin) hilfreich zur Seite gestanden wären.

Personen- und Sachregister